건축, 인테리어
,캐드 도면 입문자를 위한

모든 버전
사용 가능
★ ★ ★
2016~2024
추천

오토캐드
2024

AutoCAD
2024

CAD 툴은 기계, 건축, 인테리어, 토목 등 산업 전반에 사용되고 있습니다. 많은 CAD 툴 중 AutoCAD는 국내에서 가장 많이 보급되어 사용되는 설계 툴이며, 다루지 못하면 설계 관련 직종에서는 간단한 업무조차 수행하기 어렵습니다. 이러한 이유로 특성화고등학교와 대학에서 수업을 편성하여 교육을 진행하고 있지만 전공 교과에 밀려 짧은 시간에 많은 인원을 대상으로 교육이 진행되다 보니 현장에서 사용할 수 있는 수준에는 못 미치는 것이 현실입니다. 대부분의 학생이나 실무자들은 일을 하면서 추가 비용과 시간을 들여 학원 수강을 하거나 많은 시행착오를 겪으면서 응용하고 활용하는 과정을 통해 오랜 시간 어렵고 비효율적인 학습을 하게 됩니다.

필자는 AutoCAD를 학습하고자 하는 사용자들에게 프로그램의 학습 시간을 줄이고 효율적으로 배울 수 있는 교재가 필요하다는 생각을 가지고 오랜 강의와 실무경험을

바탕으로 도면을 그려보면서 내용을 이해하고 AutoCAD의 운용시스템과 도면을 작성하는 과정을 정확히 파악할 수 있는 교재를 집필하게 되었습니다.

명령을 익히는 것이 위주가 아닌 명령을 응용하여 도면을 작성하고 실무에 필요한 기능을 스스로 파악하고 적용할 수 있도록 구성하였습니다. 많은 AutoCAD 입문자에게 있어 학습 시간과 업무 시간을 단축시켜줄 수 있는 교재가 되길 바랍니다.

10여 년이 넘는 필자의 경험과 지식을 한 권의 책에 담아 출판될 수 있도록 발판을 마련해주시고 이끌어주신 출판사에 감사드리며 집필 기간 가정에 소홀했지만, 부족한 필자를 응원하고 격려해 주며 곁에서 힘이 되어준 사랑하는 아내와 가족에게 감사의 마음을 전합니다.

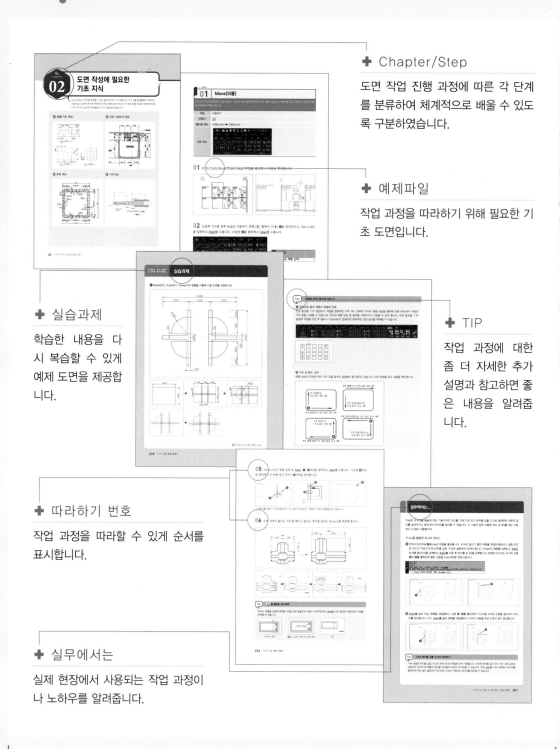

+ Chapter/Step

도면 작업 진행 과정에 따른 각 단계를 분류하여 체계적으로 배울 수 있도록 구분하였습니다.

+ 예제파일

작업 과정을 따라하기 위해 필요한 기초 도면입니다.

+ 실습과제

학습한 내용을 다시 복습할 수 있게 예제 도면을 제공합니다.

+ TIP

작업 과정에 대한 좀 더 자세한 추가 설명과 참고하면 좋은 내용을 알려줍니다.

+ 따라하기 번호

작업 과정을 따라할 수 있게 순서를 표시합니다.

+ 실무에서는

실제 현장에서 사용되는 작업 과정이나 노하우를 알려줍니다.

① 인터넷 브라우저를 실행하여 SD에듀 홈페이지(www.sdedu.co.kr/book)에 접속한 후 회원 로그인을 하고 아래쪽의 [빠른 서비스] – [자료실]을 클릭합니다. 또는 화면 왼쪽 상단 [프로그램]을 클릭해도 됩니다.
   * 회원이 아닌 경우, [회원가입]을 클릭하여 가입한 후 로그인합니다.

② [Data Center]에서 [프로그램 자료실]을 클릭하고 제목으로 '캐드'를 검색한 후 '오토캐드 2024'를 클릭합니다.

③ 첨부파일을 클릭하여 다운 받고, 압축을 해제한 후 따라하기를 진행합니다.

PART ❹

**실무 도면
작성 및 관리**

PART ⑤

실무에서
유용한 기능들

PART **6**

3D 모델링

AutoCAD의 시작

AutoCAD는 30년 이상 기계, 건축, 제품 디자인 등 다양한 분야에 이용되고 있으며, 사용자의 요구에 맞춰 변화하고 있습니다. 이런 빠른 대처로 인해 앞으로 2D, 3D를 포함한 여러 분야에서 사용하는 설계 도구가 될 것입니다. 이 장에서는 AutoCAD를 학습하기 위해 기본적으로 알고 있어야 할 내용에 대해 알아보겠습니다.

CHAPTER

01

AutoCAD 활용 분야

AutoCAD의 CAD는 'Computer Aided Design'의 약자로 컴퓨터를 이용한 설계를 뜻합니다. 종이에 연필로 도면을 그렸던 과거에 비해 빠르고 정확하게 도면을 그릴 수 있고 네트워크를 통한 공동 작업도 가능해 생산성을 극대화할 수 있는 설계 프로그램입니다.

산업 전반에 사용되고 있는 AutoCAD

◆ 건축

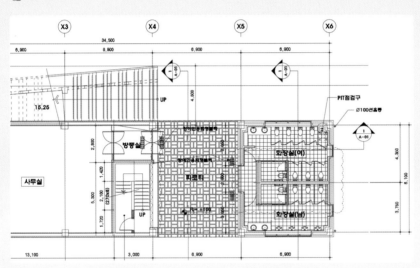

◆ 인테리어

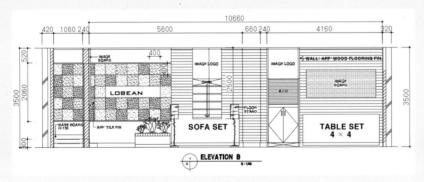

◆ 조경

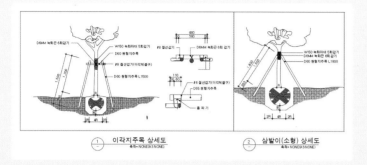

①	이각지주목 상세도
	축척= NONE(A3:NONE)

②	삼발이(소형) 상세도
	축척= NONE(A3:NONE)

◆ 기계

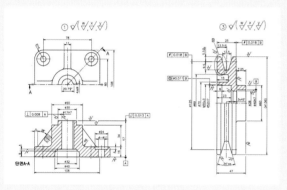

◆ 토목

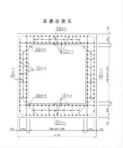

◆ 배관(플랜트)

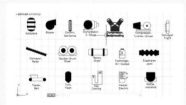

이외에도 전기/전자, 금형, 제품, 쥬얼리, 패션 등 여러 산업분야에서 폭넓게 사용되고 있습니다.

02

도면 작성에 필요한 기초 지식

AutoCAD는 디자인을 표현할 수 있는 설계 도구에 지나지 않습니다. 이 도구를 잘 활용하기 위해서는 기능도 알고 있어야 하지만 무엇보다도 해당 직종의 설계 지식과 기초 제도에 대한 학습이 선행되어야 합니다. 여기서는 도면 작성에 필요한 기초 지식을 알아보겠습니다.

⬡ 공통(기초 제도)

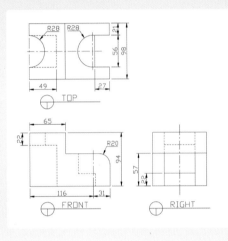

⬡ 건축, 인테리어 제도

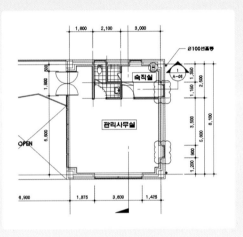

⬡ 토목 제도

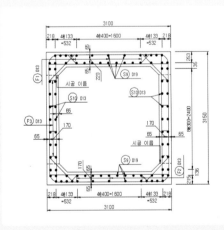

⬡ 기계 제도

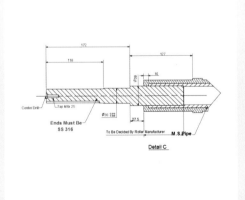

01 공통적으로 사용되는 기초 제도 이론

직종에 관계없이 도면을 작성할 때 사용되는 설계 용어 및 선의 유형, 투상법 등 많은 부분이 동일합니다. 도면 작성에 필요한 기초 이론을 알아보겠습니다.

∷ 도면 크기와 A열 사이즈 용지 규격

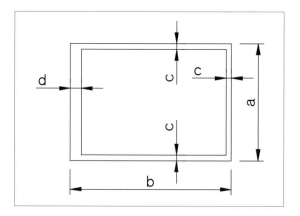

제도 용지 규격		A0	A1	A2	A3	A4	A5	A6
a×b		841×1189	594×841	420×594	297×420	210×297	148×210	105×148
c(최소)		10	10	10	5	5	5	5
d(최소)	묶지 않음	10	10	10	5	5	5	5
	묶음	25	25	25	25	25	25	25

∷ 도면 척도

실제 크기에 대한 도면의 비율로서 실척(현척), 축척, 배척으로 분류합니다.

- 실척(현척) : 실물과 같은 크기로 도면을 작성합니다. (예 SCALE: 1/1)
- 축척 : 실물을 일정한 비율로 작게 하여 도면을 작성합니다. (예 SCALE: 1/10)
- 배척 : 실물을 일정한 비율로 크게 하여 도면을 작성합니다. (예 SCALE: 10/1)
- 축척을 적용하지 않은 경우 : 도면의 형태가 치수에 비례하지 않는 도면은 N.S(Non Scale)로 표기합니다.

:: 선 유형에 따른 용도

굵은 실선	외형이나 형태의 보이는 부분을 표시	————————
가는 실선	기술, 기호, 치수 등을 표시	————————
파선	보이지 않는 가려진 부분을 표시	– – – – – – –
1점 쇄선	중심이나 기준, 경계 등을 표시	— – — – — – —
2점 쇄선	1점 쇄선과 구분할 때 표시	— – – — – – —
파단선	표시선 이후 부분을 생략	～⌒\／

:: 투상법

투상도는 제3각법으로 작도하는 것을 원칙으로 하지만 직종에 따라 투상면의 도면 명을 달리 사용하는 경우도 있습니다. 일반적으로 투상면의 명칭은 다음과 같습니다. ('A'가 정면인 경우)

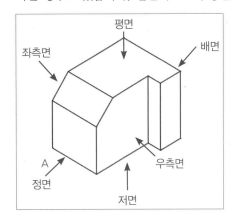

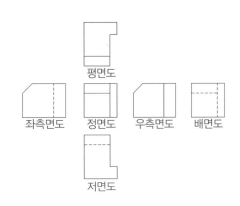

:: 일반적인 표시 기호

길이	L	높이	H	넓이	W	무게	Wt
면적	A	용적	V	지름	D, Ø	반지름	R

:: **표제란 유형**

표제란은 도면의 명칭, 번호, 축척 등 도면에 대한 정보를 기입하는 곳으로 도면 형태에 따라 표제란의 위치와 크기는 다음과 같이 표시합니다.

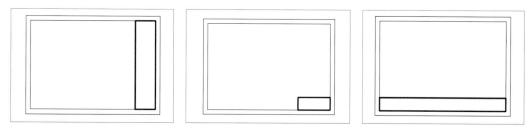

>>> STEP
02 건축, 인테리어 도면에 표시되는 기호와 용어

건축, 인테리어 도면에는 재료를 나타내는 기호와 치수가 많이 표기됩니다.

:: **방위 기호**

다음 기호는 위쪽을 북쪽으로 표시하는 방위 기호입니다.

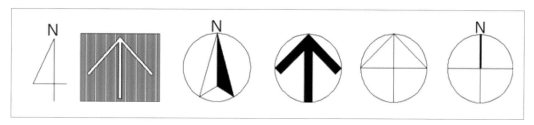

:: 일반적인 기호

FL	건축 바닥 마감선(Floor Finish Level)	O.P	유성 페인트(Oil Paint)
SL	구조 바닥 마감선(Structural Level)	E.P	에멀젼 페인트(Emulsion Paint)
GL	지반선(Ground Level)	C.H	천장 높이(Ceiling High)
THK	두께(Thickness)	FIN	마감(Finish)
P	페인트(Paint)	ENT	출입구(Entrance)
W.P	수성 페인트(Water Paint)	FDN	기초(Foundation)

:: 재료 표기

 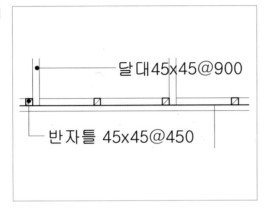

달대45x45@900

반자틀 45x45@450

반자틀	재료의 명칭
45x45	단면의 가로와 세로 치수
@450	재의 간격

03 | 토목 도면에 표시되는 기호와 용어

토목 도면에는 철근의 기호와 종류 및 간격을 표기하는 기호가 많이 사용됩니다.

:: 치수와 간격 표기

예

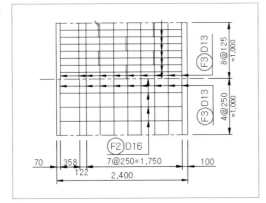

7@250 = 1,750의 의미는 총길이 1,750을 7등분하여 250 간격으로 철근을 배근한다는 표시입니다.

:: 인출선 표기

예

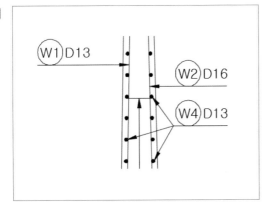

W1은 해당 철근의 기호이며 D13은 철근의 지름입니다.

CHAPTER_02 도면 작성에 필요한 기초 지식   **25**

:: 경계 표시

지반	암반	수면	기준면 표시
		▽	▽

:: 기울기 기호

기울기 경사의 표기는 1을 기준으로 경사 길이의 비율로 표기합니다.

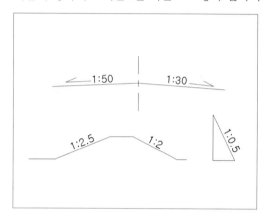

:: 재료 표기

• 판재 : 판재를 자르는데 필요한 직사각형의 치수를 기입하며 표기 순서는 좌측부터 수량, 판재 기호, 넓이, 두께, 길이의 순서로 기입합니다.

  예 3-PL 350×12×1250

• 형재 : 형재의 표시는 수량, 형재 기호, 모양, 치수, 길이의 순서로 기입합니다.

  예 3-L 150×90×9×12×3500

04 기계 도면에 표시되는 기호와 용어

기계 도면에는 공차, 규격, 가공 내용이 많이 표기됩니다.

:: 문자 기호

구의 반지름	SR	호의 길이	⌒
구의 지름	SØ	모따기	수치×45°, C
정사각형의 변	□	피치	P(같은 형식의 반복 치수)
판 두께	t		

:: 가공 내용

모따기	공작물의 가장자리 또는 구석을 비스듬히 깎아내서 사면으로 만드는 가공법
드릴	공작물에 구멍을 내는 가공법
펀칭	드릴 가공 전 중심을 표시
리머	구멍을 다듬고 넓히는 보정 작업
자리파기	볼트가 조립되는 부분을 평면으로 가공

:: 표면 거칠기, 공차의 표시

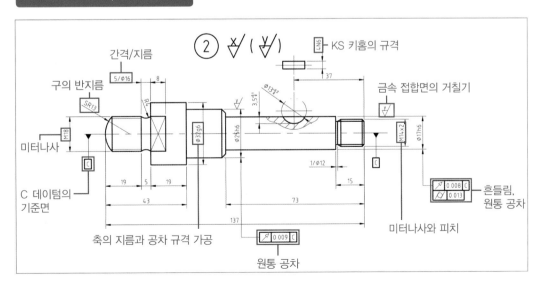

03 AutoCAD 2024 설치하기

도면 작업을 위해 AutoCAD 프로그램이 설치되어 있어야 합니다. 설치를 위해 제품 라이선스를 바로 구매하는
방법도 있지만 개발사인 Autodesk사의 홈페이지에서 30일 체험판과 학생용 버전을 배포하고 있으니 체험하
고 구입해도 됩니다.

프로그램을 다운로드하려면 오토데스
크 홈페이지에 접속하여 무료 체험판
에서 AUTOCAD를 설치합니다. 만약
프로그램이 설치되어 있다면 Chapter
04로 이동합니다.
(https://www.autodesk.co.kr)

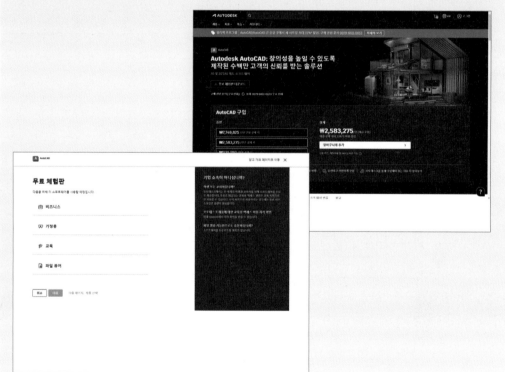

01 AutoCAD 2024 평가판 다운로드 및 설치하기

도면 작업을 따라하기 위해서는 AutoCAD 2024나 다른 버전의 AutoCAD가 설치되어 있어야 합니다. 이미 다른 버전이 설치되어 있는 사용자라면 설치된 버전을 사용하고 최신 버전으로 업그레이드 한다면 정품 등록이 해제 될 수 있으니 유의합니다. 책의 내용은 AutoCAD 2016~2023 버전으로도 학습이 가능합니다.

⠿ AutoCAD 2024 무료 체험판 설치

무료 버전은 30일 동안 사용할 수 있는 평가판과 학생용 버전이 있으며, 학생의 경우 관련 정보 확인으로 3년 동안 소프트웨어를 이용할 수도 있습니다.

01 30일 평가판을 설치하기 위해 인터넷 검색 사이트에서 [오토데스크]를 검색한 후 [오토데스크코리아]를 클릭합니다.

02 위쪽 [로그인] 클릭합니다.

03 로그인을 진행합니다. 계정이 없을 경우 [계정 작성]을 클릭해 계정을 등록한 후 로그인 합니다.

04 로그인 후 오토데스크 홈페이지 상단 [제품] 메뉴를 클릭하고 [AutoCAD]를 클릭합니다.

05 [무료 체험판 다운로드]를 클릭합니다. [비즈니스]를 선택하고 [다음]을 클릭합니다. (학생이나 교사의 경우 [교육]을 클릭합니다.)

06 액세스 항목에서 [AutoCAD]를 선택하고 [다음]을 클릭합니다.

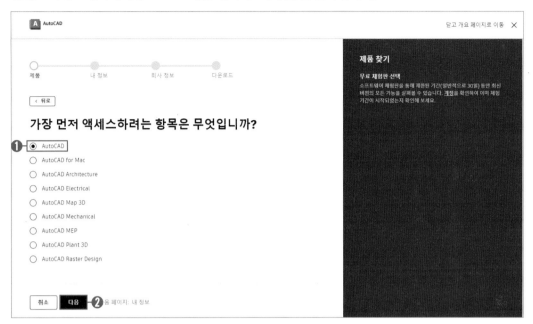

07 사용자 확인을 위해 전화번호를 입력하고 [확인 코드 보내기]를 클릭합니다. 문자로 받은 보안 코드를 입력하고 [확인]을 클릭합니다.

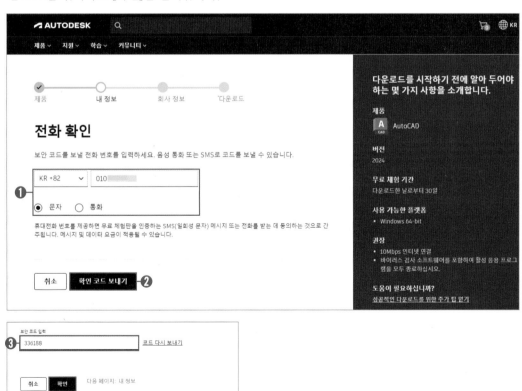

08 고객 정보를 입력한 후 [다음]을 클릭하고 회사 정보 입력 후 [다음]을 클릭합니다.

09 운영체제(Windows), 버전(2024), 언어(한국어)를 확인합니다. [설치]를 클릭하고 [수락]을 클릭하면 다운로드가 시작됩니다.(영문 버전으로 설치하려면 언어를 English로 설정합니다.)

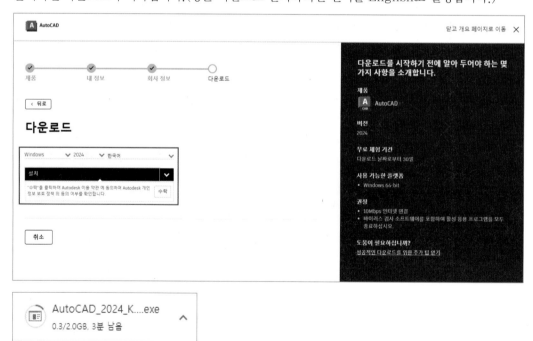

10 다운로드가 완료되면 다운로드한 설치파일을 더블클릭합니다. AutoCAD 2024의 설치가 시작됩니다.

11 설치 경로를 확인하고 [Next]를 클릭한 후 [Install]을 클릭합니다. 설치가 종료되면 시스템을 다시 시작(Restart)합니다.

12 바탕 화면에 생성된 [AutoCAD 2024] 아이콘을 더블클릭하여 프로그램을 실행합니다.

13 30일 무료 버전이므로 [Autodesk ID 로그인]을 클릭해 로그인하면 프로그램을 사용할 수 있습니다. 실행 창 상단에는 ID와 무료 사용 기간이 표시됩니다. 시작 화면의 구성을 확인하고 우측 상단의 [닫기(❌)]를 클릭합니다.

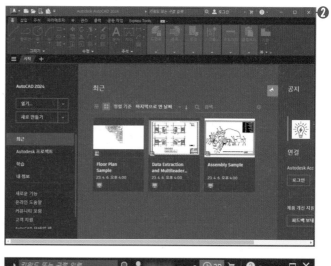

CHAPTER

04

AutoCAD 환경 알아보기

AutoCAD는 작업 유형에 따라 2D, 3D 등 다양한 사용자 환경을 지원합니다. 프로그램을 효율적으로 사용하기 위해 화면 구성, 주요 도구의 위치와 기능을 확인합니다.

⬢ AutoCAD 2024의 화면 구성

모니터의 해상도가 높을수록 상단의 리본 메뉴가 펼쳐진 상태로 나타납니다.

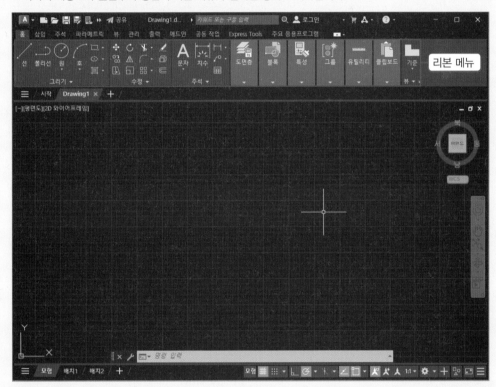

⬢ 리본 메뉴가 펼쳐진 상태

01 작업 화면 살펴보기

상단에는 메뉴가 있고, 중앙에 작업공간이 있는 구조로 다른 프로그램과 큰 차이는 없습니다. 하지만 설계 프로그램으로 좀 더 많은 아이콘과 기능이 있어 다소 복잡해 보일 수 있습니다.

▪▪ AutoCAD 2024의 화면 구성

과정을 따라하는데 문제가 없도록 각 부분의 명칭을 알고 있어야합니다. 여기서는 사용 빈도가 높은 부분에 대해 알아보겠습니다.

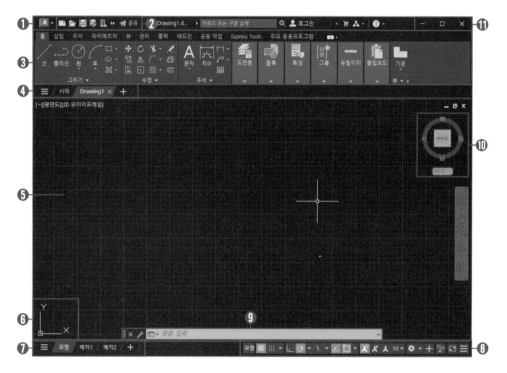

❶ 메뉴 탐색기
❷ 신속 접근 도구 막대
❸ 리본 메뉴
❹ 작업시트
❺ 작업공간
❻ UCS 좌표계

❼ 모형 및 배치 탭
❽ 상태 막대
❾ 명령행
❿ 뷰 큐브
⓫ 작업 창 제어

❶ 메뉴 탐색기()

좌측 상단의 [메뉴 탐색기 ▣▼] 아이콘을 클릭하면 저장, 내보내기,
인쇄, 옵션 등 다양한 메뉴를 사용할 수 있습니다.

❷ 신속 접근 도구 막대(▣▼▚▚▚▚▚▚▚ ◆▼◆▼ ◀공유)

좌측부터 새 도면, 열기, 저장, 다른 이름으로 저장, 출력, 명령 취소, 명령 복구 등 자주 사용하는
기능들을 신속하게 사용할 수 있도록 좌측 상단에 모아놓았습니다. 가장 우측에 있는 화살표를 클
릭하고 추가할 메뉴를 클릭하면 도구 막대에 기능을 추가할 수도 있습니다.

❸ 리본 메뉴

상단의 메뉴 탭을 클릭하면 해당되는 내용으로 리본 메뉴가 펼쳐집니다. 그리기, 수정 등 작업에 필
요한 주요 기능을 사용할 수 있습니다. 화면이 작은 노트북이나 해상도가 낮은 모니터의 경우 우측
메뉴가 접혀 있습니다.

저해상도

고해상도

• **홈 메뉴** : 대부분의 주요 기능을 모두 사용할 수 있습니다.

• 삽입 메뉴 : 작성 중인 도면에 외부 정보를 가져와 추가할 수 있습니다.

• 주석 메뉴 : 문자와 치수를 기입할 수 있는 기능을 사용할 수 있습니다.

❹ 작업시트

[새 도면(➕)]을 클릭해 작업시트를 추가할 수 있고, 여러 개의 파일을 열어놓은 경우 해당 작업시트를 클릭해 이동할 수 있습니다.

[시트 메뉴(≡)]를 클릭하면 시트 이동, 시트 전체 저장 및 닫기 등을 사용 할 수 있습니다.

❺ 작업공간(Drawing Area)

도면을 작성하는 영역입니다.

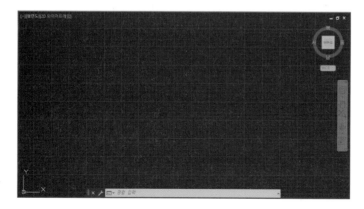

❻ UCS 좌표계

X, Y, Z축을 표시하는 좌표계입니다. 2차원 뷰(View)의 경우 X축과 Y축만 표시되며, 3차원 뷰에서 Z축까지 표시됩니다. 필요에 따라 사용자가 방향이나 위치를 변경해 작업할 수 있습니다.

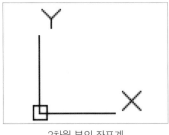 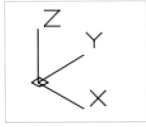 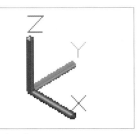

2차원 뷰의 좌표계　　　　　　　　　　　3차원 뷰의 좌표계

❼ 모형 및 배치 탭

모형 공간에서는 도면을 작성하고, 배치 공간에서는 작성된 도면을 출력하기 위해 배치합니다. 배치 탭의 메뉴(▤)는 2024 버전에 추가된 기능입니다.

❽ 상태 막대

상태 막대에는 좌표 값, 보조 도구, 뷰 도구, 검색 도구 등 현재 적용된 작업 환경이 보기 좋게 나열되어 있습니다. 어둡게 표시된 아이콘은 비활성화, 푸른색으로 표시된 아이콘은 활성화되어 있음을 의미합니다. 우측 끝에 사용자화(▤) 설정으로 표시 사항을 변경할 수도 있습니다.

❾ 명령행

사용자가 명령을 입력하고 진행되는 상태와 옵션 등을 확인할 수 있습니다. 기본 형태의 명령행 좌측 끝부분을 드래그해 하단으로 이동하면 부착된 형태로 만들 수 있습니다.

• 기본 형태

• 부착 형태

⑩ 뷰 큐브

시점을 제어할 수 있는 도구로 주로 3차원 모델링에 많이 사용됩니다.

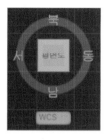

⑪ 작업 창 제어

현재 작업 중인 창의 최소화, 복원, 닫기를 할 수 있습니다.

>>> STEP

02 | 다양한 작업 환경

AutoCAD는 작업 내용과 사용자의 특성에 따라 2D 제도, 3D 모델링 등 다양한 작업공간을 제공합니다.

:: 다양한 작업 환경

하단에 위치한 상태 막대의 [작업공간 전환(⚙▾)] 아이콘을 클릭하면 작업공간을 변경할 수 있고, 사용자가 필요한 기능을 추가해 새로운 작업공간을 만들어 사용할 수도 있습니다. [작업공간 전환(⚙▾)] 아이콘을 클릭하고 기본 설정인 '제도 및 주석'으로 설정합니다. 이후 작업은 기본 설정인 '제도 및 주석'으로 진행됩니다.

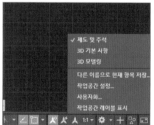

• 제도 및 주석

주로 2차원 도면을 작성하는데 필요한 그리기, 수정, 주석, 도면층과 관련된 도구로 구성되어 캐드를 처음 학습하는 사용자에게 적절합니다.

• 3D 기본 사항

3차원 작업에 필요한 기본적인 작성과 편집 도구를 하나하나 펼쳐놓은 메뉴로 3차원 도면을 처음 학습하는 사용자에게 적절합니다.

• 3D 모델링

3차원 모델링에 사용되는 기본적인 도구를 포함하며, 메쉬, 솔리드 편집 등 다양한 모델링 도구로 구성되어 모델링 위주의 작업에 적절합니다.

>>> STEP

03 한글 버전과 영문 버전 비교해 보기

CAD를 사용한 초기에는 영문 버전 밖에 없어 작업자들이 현장에서 영문 버전을 사용했으나 한글 버전이 출시되고 한글 버전에 대한 관심도 높아져 설계 회사나 학교 및 교육기관에서 많이 설치하는 추세입니다. 이 책의 진행은 한글 버전으로 진행됩니다.

∷ 한글 버전과 영문 버전 비교

한글과 영문 버전을 비교해 보겠습니다. 표시 언어를 제외한 모든 사항은 동일합니다.

• 리본 메뉴

한글

영문

• 메뉴 탐색기

한글   영문

• 명령행의 진행 상태

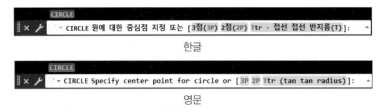

한글

영문

처음 도면 작업을 시작할 때 영문 버전을 사용한 분이라면 한글화된 메뉴나 기능이 어색하여 영문 버전을 사용하시는 분도 있습니다. 영문 버전은 처음에는 부담이 될 수도 있지만 대부분 기초적이고 익숙한 단어들이 많아 영어를 잘 모르더라도 어렵지 않게 작업할 수 있습니다. 하지만 최근에는 한글화된 메뉴가 초보자에게는 쉽게 다가갈 수 있어 사용자가 늘어나고 있는 추세입니다.

** 본 교재는 초보자를 위해 한글 버전으로 진행됩니다.

CHAPTER

05

작업 환경 설정하기

효과적인 작업을 위해서는 작업 목적에 적합한 환경 설정이 필요합니다. 일반 사용자를 기준으로 상태 막대와 옵션의 일부 항목을 확인하고 설정하겠습니다.

◆ 상태 막대 설정하기

◆ 바탕색 및 저장 포맷 변경하기

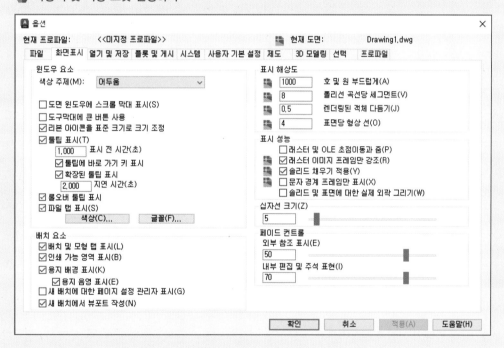

01 상태 막대 설정하기

작업공간 아래쪽에 위치하고 있는 상태 막대는 도면 작성을 도와주는 보조 기능을 지원하며, 해당 기능의 켜고, 꺼짐(활성화된 상태 유무)이 화면에 표시되어 바로 확인할 수 있습니다.

▪▪ 상태 막대 설정

상태 막대 우측 끝에 있는 [사용자화(≣)]를 클릭하여 기능 표시 여부를 확인하고 설정할 수 있습니다.

01 파란색으로 표시된 것은 현재 활성화된 기능입니다. [사용자화(≣)]를 클릭합니다.

활성화

02 다양한 설정 항목이 나타나며, 체크된 것이 상태 막대에 표시되는 항목입니다. 모든 항목을 체크해 상태 막대에 표시되도록 합니다.

✓ 좌표	✓ 직교 모드	✓ 투명도	✓ 주석 가시성	✓ 빠른 특성
✓ 모형 공간	✓ 극좌표 추적	✓ 선택 순환	✓ 자동 축척	✓ UI 잠금
✓ 그리드	✓ 등각투영 제도	✓ 3D 객체 스냅	✓ 주석 축척	✓ 객체 분리
✓ 스냅 모드	✓ 객체 스냅 추적	✓ 동적 UCS	✓ 작업공간 전환	✓ 그래픽 성능
✓ 구속조건 추정	✓ 2D 객체 스냅	✓ 선택 필터링	✓ 주석 감시	✓ 화면 정리
✓ 동적 입력	✓ 선가중치	✓ 장치	✓ 단위	

03 상태 막대의 아이콘을 클릭해서 ON/OFF 설정을 그림과 같이 5개 항목만 ON으로 설정합니다.
※※ 푸른색으로 보이는 것이 ON 상태입니다.

04 자주 사용하는 기능은 상태 막대에 표시되어 있어야 ON/OFF 상태를 확인할 수 있습니다. 상태 막대를 다음과 같이 설정합니다.

05 상태 막대의 설정을 확인합니다. 상태 막대 설정은 사용자나 작업 내용에 따라 달라질 수 있습니다.

> **Tip!** **상태 막대 켜기(ON)/끄기(OFF)**
>
> 상태 막대의 켜기(ON)/끄기(OFF)는 키보드 상단의 기능키(Function Key)로 제어가 가능하며, 자주 사용하는 기능키는 다음과 같습니다.
>
> ❶ **F1** : 도움말
> AutoCAD 프로그램의 도움말을 불러오며 인터넷으로 연결됩니다.
>
> ❷ **F2** : 문자 윈도우
> 이전에 사용한 명령어를 보여주는 창이 나타납니다.
>
> ❸ **F3** : 객체 스냅(□)
> 선이나 호, 원 등 객체의 끝점, 중간점, 교차점, 중심점 등 정확한 위치를 추적합니다.
>
> ❹ **F8** : 직교 모드(□)
> 커서의 움직임을 X축과 Y축으로 제한해 수평과 수직으로만 이동이 가능하게 합니다.
>
> ❺ **F10** : 극좌표 추적(□)
> 설정한 각도로 위치를 추적합니다.
>
> ❻ **F12** : 동적 입력(□)
> 명령 인터페이스가 커서 근처에 표시됩니다.

02 바탕색과 저장 형식 변경하기

AutoCAD의 기본 바탕색은 어두운 회색으로 설정되어있습니다. 명시도를 높이고 눈의 피로감을 줄이기 위해 검은색으로 변경하고
AutoCAD 2024 이전 버전과의 파일 호환을 위해 기본 저장 형식을 낮게 설정하겠습니다.

⠿ 작업 영역의 바탕색과 저장 형식 변경

옵션(Options) 명령을 실행하면 AutoCAD의 전반적인 시스템을 설정할 수 있습니다.

01 시스템 설정을 변경하기 위해 Options 명령의 단축키 [OP]를 입력하고 Enter 를 누릅니다.
∗∗ 좌측 상단의 [메뉴 탐색기(▲▼)]를 클릭한 후 하단에 있는 [옵션(옵션)]을 클릭해도 실행됩니다.

'사용자화' 메뉴를 클릭해도 옵션을 설정할 수 있습니다.

> **Tip!** 명령 입력 방법
>
> ❶ 명령행에서 명령을 입력할 때 커서의 위치가 어디에 있더라도 키보드의 자판만 누르면 바로 입력됩니다. 명령을
> 입력하기 위해 명령행을 클릭하고 입력하지 않아도 됩니다.
> ❷ 동적 입력(▦) 설정에 따른 화면 표시의 차이(교재는 동적 입력을 OFF로 진행합니다.)

동적 입력 OFF : 명령행에 표시

동적 입력 ON : 커서에 표시

02 [옵션] 대화상자가 나타나면 [화면표시] 탭을 클릭하고 [색상]을 클릭합니다.

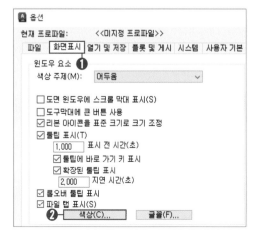

46 PART_01 AutoCAD의 시작

03 [도면 윈도우 색상] 대화상자의 우측 색상 설정에서 화살표를 클릭한 다음 [검은색]을 선택하고 [적용 및 닫기]를 클릭합니다.

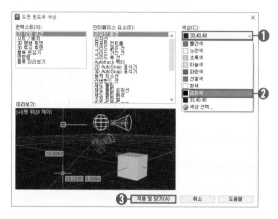

04 저장 형식을 변경하기 위해 [열기 및 저장] 탭의 파일 저장에서 '다른 이름으로 저장'의 화살표를 클릭한 다음 [AutoCAD 2013/LT2013 도면(*.dwg)]를 선택합니다.

05 커서 크기를 변경하기 위해 [제도] 탭을 클릭하고 'AutoSnap 표식기 크기'에서 크기를 그림과 같이 중간 정도로 조정합니다.

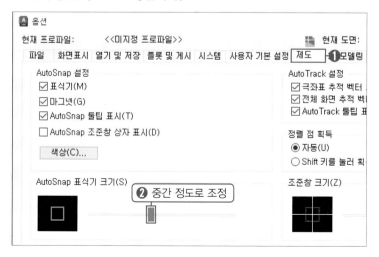

06 계속해서 [선택] 탭을 클릭하고 '확인란 크기', '그립 크기'를 중간 정도로 조정합니다. 하단의 [확인]을 클릭하여 설정을 완료합니다.

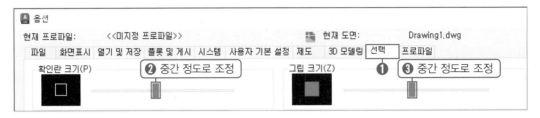

07 명령행의 위치를 변경하기 위해 좌측 끝부분을 클릭 & 드래그하여 그림과 같이 아래쪽으로 이동하면 부착 표시가 나타납니다. 이때 마우스 버튼에서 손을 떼면 하단에 부착됩니다.

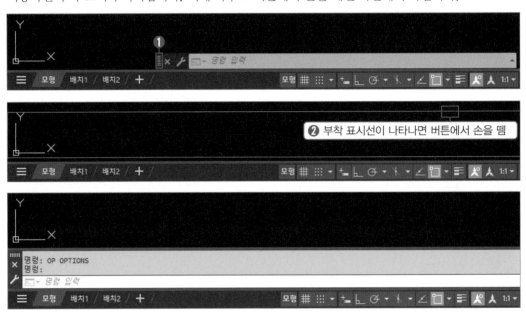

08 부착된 명령행을 좀 더 키우기 위해 커서를 ❶ 부분으로 이동한 후 위로 클릭 & 드래그합니다. 3줄이나 4줄 정도 표시되게 설정합니다.

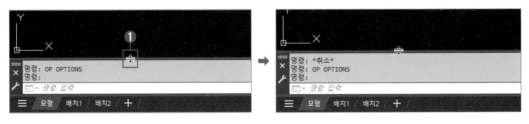

실무에서는...

AutoCAD 2014까지는 '클래식 모드'라는 작업공간이 있었습니다. 하지만 2015부터 모드가 삭제되어 기본 설정에서는 사용할 수 없습니다. 이 클래식 모드는 윈도우를 사용한 초기부터 많이 사용했던 환경으로 아직도 클래식 모드를 선호하는 유저들을 위해 설정 방법을 알아보겠습니다.

{클래식 모드(Classic Mode) 추가(AutoCAD 2015~2024)}

1 [P01/Ch05/AutoCAD+classic.cuix **A**] 파일을 바탕 화면에 복사합니다. AutoCAD 2024를 실행하고 명령행에 [CUI]를 입력한 후 **Enter**를 누릅니다.

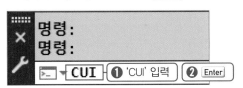

2 [사용자 인터페이스 사용자화] 대화상자가 나타나면 [전송] 탭을 클릭하고 [불러오기]를 클릭합니다.

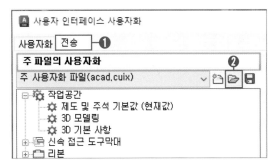

3 [열기] 대화상자에서 바탕 화면에 복사한 [AutoCAD+classic.cuix] 파일을 선택하고 [열기]를 클릭합니다.

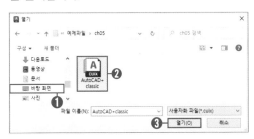

4 작업공간 항목 아래의 [AutoCAD 클래식] 위에서 마우스 오른쪽 버튼을 클릭하고 [복사]를 선택합니다.

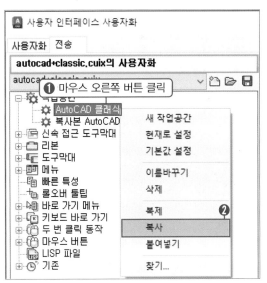

5 [사용자화] 탭을 클릭합니다. 작업공간 항목을 마우스 오른쪽 버튼으로 클릭하고 [붙여넣기]를 선택하면 [AutoCAD 클래식]이 추가됩니다. [확인]을 클릭해 등록을 완료합니다.

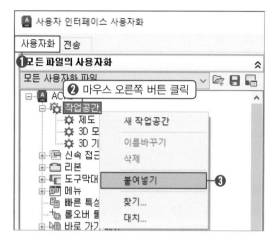

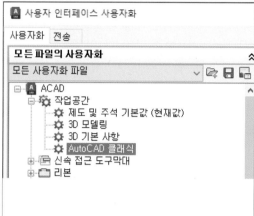

6 AutoCAD 클래식 모드로 전환하기 위해 상태 막대의 [작업공간 전환(⚙ ▼)]을 클릭한 후 [AutoCAD 클래식]을 선택합니다.

7 불필요한 도구 막대는 [닫기]를 클릭해 닫아줍니다. AutoCAD R14부터 2014까지 많이 사용하던 AutoCAD의 클래식 모드입니다. 이 책은 초보자를 위해 기본 설정인 [제도 및 주석] 모드로 진행합니다.

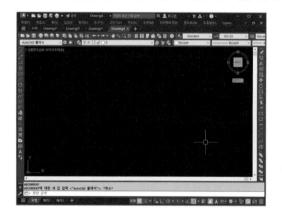

Tip! 클래식 모드 스크롤 막대 설정

'AutoCAD 클래식' 모드로 전환하면 좌표와 명령행 사이에 스크롤 막대가 추가됩니다. 이후 '제도 및 주석' 모드로 변경한 후에도 스크롤 막대가 유지됩니다. 실제 작업에서는 스크롤 막대가 사용되지 않으므로 Option(OP) 명령을 실행해 [화면표시] 탭에서 '도면 윈도우에 스크롤 막대 표시' 항목을 해제합니다.

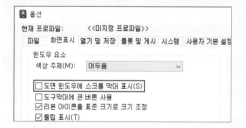

06

AutoCAD 운용 시스템

AutoCAD의 운용은 대부분 명령행(Command Line)으로 진행됩니다. 명령행은 작업의 진행 상태 및 작업자가 확인해야 할 정보를 표시하여 작업을 원활하게 진행할 수 있게 유도합니다. 이 명령행 시스템을 이해하는 것이 AutoCAD 작업의 기본입니다.

◈ 기본 형태의 명령행(Command Line) 진행 상태

```
명령: c CIRCLE
원에 대한 중심점 지정 또는 [3점(3P)/2점(2P)/Ttr - 접선 접선 반지름(T)]:
✕ ⚙ ⌖ ▾ CIRCLE 원의 반지름 지정 또는 [지름(D)]: 30
```

◈ 부착 형태의 명령행(Command Line) 진행 상태

```
명령: c CIRCLE
✕ 원에 대한 중심점 지정 또는 [3점(3P)/2점(2P)/Ttr - 접선 접선 반지름(T)]:
⚙ ⌖ ▾ CIRCLE 원의 반지름 지정 또는 [지름(D)]: 30
```

◈ 동적 입력(⊞)이 켜진 진행 상태

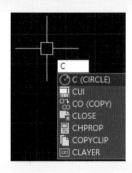

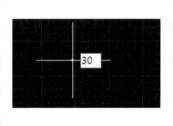

01 대화식 운용 시스템 이해하기

AutoCAD 운용의 핵심은 명령행(Command Line)을 이해하고 효율적으로 입력하는 것입니다. 동적 입력(DYN)의 등장으로 과거에 비해 중요도가 낮아졌지만 아직까지 AutoCAD 운용의 핵심이 되는 것은 명령행(Command Line)입니다.

∷ 명령행(Command Line) 이해

AutoCAD에서는 명령행(Command Line)에 명령을 입력하여 작업을 진행할 수 있습니다. 마우스로 명령 아이콘을 클릭해도 되지만 작업 시간을 단축하기 위해 명령행을 이용하는 경우가 많습니다.

01 AutoCAD를 실행하고 명령행에 [Open([Ctrl]+[O])] 명령 입력 후 [Enter]를 누릅니다. [파일 선택] 대화상자가 나타나면 [P01/Ch06/명령행의 이해.dwg] 파일을 선택하고 [열기]를 클릭합니다.

** OPEN 명령은 신속 접근 도구 막대의 [📂(Open)]을 클릭해도 동일합니다.

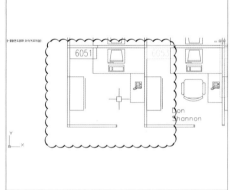

02 선을 그리기 위해 Line 명령의 단축키 [L]을 입력하고 [Enter]를 누릅니다.

03 명령이 입력되면 AutoCAD는 선이 시작되는 첫 번째 지점이 어디인지 명령행(Command Line)을 통해 사용자에게 정보 입력을 요청합니다.

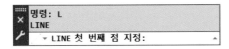

04 ❶지점을 그림과 같이 클릭하면 AutoCAD는 다시 다음 점의 위치 정보를 요청합니다.

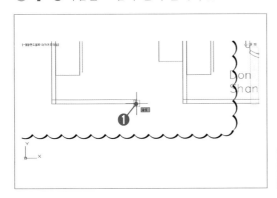

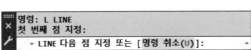

05 ❷지점을 클릭하고 [Enter]를 눌러 작업을 종료합니다. 작업이 종료되면 명령행(Command Line)은 초기화됩니다.

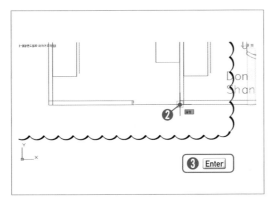

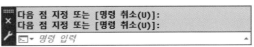

06 원 그리기 작업으로 명령행 작업을 한 번 더 연습하겠습니다. 원을 그리기 위해 Circle 명령의 단축키 [C]를 입력하고 [Enter]를 누릅니다.

07 명령이 입력되면 AutoCAD는 그리고자 하는 원의 중심점이 어디인지 명령행(Command Line)을 통해 사용자에게 정보 입력을 요청합니다.

```
명령: C CIRCLE
CIRCLE 원에 대한 중심점 지정 또는 [3점(3P) 2점(2P)
Ttr - 접선 접선 반지름(T)]:
```

08 원의 중심점 ❶을 그림과 같이 클릭하면 AutoCAD는 원의 반지름 정보를 요청합니다.

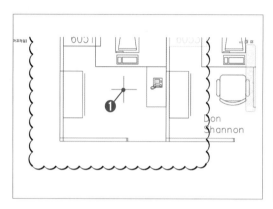

```
원에 대한 중심점 지정 또는 [3점(3P)/2점(2P)/Ttr - 접선
접선 반지름(T)]:
CIRCLE 원의 반지름 지정 또는 [지름(D)]:
```

09 반지름 값 [300]을 입력하고 [Enter]를 눌러 작업을 종료합니다. 작업을 종료하면 원이 그려지고 명령행(Command Line)은 초기화됩니다.

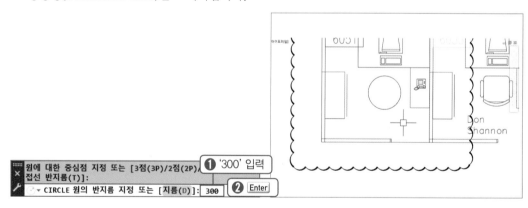

```
원에 대한 중심점 지정 또는 [3점(3P)/2점(2P),     ❶ '300' 입력
접선 반지름(T)]:
CIRCLE 원의 반지름 지정 또는 [지름(D)]: 300     ❷ Enter
```

도면 작업 진행 과정을 알아보았습니다. 작업을 진행하면서 명령행(Command Line)을 확인하면 어렵지 않게 작업할 수 있습니다.

> **Tip!** **상태 막대의 Grid**
>
> 작업 화면의 모눈 표시가 불편하면 화면 하단에 있는 상태 막대에서 Grid(▦)를 클릭하거나 [F7]을 눌러 OFF 합니다.

02 작업 속도 향상을 위한 바른 자세

왼손은 명령을 빠르게 입력하기 위해 키보드 위에 두고, 오른손은 다음 작업을 진행할 수 있게 마우스를 잡고 있습니다.

01 AutoCAD는 도면 작업 시 반복적인 명령과 수치 값을 입력합니다. 장문을 쓰는 경우가 아닌 이상 오른손은 항상 커서의 위치와 방향을 제어할 수 있도록 마우스를 잡고 있어야 하며, 왼손은 명령의 입력과 수치 값을 신속하게 입력하기 위해 키보드 위에 올려놓는 것이 좋습니다.

Tip! Enter 와 Space Bar 기능

AutoCAD에서 Enter 와 Space Bar 의 기능은 문자를 작성할 때 줄 바꿈 이외에는 명령의 실행과 종료 기능으로 사용됩니다. 명령어, 수치 값 등을 입력할 때 왼손을 사용하는데 왼손 엄지로 Space Bar 를 누르면 명령을 쉽게 실행할 수 있습니다.

CHAPTER

07

도면 그리기 준비

도면 작업은 화면 이동, 명령어 입력, 대상 선택이 반복되는 작업으로 기본적인 작업 과정을 이해하고 신속하게 진행할 수 있어야 합니다.

⬡ 마우스 휠(Zoom) 기능으로 도면 살펴보기

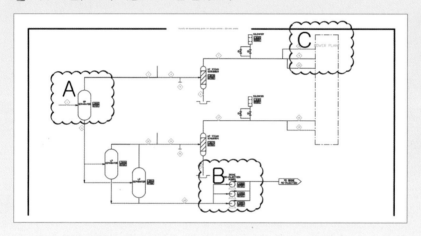

⬡ 커서 모양에 따른 진행 요령

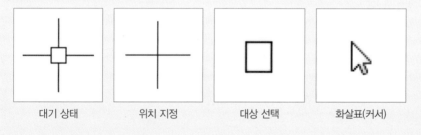

| 대기 상태 | 위치 지정 | 대상 선택 | 화살표(커서) |

⬡ 기본적인 대상 선택 방법

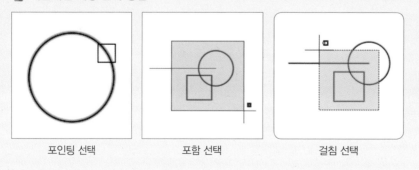

| 포인팅 선택 | 포함 선택 | 걸침 선택 |

01 마우스 휠(Zoom) 기능으로 도면 살펴보기

마우스 휠은 4가지 기능이 있으며, 작업 영역을 빠르게 이동하고 축소와 확대할 때 자유롭게 사용할 수 있습니다.

01 AutoCAD를 실행하고 명령행에 [Open(Ctrl+O)] 명령을 입력한 후 Enter를 누릅니다. [파일 선택] 대화상자가 나타나면 [P01/Ch07/마우스 휠 사용.dwg] 파일을 선택하고 [열기]를 클릭합니다.(경고 창이 나타나면 '무시'를 클릭합니다.)

** 신속 접근 도구 막대의 [Open(📂)]을 클릭해도 됩니다.

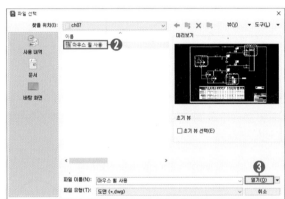

02 도면의 좌측부터 A, B, C로 표시된 부분이 있습니다. 이 부분을 마우스 휠을 이용해 확대 및 축소해보고 도면 영역을 이동해 보겠습니다.

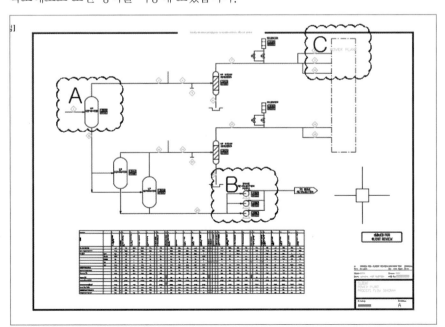

03 커서를 도면 중앙 ❶지점으로 이동한 후 마우스 휠 버튼을 꾹 누른 상태에서 마우스를 움직여봅니다. 커서가 손바닥(✋) 모양으로 변경되고 화면을 움직일 수 있게 됩니다. A부분이 화면 중앙에 오도록 이동하고 휠 버튼에서 손을 뗍니다.(Pan 기능)

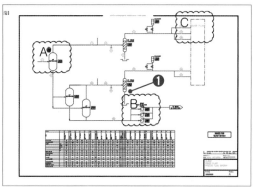
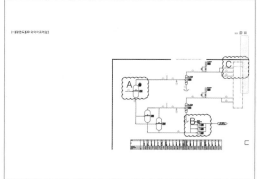

04 A부분을 확대하기 위해 커서를 A부분으로 이동하고 마우스의 휠을 위쪽으로 돌려주면 확대되고 아래쪽으로 돌려주면 화면이 축소됩니다. 확대나 축소하고자 하는 부분이 있으면 커서를 이동해 휠을 돌려주면 됩니다.

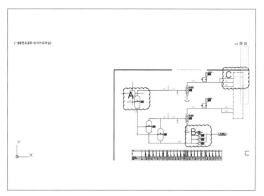
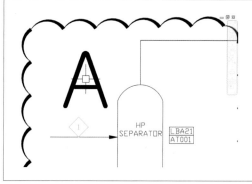

Tip! **확대, 축소의 기준**

확대와 축소의 기준은 커서의 위치입니다. 화면을 확대/축소할 때는 해당 영역으로 커서를 이동한 후 휠을 돌려주어야 효과적으로 확대/축소할 수 있습니다.

05 A부분을 확대한 상태에서 마우스의 휠을 빠르게 더블클릭하면 도면 전체를 한눈에 볼 수 있게 축소됩니다.(Zoom Extents 기능)

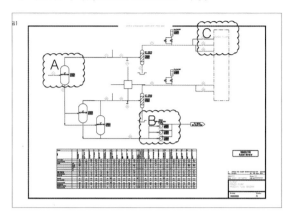

06 03| ~ 05| 과정과 같은 방법으로 B, C 영역에서 이동, 확대/축소 방법을 연습합니다. 휠 기능은 작업의 기본이기 때문에 자유롭게 다룰 수 있어야 합니다.

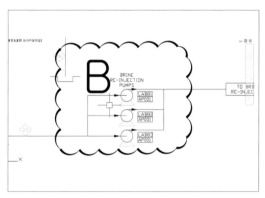
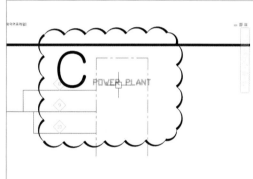

02 커서의 모양에 따른 진행 방법

AutoCAD의 마우스 커서 모양은 4가지입니다. 각 커서가 나타내는 의미를 알고 있다면 모양에 맞게 작업을 진행할 수 있습니다.

❶ 대기 상태의 커서

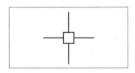

현재 커서가 있는 좌표의 위치를 알려주는 기본 커서입니다. 명령을 입력할 때는 대기 상태의 커서에서만 실행할 수 있습니다. 이 커서로 선, 호, 원 등의 객체를 선택하면 객체에 Grip이라는 것이 나타나며, 이후 다양한 작업을 진행할 수 있습니다.

대상 클릭 결과

Grip 상태를 취소하려면 Esc를 누르고 선택된 대상을 삭제하려면 Delete를 누르면 됩니다.

> **Tip!** 십자선의 크기 변경
>
> 옵션 명령의 단축키인 [OP]를 명령행에 입력하고 Enter를 누릅니다. [옵션] 대화상자에서 [화면표시] 탭을 클릭하고 십자선 크기 값이 커지면 십자선이 길게 변경되고, 값이 작아지면 짧아집니다. 일반적으로 [10] 이하의 값을 사용합니다.
>
>

❷ 십자 커서

선의 끝점 위치를 지정할 때의 십자 커서

십자 커서는 작업에 필요한 위치를 지정할 때 그림과 같은 모양으로 바뀌게 되며, 해당 위치를 클릭하면 현재 위치가 입력됩니다.

❸ 대상 선택 커서

이 커서는 작업에 필요한 선, 호, 원 등의 객체를 선택할 때 대상을 클릭하면 클릭한 대상이 다음과 같이 푸른색으로 강조되어 표시됩니다.

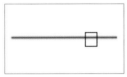

대상 클릭 결과

 Tip! **대상 선택 커서의 크기 변경**

명령행에 옵션 명령의 단축키인 [OP]를 입력하고 Enter 를 누릅니다. [옵션] 대화상자 – [선택] 탭에서 '확인란 크기' 값을 선택하기 편한 중간 정도로 변경합니다.

❹ 화살표 커서

메뉴나 설정 대화상자에서 아이콘이나 버튼 등을 클릭할 때 표시됩니다.

총 4개의 마우스 커서를 사용하지만 십자 커서와 선택 커서의 의미만 명확히 구분해도 명령을 사용할 때 많은 도움이 됩니다.

03 대상을 선택하는 기본적인 방법

도면 작업을 하다 보면 대상(객체)을 선택해야 할 때가 있습니다. 대상과 위치 등 상황에 따라 여러 가지 방법으로 선택할 수 있는데 여기서는 일반적으로 많이 사용하는 3가지 방법을 알아보겠습니다.

❶ 선택 커서로 클릭하여 선택(Pointing)

주로 독립된 객체 하나하나를 선택할 때 사용합니다.

• 선택 방법 : 선택할 대상 위에 ☐ 모양의 커서를 올려놓고 클릭합니다.

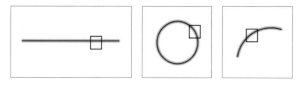

• 선택한 대상의 화면 표시

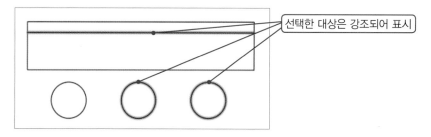

선택한 대상은 강조되어 표시

❷ 포함 선택(Window Box)

주변에 겹치는 객체를 제외하고 선택할 때 사용합니다. 하늘색의 사각형이 표시되며, 사각형 안에 포함된 객체만 선택됩니다. 그림과 같이 일부만 포함된 선은 선택되지 않고 완전히 포함된 원과 사각형만 선택됩니다.

• 선택 방법 : ❶지점에서 클릭 후 커서를 이동하여 ❷지점에서 클릭합니다. 클릭 후 우측으로 이동하여 클릭하는 방법입니다.

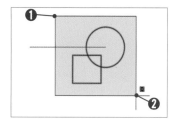

❸ 걸침 선택(Crossing Box)

주변의 많은 객체를 한번에 선택할 때 주로 사용합니다. 녹색의 사각형 안에 포함된 객체뿐만 아니라 걸치는 객체까지 모두 선택됩니다. 그림과 같이 선택하면 일부 걸쳐진 선과 원, 완전히 포함된 사각형이 모두 선택됩니다.

• 선택 방법 : ❶지점에서 클릭 후 커서를 이동하여 ❷지점에서 클릭합니다. 클릭 후 좌측으로 이동하여 클릭하는 방법입니다.

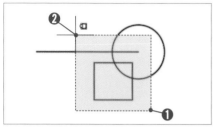

** 설명한 3가지 선택 방법은 자주 사용하는 방법입니다.

CHAPTER 08

명령 입력 방법

명령을 실행하는 다양한 방법을 확인하고 빠른 작업을 위한 명령의 실행과 종료 및 취소하는 과정을 알아보겠습니다.

◆ 리본 메뉴 아이콘 사용

◆ 풀다운 메뉴 사용(Menubar 명령을 입력해 설정)

◆ 명령행(Command Line) 사용

◆ 명령의 신속한 실행, 종료, 취소

Enter, Space Bar : 명령 실행과 종료
Esc : 명령 취소

01 리본 메뉴 사용하기

리본 메뉴는 탭, 패널, 확장 패널, 아이콘으로 구분됩니다. 사용하고자 하는 명령의 아이콘을 클릭하면 명령이 실행됩니다.

※※ 기본적인 작업은 대부분 [홈] 탭에서 이루어집니다.

01 명령행에 [Open(Ctrl+O)] 명령을 입력하고 Enter를 누릅니다. [파일 선택] 대화상자가 나타나면 [P01/Ch08/명령어 입력.dwg] 파일을 선택하고 [열기]를 클릭합니다.

※※ 신속 접근 도구 막대의 [Open(📂)]을 클릭해도 동일합니다.

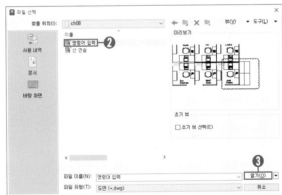

02 선(Line) 명령을 이용해 선을 그려보겠습니다. 리본 메뉴 상단의 [홈] 탭을 클릭하고 [선] 아이콘을 클릭합니다.

03 명령행을 확인해보면 아이콘 클릭과 동시에 선(Line) 명령이 실행된 것을 알 수 있습니다. 선이 시작될 첫 번째 점을 클릭합니다.

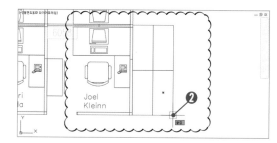

04 명령행에 다음 점을 입력하라는 메시지가 나타나면, 커서를 ❶지점으로 이동하고 클릭합니다.

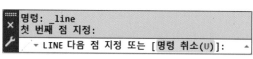

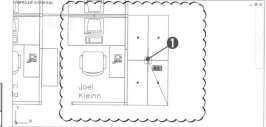

> **Tip!** **직교 모드, 객체 스냅 설정**
>
> 커서가 ❶지점으로 이동되지 않고 수직, 수평으로만 이동되면 F8 을 눌러 직교 모드를 해제합니다. 그리고 끝점 표식(⊞)이 나타나지 않으면 F3 을 눌러 객체 스냅을 ON으로 설정합니다.

05 다음 점을 입력하기 위해 ❶지점을 클릭하고 명령을 종료하기 위해 Enter 를 누릅니다. 명령이 종료되면 명령행은 대기 상태로 표시됩니다.

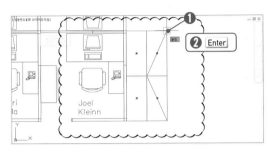

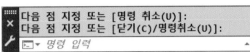

02 | 풀다운 메뉴 사용하기(메뉴 추가)

풀다운 메뉴는 AutoCAD 클래식 모드에서 많이 사용하던 메뉴입니다. 기본 설정은 리본 메뉴지만 시스템 명령을 입력해 추가로 사용할 수 있습니다.

01 도면은 Step 01의 실습 파일(명령어 입력.dwg)을 계속 사용합니다. 기본 설정은 리본 메뉴이므로 풀다운 메뉴를 추가하기 위해 명령행에 [MENUBAR]를 입력하고 Enter 를 누릅니다.

02 명령이 실행되고 'MENUBAR에 대한 새 값 입력'에 [1]을 입력하고 Enter 를 누르면, 리본 메뉴 상단에 풀다운 메뉴가 추가됩니다.

풀다운 메뉴 추가 전

풀다운 메뉴 추가 후

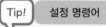
03 선(Line) 명령을 실행하기 위해 [그리기] 메뉴를 클릭하고 [선]을 선택합니다.

04 명령행에는 클릭과 동시에 선(Line) 명령이 실행되었습니다. 선이 시작될 첫 번째 지점 ❶을 클릭합니다.

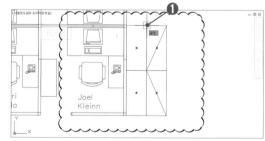

05 다음 점을 입력하라는 메시지에서 커서를 ❷지점으로 이동해 클릭합니다.

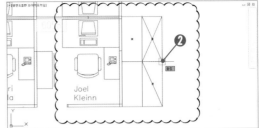

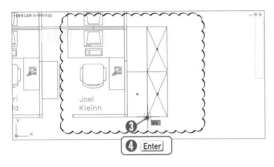

명령: _line
첫 번째 점 지정:
▾ LINE 다음 점 지정 또는 [명령 취소(U)]:

06 다음 점을 입력하기 위해 ❸지점을 클릭하고 명령을 종료하기 위해 Enter 를 누릅니다. 명령이 종료되면 명령행은 대기 상태로 표시됩니다.

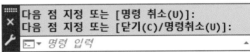

다음 점 지정 또는 [명령 취소(U)]:
다음 점 지정 또는 [닫기(C)/명령취소(U)]:
▾ 명령 입력

03 | 명령행(Command Line) 사용하기

명령을 입력해 실행하겠습니다. 대부분의 명령은 단축키가 있으며, 자주 사용되는 명령의 단축키는 기억하여 신속한 작업이 진행될 수 있도록 합니다.

01 도면은 Step 02의 실습 파일(명령어 입력.dwg)을 계속 사용합니다. 선(Line) 명령의 단축키 [L]을 입력한 후 Enter 를 누릅니다. 이전 두 가지 방법과 마찬가지로 명령이 실행됩니다.

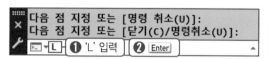

02 선이 시작될 첫 번째 지점 ❶을 클릭하고 다시 ❷지점을 클릭합니다. 명령을 종료하기 위해 Enter 를 누릅니다.

** 실무에서는 명령행에 단축키를 직접 입력하는 방법이 빠르기 때문에 가장 많이 사용됩니다.

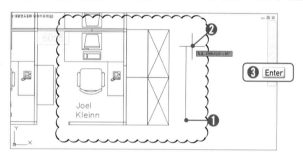

04 명령의 신속한 실행과 종료, 취소하기

명령을 실행한 후 동일한 명령을 다시 사용할 경우 명령을 다시 입력하지 않아도 Enter 나 Space Bar 만 누르면 바로 전에 사용한 명령을 반복해서 실행할 수 있습니다. 동일한 명령을 반복해서 사용할 때 매우 효과적인 기능이니 기억합니다.

01 도면은 Step 03의 실습 파일(명령어 입력.dwg)을 계속 사용합니다. 선(Line) 명령의 단축키 [L]을 입력한 후 Enter 를 누르고 ❶, ❷지점을 연속으로 클릭합니다. 작업을 종료하기 위해 Enter 를 누릅니다.

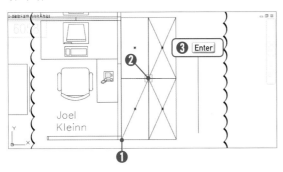

02 다시 선을 그리기 위해 단축키 [L]을 입력하고 Enter 를 눌러도 되지만 마지막에 사용한 명령이 선(Line) 명령이므로 Enter 만 누릅니다. 명령행을 확인해보면 선(Line) 명령이 실행되었습니다.

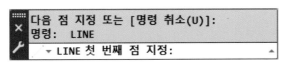

> **Tip!** Enter 와 Space Bar 기능
>
> AutoCAD에서 Enter 와 Space Bar 의 기능은 실행과 종료입니다. 단, 문자를 입력할 경우 Enter 는 행을 변경하고 Space Bar 는 한 칸을 띄웁니다.

03 ❶, ❷지점을 클릭하고 작업을 종료하기 위해 [Enter]를 누릅니다.

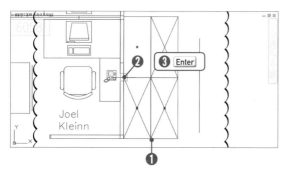

04 계속해서 [Enter]를 눌러 선(Line) 명령을 반복 실행한 후 ❷, ❸지점을 클릭하고 [Enter]를 눌러 작업을 종료합니다. 다시 [Enter]를 누르고 ❻, ❼지점을 클릭하고 [Enter]를 눌러 명령을 종료합니다.

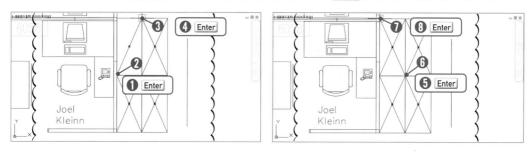

05 명령어를 잘못 입력하거나, 작업 중 명령을 취소할 경우 [Esc]를 누르면 명령행은 대기 상태로 표시됩니다. [abc]를 입력한 후 [Esc]를 누르면 명령이 취소됩니다.

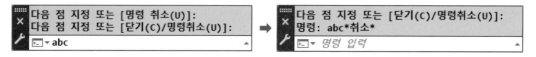

06 선(Line) 명령 단축키 [L]을 입력한 후 Enter를 누릅니다. ❶지점을 클릭한 후 작업을 취소하기 위해 Esc를 누릅니다. 작업 중 다른 명령어나, 오타를 입력한 경우 Esc로 취소할 수 있습니다.

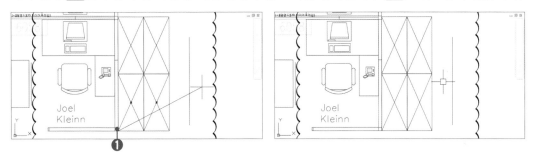

07 [Open(Ctrl+O)] 명령을 입력하고 Enter를 누른 후 [파일 선택] 대화상자가 나타나면 [P01/Ch08/선 연습.dwg] 파일을 선택하고 [열기]를 클릭합니다.

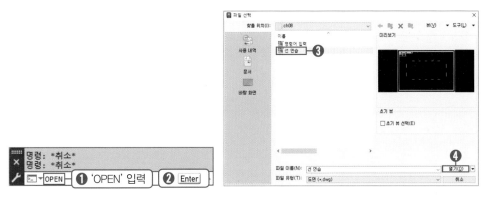

07 지금까지 작업한 방법으로 선(Line) 명령을 이용해 다음과 같이 선을 그려봅니다.

✽ 모양이 다르더라도 연습이기 때문에 괜찮습니다.

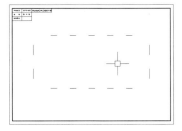 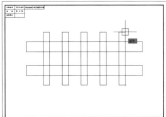 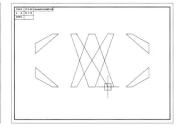

02

도면 작성에 필요한 필수 명령어

도면 작업에 많이 사용하는 필수 명령어를 이용해 도면을 그리면서 명령어 사용법을 배워보겠습니다. 명령을 이해하고 효율적으로 작업할 수 있는 방법을 배우는 것이기 때문에 초보자들은 이 과정을 천천히 따라 해보세요. AutoCAD의 Drawing 시스템을 전반적으로 이해하고, 자신감을 갖는 것이 중요합니다.

도면의 시작과 좌표

AutoCAD의 새 도면 유형을 설정해 간단한 도형을 그려보겠습니다. AutoCAD에서 사용되는 좌표의 종류와 선 그리기, 지우기 명령을 학습해 도면 작성의 기초를 실습해 보겠습니다.

⬡ Startup과 New : 새 도면의 시작과 유형 설정

양식(템플릿) 선택으로 시작하기   단위 선택으로 시작하기

⬡ Line(L) : 선 그리기

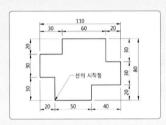

⬡ Erase(E) : 삭제

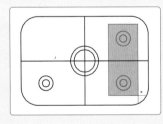

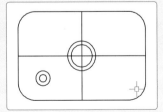

⬡ 좌표의 이해 : 길이, 각도 등 위치 정보를 입력

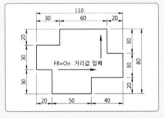

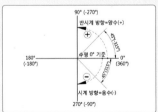

01 | Startup과 New(새 도면 유형 설정)

Startup은 새 도면의 유형을 설정합니다. 기본 설정이 [템플릿 선택] 대화상자로 시작하는 기본값 '0'이나 '3'으로 설정되어 있습니다. 이를 Traditional 설정으로 변경해 학습을 진행하겠습니다. 한 번만 설정하면 그 이후에는 자동으로 적용됩니다.

작업	Startup : 새 도면의 유형 설정 New(□) : 새 도면 시작

01 AutoCAD를 실행합니다. 현재 적용된 Startup 설정을 확인하기 위해 명령행에 [New]를 입력하고 Enter 를 누릅니다. 새 도면이 실행되면 현재 적용된 설정으로 Startup 대화상자가 나타납니다. 'acadiso' 파일을 클릭하고 [열기]를 클릭해 도면을 시작합니다.

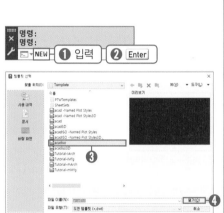
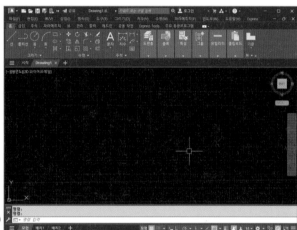

02 Startup 설정을 단위 선택이 우선인 '1'로 변경하기 위해 명령행에 [Startup]을 입력하고 Enter 를 누릅니다. 새 값 입력에 [1]을 입력하고 Enter 를 누르면 화면에 변화는 없지만 설정은 변경됩니다.

03 변경된 설정을 확인하기 위해 명령행에 [New]를 입력하고 Enter를 누릅니다. '영국식'과 '미터법' 단위를 선택하는 [새 도면 작성] 대화상자가 나타납니다. 미터법을 체크하고 [확인]을 클릭해 도면을 시작합니다.(영국식 : inch, 미터법 : mm)

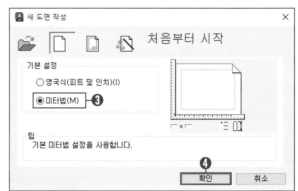

04 그리드(Grid)와 뷰 큐브 설정이 해제된 새 도면이 시작됩니다. 도면 작업은 계속 Startup 설정이 '1'인 미터법으로 진행하겠습니다.

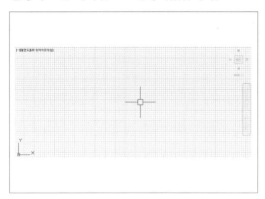

Startup : 3

Startup : 1

Tip! **[새 도면]의 시작**

[새 도면] 시작을 [NEW] 명령어와 아이콘을 사용해도 되지만 작업 탭의 더하기 표시(➕)에서 마우스 오른쪽 버튼을 클릭한 후 [새로 만들기]를 클릭해도 됩니다. 그냥 더하기를 클릭하면 기본 설정의 새 도면이 실행되므로 마우스 오른쪽 버튼을 클릭해야 합니다.

02 | Line(선)

작업에 기본이 되는 Line 명령을 이용하는 방법에 대해 알아보겠습니다.

작업	선 그리기	보조 기능	직교 모드(Ortho) F8
단축키	L		
풀다운 메뉴	그리기(Draw) ➡ 선(Line)		
리본 메뉴	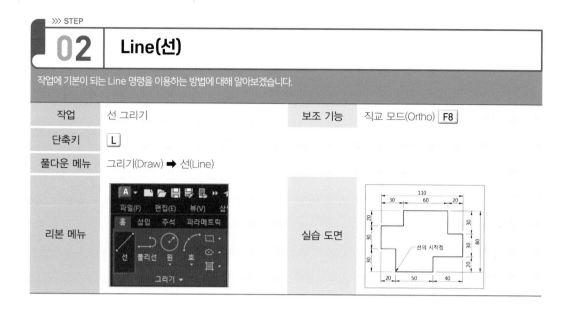	실습 도면	

:: Line(선) 명령 사용하기

선은 도면을 작성하는데 기본이 되는 작업으로 Line 명령을 이용해 도형을 그리면서 배워보겠습니다.

01 선을 그리기 전에 먼저 작업 화면 하단에 있는 상태 막대의 기능부터 확인하겠습니다. 다음과 같이 주석 객체와 하드웨어 가속을 제외한 모든 기능을 꺼줍니다.

02 Line(L) 명령을 실행하기 위해 단축키 [L]을 입력하고 Enter를 누른 후 선분의 시작점 ❸지점을 클릭합니다.

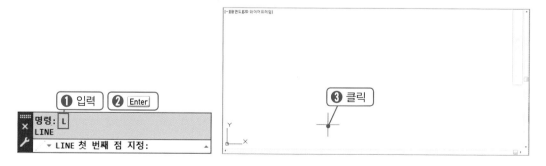

03 십자 커서를 우측으로 이동하면 직교 모드(Ortho)가 OFF 상태이므로 사선으로 늘어집니다. 키보드에서 F8 을 눌러 직교 모드를 ON 합니다. 직교 모드는 좌표의 이동을 X축과 Y축으로 제한하여, 수평과 수직으로만 이동할 수 있습니다.

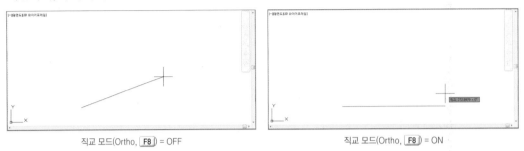

직교 모드(Ortho, F8) = OFF   직교 모드(Ortho, F8) = ON

04 커서를 그리고자 하는 방향인 ❶지점으로 이동한 상태에서 명령행에 선의 길이 [50]을 입력하고 Enter 를 누릅니다. 커서의 위치를 ❹지점으로 이동하면 길이가 확인됩니다.

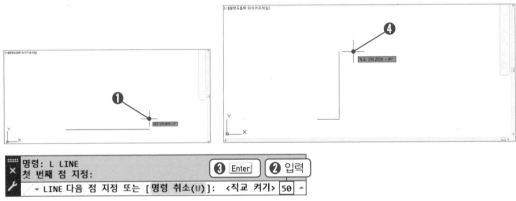

```
명령: L LINE
첫 번째 점 지정:                    ❸ Enter    ❷ 입력
LINE 다음 점 지정 또는 [ 명령 취소(U) ]: <직교 켜기> 50
```
∗∗ 커서의 위치에 따라 선의 진행되는 방향이 변경됩니다.

05 도면이 작아 확대해 보겠습니다. 현재 상태에서 커서를 ❶지점으로 이동하고 휠을 위쪽으로 조금만 돌리면 다음과 같이 크기가 확대됩니다.

06 커서를 위쪽 ❶지점으로 이동한 후 거리 값 [20]을 입력하고 Enter 를 누릅니다. 다시 커서를 ❹지점으로 이동한 후 거리 값 [40]을 입력하고 Enter 를 누릅니다.

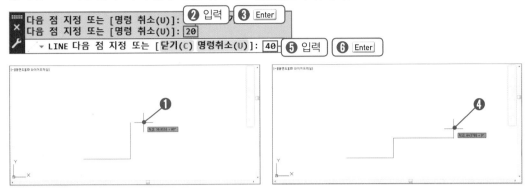

07 다시 ❶지점으로 커서를 이동한 후 거리 값 [30]을 입력하고 Enter , 좌측 ❹지점으로 커서를 이동한 후 거리 값 [20]을 입력하고 Enter 를 누릅니다.

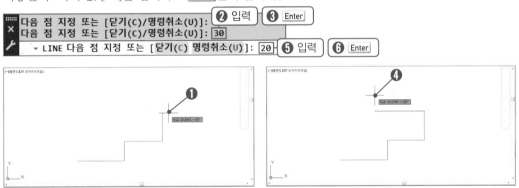

08 다음 도면의 치수를 보고 동일한 방법으로 선의 끝점까지 작성하고 Enter 를 눌러 작업을 종료합니다.

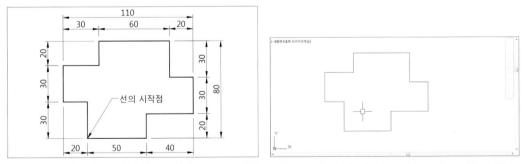

** 작업 도중 명령이 종료되어 선이 끊어지면, 빈 공간에서 처음부터 다시 연습합니다. 끊어진 선에서 작업하는 것은 객체 스냅을 배워야 가능합니다.

삼각형을 그려보면서 선(Line) 명령의 옵션 2가지를 확인해 보겠습니다.

01 명령행에 선(Line) 명령 단축키 [L]을 입력하고 Enter를 누른 후 거리 값 입력 없이 ❸, ❹, ❺, ❻, ❼, ❽지점을 순서대로 클릭합니다.

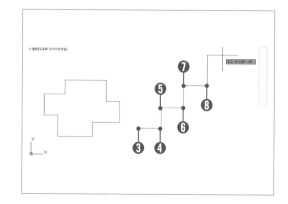

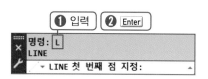

02 선의 위치를 다시 지정하기 위해 명령행의 '닫기(C)', '명령 취소(U)' 옵션 중 취소 옵션을 적용하기 위해 [U]를 입력하고 Enter를 누릅니다. 한 번 더 [U]를 입력하고 Enter를 누릅니다.

** 취소 옵션인 [U]를 누를 때마다 작업 과정이 한 단계씩 취소됩니다.

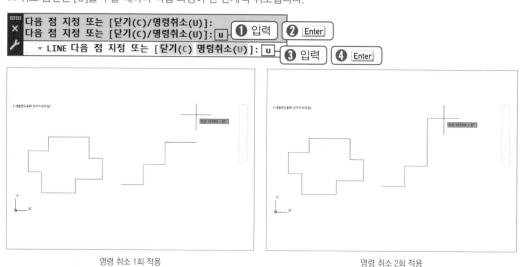

명령 취소 1회 적용　　　　　　　　　　　명령 취소 2회 적용

03 '닫기(C)' 옵션을 적용하기 위해 [C]를 입력하고 Enter 를 눌러 작업을 종료합니다. 모든 명령에는 옵션이 있고 사용법은 동일합니다.

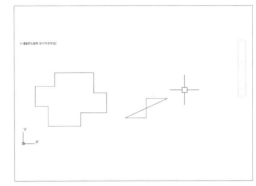

```
다음 점 지정 또는 [닫기(C)/명령취소(U)]: U
다음 점 지정 또는 [닫기(C)/명령취소(U)]: U
▼ LINE 다음 점 지정 또는 [닫기(C) 명령취소(U)]: C
```
❷ Enter
❶ 입력

** '닫기(C)' 옵션은 선이 시작된 위치로 선을 연결하고 작업을 종료하는 옵션입니다.

> Tip! **한글, 영문 버전의 옵션 표시와 적용**

표시되는 방법과 언어만 다를 뿐 입력되는 명령은 동일합니다. **03** 방법처럼 옵션 키를 입력해도 되지만 옵션 내용을 커서로 클릭해도 적용됩니다.

❶ 한글 버전의 옵션 표시와 사용

```
다음 점 지정 또는 [명령 취소(U)]:
다음 점 지정 또는 [명령 취소(U)]:
▼ LINE 다음 점 지정 또는 [닫기(C) 명령취소(U)]:
```
커서로 클릭해도 옵션이 적용됨

❷ 영문 버전의 옵션 표시와 사용

```
Specify next point or [Undo]:
Specify next point or [Undo]:
▼ LINE Specify next point or [Close Undo]:
```

>>> STEP

03 Erase(지우기)

Erase는 선택한 대상을 지우는 명령으로 3가지 선택 방법을 이용해 지워보겠습니다.

작업	지우기	보조 기능	포함 선택(Window), 걸침 선택(Crossing)
단축키	E		
풀다운 메뉴	수정(Modify) ➡지우기(Erase)		
리본 메뉴	(리본 메뉴 이미지)	실습 도면	(실습 도면 이미지)

01 명령행에 [Open] 명령을 입력하고 Enter 를 누른 후 [P02/Ch01/지우기.dwg] 파일을 불러옵니다.

✱✱ Ctrl + O 를 누르거나 Open() 아이콘을 클릭해도 됩니다.

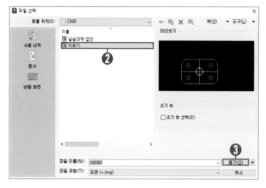

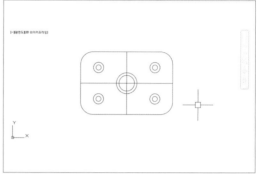

02 도면 안쪽의 작은 원들을 지우기 위해 Erase(E) 명령 [E]를 입력한 후 Enter 를 누릅니다. 명령행에 지울 대상을 선택하라는 '객체 선택'이 나타나고 커서는 선택 커서(□)로 변경됩니다.

03 마우스 휠로 화면을 확대한 후 선택 커서로 객체 ❶과 ❷를 클릭하고 Enter 를 누르면 선택한 두 개의 원이 지워집니다.

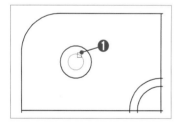

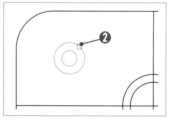

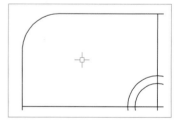

04 포함하여 삭제하는 방법입니다. Enter를 누르면 이전에 사용한 Erase 명령이 반복 실행됩니다. ❶지점을 클릭한 후 ❷지점을 클릭하면 푸른색 바탕의 영역이 만들어지고 영역에 포함된 4개의 원이 선택됩니다. Enter를 누르면 선택된 객체가 삭제됩니다.(❸, ❹지점을 클릭해도 됩니다.)

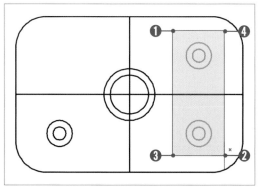 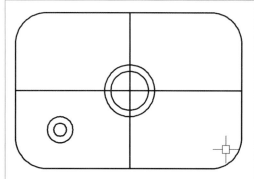

05 걸침 선택 방법입니다. Enter를 누르면 Erase 명령이 다시 실행되고, ❶지점 클릭 후 ❷지점을 클릭합니다. 녹색 바탕의 영역이 만들어지고 걸쳐진 4개의 원이 선택됩니다.(❸, ❹지점을 클릭해도 됩니다.)

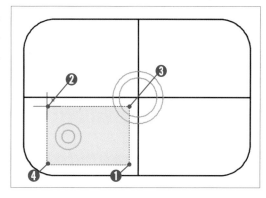

06 가장 큰 원을 선택에서 해제하기 위해 Shift를 누른 상태에서 가장 큰 원인 ❶을 클릭하고 Enter를 누르면 큰 원을 제외한 원 3개가 삭제됩니다.

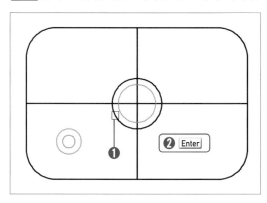 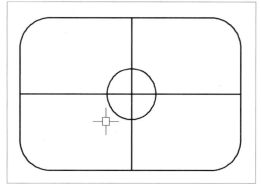

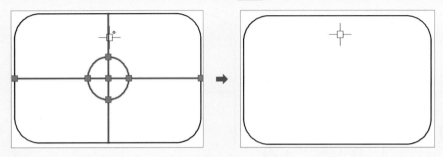
>>> STEP

04 | 좌표의 이해

위치 정보인 좌표는 AutoCAD에서 매우 중요한 역할을 합니다. 도형을 그려보면서 여러 가지 좌표에 대해 알아보겠습니다.

∷ 절대좌표 입력하기

절대좌표는 원점(0,0)을 기준으로 좌표 값을 입력합니다. 입력 형식은 'X,Y' 입니다.

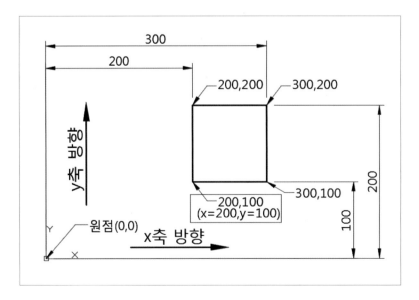

01 [New] 명령으로 새 도면을 열어 원점을 기준으로 하는 절대좌표를 사용해 사각형을 그려보겠습니다. Line(L) 명령을 실행하기 위해 단축키 [L]을 명령행에 입력하고 [Enter]를 누른 후 첫 번째 점의 절대좌표 위치를 [200,100]을 입력하고 [Enter]를 누릅니다.

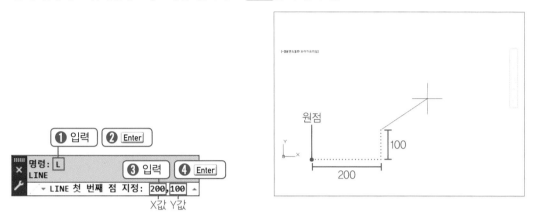

02 계속해서 X축으로 '100'을 이동하기 위해 [300,100]을 입력하고 [Enter]를 누릅니다.

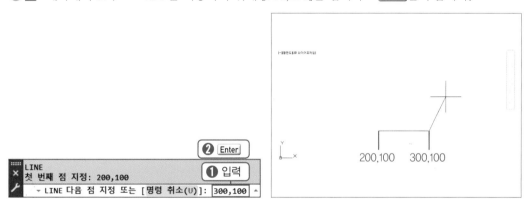

03 Y축 방향으로 '100'을 이동하기 위해 [300,200]을 입력하고 [Enter]를 누릅니다.

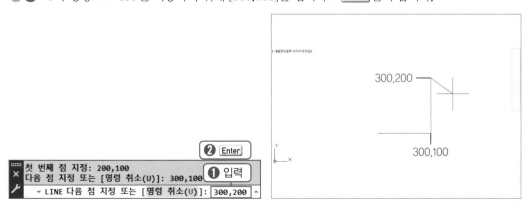

04 X축 방향으로 '−100'을 이동하기 위해 [200,200]을 입력하고 Enter를 누릅니다.

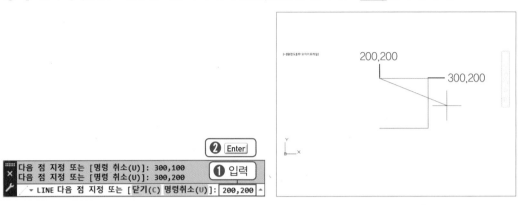

05 Y축 방향으로 '−100'을 이동하기 위해 [200,100]을 입력하고 Enter를 누른 후 종료하기 위해 한 번 더 Enter를 누릅니다. 절대좌표는 지금까지 작업한 것처럼 항상 원점(0,0)을 기준으로 거리가 얼마인지 생각해서 입력해야 합니다.

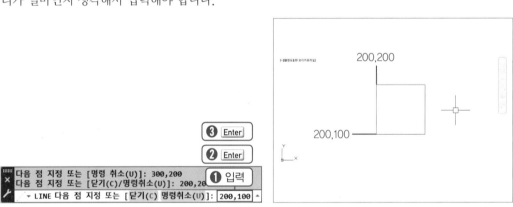

:: 상대좌표 입력하기

현재 위치(@)를 기준으로 좌표 값을 입력합니다. 입력 형식은 '@X,Y' 입니다.

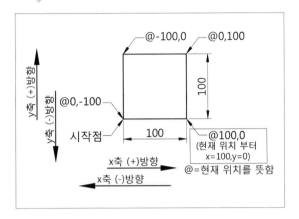

01 [New] 명령으로 새로운 도면을 시작합니다. 현재 위치를 기준으로 하는 상대좌표를 이용해 사각형을 그려보겠습니다. Line(L) 명령을 실행하기 위해 단축키 [L]을 입력하고 Enter를 누릅니다. 첫 번째 점의 위치 ❸(임의의 점)을 클릭합니다.

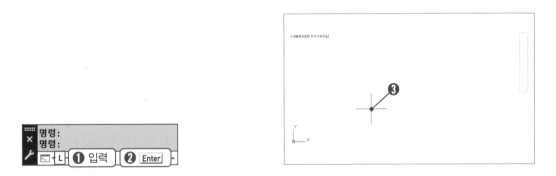

02 현재 위치에서 X축 방향으로 '100', Y축 방향으로 '0'을 이동한 지점 [@100,0]을 입력하고 Enter를 누릅니다.

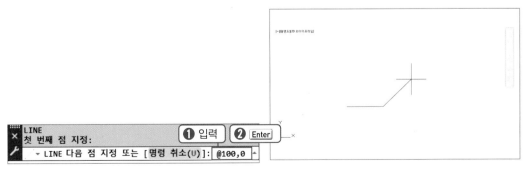

03 X축 방향으로 '0', Y축 방향으로 '100'을 이동한 지점 [@0,100]을 입력하고 Enter 를 누릅니다.

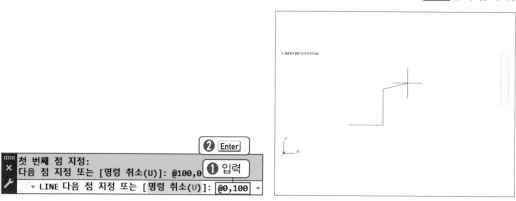

04 X축 방향으로 '−100', Y축 방향으로 '0'을 이동한 지점 [@−100,0]을 입력하고 Enter 를 누릅니다.

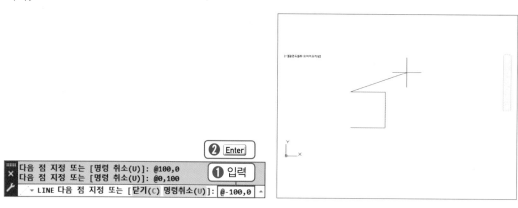

05 X축 방향으로 '0', Y축 방향으로 '−100'을 이동한 지점 [@0,−100]을 입력하고 Enter 를 누른후 작업을 종료하기 위해 한 번 더 Enter 를 누릅니다. 현재 위치를 기준으로 작업하기 때문에 절대 좌표보다는 편리합니다.

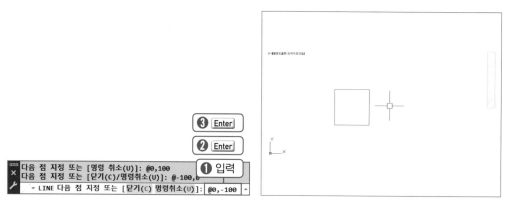

:: 상대극좌표 입력하기

현재 위치를 기준으로 좌표 값을 길이와 각도로 입력합니다. 입력 형식은 '@길이<각도' 입니다.

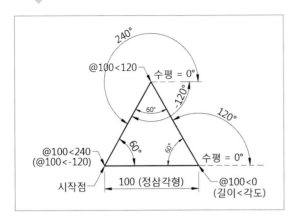

01 [New] 명령으로 새로운 도면을 시작합니다. 현재 위치를 기준으로 길이와 각도를 입력하는 상대극좌표를 사용해 정삼각형을 그려보겠습니다. Line(L) 명령을 실행하기 위해 단축키 [L]을 입력하고 Enter 를 누릅니다. 첫 번째 점의 위치 ❸을 클릭합니다.

02 현재 위치에서 길이가 '100', 각도가 '0°'인 지점을 입력하기 위해 [@100〈0]을 입력하고 Enter 를 누릅니다.

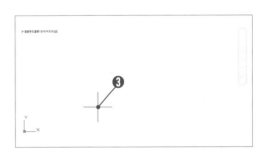

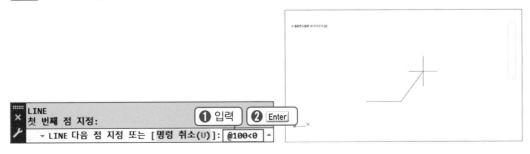

03 길이가 '100', 각도가 '120°'인 지점을 입력하기 위해 [@100〈120]을 입력하고 Enter를 누릅니다.

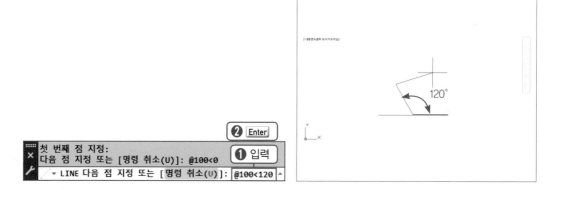

② Enter

첫 번째 점 지정:
× 다음 점 지정 또는 [명령 취소(U)]: @100<0
  ▾ LINE 다음 점 지정 또는 [명령 취소(U)]: @100<120

① 입력

04 길이가 '100', 각도가 '240°'인 지점 [@100〈240]을 입력한 후 Enter를 누르고 작업을 종료하기 위해 Enter를 한 번 더 누릅니다.

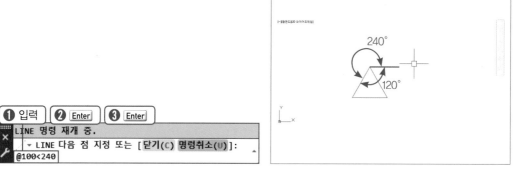

① 입력 ② Enter ③ Enter

LINE 명령 재개 중.
× ▾ LINE 다음 점 지정 또는 [닫기(C) 명령취소(U)]:
  @100<240

＊＊ 시계 방향 각도인 [@100〈-120]을 입력해도 됩니다.

{실무에서 좌표를 입력하는 방법}

좌표의 입력 방법에는 절대좌표, 상대좌표, 상대극좌표가 있지만 도면 작성 시 계산 및 입력이 번거로워 일부 작업에서만 사용하고, 주로 직교 모드(F8)에서 거리 값을 입력하여 사용합니다. 좌표 작업의 핵심은 축 방향의 값은 양수(+), 축 반대 방향 값은 음수(−)로 입력하는 것과 각도 입력 시 수평 0°를 기준으로 시계 방향은 음수(−), 반시계 방향은 양수(+)로 입력한다는 것을 꼭 기억합니다.

[직교 모드(F8)와 거리 값을 사용]

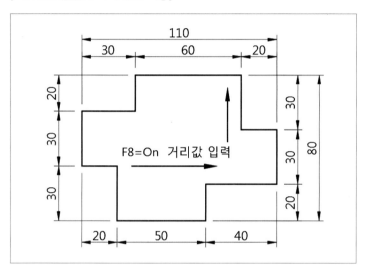

[각도 입력의 기준]

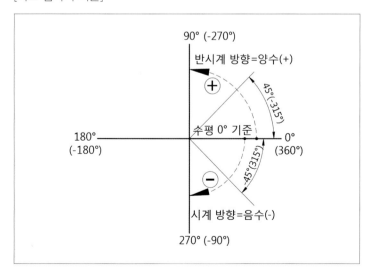

1 직교 모드(F8)와 상대좌표를 이용해 다음 도면을 작성하시오.

중간에 좌표 입력이 잘못되면 최소 옵션인 [U]를 사용해 다시 입력하고, 작업 중간에 선이 끊어지면 이어서 작업하지 말고 처음부터 다시 작업합니다. 위치를 추적하는 객체 스냅은 Chapter 02에서 배우게 됩니다.

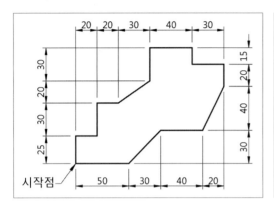 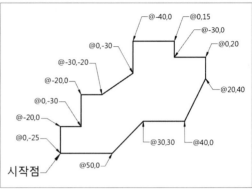

2 직교 모드(F8)와 상대좌표로 입력해 다음 문자(LINE)를 작성하시오.

문자와 문자 사이의 거리는 임의의 간격으로 작업자가 보기 좋게 배치합니다.

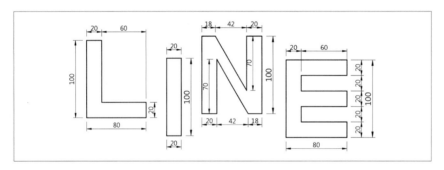

3 상대좌표와 상대극좌표를 활용하여 다음 도면을 작성하시오.

수평을 0°로 하여 각도를 계산합니다.

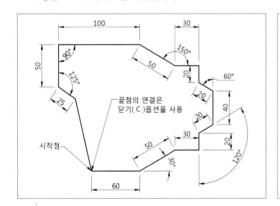 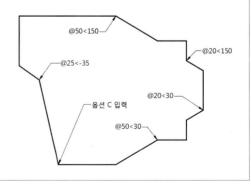

4 상대좌표와 상대극좌표를 활용하여 다음 도면을 작성하시오.

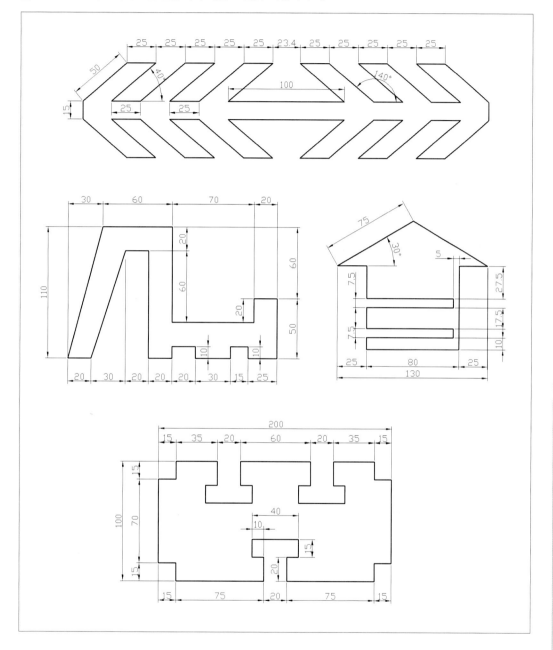

P02/Ch01/실습과제답안.dwg

CHAPTER 02

위치를 추적하는
객체 스냅과 원의 생성

원을 그릴 수 있는 Circle과 호를 그리는 Arc 명령을 사용하여 도면을 그려보겠습니다. Circle 명령은 작성할 원의 중심을 지정하고 반지름 값을 입력하여 사용합니다. Circle, Arc 명령과 도면 작성에 꼭 필요한 객체 스냅의 사용법도 알아보겠습니다.

⬡ Osnap(OS) : 객체 스냅의 설정

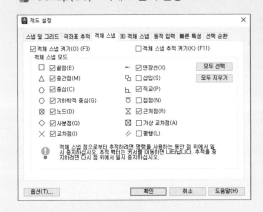

⬡ Circle(C) : 원 그리기

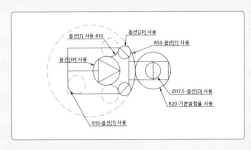

⬡ Arc(A) : 호 그리기

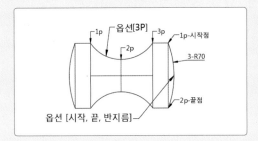

01 Osnap(객체 스냅)의 기능

Osnap은 선의 끝, 원의 중심 등 객체의 위치를 정확히 지정할 수 있는 기능으로, 객체 스냅의 종류와 화면에 나타나는 표식 모양을 알아보겠습니다.

∷ Osnap(객체 스냅)의 위치 지정과 표식 확인

객체 스냅의 기능과 화면에 나타나는 표식의 의미를 알고 있으면 작업하기 수월하기 때문에 각 표식은 외워두는 것이 좋습니다. 표식의 모양과 기능을 확인해보겠습니다.

❶ **끝점(E)** : 선분이나 호의 끝점, 도형의 꼭짓점을 지정합니다.

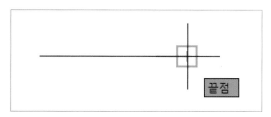

❷ **중간점(M)** : 선분이나 호의 가운데를 지정합니다.

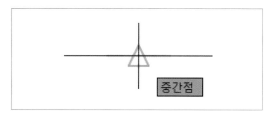

❸ **중심점(C)** : 원이나 호의 중심을 지정합니다.

 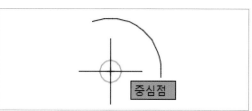

❹ 기하학적 중심(G) : 닫힌 폴리선 및 스플라인의 무게 중심을 지정합니다. (2016 버전부터 지원)

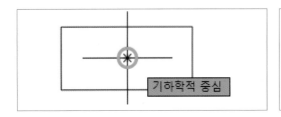 

❺ 노드(D) : Point 명령으로 표시된 위치나 Divide 명령으로 분할된 위치를 지정합니다.

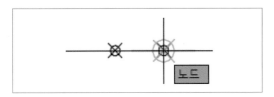

❻ 사분점(Q) : 원의 사분점을 지정합니다.

 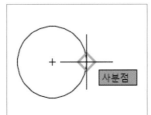  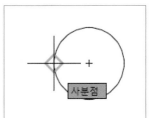

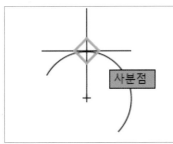 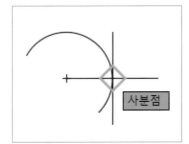

❼ 교차점(I) : 선분의 교차점을 지정합니다.

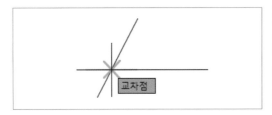 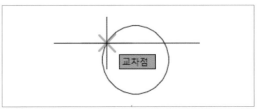

❽ 연장선(X) : 선택한 객체의 연장선을 지정합니다.

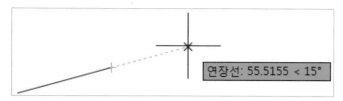

❾ 삽입점(S) : 문자나 블럭의 삽입점을 지정합니다.

❿ 직교(P) : 직각으로 만나는 위치를 지정합니다.

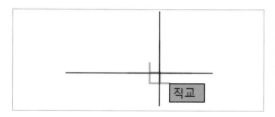 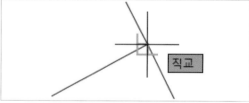

⓫ 접점(N) : 원이나 호 등 곡선의 접점을 지정합니다.

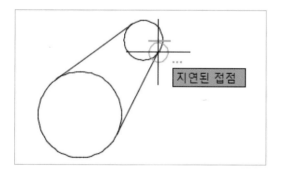

⑫ **근처점(R)** : 객체 선상의 임의의 점을 지정합니다.

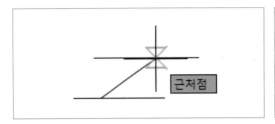 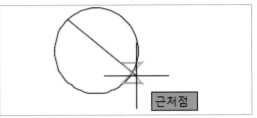

⑬ **가상 교차점(A)** : 가상의 연장선이 교차하는 점을 지정하는 것으로, 연장선 부분 클릭 후 교차점 부근으로 이동하면 교차점 표식이 나타납니다.

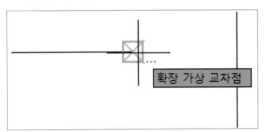 

⑭ **평행(L)** : 다른 선분과의 평행선상을 지정합니다.

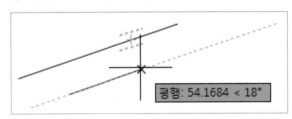

>>> STEP

02 Osnap 설정과 사용

Osnap을 설정하면 작업 시 끝점, 중간점, 중심, 사분점, 교차점 등의 선택이 수월합니다. 필요에 따라 Osnap 설정으로 작업의 효율성을 높여줍니다.

작업	자동으로 사용할 객체 스냅을 설정		
단축키	설정 : O S , 끄기/켜기 : F3 수동 선택 : Shift + 마우스 오른쪽 버튼 클릭		
상태 막대	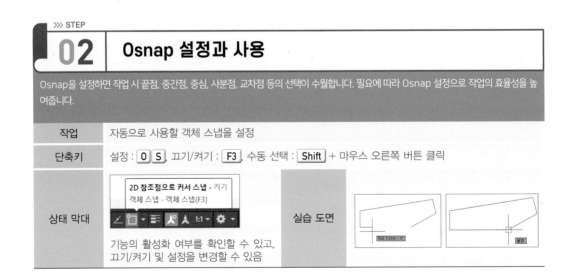	실습 도면	

:: Osnap(객체 스냅)의 설정과 적용 방법

객체 스냅을 설정한 후 활성화하면 끝점이나 중심점 등을 빠르게 지정하는 것이 가능합니다.

01 새 도면을 시작하고 [Open] 명령을 이용해 [P02/Ch02/Osnap설정.dwg] 파일을 불러옵니다.

** OPEN 명령 단축키 Ctrl + O

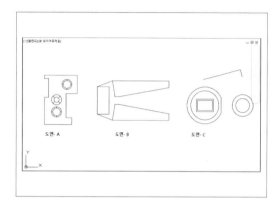

02 Osnap 단축키 [OS]를 입력하고 Enter 를 누른 후 그림과 같이 설정하고 [확인]을 클릭합니다.

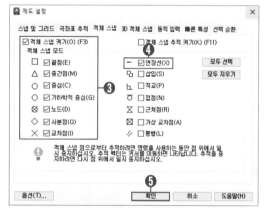

** 모든 항목을 선택해도 되지만 오히려 작업에 방해가 될 수 있어 자주 사용되는 항목만 선택하는 것이 좋습니다.

03 명령행에 [Line(L)] 명령 단축키 [L]을 입력한 후 Enter 를 눌러 실행합니다. 커서를 ❸지점으로 이동해 끝점(⊞) 표식에서 클릭하면 정확하게 선의 끝 부분을 지정할 수 있습니다. 다시 ❹지점으로 커서를 이동해 중간점(▲) 표식에서 클릭하고 Enter 를 눌러 명령을 종료합니다.

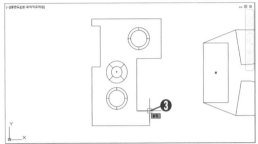

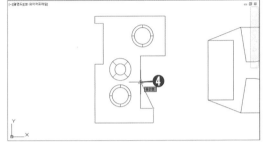

04 Enter 를 눌러 Line 명령을 반복 실행하고 ❶지점 클릭 후 ❷지점에서 원의 중심(⊕) 표식이 나타나면 클릭합니다. ❸지점을 클릭하고 Enter 를 눌러 명령을 종료합니다.

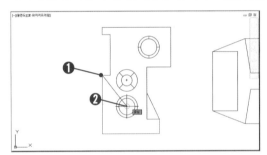

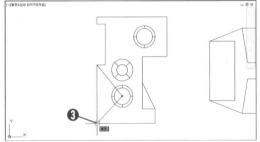

05 Enter 를 눌러 Line 명령을 다시 실행하고 ❶지점 클릭 후 ❷지점 클릭, 다시 ❸지점을 클릭하고 Enter 를 누릅니다.

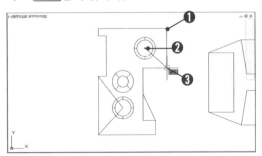

06 Enter를 눌러 Line 명령을 실행하고 ❶, ❷지점에서 교차점(✳) 표식이 나타나면 클릭한 후 ❸, ❹, ❺지점을 클릭하고 Enter를 눌러 명령을 종료합니다.

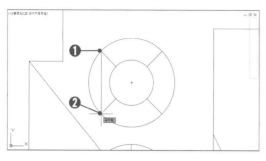 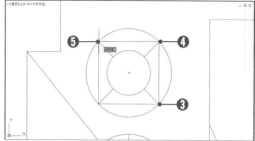

07 도면-B로 이동합니다. [Line(L)] 명령을 입력한 다음 Enter를 누르고 ❶지점에서 기하학적 중심(⊕) 표식이 나타나면 클릭한 후 ❷, ❸지점을 클릭합니다. Enter를 눌러 명령을 종료합니다.

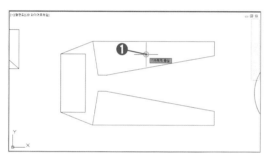 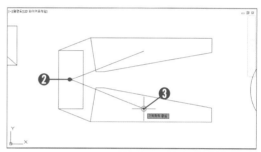

08 도면-C로 이동합니다. [Line(L)] 명령을 입력한 다음 Enter를 누르고 ❶지점에서 사분점(⬦) 표식이 나타나면 클릭하고 ❷, ❸, ❹, ❺지점을 클릭합니다. Enter를 눌러 명령을 종료합니다.

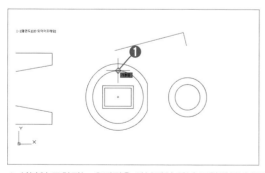 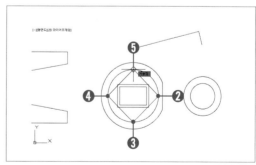

＊＊ 선분이 교차되는 ❺지점은 사분점이 아닌 교차점이나 끝점 표식이 나올 수도 있습니다.

:: Osnap(객체 스냅)을 선택적으로 적용하기

지금까지 사용한 끝점, 중간점, 교차점, 중심점, 사분점 등은 자주 사용하므로 옵션을 설정해 사용합니다. 하지만 직교(Perpendicular) 나 접점(Tangent)처럼 자주 사용하지 않는 객체 스냅은 선택적으로 사용합니다.

01 [Line(L)] 명령을 실행하고 ❸지점에서 기하학적 중심(⊕)이 나타나면 클릭하고 ❹지점에서 사분점(◈) 표식이 나타나면 클릭합니다. 설정하지 않은 직교점을 선택하기 위해 [Shift]를 누른 상태 에서 마우스 오른쪽 버튼을 클릭합니다. 목록에서 [직교]를 선택하고 ❼지점에서 직교점(⊥) 표식이 나타나면 클릭합니다. ❽지점도 [직교]를 선택해 클릭하고 [Enter]를 눌러 명령을 종료합니다.

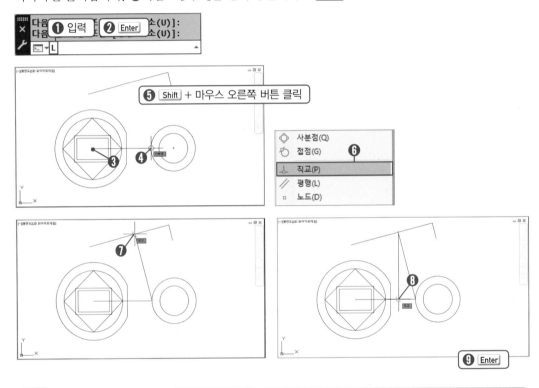

> **Tip!** **객체 스냅을 빠르게 선택하는 방법**
>
> 선택적으로 객체 스냅을 적용하려면 [Shift]를 누른 상태에서 마우스 오른쪽 버튼을 클릭하고 목록에서 찾아야 합니 다. 그리고 해당 객체 스냅의 괄호 안에 알파벳(⊥ 직교(P)) [P]를 누르면 좀 더 빠르게 선택도 가능합니다.

02 접점을 이용해 그림과 같이 원과 원을 연결하는 선을 그려보겠습니다. [Line(L)] 명령을 입력한 다음 Enter 를 누릅니다.

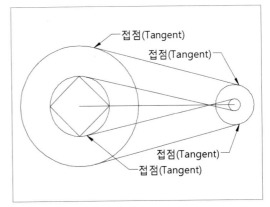

접점(Tangent)
접점(Tangent)
접점(Tangent)
접점(Tangent)

```
다음 점 지정 또는 [명령 취소(U)]:
다음 점 지정 또는 [명령 취소(U)]:
나 ❶ 입력  ❷ Enter
```

** 접점 : 선이나 원이 곡선에 접하는 점

03 좌측 큰 원의 접점을 지정하기 위해 Shift 를 누른 상태에서 마우스 오른쪽 버튼을 클릭하고 목록에서 [접점(또는 G)]을 선택합니다. 커서를 ❶지점으로 이동하고 접점(✛) 표식이 나타나면 클릭하여 지정합니다. 커서를 우측으로 이동해 상하로 움직이면 좌측 접점이 변경되는 것을 확인할 수 있습니다.

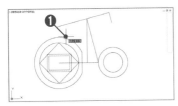
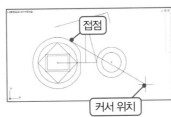
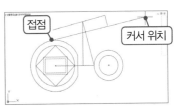

04 우측 작은 원에서도 Shift 를 누른 상태에서 마우스 오른쪽 버튼을 클릭한 후 [접점]을 선택하고 ❶지점의 접점을 클릭합니다. Enter 를 눌러 명령을 종료하고 다음과 같이 나머지 ❷, ❸도 접점을 사용해 도면을 마무리합니다.

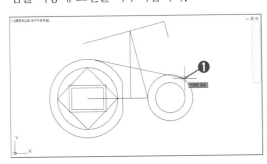
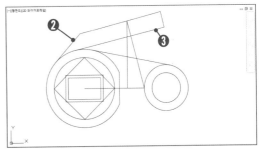

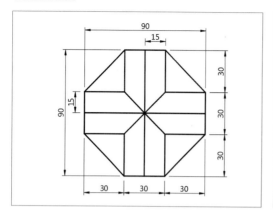

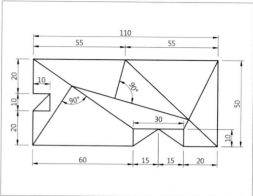

>>> STEP

03 | Circle(원)

기본적인 원의 작성은 중심과 크기(반지름 : R, 지름 : D, Ø)를 입력합니다.

작업	다양한 방법으로 원을 생성
단축키	C
풀다운 메뉴	그리기(Draw) ➡ 원(Circle)
리본 메뉴	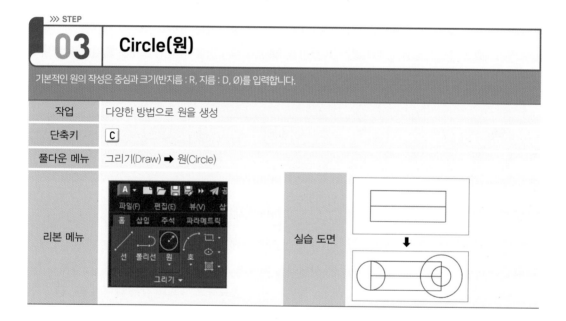
실습 도면	

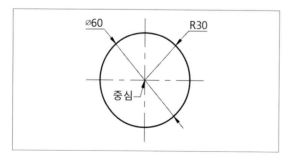

01 [P02/Ch02/Circle.dwg] 파일을 불러옵니다.

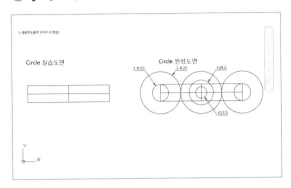

02 원을 작성하기 위해 Circle(C) 명령의 단축키 [C]를 입력하고 Enter 를 누릅니다. 커서를 ❸ 지점인 선 끝으로 이동해 끝점(⊞) 표식이 나타날 때 클릭합니다.

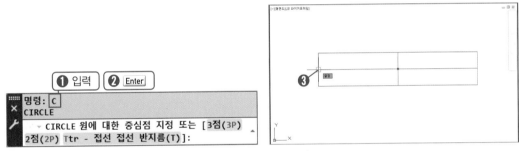

❶ 입력 ❷ Enter

```
명령: C
CIRCLE
   CIRCLE 원에 대한 중심점 지정 또는 [3점(3P)]
2점(2P) Ttr - 접선 접선 반지름(T)]:
```

✽✽ 가로선의 끝점이 아닌 세로선의 중간점(▲)이 표시될 수도 있습니다.

03 커서를 움직여 원이 그려지는 것을 확인합니다. 반지름 값 [25]를 입력하고 Enter 를 누르면 원이 작성됩니다.

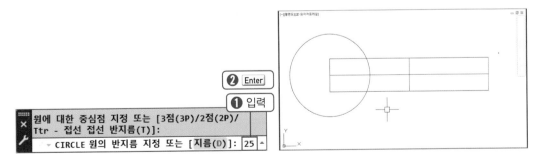

❷ Enter ❶ 입력

```
원에 대한 중심점 지정 또는 [3점(3P)/2점(2P)/
Ttr - 접선 접선 반지름(T)]:
   CIRCLE 원의 반지름 지정 또는 [지름(D)]: 25
```

04 Enter 를 눌러 다시 Circle 명령을 실행한 후 원의 중심 ❶지점 클릭, 반지름 값 [10]을 입력한 다음 Enter 를 누르면 원이 작성됩니다.

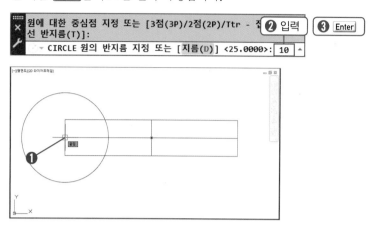

05 같은 방법으로 다음과 같은 원을 작성합니다.

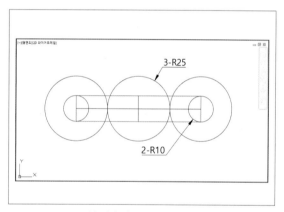

3-R25

2-R10

✱✱ 2-R10, 3-R25의 '2-', '3-'는 동일한 대상의 개수를 뜻하며 R10인 원이 2개, R25인 원이 3개입니다.

06 지름 값을 입력하는 원을 작성하기 위해 [Circle(C)] 명령을 입력한 다음 Enter 를 누르고, 커서를 ❸지점으로 이동해 중간점(△) 표식이 나타날 때 클릭합니다. 지름 옵션 [D]를 입력하고 Enter, 지름 값 [29.5]를 입력한 후 Enter 를 누릅니다. 같은 방법으로 지름이 [13.5]인 원을 그립니다.

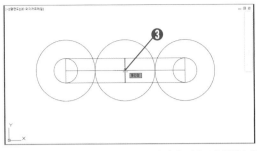
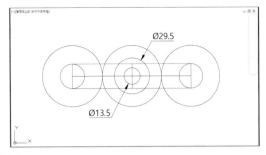

✱✱ 지름 값을 입력할 경우 항상 지름(D) 옵션을 선택해야 합니다.

07 다양한 옵션을 사용해 원을 그려보겠습니다. [P02/Ch02/Circle옵션.dwg] 파일을 불러옵니다.

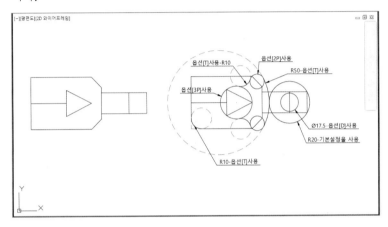

08 [Circle(C)] 명령을 입력한 다음 Enter 를 누르고, 3점 옵션을 사용하기 위해 [3P]를 입력하고 Enter 를 누릅니다. 원주가 통과하는 ❺, ❻, ❼지점을 차례로 클릭합니다. 클릭 순서는 관계없습니다.

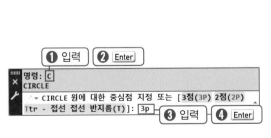

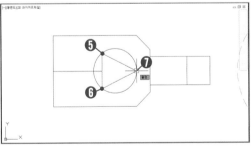

09 Enter 를 눌러 명령을 다시 실행하고 2점 옵션을 사용하기 위해 [2P]를 입력한 후 Enter 를 누릅니다. 원주가 통과하는 ❹, ❺지점을 클릭하고, 반대쪽도 같은 방법으로 원을 작성합니다.

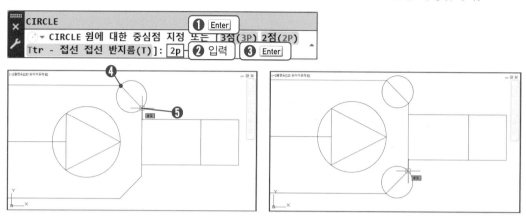

10 Enter 를 눌러 Circle 명령을 다시 실행하고 Ttr 옵션 [T]를 입력한 후 Enter 를 누릅니다. 원주가 통과하는 접점 ❹, ❺지점을 클릭하고 반지름 값 [10]을 입력한 후 Enter 를 누릅니다. 반대쪽도 같은 방법으로 작성합니다.

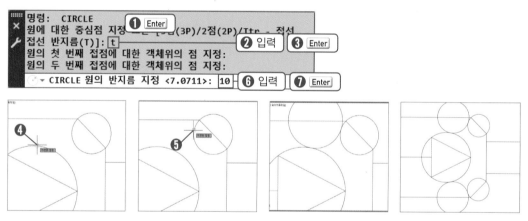

11 Enter 를 눌러 Circle(C) 명령을 다시 실행하고 Ttr 옵션의 [T]를 입력한 후 Enter 를 누릅니다. 마우스 휠을 사용해 작업할 부분을 확대하고 접점 ❹, ❺지점을 클릭한 후 반지름 값 [10]을 입력하고 Enter 를 누릅니다.

```
명령: CIRCLE    ❶ Enter
원에 대한 중심점 지정 또는 [3점(3P)/2점(2P)/Ttr - 접선
접선 반지름(T)]: t                          ❷ 입력   ❸ Enter
원의 첫 번째 접점에 대한 객체위의 점 지정:
원의 두 번째 접점에 대한 객체위의 점 지정:
CIRCLE 원의 반지름 지정 <10.0000>: 10  ❻ 입력   ❼ Enter
```

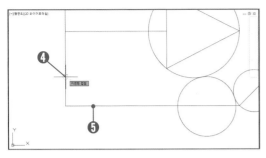
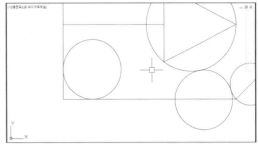

12 Enter를 눌러 Circle(C) 명령을 다시 실행하고 Ttr 옵션의 [T]를 입력한 후 Enter를 누릅니다. 마우스 휠을 사용해 작업할 부분을 확대하고 접점 ①, ②지점을 클릭합니다. 반지름 값 [50]을 입력하고 Enter를 누릅니다.

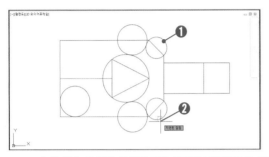
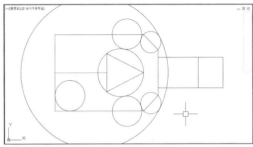

✽✽ Ttr 옵션 사용 시 접점 위치에 따라 안쪽과 바깥쪽으로 구분되어 작성됩니다.

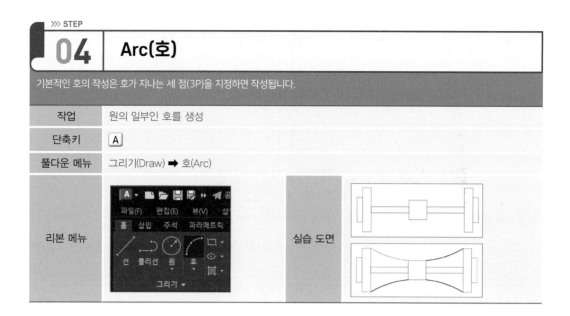

≫≫ STEP 04 | Arc(호)

기본적인 호의 작성은 호가 지나는 세 점(3P)을 지정하면 작성됩니다.

작업	원의 일부인 호를 생성
단축키	A
풀다운 메뉴	그리기(Draw) ➡ 호(Arc)

리본 메뉴		실습 도면	

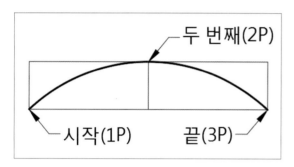

01 [Open] 명령으로 [P02/Ch02/Arc.dwg] 파일을 불러와 도면-A를 화면에 준비합니다.

•• 단축키 Ctrl + O

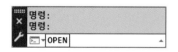

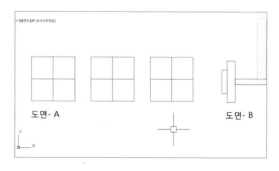

02 호를 작성하기 위해 [Arc(A)] 명령을 입력하고 Enter를 누릅니다. 호가 시작되는 ❸지점을 클릭하고 ❹, ❺지점을 차례로 클릭하면 세 점을 지나는 호가 작성됩니다. 동일한 방법으로 호 3개를 작성합니다.

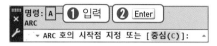

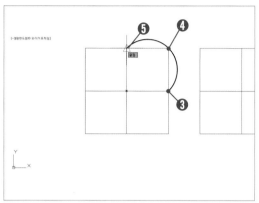

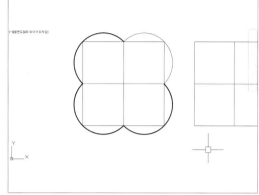

＊＊ 세 점을 이용하는 방법은 시작점과 끝점의 클릭 순서를 반대로 작업해도 작성됩니다.

03 우측 도형으로 이동해 Enter를 눌러 Arc(A) 명령을 다시 실행합니다. 호의 시작점 ❶지점을 클릭하고 ❷, ❸지점을 차례로 클릭하면 세 점을 지나는 호가 작성됩니다. 동일한 방법으로 호 3개를 작성합니다.

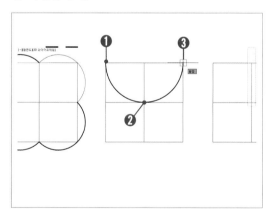

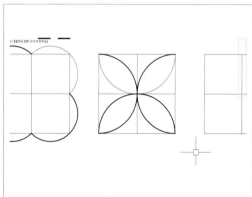

04 시작점, 끝점, 반지름 값을 입력한 방법으로 호를 작성해 보겠습니다. 3P를 사용한 방법과 함께 가장 많이 사용되는 방법입니다. 우측 도면—B를 화면에 준비합니다.

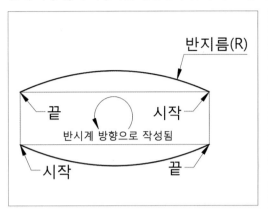
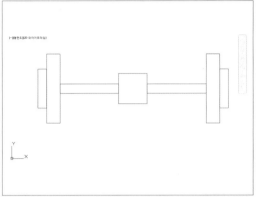

05 [Arc(A)] 명령을 입력한 후 Enter 를 누르고, 명령행의 내용대로 호의 시작점 ❸을 클릭합니다.

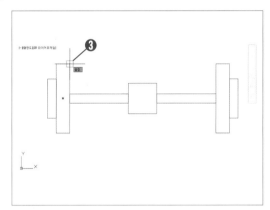

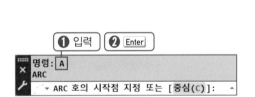

06 다음 점인 끝점을 지정하기 위해 옵션 [E]를 입력하고 Enter 를 누른 다음, 호의 끝점인 ❸지 점을 클릭합니다.

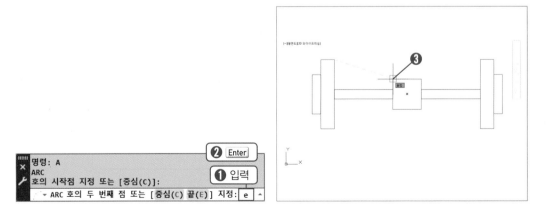

07 마지막으로 반지름 값을 입력하기 위해 옵션 [R]을 입력한 후 Enter를 누릅니다. 반지름 값 [100]을 입력하고 Enter를 누릅니다.

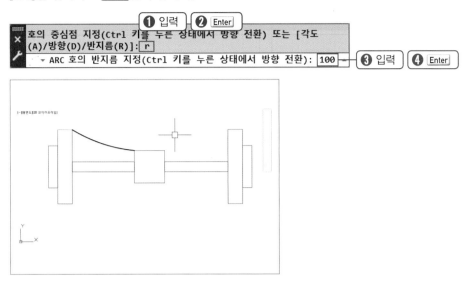

08 동일한 방법으로 3회 더 작성해 다음과 같이 완성합니다.

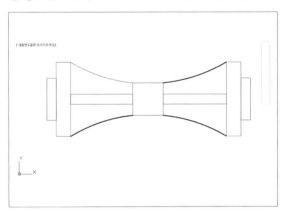

** 시작, 끝, 반지름을 입력하는 방법은 반시계 방향으로 작성하는 것을 기억합니다.

도면 작업은 명령 실행 후 값을 입력하고 다시 명령을 반복해서 사용합니다. 신속한 작업을 위해서는 반복되는 명령의 사용과 저장된 값을 잘 이용해야 합니다.

{저장된 값의 적용}

1 [P02/Ch02/Circle실무.dwg] 파일을 불러와 오른쪽 도면처럼 왼쪽 사각형에 원을 작성하겠습니다. 동일한 크기의 원을 작성하기 위해 [Circle(C)] 명령을 입력하고 Enter를 누릅니다. 커서를 ❸지점으로 이동해 교차점(✳) 표시가 나타날 때 클릭하여 원의 중심을 지정한 후 반지름 값 [15]를 입력하고 Enter를 누르면 원이 작성됩니다.

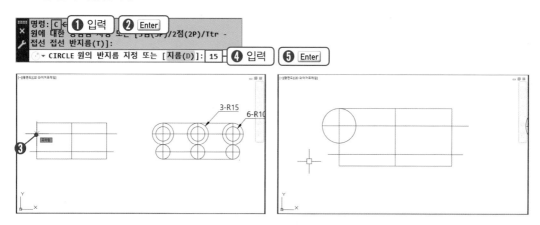

2 계속해서 Circle 명령을 사용하기 위해 Enter를 눌러 명령을 실행하고 커서를 ❶지점으로 이동한 후 교차점(✳)이나 중간점(△) 표시가 나타날 때 클릭하고 명령행을 확인합니다. 명령행에는 사용자가 마지막으로 입력했던 값 '15'가 표시되며, 이 값을 그대로 사용하려면 Enter만 누르면 반지름이 '15'인 원이 작성됩니다.

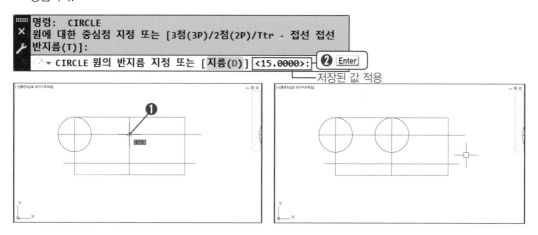

3 Enter를 눌러 Circle 명령을 다시 실행하고, 커서를 ❶지점으로 이동해 교차점(✳) 표시가 나타날 때 클릭하고 Enter를 누르면 반지름 값이 '15'인 원이 작성됩니다. 동일한 방법으로 나머지 원도 작성합니다.

```
명령: CIRCLE
원에 대한 중심점 지정 또는 [3점(3P)/2점(2P)/Ttr - 접선 접선
반지름(T)]:
    CIRCLE 원의 반지름 지정 또는 [지름(D)] <15.0000>:
```

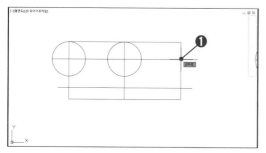
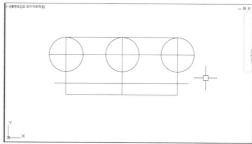

4 나머지 6개의 원(R10)도 동일한 방법으로 작성합니다.

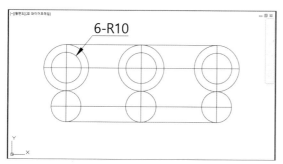

6-R10

※ 어떤 명령이든 반복된 작업에 동일한 값을 연속해서 사용한다면 과정 ❶~❹와 같은 방법으로 진행하면 효과적으로 작업할 수 있습니다.

1 다음 도면을 Circle(C) 명령과 Osnap을 이용해 작성하시오.

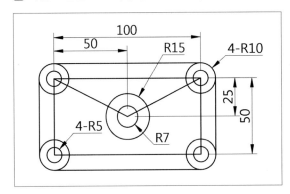

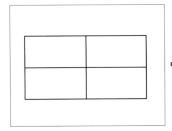 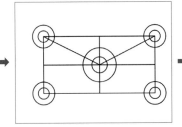 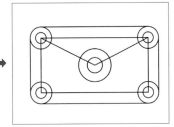

2 다음 도면을 Circle(C) 명령과 Osnap을 이용해 작성하시오.

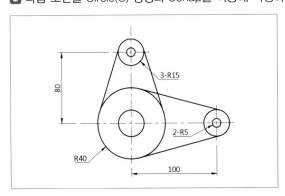

 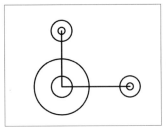 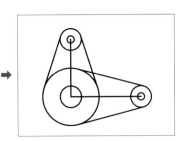

3 다음 도면을 Circle(C) 명령과 Osnap을 이용해 작성하시오.

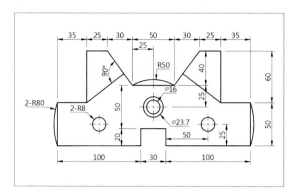

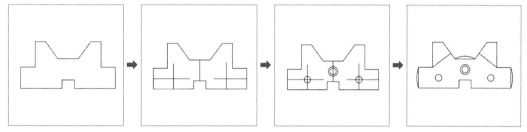

4 다음 도면을 Circle(C) 명령과 Osnap을 이용해 작성하시오.

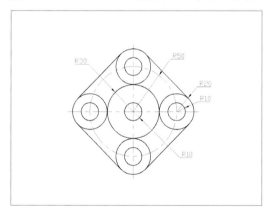

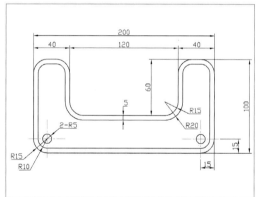

P02/Ch02/실습과제답안.dwg

CHAPTER 03

도면 작성에 자주 사용되는 명령어

도면 작성 시 많이 사용되는 Offset(간격띄우기)과 Trim(자르기) 명령을 배워보겠습니다. Offset은 선택된 객체의 간격을 띄워 복사하는 명령이고, Trim은 잘라내 다듬는 명령입니다. 쉬운 기능이지만 제대로 사용하지 못하면 도면을 작성하는 시간이 몇 배로 늘어나기 때문에 잘 이해하고 사용할 수 있어야 합니다.

⬢ 일반적인 작업 과정

외형 작성 ➡ Offset(O) : 간격띄우기(직각 복사)

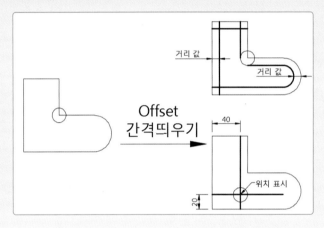

➡ Trim(TR) : 자르기

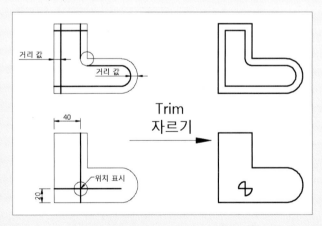

01 Offset(간격띄우기)

Offset 명령도 리본 메뉴에서 사용할 수 있지만 사용 빈도가 높아 단축키를 외워 사용하는 것이 좋습니다.

작업	간격띄우기(직각 복사)
단축키	0
풀다운 메뉴	수정(Modify) ➡ 간격띄우기(Offset)
리본 메뉴	

01 [P02/Ch03/Offset.dwg] 파일을 불러와 도면−A를 화면에 준비합니다. Offset 명령을 사용해 도형의 외형선을 거리 값 '10'만큼 안쪽으로 복사해 보겠습니다.

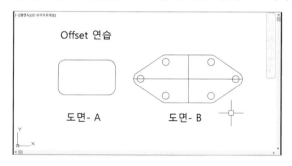

02 간격띄우기를 하기 위해 [Offset(O)] 명령을 입력한 후 Enter를 누릅니다. 명령행에 거리 값 [10]을 입력하고 Enter를 누른 다음, 간격띄우기 할 대상 ❺를 클릭합니다.

❶ 입력 ❷ Enter

명령: O OFFSET
현재 설정: 원본 지우기=아니오   도면층=원본   OFFSETGAPTYPE=0
OFFSET 간격띄우기 거리 지정 또는 [통과점(T) 지우기(E)
도면층(L)] <통과점>: 10

❸ 입력 ❹ Enter

03 커서를 복사할 방향인 오른쪽으로 이동하면 미리보기 형상이 나타납니다. 오른쪽 ❶지점을 클릭합니다.

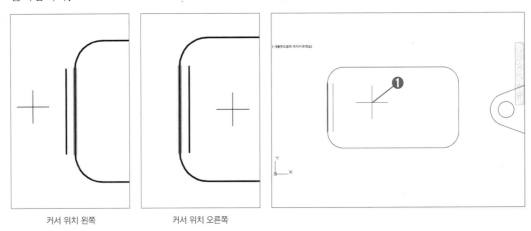

커서 위치 왼쪽   커서 위치 오른쪽

04 복사 후 명령은 종료되지 않고 계속 진행됩니다. 거리 값이 같은 경우 반복적으로 Offset 할 수 있습니다. 선택 커서로 선분 ❶을 클릭하고 복사 방향인 ❷지점을 클릭합니다. 동일한 방법으로 다음과 같이 Offset으로 복사하고 작업이 끝나면 [Enter]를 눌러 종료합니다.

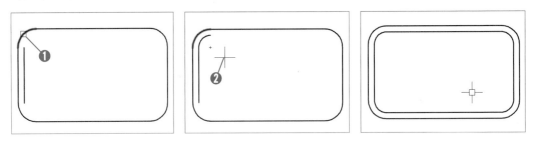

05 도형 안쪽에 원을 작성하기 위해 Offset 명령으로 원의 중심이 되는 위치를 표시하겠습니다. [Offset(O)] 명령을 입력한 후 [Enter]를 누른 후 거리 값 [50]을 입력하고 [Enter], 간격띄우기 대상인 선분 ❺를 클릭합니다.

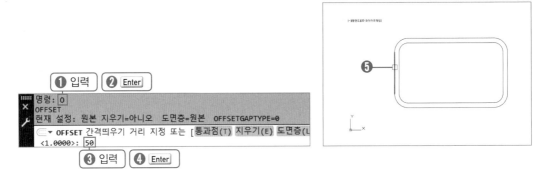

❶ 입력   ❷ [Enter]

명령: O
OFFSET
현재 설정: 원본 지우기=아니오   도면층=원본   OFFSETGAPTYPE=0
▼ OFFSET 간격띄우기 거리 지정 또는 [통과점(T) 지우기(E) 도면층(L
 <1.0000>: 50

❸ 입력   ❹ [Enter]

06 간격띄우기 할 방향인 오른쪽으로 마우스 커서를 이동하고 ❶지점을 클릭합니다. 계속해서 복사된 선분 ❷를 클릭하고 ❸지점을 클릭합니다.

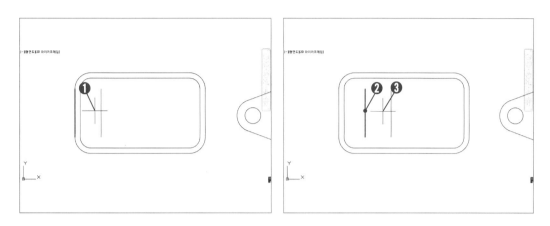

07 같은 방법으로 2회 더 복사하고 Enter 를 눌러 종료합니다. 세로 기준선이 작성되었습니다.

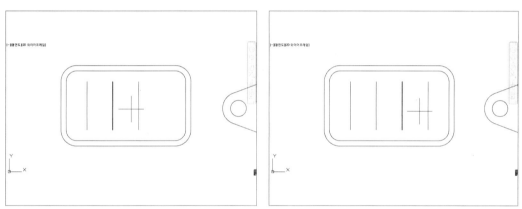

08 간격띄우기를 하기 위해 [Offset(O)] 명령을 입력한 후 Enter를 누릅니다. 거리 값 [40]을 입력하고 Enter를 누른 후 간격띄우기 대상인 선분 ❺를 클릭합니다. 간격띄우기 방향인 ❻지점을 클릭하고 Enter를 눌러 작업을 종료합니다.

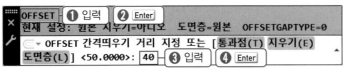

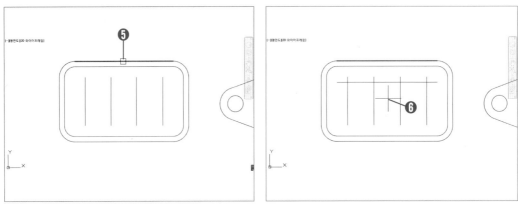

: 다음에 복사할 기준선의 거리는 값이 다르므로 종료 후 다시 Offset을 진행해야 합니다.

09 Enter를 눌러 Offset 명령을 다시 실행하고, 거리 값 [70]을 입력한 후 Enter를 누르고 간격 띄우기 대상인 선분 ❹를 클릭합니다. 간격띄우기 방향인 ❺지점을 클릭하고 Enter를 눌러 작업을 종료합니다. 그리고자 하는 원의 중심이 표시되었습니다.

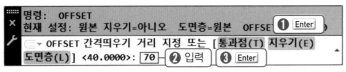

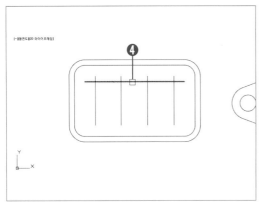
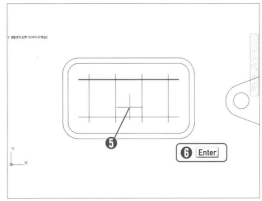

10 작성해야 할 원의 크기는 반지름 '10'으로 모두 동일합니다. 이전에 배운 Circle(원) 명령을 사용해 원을 작성하고 불필요한 선은 Erase(E) 명령이나 키보드의 Delete를 눌러 삭제합니다.

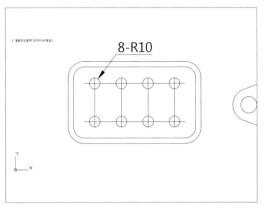
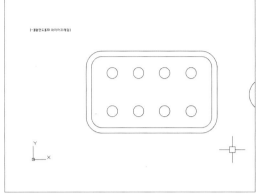

11 도면-B를 Offset 명령을 이용해 오른쪽 도면과 같이 작성해 봅니다.

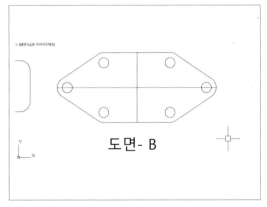
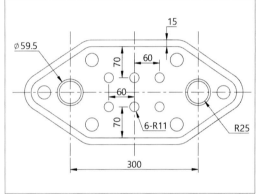

02 Trim(자르기)

Trim은 선의 일부를 잘라내는 기능으로 두 가지 방법이 있으며, 이 방법을 잘 사용하면 도면 편집을 신속하게 진행할 수 있습니다. 먼저 모든 선이 기준이 되는 쉬운 방법으로 잘라보겠습니다.

작업	자르기
단축키	T R
풀다운 메뉴	수정(Modify) ➡ 자르기(Trim)
리본 메뉴	

01 [P02/Ch03/Trim.dwg] 파일을 불러온 후 도면-A를 마우스 휠을 사용해 다음과 같이 조정합니다.

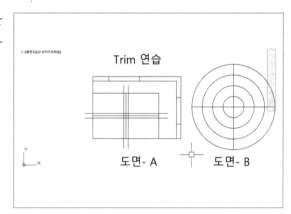

02 Trim 명령의 자르기 모드를 변경하기 위해 [Trim(TR)] 명령을 입력하고 Enter를 누릅니다. Trim 명령의 모드가 빠른 작업으로 설정되어 있습니다. 모드를 변경하기 위해 모드 [O]를 입력하고 Enter를 누릅니다. 표준 설정 [S]를 입력한 후 Enter를 누르고, 명령을 종료하기 위해 Enter를 한 번 더 누릅니다.

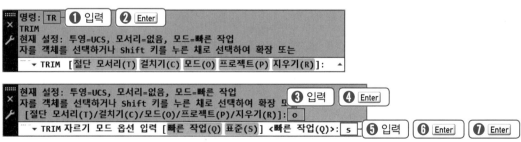

** AutoCAD 2020 버전까지 Trim 명령의 '모드' 옵션은 없었고, 2021 버전부터 모드 옵션이 추가되었습니다. 2020 버전 이하의 사용자는 02 과정을 생략합니다.

03 불필요한 부분을 잘라내기 위해 [Trim(TR)] 명령을 입력하고 Enter 를 누릅니다. 명령행을 확인해보면 '모두 선택'이 현재 설정으로 되어 있습니다. '모두 선택'을 적용하기 위해 Enter 를 누릅니다.

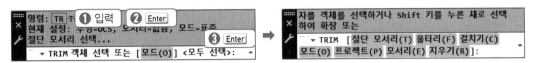

04 이제 선택 커서로 잘라내야 할 부분 ❶~❽까지를 클릭하고 Enter 를 눌러 작업을 종료합니다.

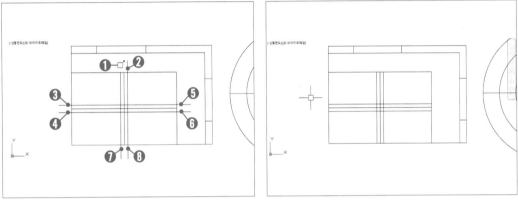

** '모두 선택'을 사용하면 교차되는 모든 선분이 기준이 되어 클릭한 부분은 자르기 됩니다.

05 다시 [Trim(TR)] 명령을 입력하고 Enter 를 누른 후 '모두 선택'을 적용하기 위해 Enter 를 한 번 더 누릅니다. ❶~❻까지 순서대로 클릭하고 Enter 를 눌러 작업을 종료합니다.

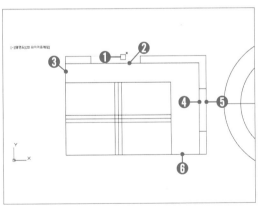
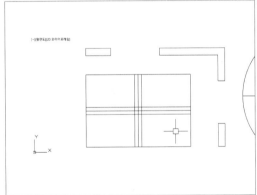

06 기준을 설정하여 잘라보겠습니다. [Trim(TR)] 명령을 입력하고 Enter 를 누른 후 기준이 될 선분 ❸을 클릭하고 Enter 를 누릅니다. 기준인 선분 ❸까지 잘라낸다는 의미입니다. 다시 잘라낼 부분인 ❺, ❻을 클릭합니다. Enter 를 눌러 작업을 종료합니다.

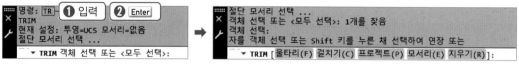

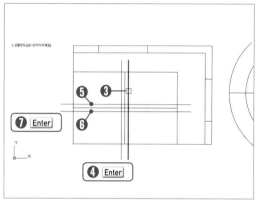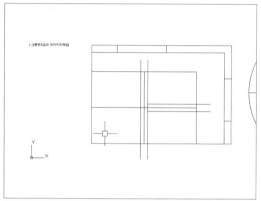

** 교차되는 선분이 많은 경우 클릭하는 횟수도 많아지는데 이때 기준을 설정하고 자르면 더 빠르게 작업할 수 있습니다.

07 기준이 되는 선분을 여러 개 선택하는 것도 가능합니다. 아래 새 도면으로 이동해 [Trim(TR)] 명령을 입력한 후 Enter 를 누른 다음, 선분 ❶, ❷를 클릭하고 Enter 를 누릅니다. 잘라낼 부분인 ❹, ❺, ❻, ❼을 클릭하고 Enter 를 눌러 작업을 종료합니다.

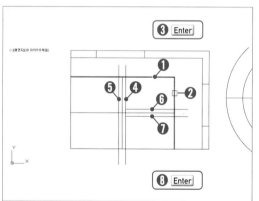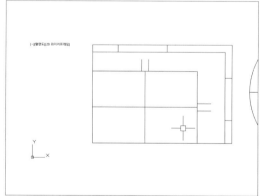

08 걸침 선택을 하기 위해 도면-B로 이동합니다. [Trim(TR)] 명령을 입력한 후 Enter 를 누르고, '모두 선택'을 적용하기 위해 Enter 를 한 번 더 누릅니다. 잘라낼 대상을 직접 클릭하지 않고 ❶ 지점 클릭 후 ❷지점을 클릭하면 녹색 영역을 지나는 선은 모두 선택되어 잘라집니다. 명령을 종료하지 않고 계속 진행합니다.

```
명령: TR TRIM
현재 설정: 투영=UCS, 모서리=없음, 모드=표준
절단 모서리 선택...
객체 선택 또는 [모드(O)] <모두 선택>:
자를 객체를 선택하거나 Shift 키를 누른 채로 선택하여 확장 또는
▼ TRIM [절단 모서리(T) 울타리(F) 걸치기(C) 모드(O) 프로젝트(P) 모서리(E) 지우기(R)]:
```

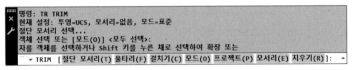

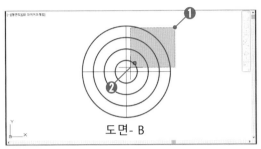

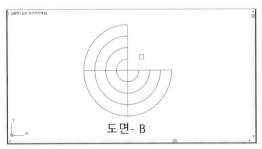

09 다시 ❶지점 클릭 후 ❷지점을 클릭합니다.

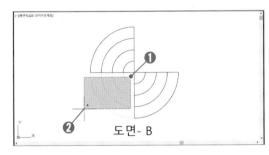

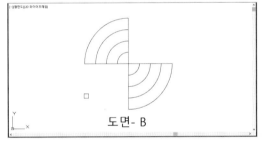

10 중앙을 좀 더 확대하고 ❶지점 클릭 후 ❷지점을 클릭하고, 남은 ❸부터 ❻까지는 하나씩 클릭해 잘라낸 후 작업을 완료합니다.

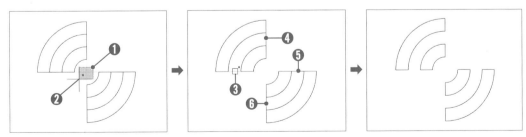

11 기준을 설정하고 걸침 선택으로 잘라내기 위해 도면-C로 이동합니다. [Trim(TR)] 명령을 입력한 후 Enter를 누르고 기준 선분 ❶~❹까지 클릭한 다음 Enter를 누릅니다. ❻지점 클릭 후 ❼ 지점을 클릭해 잘라냅니다. 이렇게 기준선 설정을 이해하고 걸침 선택을 활용하면 빠른 편집을 할 수 있습니다.

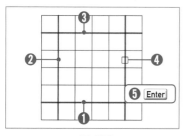
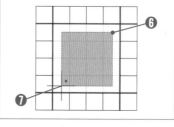
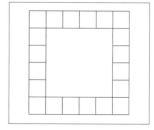

기준 선택   자를 부분 선택

Tip! **Trim의 Edge(모서리) 옵션**

명령을 이용한 작업은 설정에 따라 다른 결과물이 나타날 수 있습니다. Trim의 경우 Edge(모서리) 옵션이 연장으로 설정되었다면 가상의 연장선이 그려져 깔끔하게 작업되지 않는 경우가 있습니다. 기본값은 '연장 안함'이지만 사무실이나 시험장 등 작업 장소가 변경되어 그림과 같은 현상이 발생될 경우 설정을 변경해서 사용합니다. [P02/Ch03/Trim.dwg, 도면-D]

❶ 모서리(Edge) 옵션 : 연장 안함(기본값)

❷ 모서리(Edge) 옵션 : 연장

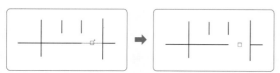

❸ 기본값 설정 과정

T R Enter ➡ Enter ➡ E Enter ➡ N Enter

```
명령: TR TRIM
현재 설정: 투영=UCS, 모서리=연장, 모드=표준
절단 모서리 선택...
객체 선택 또는 [모드(O)] <모두 선택>:
자를 객체를 선택하거나 Shift 키를 누른 채로 선택하여 확장 또는
[절단 모서리(T)/울타리(F)/걸치기(C)/모드(O)/프로젝트(P)/모서리(E)/지우기(R)]: e
▼ TRIM 모서리 연장 모드 입력 [연장(E) 연장 안함(N)] <연장>: n
```

실무에서는...

Offset 명령은 거리 값을 입력하고, Circle 명령은 반지름 값을 입력합니다. 값은 상수와 분수로 입력할 수 있습니다. 분수를 이용하면 계산을 하지 않고 입력할 수 있어 신속하게 작업할 수 있습니다.

{분수로 입력하는 방법}

1️⃣ [P02/Ch03/분수입력.dwg] 파일을 불러와 왼쪽 도면처럼 작성해 보겠습니다. 선분 ❶은 '2690'을 3등분한 값으로 Offset 후 지름 '75'인 원을 그리겠습니다.

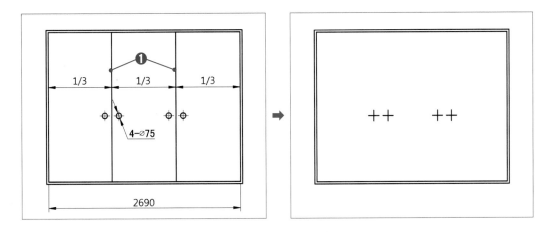

2️⃣ 간격띄우기를 하기 위해 [Offset(O)] 명령을 입력한 후 Enter, 거리 값을 [2690/3]으로 입력하고 Enter 를 누릅니다. 선분 ❶을 클릭한 후 방향 ❷지점 클릭, 다시 선분 ❸ 클릭 후 ❹지점을 클릭하고 Enter 를 눌러 작업을 종료합니다.

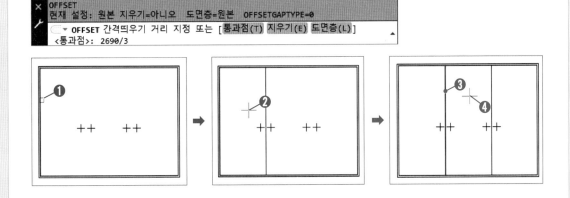

3 지름이 '75'인 원을 그리려면 값을 '2'로 나누어 반지름 값 '37.5'를 입력하거나 지름(D) 옵션을 사용해야 합니다. 하지만 이 경우에도 분수로 입력할 수 있습니다. [Circle(C)] 명령을 실행하고 원의 중심 ❶을 클릭한 후 반지름 값을 [75/2]로 입력하고 Enter를 누르면 반지름이 '37.5'로 입력되어 지름이 '75'인 원이 작성됩니다.

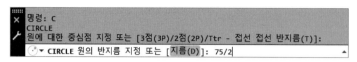

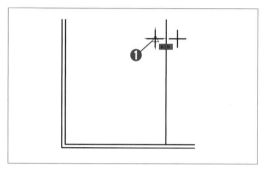

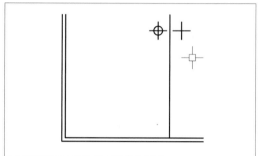

4 다음과 같이 선을 작업해 도면을 완성합니다.

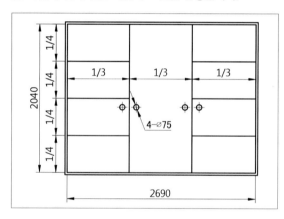

1 Offset과 Trim 명령을 이용해 다음 도면을 작성하시오.

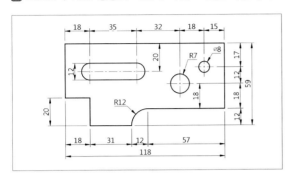

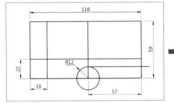 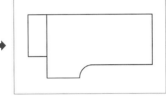 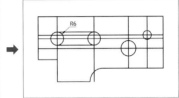

2 Offset과 Trim 명령을 이용해 다음 도면을 작성하시오.

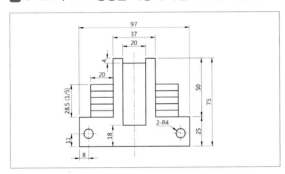

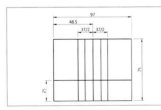 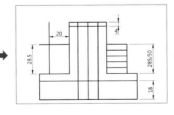 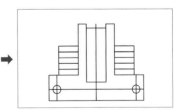

> **Tip!** 분수 입력 시 주의사항

'55'를 '2'로 나누기 위해 '55/2'로 입력할 수 있지만 소수점 '55.5'는 '55.5/2'로 입력되지 않습니다. 이처럼 소수점이 있는 값을 분수로 입력하려면 소수점 자릿수만큼 '0'을 붙여 '555/20'으로 입력하면 됩니다.

3 Offset과 Trim 명령을 이용해 다음 도면을 작성하시오.

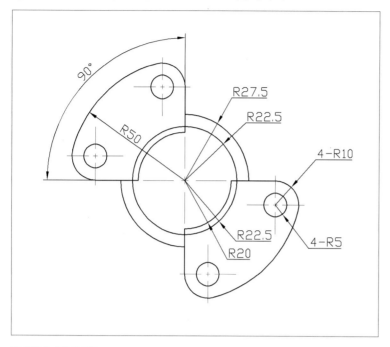

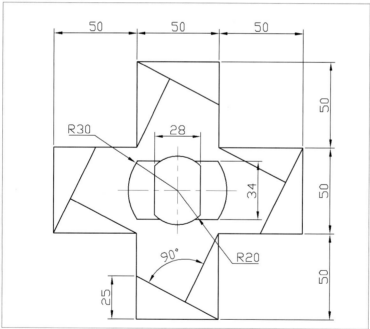

P02/Ch03/실습과제답안.dwg

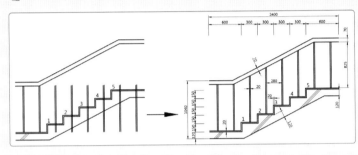

CHAPTER 04

선분 늘리기와 정보의 조회

Offset 명령으로 간격띄우기 후 선의 길이를 변경한다면 선을 연장하는 명령인 Extend와 Lengthen으로
작성한 객체의 길이를 조절합니다. List와 Dist 명령을 이용해 정보도 조회할 수 있습니다.

◆ Extend(EX) : 연장하기

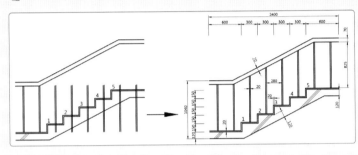

◆ Lengthen(LEN) : 길이 조절

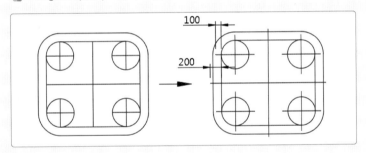

◆ Dist, List : 길이, 각도 등 객체 정보 조회

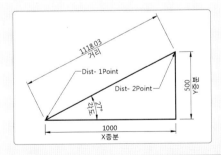

```
거리 = 1118.0340,  XY 평면에서의 각도 = 27,  XY 평면으로부터의 각도 = 0
X증분 = 1000.0000,  Y증분 = 500.0000,  Z증분 = 0.0000
▶ 명령 입력
```

01 Extend(연장하기)

Extend는 선(호)을 연장하는 명령으로 Trim처럼 두 가지 방법이 있습니다. 먼저 모든 선이 기준이 되는 방법으로 연장해 보겠습니다.

작업	연장하기
단축키	E X
풀다운 메뉴	수정(Modify) ➡ 연장(Extend)
리본 메뉴	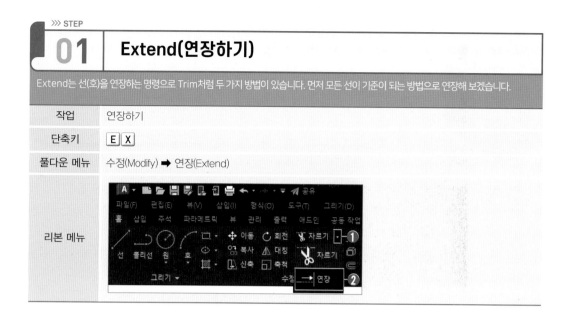

01 [P02/Ch04/Extend.dwg] 파일을 불러와 Extend 명령을 사용해 계단 난간을 완성하겠습니다.

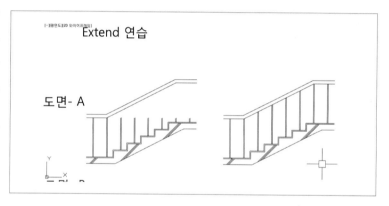

∗∗ Extend는 Trim 명령과 사용하는 과정이 동일합니다.

02 실습 전 Extend 명령의 현재 설정을 변경하기 위해 [Extend(EX)] 명령을 입력하고 Enter를 누릅니다. 명령행에서 현재 설정을 확인해 보면 2024 버전은 '모드' 설정이 '빠른 작업'입니다. 옵션 [O]를 입력하고 Enter를 누르고, 표준 [S] 입력 후 Enter, 명령을 종료하기 위해 한 번 더 Enter를 누릅니다.

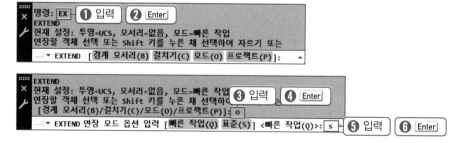

AutoCAD 2020부터 2024까지 기본 설정이 다르므로 학습 전 확인이 필요합니다. 먼저 모드를 '표준'으로 변경한 후 모서리 옵션을 '없음'으로 변경합니다. Extend(EX) 명령을 실행했을 때 다음과 같이 설정되어 있어야 합니다.

❶ 확인 사항

모드= 표준, 모서리=없음(연장 안함)

```
명령: EX
EXTEND
현재 설정: 투영=UCS, 모서리=없음, 모드=표준
경계 모서리 선택...
▼ EXTEND 객체 선택 또는 [모드(O)] <모두 선택>:
```

❷ 모드 설정이 있는 버전(상위 버전) 변경 방법

• 모드 설정

[E][X] [Enter] → [O] [Enter] → [S] [Enter] → [Enter](종료)

• 모서리 설정

[E][X] [Enter] → [Enter] → [E] [Enter] → [N] [Enter] → [Enter](종료)

❸ 모드 설정이 없는 버전(하위 버전) 변경 방법

• 모서리 설정

[E][X] [Enter] → [Enter] → [E] [Enter] → [N] [Enter] → [Enter](종료)

03 손잡이까지 난간을 연장하기 위해 [Extend(EX)] 명령을 입력한 후 [Enter]를 누르고, 〈모두 선택〉을 적용하기 위해 [Enter]를 한 번 더 누릅니다.

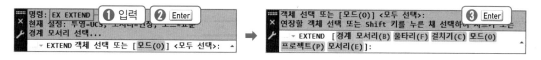

04 선택 커서로 선 ❶, ❷를 클릭하면 선분이 교차선까지 연장됩니다. 명령을 종료하지 않고 계속 진행합니다.

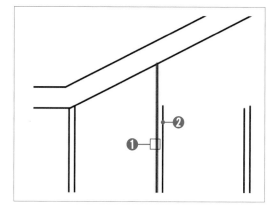
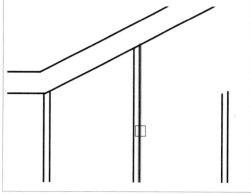

05 걸침 선택으로 연장하기 위해 ❶지점을 클릭하고 ❷지점을 클릭합니다.

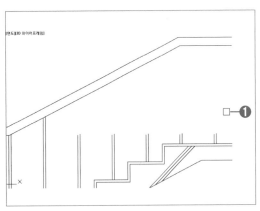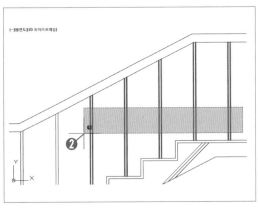

✻✻ 선분의 중간을 기준으로 아래쪽이 선택되면 아래로 연장되니 주의합니다.

06 도면-B에서 Extend 명령을 이용해 우측 도면처럼 난간을 연장하겠습니다.

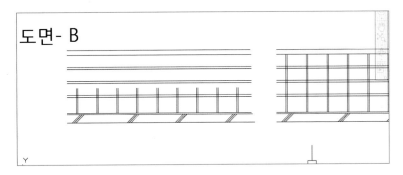

07 첫 번째 선분을 연장하기 위해 [Extend(EX)] 명령을 입력한 후 Enter 를 누르고, 다시 Enter 를 눌러 〈모두 선택〉을 적용합니다. 연장할 선분 ❶을 클릭하면 바로 앞쪽 선까지만 연장되며 계속 클릭하여 손잡이까지 연장합니다.

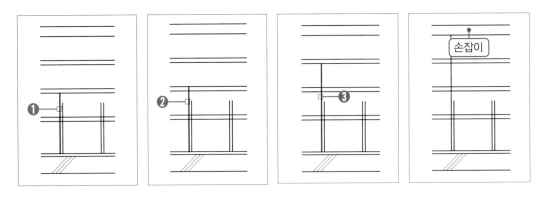

08 걸침 선택으로 많은 선분을 한꺼번에 선택해 연장해 보겠습니다. [Extend(EX)] 명령을 입력한 후 Enter를 누르고, 선분 ❶을 기준으로 클릭하고 Enter를 누릅니다. 연장할 부분을 ❸지점 클릭 후 ❹지점을 클릭합니다.

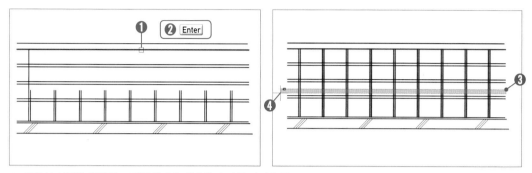

∴ 기준선 설정을 이해하고 걸침 선택을 활용하면 빠른 편집을 할 수 있습니다.

 Extend의 모서리(Edge) 옵션

명령을 이용한 작업은 설정 및 옵션에 따라 작업 결과가 다르게 나타날 수 있습니다. Extend의 경우(모두 선택 기준) 모서리(E) 옵션이 연장으로 설정되었다면 가상의 연장선이 그려져 짧게 연장되는 경우가 있습니다. 버전에 따라 기본값이 다르므로 사무실이나 시험장 등 작업 장소가 변경되어 그림과 같은 현상이 발생될 경우 설정을 변경해서 사용합니다.

❶ 모서리(E) 옵션 : 연장 안함(없음)
선택한 선을 기준으로 수직선 ❶까지 한 번에 연장됩니다.

```
명령: EX EXTEND
현재 설정: 투영=UCS, 모서리=없음, 모드=표준
경계 모서리 선택...
객체 선택 또는 [모드(O)] <모두 선택>:
연장할 객체 선택 또는 Shift 키를 누른 채 선택하여 자르기 또는
EXTEND [경계 모서리(B) 울타리(F) 걸치기(C) 모드(O) 프로젝트(P) 모서리(E)]:
```
▲ Extend 명령의 모드, 모서리 옵션 설정 상태

❷ 모서리(E) 옵션 : 연장
선택한 선을 기준으로 수직선 ❶의 연장선까지만 연장되고 한 번 더 클릭하면 수직선 ②까지 연장됩니다.

```
명령: EX EXTEND
현재 설정: 투영=UCS, 모서리=연장, 모드=표준
경계 모서리 선택...
객체 선택 또는 [모드(O)] <모두 선택>:
연장할 객체 선택 또는 Shift 키를 누른 채 선택하여 자르기 또는
EXTEND [경계 모서리(B) 울타리(F) 걸치기(C) 모드(O) 프로젝트(P) 모서리(E)]:
```
▲ Extend 명령의 모드, 모서리 옵션 설정 상태

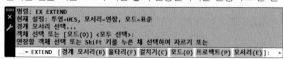

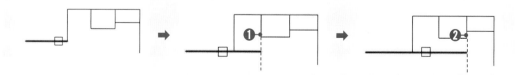

02 Lengthen(길이 조정)

Extend 명령은 연장되는 부분까지 교차되는 선분, 즉 목적지가 되는 선분이 앞에 있어야 합니다. 하지만 작업을 하다보면 교차선이 없는 경우도 있습니다. Lengthen 명령은 늘리거나 줄일 값을 입력하여 선분의 길이를 조절할 수 있습니다.

작업	길이 조정
단축키	L E N
풀다운 메뉴	수정(Modify) ➡ 길이 조정(Lengthen)
리본 메뉴	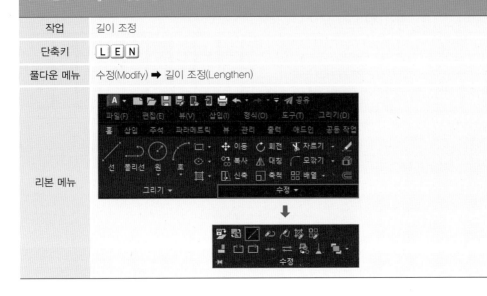

01 [P02/Ch04/Lengthen.dwg] 파일을 불러옵니다. Lengthen 명령을 사용해 원의 중심을 표시하는 선분의 길이를 조절해 보겠습니다.

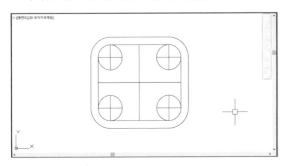

02 [Lengthen(LEN)] 명령을 입력한 후 Enter를 누릅니다. 저장된 증분 옵션을 사용하기 위해 Enter를 한 번 더 누른 다음 객체를 늘릴 값 [100]을 입력한 후 Enter를 누릅니다. 선분 ❶~⓴까지 한 번씩 클릭하고 ⑰~⓴은 한 번 더 클릭합니다.

```
명령: LEN
LENGTHEN
측정할 객체 또는 [증분(DE)/퍼센트(P)/합계(T)/동적(DY)] 선택 <증분(DE)>:
LENGTHEN 증분 길이 또는 [각도(A)] 입력 <0.0000>: 100
```

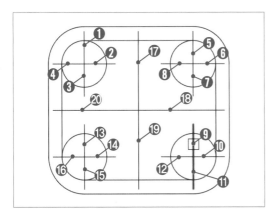
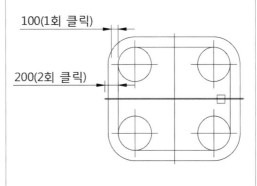

Tip!

Lengthen 옵션

❶ 증분(Delta) : 설정한 값으로 늘리거나 줄입니다.(– 입력)

❷ 퍼센트(Percent) : 선택한 선분의 길이를 100%로 하여 늘리거나 줄입니다.(200 입력은 2배, 50 입력은 0.5배)

❸ 합계(Total) : 설정한 값으로 선분의 길이가 변경됩니다.

❹ 동적(Dynamic) : 커서를 움직여 자유롭게 늘리거나 줄입니다.

>>> STEP

03 Dist와 List(객체 정보 조회)

객체의 길이, 각도, 면적 등 다양한 정보를 쉽게 조회할 수 있습니다. Dist 명령은 측정하고자 하는 길이나 각도를 2Point로 클릭하면 정보를 확인할 수 있고, List 명령은 조회 대상을 클릭하면 확인할 수 있습니다.

작업	조회
단축키	Dist : D I , List : L I
풀다운 메뉴	도구(Tool) ➡ 조회(Measuregeom)
리본 메뉴	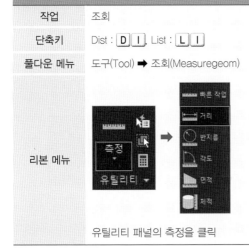 유틸리티 패널의 측정을 클릭

01 [P02/Ch04/Dist.dwg] 파일을 불러와 길이와 각도를 확인해 보겠습니다.

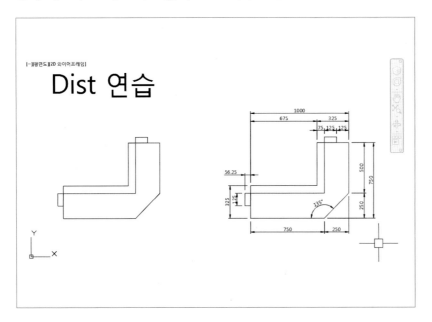

02 [Dist(DI)] 명령을 입력하고 Enter를 누릅니다. 측정하려는 선의 양끝 부분인 ❶, ❷지점을 클릭하면 명령행에 클릭한 두 점에 대한 정보가 표시됩니다. 거리는 '750', 각도는 '0°' 입니다.

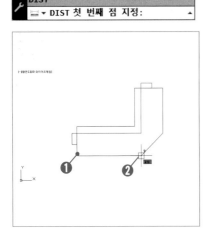

03 Enter를 눌러 Dist 명령을 다시 실행하고 ❶, ❷지점을 클릭하면 명령행에 클릭한 두 점에 대한 정보가 표시됩니다. 거리는 ' 353.5534 ', 각도는 '45° ' 입니다.

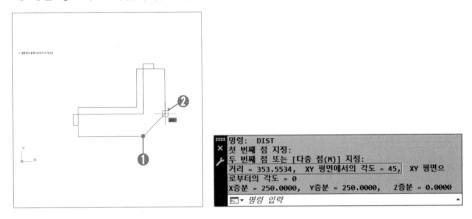

04 명령행에 [List(LI)] 명령을 입력하고 Enter를 누릅니다. 조회하려는 선분 ❶을 클릭하고 Enter를 누르면, Dist 명령과는 다르게 창이 나타나고 하단에 길이 정보를 확인할 수 있습니다. [닫기]를 클릭하면 창을 닫을 수 있습니다.

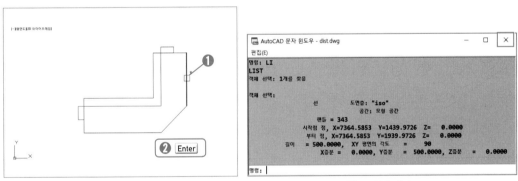

✼✼ 원이나 사각형(Polyline)을 선택하면 원주, 면적 등 대상에 맞는 정보를 확인할 수 있습니다.

Tip! **Dist 명령으로 조회한 X증분(Delta X)과 Y증분(Delta Y)의 이해**

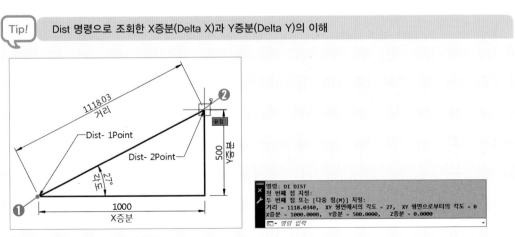

❶지점과 ❷지점을 클릭한 경우

객체의 길이를 조절할 수 있는 Extend, Lengthen 명령은 옵션을 입력한 후 조건이 맞아야 사용할 수 있습니다. 이번에는 Grip이라는 조절점을 이용해 객체의 길이와 크기를 조정해 보겠습니다.

{Grip의 활용과 Trim, Extend 명령의 전환}

1 [P02/Ch04/Grip의 활용.dwg] 파일을 불러옵니다. Grip을 사용해 도면-A를 수정해 보겠습니다.

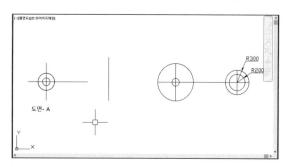

2 대기 상태의 커서로 원 **❶**을 클릭합니다. 원의 중앙과 둘레에 파란 Grip 점이 보입니다. 상단 Grip **❷**를 클릭하고 **❸**지점을 클릭하면 **❸**지점까지 원의 크기가 조절됩니다. [Esc]를 눌러 선택을 해제합니다.

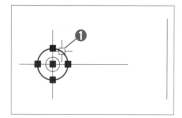
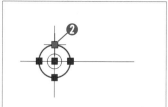
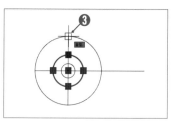

∗∗ Grip을 사용한 후 항상 [Esc]를 눌러 선택을 해제해야 합니다. 선택을 해제하지 않으면 다음 작업에 영향을 줍니다.

3 우측 원을 작성하겠습니다. 하지만 가로선이 짧아 우측의 세로선과 교차하지 않으므로 Grip을 사용해 선을 늘려보겠습니다. 대기 상태의 커서로 선분 **❶**을 클릭합니다. 늘릴 방향의 오른쪽 Grip **❷**를 클릭하고 늘릴 위치 **❸**지점을 클릭하면 선분이 늘어납니다. [Esc]를 눌러 선택을 해제합니다.

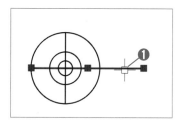
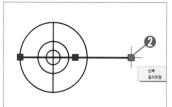
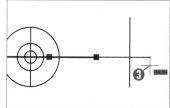

4 이제 선의 교차점이 표시되어 원의 중심을 지정할 수 있게 되었습니다. 반지름이 '200'과 '300'인 원을 작성하기 위해 [Circle(C)] 명령을 입력한 후 Enter를 누르고, ①지점을 클릭하고 [200]을 입력한 다음 Enter를 누릅니다. 같은 방법으로 반지름이 300인 원도 그려줍니다.

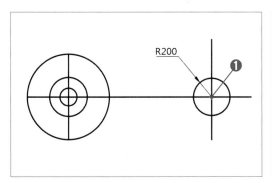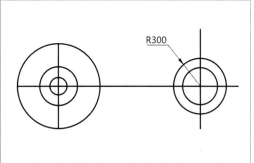

5 십자선을 Trim으로 잘라내도 되지만 Grip으로 선분의 길이를 줄여 정리해 보겠습니다. 대기 상태의 커서로 선분 ①, ②를 클릭합니다.

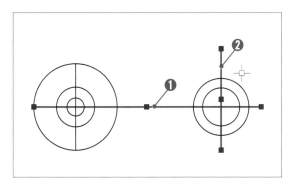

6 커서로 ①지점 클릭 후 ②지점을 클릭하면 선분의 길이가 조절됩니다. 같은 방법으로 나머지 선분을 정리하고 Esc를 눌러 선택을 해제합니다. 이처럼 Grip을 활용하면 다양한 기능을 사용할 수 있습니다.

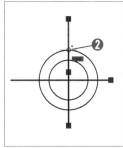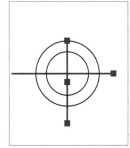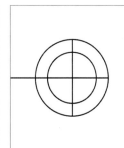

7 도면-B를 준비하고, Trim 명령을 이용해 사각형 밖으로 벗어난 선분은 잘라내고 짧은 선분은 사각형 테두리까지 연장하겠습니다.

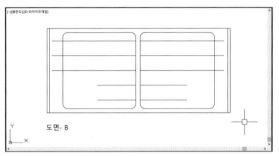

** Trim과 Extend 명령은 사용하는 방법이 동일해 Trim을 사용하면서 Extend를 같이 사용할 수 있고, 또한 Extend를 사용하면서 Trim으로 자르기 작업도 동시에 할 수 있습니다.

8 [Trim(TR)] 명령을 입력하고 Enter 를 누른 다음 〈모두 선택〉을 적용하기 위해 Enter 를 한 번 더 누릅니다. ❶지점 클릭 후 ❷지점 클릭, 반대편 ❸지점 클릭 후 ❹지점을 클릭해 잘라낸 후 Shift 를 누른 상태에서 연장할 부분 ❺, ❻과 ❼, ❽지점을 클릭해 연장합니다.

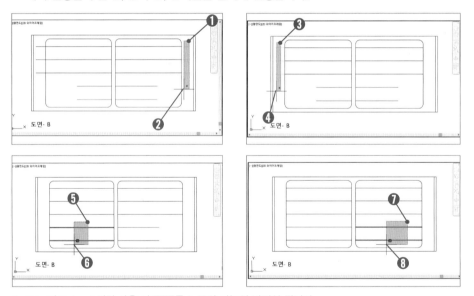

** Trim과 Extend 명령 사용 시 Shift 를 누르면 기능이 반전이 됩니다.

1 다음 도면을 작성하고 Dist(DI) 명령을 이용해 A지점부터 B지점까지의 거리를 구하시오.(소수점 두 자리까지 반올림하여 표기합니다.)

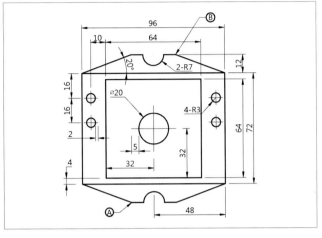

• A부터 B지점까지의 거리 :

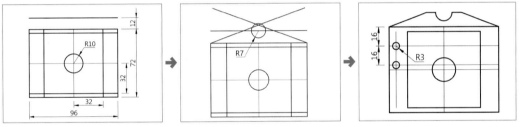

2 다음 도면을 작성하고 Dist(DI) 명령을 이용해 A지점부터 B지점까지, C지점부터 D지점까지의 거리를 구하시오.(소수점 두 자리까지 반올림하여 표기합니다.)

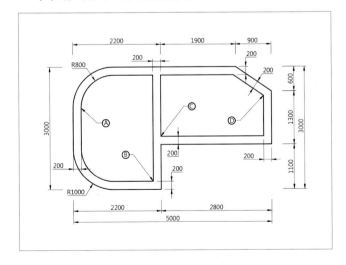

• A부터 B지점까지의 거리 :
• C부터 D지점까지의 거리 :

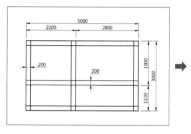 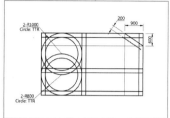

3 다음 도면을 작성하시오.

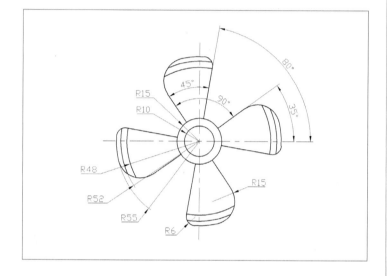

4 다음 건축 평면도를 작성하시오.

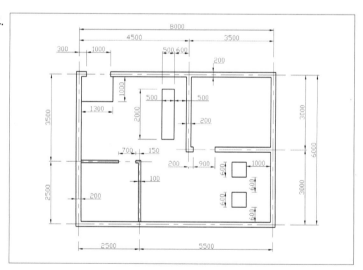

P02/Ch04/실습과제답안.dwg

이동과 복사

대상을 이동하는 Move 명령과 복사하는 Copy 명령은 사용 방법과 작업 과정이 동일합니다. Move는 원본을 현재 위치에서 다른 위치로 옮기는 것이고, Copy는 현재 위치에 있는 원본은 그대로 유지한 채 다른 위치에 복사합니다. 동일한 객체를 많이 배치하는 도면에 효과적으로 작업할 수 있습니다.

◆ Move(M) : 이동하기

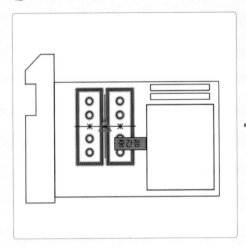 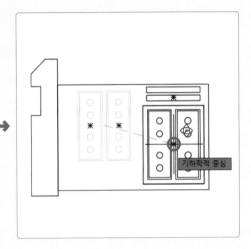

◆ Copy(Co) : 복사하기

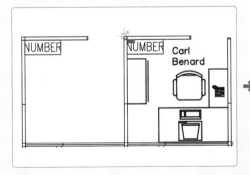 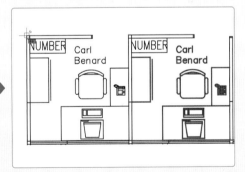

01 | Move(이동)

Move는 간단한 명령이지만 처음 사용하는 사용자의 경우 마음먹은 대로 안 되는 경우가 많습니다. 이동 명령 사용 시 필요한 기준점의 역할을 이해하면서 배워보겠습니다.

작업	이동하기
단축키	M
풀다운 메뉴	수정(Modify) ➡ 이동(Move)
리본 메뉴	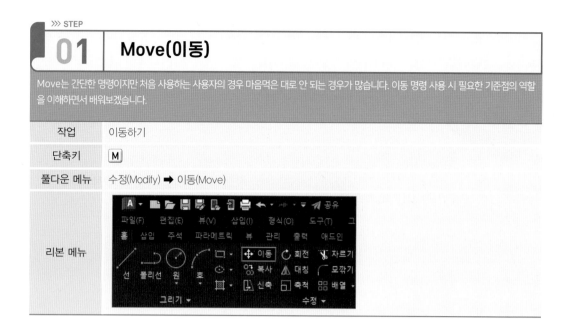

01 [P02/Ch05/Move Copy1.dwg] 파일을 불러와 A 부분을 확대합니다.

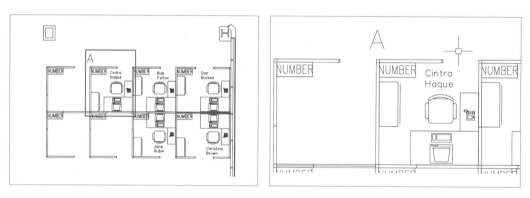

02 오른쪽 가구를 왼쪽 공실로 이동하기 위해 [홈] 탭에서 [이동] ❶을 클릭하거나, [Move(M)]를 입력하고 Enter 를 누릅니다. 수납장 ❷를 클릭하고 Enter 를 누릅니다.

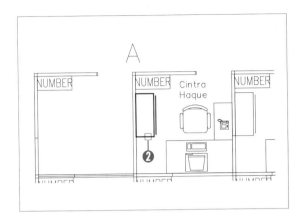

03 선택된 객체를 원하는 지점으로 이동하기 위해서는 기준점을 설정해야 합니다. 기준점 ❶을 클릭하고 이동할 목적지인 ❷지점을 클릭합니다.

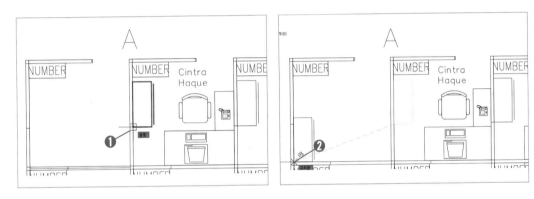

04 이번에는 여러 객체를 동시에 이동시키기 위해 Enter를 눌러 이동 명령을 재실행합니다. ❶ 지점 클릭 후 ❷지점을 클릭해 가구를 걸침 선택하고 Enter를 누릅니다. 기준점 ❸지점을 클릭하고 이동할 곳인 ❹지점을 클릭합니다.

∗∗ 이동되는 위치에 따라 기준점이 달라집니다.

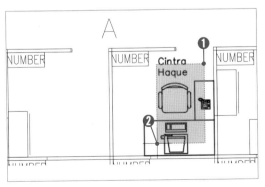
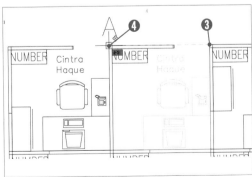

05 이번에는 이동되는 거리 값을 입력해 이동하겠습니다. Enter 를 눌러 명령을 재실행하고 수납장 ❶을 클릭한 후 Enter 를 누르고, 기준점 ❷지점을 클릭합니다.

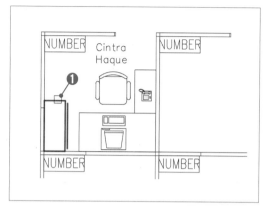 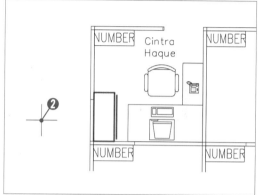

06 직교 모드(F8)가 ON으로 되어있는 상태에서 커서를 이동 방향인 ❶지점으로 이동한 후 거리 값 '200'을 입력하고 Enter 를 누릅니다.

** 거리 값을 입력해 이동할 경우 기준점의 위치는 어느 방향이라도 관계없지만 마우스로 이동할 정확한 방향을 선택하고 직교 모드(F8)가 ON으로 되어있는지 확인합니다.

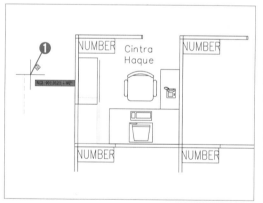 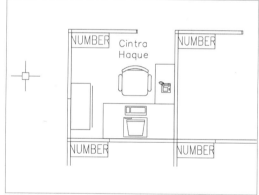

07 오른쪽 아래 'Jane Rubin'의 부스도 다음과 같이 좌측으로 이동해 봅니다.

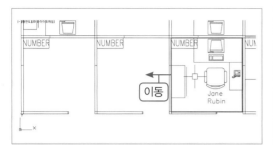 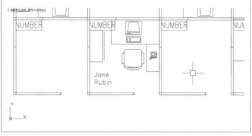

02 | Copy(복사)

Copy 명령의 사용 방법은 Move 명령과 동일하며, 기준점을 이용한 복사와 거리 값을 입력한 복사를 배워보겠습니다.

작업	복사하기	보조 기능	직교 모드(Ortho)
단축키	C O , C P		
풀다운 메뉴	수정(Modify) ➡ 복사(Copy)		
리본 메뉴	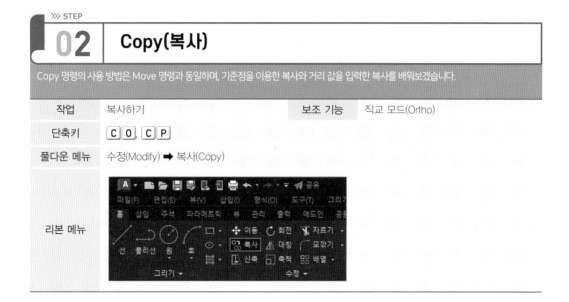		

01 Move 작업에서 진행했던 도면으로 작업하거나 [P02/Ch05/Move Copy1.dwg] 파일을 불러옵니다. 왼쪽 위에 있는 두 개의 사각형 ❶을 모서리에 복사해 보겠습니다.

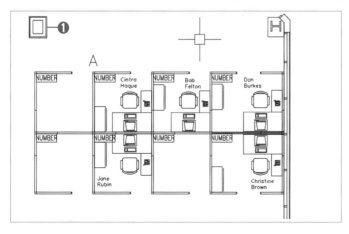

02 홈 탭에서 [복사] ❶을 클릭하거나, [Copy(CO,CP)] 명령을 입력한 후 Enter 를 누릅니다. 복사할 객체를 선택하기 위해 ❷지점 클릭 후 ❸지점을 클릭하고 Enter 를 누릅니다. 기준점 ❹를 클릭하고 목적지 ❺를 클릭해 복사합니다.

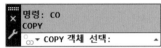

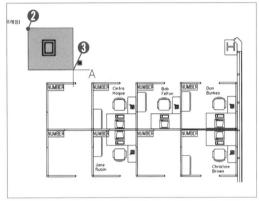

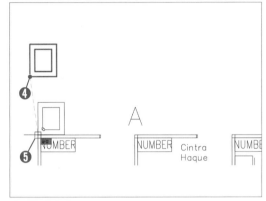

03 Copy 명령이 실행 중이며 ❶, ❷를 클릭하고 Enter 를 눌러 명령을 종료합니다.

⁂ Copy 명령은 기본적으로 연속 작업이 가능합니다.

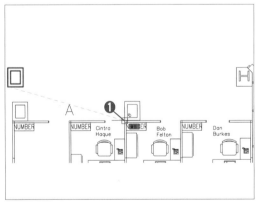

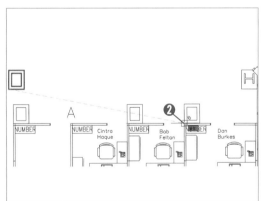

04 거리 값을 입력하여 복사하기 위해 Enter를 눌러 명령을 재실행합니다. 화면을 확대한 후 ❶ 지점 클릭 후 ❷지점을 클릭해 포함 선택하고 Enter를 누른 다음 ❸지점을 클릭해 기준점을 설정합 니다.

⁂ 거리 값을 입력하는 경우 Move와 Copy 명령의 기준점은 크게 중요하지 않습니다.

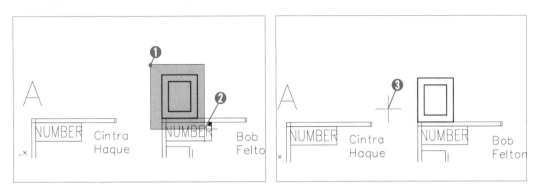

05 커서를 복사 방향인 ❶지점으로 이동한 후 거리 값 [850]을 입력하고 Enter를 누릅니다. 다 시 Enter를 한 번 더 눌러 명령을 종료합니다.

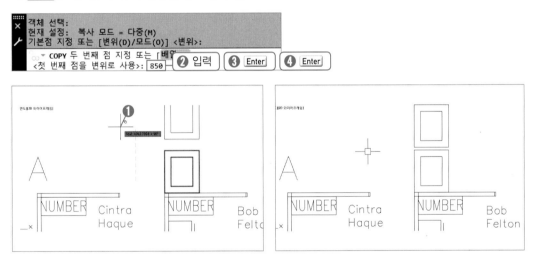

06 복사된 거리 값은 원본과 사본의 동일한 위치 값입니다.

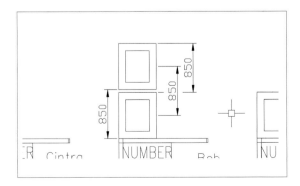

07 Copy 명령의 배열 옵션과 Move 명령을 이용해 가구를 배치해 보겠습니다. [P02/Ch05/ Move Copy2.dwg] 파일을 불러온 후 도면-A의 크기를 조절합니다.

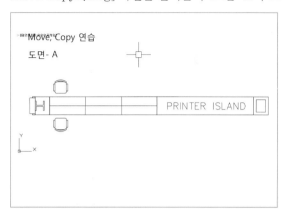

08 Copy(CO,CP) 명령을 입력한 후 Enter 를 누릅니다. 포함 선택을 하기 위해 ❸지점 클릭 후 ❹지점을 클릭하고 Enter 를 누른 후 기준점은 ❻지점을 클릭합니다.

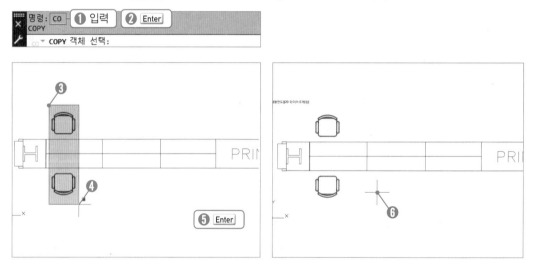

09 배열 옵션을 적용하기 위해 [A]를 입력한 후 Enter 를 누르고 항목 수는 [10]을 입력하고 Enter 를 누릅니다. 커서를 복사할 방향인 ❺지점으로 이동한 후 거리 값 [1000]을 입력하고 Enter, 다시 Enter 를 눌러 작업을 종료합니다.

∴ 커서를 이동해 복사 방향을 표시할 때는 직교 모드(F8) 가 ON으로 되어 있는지 확인합니다.

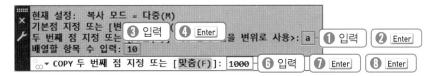

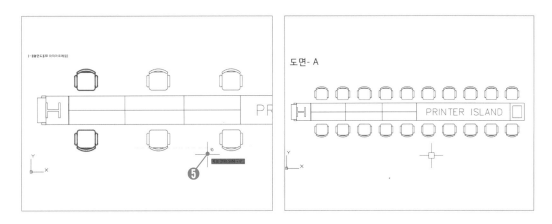

10 도면−B의 가구 중 의자 2개를 삭제하고 책상을 오른쪽 위로 이동합니다.

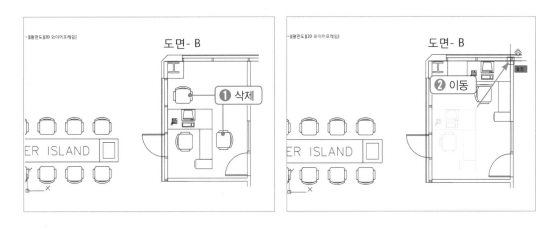

1 [P02/Ch05/Move Copy3.dwg] 파일을 불러와 1번, 2번 공간에 있는 가구들을 8번까지 동일한 위치에 복사하시오.

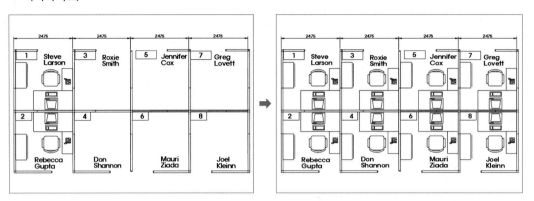

2 Line(L), Offset(O), Trim(TR), Circle(C), Copy(CO) 명령을 이용해 다음 도면을 작성하시오.

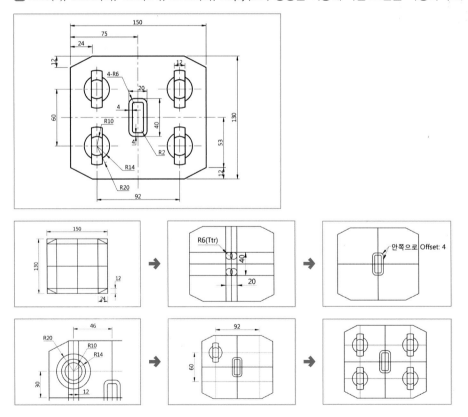

3 Line(L), Offset(O), Trim(TR), Circle(C), Copy(CO) 명령을 이용해 다음 도면을 작성하시오.

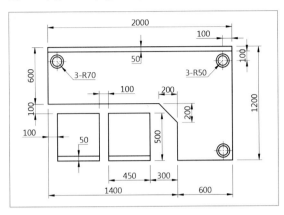

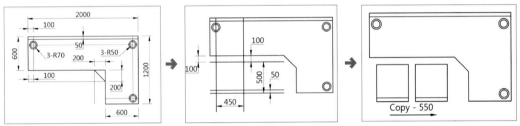

4 Line(L), Offset(O), Trim(TR), Copy(CO) 명령을 이용해 다음 도면을 작성하시오.

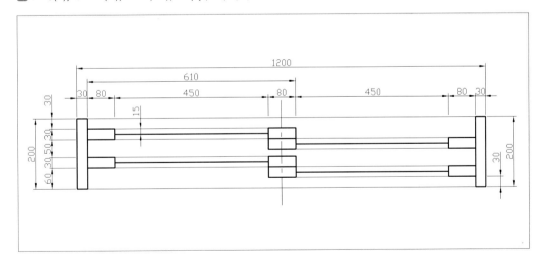

P02/Ch05/실습과제답안.dwg

CHAPTER 06
폴리선의 활용과 도면의 크기

Line은 단순히 선을 그리는 명령이고 Pline(Polyline) 명령을 이용하면 선을 붙여서 그리거나 두께 등을 적용할 수 있습니다. 다기능 선인 Pline과 도면의 크기에 대해 알아보겠습니다.

⬢ Pline(PL) : 폴리선(다기능 선)

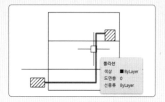

⬢ Pedit(PE) : 폴리선 편집

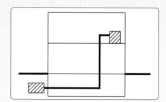

⬢ Rectang(REC) : 사각형

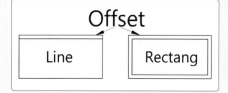

⬢ Explode(x) : 폴리선(복합 개체) 분해

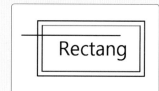

⬢ Zoom(Z) : 줌(화면의 확대, 축소)

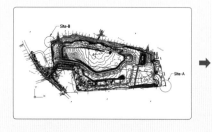 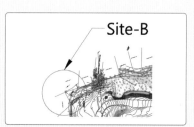

⬢ Limits : 도면 영역의 한계 설정

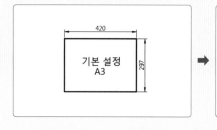 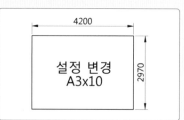

01 Pline(폴리선)

Pline은 Line 명령과 사용 방법은 비슷하지만 하나의 선으로 연결되어 있기 때문에 관리하기 수월합니다.

작업	폴리선 그리기
단축키	P L
풀다운 메뉴	그리기(Draw) ➡ 폴리선(Pline)
리본 메뉴	

:: Pline(폴리선) 명령 사용하기

Pline의 기능은 그려지는 선분이 하나로 연결되는 특징이 있습니다. 하나의 객체이므로 선택에 있어 편리합니다.

01 폴리선(Pline)은 Line 명령과 사용하는 방법은 비슷합니다. 직교 모드(F8)를 ON으로 설정하고 [Pline(PL)] 명령을 입력한 다음 Enter를 누르고 폴리선의 시작 위치 ❶지점을 클릭합니다. 거리 좌표를 사용해 선을 연속으로 ❷까지 작성하고 Enter를 눌러 작업을 종료합니다.

```
명령: PL PLINE
시작점 지정:
현재의 선 폭은 0.0000임
다음 점 지정 또는 [호(A)/반폭(H)/길이(L)/명령 취소(U)/폭(W)]: 300
다음 점 지정 또는 [호(A)/닫기(C)/반폭(H)/길이(L)/명령 취소(U)/폭(W)]: 150
다음 점 지정 또는 [호(A)/닫기(C)/반폭(H)/길이(L)/명령 취소(U)/폭(W)]: 300
다음 점 지정 또는 [호(A)/닫기(C)/반폭(H)/길이(L)/명령 취소(U)/폭(W)]: 150
다음 점 지정 또는 [호(A)/닫기(C)/반폭(H)/길이(L)/명령 취소(U)/폭(W)]: 300
⌄ ▾ PLINE 다음 점 지정 또는 [호(A) 닫기(C) 반폭(H) 길이(L) 명령 취소(U) 폭(W)]: 150 ▲
```

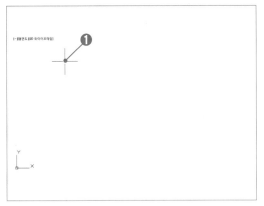

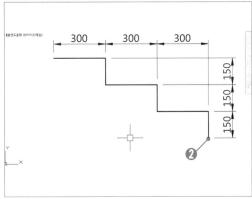

02 작성된 폴리선을 대기 상태의 커서로 클릭하면, 모든 선이 한 번에 선택되는 것을 확인할 수 있습니다. Esc를 눌러 선택을 해제합니다. 간격띄우기를 하기 위해 [Offset(O)] 명령을 입력하고 Enter를 누른 다음, 거리 값 [10]를 입력하고 Enter를 눌러 안쪽으로 선을 복사합니다.

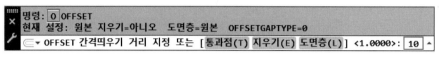

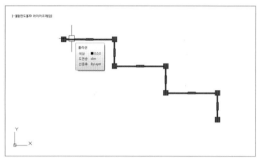
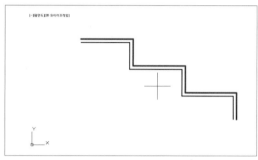

✽ 선분이 연결되어 있기 때문에 한 번에 Offset 됩니다. 이런 특징을 이용해 두 줄로 표현해야 하는 틀이나 배관 등에 많이 사용됩니다.

03 [Line(L)] 명령을 입력한 다음 Enter를 누르고 선의 시작 위치 ❶지점을 클릭합니다. 거리 값 '450', '900'을 입력해 계단 모양을 완성합니다.

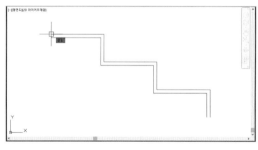
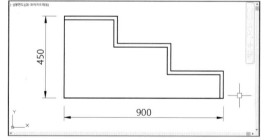

:: Pline(폴리선) 명령의 활용

Pline 명령의 옵션 중 가장 많이 사용되는 폭(Width)을 적용해 선을 그려보겠습니다. 두께를 적용한 선은 도면에서 강조가 되는 기준선이나 지반선 등에 사용됩니다.

01 [Pline(PL)] 명령을 입력한 다음 `Enter`를 누르고, 시작점 ❶을 클릭합니다. 명령행에서 폭 (W) 옵션을 적용하기 위해 [W]를 입력하고 `Enter`를 누릅니다. 시작되는 선의 두께 [30]을 입력한 후 `Enter`를 누르고, 끝나는 선의 두께도 [30]을 입력한 후 `Enter`를 누릅니다. 커서를 좌측으로 이동하면 두께가 확인됩니다.

```
명령: PL PLINE
시작점 지정:
현재의 선 폭은 0.0000임
다음 점 지정 또는 [호(A)/반폭(H)/길이(L)/명령 취소(U)/폭(W)]: W
시작 폭 지정 <0.0000>: 30
▼ PLINE 끝 폭 지정 <30.0000>: 30
```

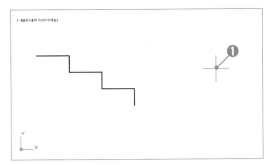
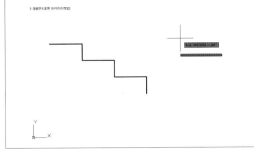

02 다음과 같이 직교 모드(`F8`)에서 거리 값, 상대좌표를 입력하여 폴리선을 ❶지점까지 작업하고 옵션 [C]를 입력한 다음 `Enter`를 누릅니다.

```
시작 폭 지정 <0.0000>: 30
끝 폭 지정 <30.0000>: 30
다음 점 지정 또는 [호(A)/반폭(H)/길이(L)/명령 취소(U)/폭(W)]: 350
다음 점 지정 또는 [호(A)/닫기(C)/반폭(H)/길이(L)/명령 취소(U)/폭(W)]: 100
다음 점 지정 또는 [호(A)/닫기(C)/반폭(H)/길이(L)/명령 취소(U)/폭(W)]: @-200,-200
다음 점 지정 또는 [호(A)/닫기(C)/반폭(H)/길이(L)/명령 취소(U)/폭(W)]: @200,-200
다음 점 지정 또는 [호(A)/닫기(C)/반폭(H)/길이(L)/명령 취소(U)/폭(W)]: 100
다음 점 지정 또는 [호(A)/닫기(C)/반폭(H)/길이(L)/명령 취소(U)/폭(W)]: 350
▼ PLINE 다음 점 지정 또는 [호(A) 닫기(C) 반폭(H) 길이(L) 명령 취소(U) 폭(W)]: C
```

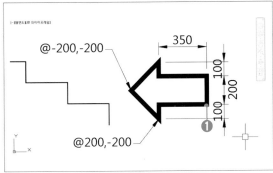

✿ 두께를 적용한 선은 도면에서 강조가 되는 도면의 윤곽선 및 기준선 등에 사용됩니다.

02 | Pedit, Join(폴리선 편집과 결합)

Pedit 명령은 Pline으로 작성한 폴리선뿐만 아니라 Line으로 작성한 선이나 호 또한 폴리선으로 변경하여 폭, 결합 등의 특성을 적용할 수 있습니다.

작업	폴리선 편집
단축키	Pedit : P E , Join : J
풀다운 메뉴	수정(Modify) ➡ 객체(Objects) ➡ 폴리선(Pedit)
리본 메뉴	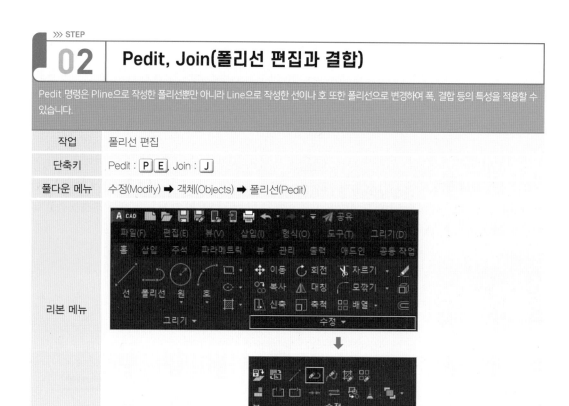

01 [P02/Ch06/Pedit.dwg] 파일을 불러옵니다. 오른쪽 도면과 같이 단절된 선을 붙이고, 선의 두께를 적용해 보겠습니다.

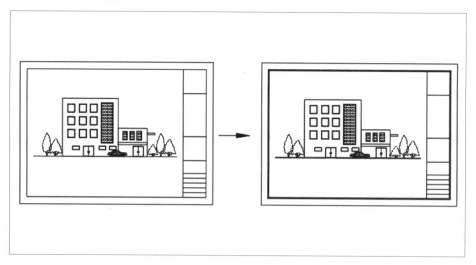

02 [Pedit(PE)] 명령을 입력한 후 Enter 를 누르고, 선분 ❶을 클릭합니다. 선택한 선이 폴리선이 아니므로 변경하기 위해 한 번 더 Enter 를 누르고, 결합 옵션을 적용하기 위해 [J]를 입력한 후 Enter 를 누릅니다. 붙이려는 선 ❷, ❸, ❹를 모두 선택한 후 Enter 를 누르고, 한 번 더 Enter 를 눌러 작업을 종료합니다.

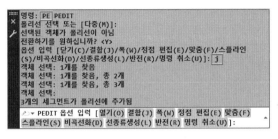
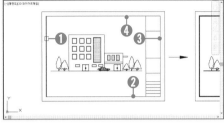

Tip!

'Join'은 단독 명령으로도 사용할 수 있습니다. [Join(J)] 명령을 실행한 후 붙일 대상을 클릭하고 Enter 를 누르면 [Pedit(PE)]의 Join 옵션과 같이 선택한 선이 결합됩니다.

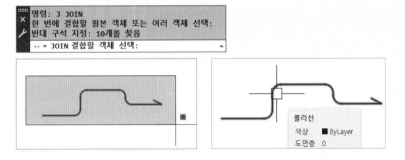

03 대기 상태의 커서로 선 ❶을 클릭해 하나로 결합된 것을 확인합니다.

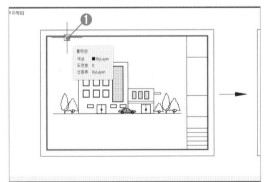
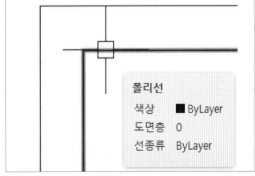

04 폭(두께)을 적용하기 위해 [Pedit(PE)] 명령을 입력하고 [Enter]를 누른 다음, 선분 ❶을 클릭합니다. [W]를 입력한 후 [Enter], 두께 [200]을 입력하고 [Enter]를 누른 다음 한 번 더 [Enter]를 눌러 작업을 종료합니다. 지반선인 선분 ❷도 두께 [100]으로 변경합니다.

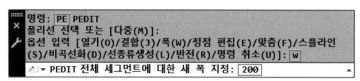

```
명령: PE PEDIT
폴리선 선택 또는 [다중(M)]:
옵션 입력 [열기(O)/결합(J)/폭(W)/정점 편집(E)/맞춤(F)/스플라인
(S)/비곡선화(D)/선종류생성(L)/반전(R)/명령 취소(U)]: W
PEDIT 전체 세그먼트에 대한 새 폭 지정: 200
```

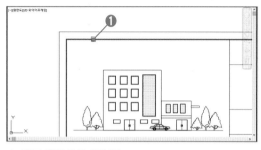
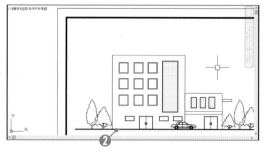

✳✳ 기본 두께 값은 0입니다.

> **Tip!** **Pedit의 결합(J) 옵션이 적용되는 선과 적용되지 않는 선**

❶ 결합(Join)이 가능한 선(한 번에 작도가 가능한 선)　　❷ 결합(Join)이 불가능한 선(두 번 이상 그려야 하는 선)

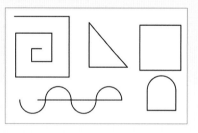
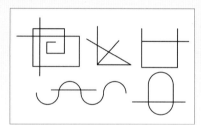

03 Rectang(직사각형)

Rectang 명령을 사용하면 정사각형이나 직사각형을 빠르게 작성할 수 있습니다. Rectang 명령 사용 시 다양한 옵션을 이용할 수도 있지만 많이 사용되는 상대좌표로 작업하는 방법을 알아보겠습니다.

작업	직사각형 그리기
단축키	R E C
풀다운 메뉴	그리기(Draw) ➡ 직사각형(Rectang)
리본 메뉴	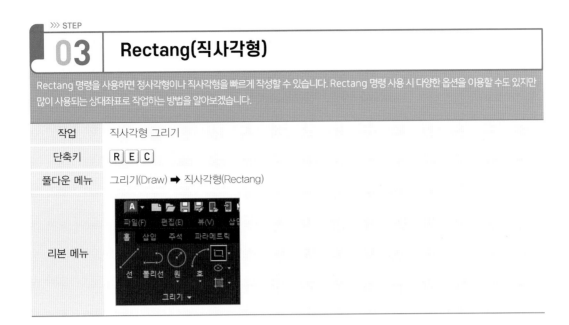

01 [Rectang(Rec)] 명령을 입력하고 Enter를 누릅니다. 시작점 ❶을 클릭한 다음 구석점은 상대좌표 [@250,100]을 입력한 후 Enter를 누릅니다. 가로 '250', 세로 '100'인 사각형이 작성됩니다.

```
명령: REC
RECTANG
첫 번째 구석점 지정 또는 [모따기(C)/고도(E)/모깎기(F)/두께(T)/폭(W)]:
   ▼ RECTANG 다른 구석점 지정 또는 [영역(A) 치수(D) 회전(R)]: @250,100   ❷ 입력   ❸ Enter
```

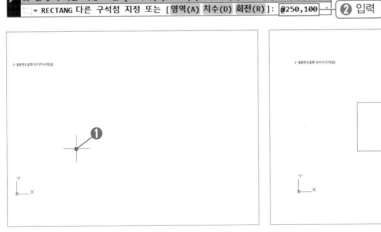

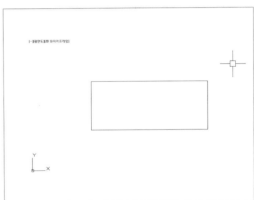

02 [Offset(O)] 명령을 입력하고 Enter 를 누릅니다. 거리 값 [10]을 입력하고 Enter , 사각형 **⑤** 를 클릭한 다음 안쪽 **⑥**을 클릭해 Offset 합니다. 한 번 더 안쪽으로 '5'만큼 Offset 합니다.

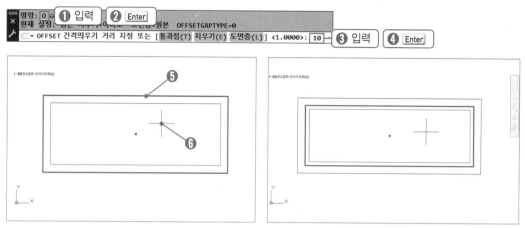

:: Rectang 명령으로 작성된 사각형은 하나로 이어진 선분(폴리선)이므로 선분이 한 번에 Offset 됩니다.

>>> STEP

04 Explode(분해)

Explode는 복합 객체인 Pline, Rectang 명령으로 작성된 도형이나 선을 일반 선으로 분해합니다.

작업	폴리선(복합 객체) 분해
단축키	X
풀다운 메뉴	수정(Modify) ➡ 분해(Explode)
리본 메뉴	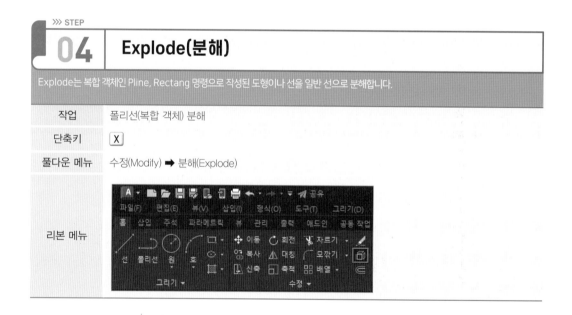

01 Rectang 명령으로 작성한 사각형을 분해 후 편집하겠습니다. [Explode(X)] 명령을 입력하고 Enter를 누른 다음, 분해할 사각형 ❶을 클릭한 후 Enter를 누릅니다. 대기 상태의 커서로 분해한 사각형을 클릭하면 분해된 것을 확인할 수 있습니다. Esc를 눌러 선택을 해제합니다.

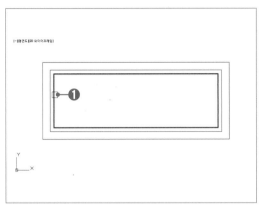

02 [Offset(O)] 명령을 입력한 후 Enter를 누릅니다. 거리 값 [20]을 입력하고 Enter를 눌러 간격띄우기 대상인 선분 ❺를 클릭합니다. 커서를 간격띄우기 할 ❻지점을 클릭하고 같은 방법으로 도면을 완성합니다.

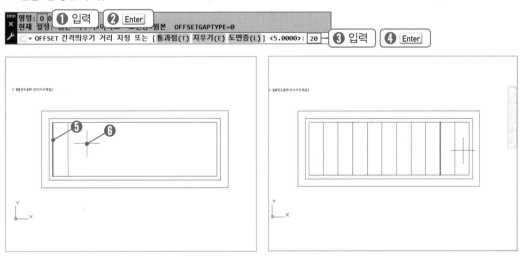

✳✳ Pline, Rectang 같은 폴리선을 편집하려면 Explode(X)로 분해 후 작업하면 됩니다.

05 Zoom(화면 확대/축소)

화면의 확대, 축소 기능은 Zoom 명령보다는 대부분 마우스 휠을 이용합니다. 하지만 특정 부분을 정확히 확대해야 하거나 줌 옵션을 사용하기 위해서는 Zoom 명령을 사용합니다. 그리고 몇몇 사용자들 중에는 마우스 휠보다 줌 명령과 옵션을 더 선호하는 사용자도 있습니다.

작업	줌(화면의 확대/축소)
단축키	Z
풀다운 메뉴	뷰(View) ➡ 줌(Zoom)
탐색 막대	 화면 우측 상단

01 [P02/Ch06/Zoom.dwg] 파일을 불러와 도면 전체가 화면에 보이도록 조절합니다.

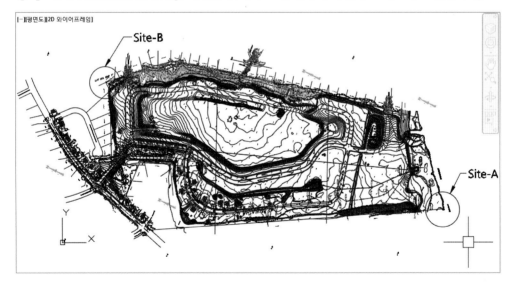

02 Site-B와 Site-A를 Zoom 명령을 이용해 확대해 보겠습니다. [Zoom(Z)] 명령을 입력한 다음 Enter를 누르고, 선택한 객체를 확대하는 옵션 [O]를 입력한 후 Enter를 누릅니다. Site-A가 표시된 원 ❶을 클릭하고 Enter를 누르면, 선택한 객체가 화면 크기에 맞추어 확대됩니다.

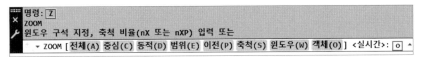

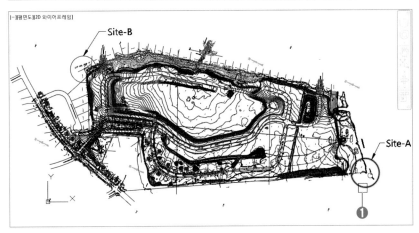

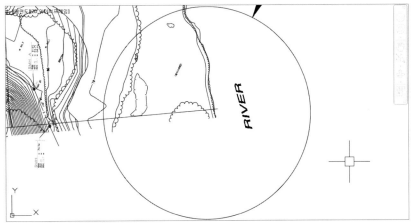

03 다시 [Zoom(Z)] 명령을 입력한 다음 Enter를 누르고, 범위 옵션인 [E]를 입력한 후 Enter를 누릅니다.(마우스 휠을 더블클릭해도 전체 도면을 볼 수 있습니다.)

04 두 점을 클릭하여 영역을 지정하고 확대해 보겠습니다. [Zoom(Z)] 명령을 입력하고 Enter 를 누른 다음, ❶지점 클릭 후 ❷지점을 클릭하면 사각형 영역에 포함된 부분이 확대됩니다.

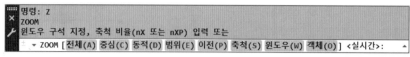

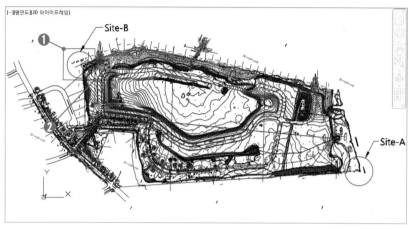

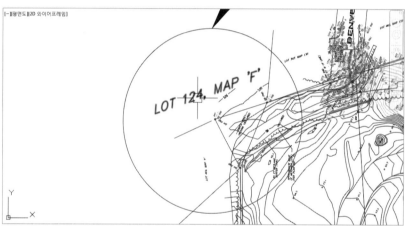

✻✻ 화면의 위치와 크기를 제어할 때는 마우스 휠과 Zoom 명령을 사용합니다. 특히 도로공사 등 지형을 다루는 도면의 경우 마우스 휠만으로는 한계가 있으므로 Zoom 명령을 적절히 활용하면 좀 더 효과적으로 도면을 탐색할 수 있습니다.

>>> STEP

06 Limits(도면 영역의 한계)

AutoCAD 2024을 사용한다면 도면의 한계 설정이 필요 없습니다. 이전 버전들의 경우 도면을 작업 영역보다 크게 작성하면 Zoom이나 Pan(화면 이동) 명령 사용 시 제한을 받기 때문에 사용했고, 2017 버전부터는 제한이 없어졌습니다. 여기서는 도면 영역의 한계에 대한 이해를 돕기 위해 간단히 알아보겠습니다.

01 [Circle(C)] 명령 입력 후 Enter 를 누르고, 원의 중심 클릭 후 반지름 값 [50]을 입력하고 Enter 를 누릅니다. AutoCAD는 새 도면을 실행하면 A3(420,297) 용지 규격에 해당하는 작업공간을 제공하는데, 작성한 원은 A3 용지보다 작아 화면에 잘 보입니다. 다시 [Circle(C)] 명령을 실행해 원의 중심 ❶을 클릭하고 반지름이 '1000'인 원을 그려봅니다.

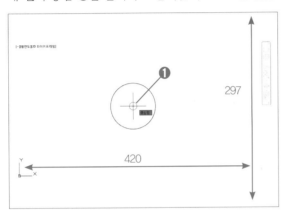

02 A3(420,297) 용지보다 원이 크기 때문에 화면 밖으로 벗어나 보이지 않습니다. 반지름을 '1000'으로 작성한 원을 화면에 보이게 하려면 마우스 휠을 더블클릭하거나 Zoom(Z) 명령을 입력한 후 Enter , 옵션 [E]를 입력한 다음 Enter 를 누릅니다.

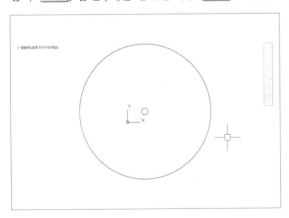

03 [NEW] 명령 입력 후 Enter를 눌러 새 도면을 생성하고 도면 영역의 한계치 설정을 위해 [Limits] 명령을 입력하고 Enter를 누릅니다. 도면 왼쪽 아래쪽 구석의 값은 [0,0]이므로 Enter를 누르고, 오른쪽 위 구석은 A3 기본값에 10배인 [4200,2970]을 입력한 후 Enter를 누릅니다. 설정된 작업 영역을 화면에 표시하기 위해 [Zoom(Z)] 명령 입력 후 Enter, 전체 옵션 [A]를 입력하고 Enter를 누릅니다.

```
명령: LIMITS
모형 공간 한계 재설정:
왼쪽 아래 구석 지정 또는 [켜기(ON)/끄기(OFF)] <0.0000,0.0000>:
오른쪽 위 구석 지정 <420.0000,297.0000>: 4200,2970
명령: Z
ZOOM
윈도우 구석 지정, 축척 비율(nX 또는 nXP) 입력 또는
ZOOM [전체(A) 중심(C) 동적(D) 범위(E) 이전(P) 축척(S) 윈도우(W) 객체(O)] <실시간>: a
```

04 Limits 설정으로 작업 영역이 10배로 커졌습니다. 반지름이 '1000'인 원을 그려보면 화면에서 벗어나지 않고 작업 화면 안에 보이게 됩니다. 2017 이후 버전에서는 Limits가 의미 없지만 2017 이전 버전에서는 작업하기 불편하기 때문에 상황에 맞게 사용합니다.

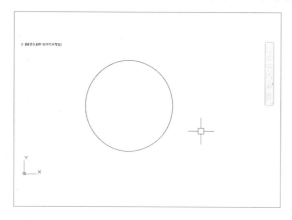

Tip! **도면 양식(템플릿)과 시트의 사용**

건축, 인테리어, 기계, 금형, 토목, 플랜트 등 도면을 작성해야 하는 직종은 매우 많습니다. 2D 설계의 경우 대부분 AutoCAD를 사용하며, 작업할 도면의 크기는 다양합니다. 작은 제품을 설계하는 직종은 작은 도면 영역, 규모가 큰 건축 설계나 토목의 경우 아주 큰 도면 영역이 필요합니다. 각 회사마다 설계에 적합한 도면 양식을 갖추고 있으므로 해당 도면 양식(템플릿)과 시트를 사용하면 도면을 작성하는 데 큰 어려움이 없습니다.

도면 영역의 한계를 설정하는 Limits와 Zoom 명령은 기본적으로 알고 있어야 하는 명령이지만, 실제 업무에서는 만들어 놓은 도면 양식을 사용하기 때문에 자주 사용하지는 않습니다.

1 폴리선(Pline, Pedit, Rectang)을 사용하여 다음 도면을 작성하시오.

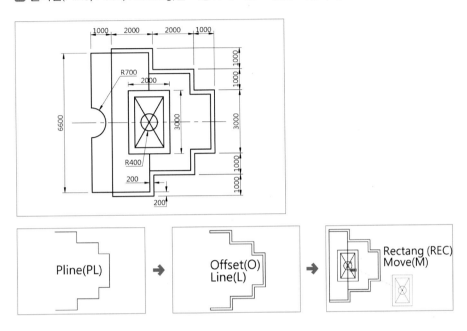

2 폴리선(Pline, Offset)을 사용하여 다음 도면을 작성하시오.

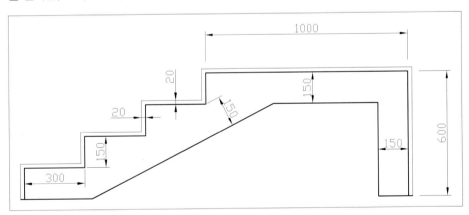

P02/Ch06/실습과제답안.dwg

07

구성선의 활용과 명령 취소

각도선을 작성해야 할 경우 상대극좌표를 입력하는 방법은 다소 번거롭기 때문에 대부분의 사용자들은 극좌표 추적(Polar Tracking)이나 구성선인 Xline 명령을 많이 사용합니다. Xline 명령을 이용해 기준선을 작도하고 각도를 입력해 도면을 작성해 보겠습니다.

◆ Xline(XL) : 구성선(무한대 선)

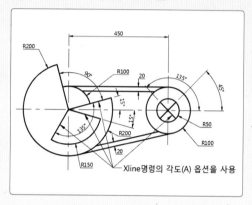

◆ Undo(U) : 명령 취소

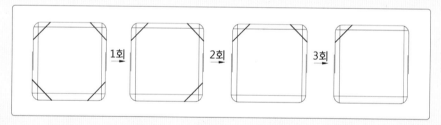

◆ Redo : Undo 명령의 복구

복사   Undo 명령으로 복사 취소   Redo 명령으로 복구

01 Xline(구성선)

구성선의 주 용도인 기준선의 작도와 각도선을 생성하는 기능을 간단한 도면을 작성하면서 배워보겠습니다.

작업	구성선(무한대선, 각도선)
단축키	X L
풀다운 메뉴	그리기(Draw) ➡ 구성선(Xline)
리본 메뉴	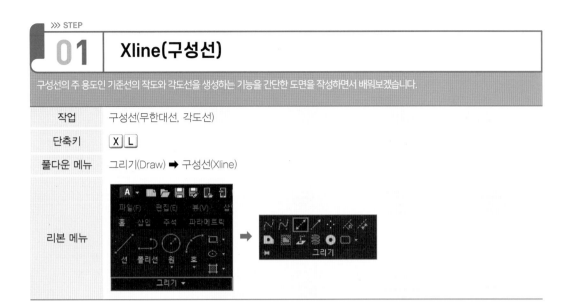

01 [Xline(XL)] 명령을 입력한 후 Enter 를 누르고 ❶지점을 클릭합니다. 직교 모드(F8)가 ON 인 상태에서 커서를 ❷지점으로 이동한 후 클릭하고, 다시 ❸지점으로 이동해 클릭합니다. Enter 를 눌러 작업을 종료합니다.

명령: XL
XLINE

✗➤ XLINE 점 지정 또는 [수평(H) 수직(V) 각도(A) 이등분(B) 간격띄우기(O)]:

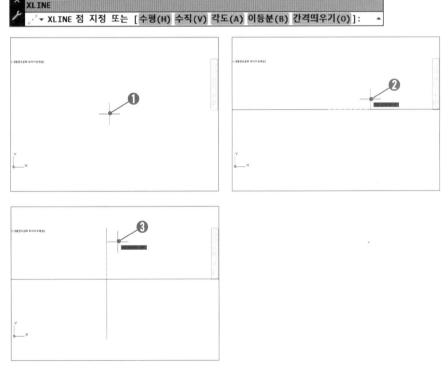

✲✲ 작성된 선은 무한대선으로 선의 시작과 끝이 없습니다. 작업 시 선분이 짧아서 생기는 문제는 없습니다.

02 [Offset(O)] 명령을 입력한 후 Enter, 거리 값 [200]을 입력하고 Enter를 누릅니다. 선분 ❶
을 클릭하고 오른쪽 ❷를 클릭하여 Offset 합니다.

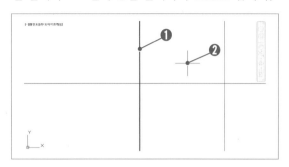

03 교차점에 '60°' 선을 작성하기 위해 [Xline(XL)] 명령을 입력한 후 Enter, 각도 옵션 [A]를
입력하고 Enter를 누릅니다. 각도 값 [60]을 입력하고 Enter, ❶지점을 클릭하고 Enter를 눌러 작업
을 종료합니다. 반대편 ❷지점은 각도 값 [−45]를 입력해 사선을 작성합니다.

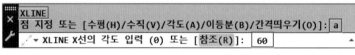

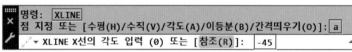

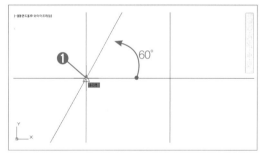

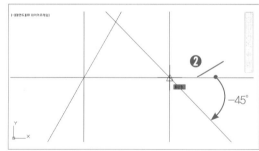

✱✱ 각도 입력 시 수평 0°를 기준으로 반시계 방향은 양수 값, 시계 방향은 음수 값을 입력합니다.

04 [Erase(E)] 명령이나 Delete로 선분 ❶, ❷를 삭제하고 [Trim(TR)] 명령으로 편집합니다.

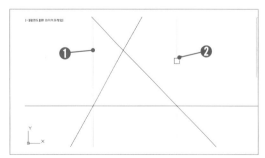

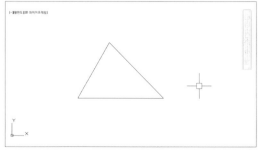

05 [Xline(XL)] 명령을 입력한 후 Enter, 각도 [A]를 입력하고 Enter를 누릅니다. 참조 옵션을 적용하기 위해 [R]을 입력하고 Enter를 누른 후 선분 ❶을 클릭합니다. 선택한 선부터 진행시킬 각도 값 [20]을 입력하고 Enter, ❷지점을 클릭하고 Enter를 눌러 작업을 종료합니다.

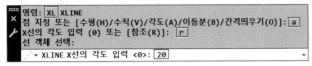

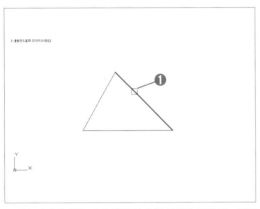

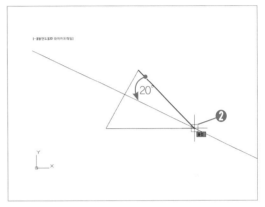

✸✸ 참조(R) 옵션은 각도 입력이 수평 0°에서 시작하는 것이 아닌 선택한 선에서부터 입력됩니다.

06 계속해서 수직선을 연속으로 작성하기 위해 [Xline(XL)] 명령을 입력한 후 Enter, 수직 [V]를 입력하고 Enter를 누른 후 통과점 ❶, ❷, ❸지점을 연속으로 클릭합니다. 불필요한 선은 [Trim(TR)] 명령을 사용해 다음과 같이 제거합니다.

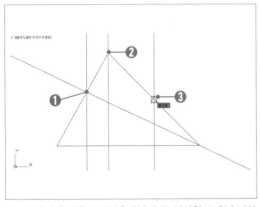

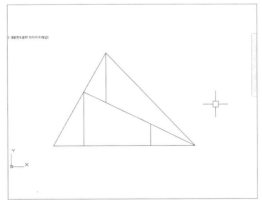

✸✸ 수평(H) 옵션은 수평선을 연속으로 작성할 수 있습니다.

02 | Undo와 Redo(명령 취소, 복구)

명령을 취소하는 Undo는 작업 중에 자주 사용하는 명령으로, 다른 프로그램에서도 사용되는 Ctrl + Z와 동일합니다. 물론 AutoCAD에서도 Ctrl + Z를 누르면 작업이 취소되기는 하지만, Undo 명령에는 단축키가 있어 더 편리합니다.

작업	Undo : 명령 취소, Redo : 명령 복구
단축키	Undo : U , Redo : 없음
풀다운 메뉴	편집(Edit) ➡ 명령 취소(Undo), 편집(Edit) ➡ 명령 복구(Redo)
리본 메뉴	

01 [P02/Ch07/Undo.Redo.dwg] 파일을 불러온 후 [Copy(CO)] 명령을 입력하고 Enter , 의자 ❶을 클릭하고 Enter 를 누릅니다. 기준점 ❷를 클릭하고 목적지 ❸을 클릭한 후 Enter 를 눌러 의자를 복사합니다.

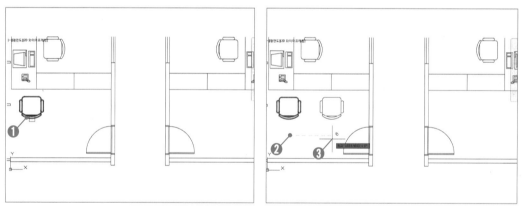

02 Enter 를 눌러 Copy 명령을 재실행한 후 의자 ❶, ❷를 클릭하고 Enter 를 누릅니다. 기준점 ❸을 클릭하고 목적지 ❹를 클릭한 후 Enter 를 누르면 의자 2개가 복사됩니다.

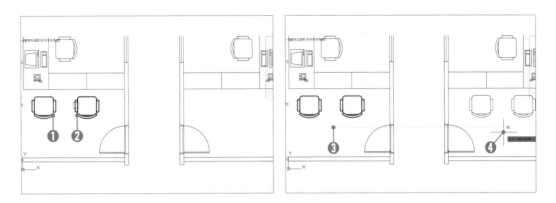

03 [Undo(U)] 명령을 입력하고 Enter 를 누르면, 마지막에 복사한 의자(2개)가 취소되어 사라 집니다. 한 번 더 Enter 를 누르면 Undo 명령이 반복되어 첫 번째 작성한 의자(1개)도 취소됩니다.

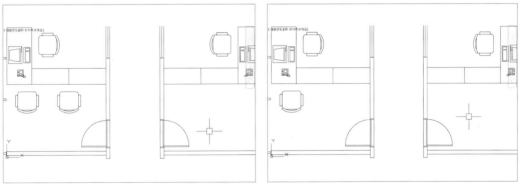

Tip! **기본 명령에 포함된 Undo 옵션**

이전 명령을 취소하는 Undo 명령 외에 Line, Offset, Trim, Extend, Copy 등 연속으로 사용되는 그리기 및 편집 명령에도 취소 옵션이 있으며, 옵션에 있는 Undo는 진행한 작업 한 단계를 취소합니다.

❶ Line

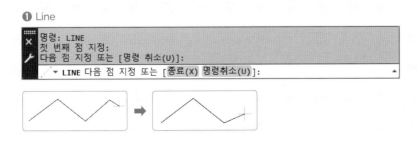

❷ Offset

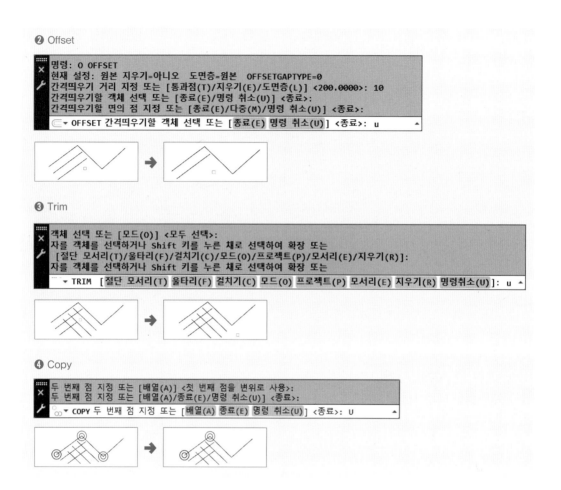

명령: O OFFSET
현재 설정: 원본 지우기=아니오   도면층=원본   OFFSETGAPTYPE=0
간격띄우기 거리 지정 또는 [통과점(T)/지우기(E)/도면층(L)] <200.0000>: 10
간격띄우기할 객체 선택 또는 [종료(E)/명령 취소(U)] <종료>:
간격띄우기할 면의 점 지정 또는 [종료(E)/다중(M)/명령 취소(U)] <종료>:
◯▾ OFFSET 간격띄우기할 객체 선택 또는 [종료(E) 명령 취소(U)] <종료>: u

❸ Trim

객체 선택 또는 [모드(O)] <모두 선택>:
자를 객체를 선택하거나 Shift 키를 누른 채로 선택하여 확장 또는
[절단 모서리(T)/울타리(F)/걸치기(C)/모드(O)/프로젝트(P)/모서리(E)/지우기(R)]:
자를 객체를 선택하거나 Shift 키를 누른 채로 선택하여 확장 또는
▾ TRIM [절단 모서리(T) 울타리(F) 걸치기(C) 모드(O) 프로젝트(P) 모서리(E) 지우기(R) 명령취소(U)]: u

❹ Copy

두 번째 점 지정 또는 [배열(A)] <첫 번째 점을 변위로 사용>:
두 번째 점 지정 또는 [배열(A)/종료(E)/명령 취소(U)] <종료>:
∞▾ COPY 두 번째 점 지정 또는 [배열(A) 종료(E) 명령 취소(U)] <종료>: U

04 취소된 Copy 명령을 복구하기 위해 [Redo] 명령을 입력하고 Enter를 누릅니다. 의자 1개가 복구되고 한 번 더 [Redo] 명령을 입력하면 의자 2개가 복구됩니다.

명령: REDO
COPY
모든 것이 명령 복구됨
▾ 명령 입력

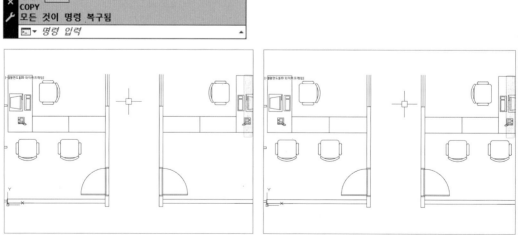

∴ 휠을 사용해 화면의 크기를 조절하거나 휠을 꾹 눌러 화면을 이동하는 경우 Redo 명령이 적용되지 않습니다. 화면을 제어하는 순간 현재 작업 상태로 되기 때문입니다. ➡ 메뉴를 클릭해도 동일한 작업(Redo)을 실행합니다.

1 구성선인 Xline(XL) 명령을 이용해 다음 도면을 작성하고 A지점부터 B지점까지의 거리를 구하시오. 소수점 두 자리까지 반올림하여 표기합니다.

• A부터 B지점까지의 거리 :

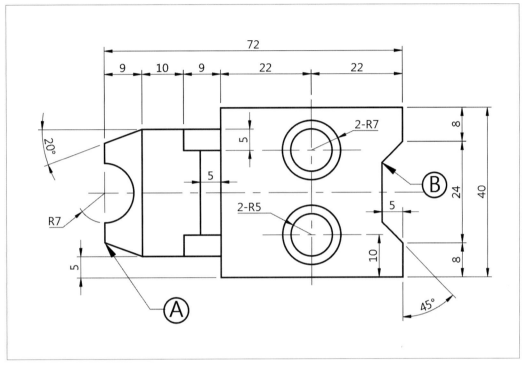

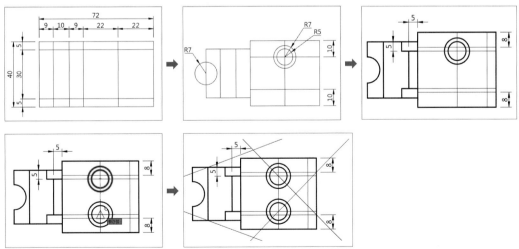

2 건축에서의 기초 단면을 작성하시오.

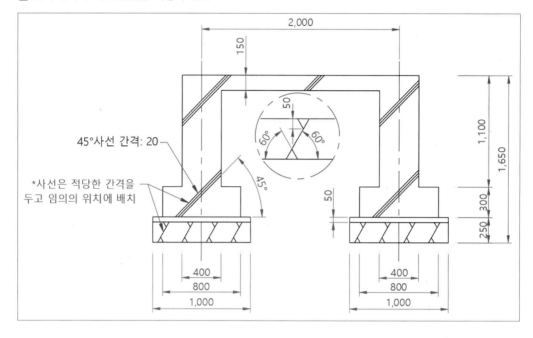

1 다음 도면을 작성하시오.

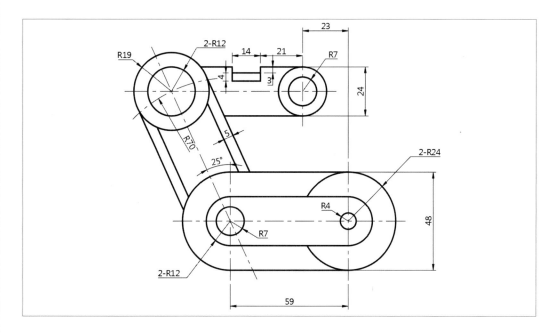

2 다음 도면을 작성하시오.

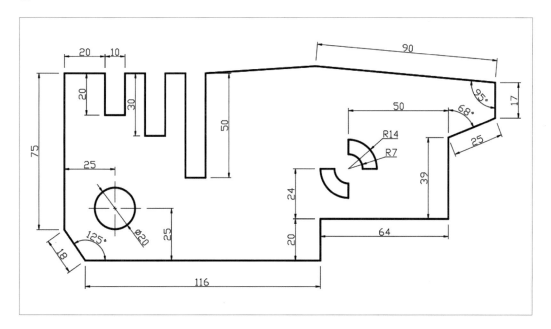

📥 P02/단원종합평가답안.dwg

응용 명령어

도면 작성과 편집에는 많은 명령을 사용합니다.

이전 과정의 필수 명령어들과 함께 효율적인 편집을 위한 명령어를 배워보고 도면 작성을 위한 스킬을 높여보겠습니다.

모서리 편집 기능의 활용

CHAPTER 01

모서리 편집 명령은 둥글게 처리하는 Fillet과 사선으로 따내는 Chamfer로 구분됩니다. 편집 형태에 따라서 Circle로 원을 그려 Trim으로 잘라내는 방법보다 신속한 작업이 가능합니다.

◆ Fillet(F) : 모깎기(모서리를 둥글게 편집)

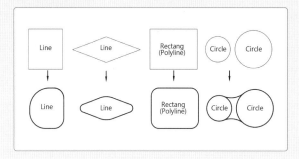

◆ Chamfer(CHA) : 모따기(모서리를 사선으로 편집)

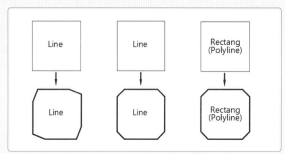

◆ Break(BR) : 선, 호, 원 끊기

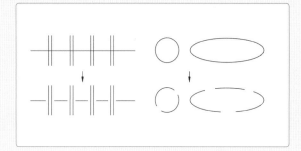

01 Fillet(모깎기)

Fillet 명령은 모서리를 깎는 기능 이외에도 다양한 기능이 있습니다. 기본적인 기능과 활용법을 배워보겠습니다.

작업	모서리를 둥글게 깎기
단축키	F
풀다운 메뉴	수정(Modify) ➡ 모깎기(Fillet)
리본 메뉴	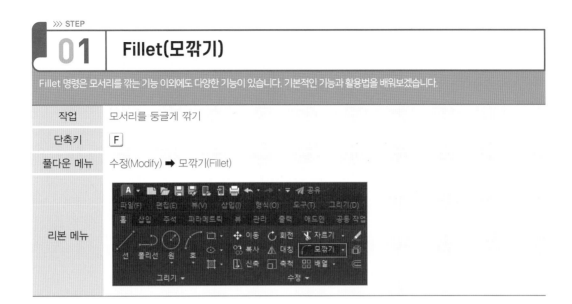

01 [P03/Ch01/Fillet.dwg] 파일을 불러와 마우스 휠을 사용해 도면을 확대합니다. [Fillet(F)] 명령을 입력한 후 Enter 를 누릅니다.

```
명령: F
FILLET
현재 설정: 모드 = 자르기, 반지름 = 0.0000
▼ FILLET 첫 번째 객체 선택 또는 [명령 취소(U) 폴리선(P) 반지름(R) 자르기(T) 다중(M)]:
```

02 반지름 옵션 [R]을 입력한 후 Enter, 반지름 값 [15]를 입력하고 Enter를 누릅니다. 편집할 선분 ❶, ❷를 클릭하면 설정한 반지름 '15'로 모서리가 둥글게 편집됩니다. 작업이 끝나면 명령은 자동으로 종료됩니다.

현재 설정: 모드 = 자르기, 반지름 = 0.0000
첫 번째 객체 선택 또는 [명령 취소(U)/폴리선(P)/반지름(R)/자르기(T)/다중(M)]: r
▼ FILLET 모깎기 반지름 지정 <0.0000>: 15

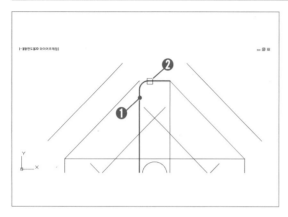

03 Enter를 눌러 Fillet 명령을 재실행합니다. 명령행에는 이전에 작업한 반지름 값이 저장되어 있습니다. 동일한 값으로 편집할 경우 옵션 설정 없이 바로 작업할 수 있습니다. 모서리 선분 ❶, ❷를 클릭합니다.

명령: FILLET
현재 설정: 모드 = 자르기, 반지름 = 15.0000
▼ FILLET 첫 번째 객체 선택 또는 [명령 취소(U) 폴리선(P) 반지름(R) 자르기(T) 다중(M)]:

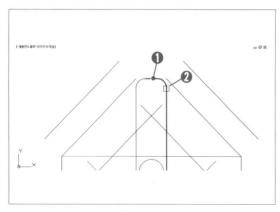

✳✳ 클릭 순서는 반대로 진행해도 됩니다.

04 Enter를 눌러 Fillet 명령을 재실행하고, 반지름 옵션 [R]을 입력한 후 Enter를 누릅니다. 반지름 값 [50]을 입력하고 Enter를 누른 후 모서리 선분 ❶, ❷를 클릭합니다.

```
명령: FILLET
현재 설정: 모드 = 자르기, 반지름 = 15.0000
첫 번째 객체 선택 또는 [명령 취소(U)/폴리선(P)/반지름(R)/자르기(T)/다중(M)]: r
▼ FILLET 모깎기 반지름 지정 <15.0000>: 50
```

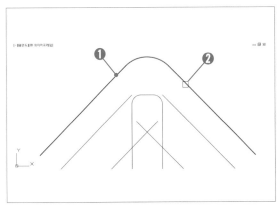

＊＊ 반지름 값을 재설정하기 위해서는 [R] 옵션을 사용해야 합니다.

05 Enter를 눌러 Fillet 명령을 재실행하고 모서리 선분 ❶, ❷를 클릭합니다.

```
명령: FILLET
현재 설정: 모드 = 자르기, 반지름 = 50.0000
▼ FILLET 첫 번째 객체 선택 또는 [ 명령 취소(U) 폴리선(P) 반지름(R) 자르기(T) 다중(M) ]:
```

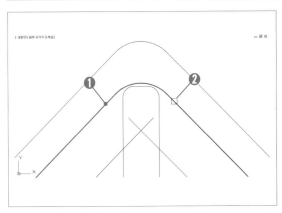

06 [Fillet(F)] 명령 입력 후 Enter, 반지름 옵션 [R]을 입력하고 Enter를 누릅니다. 반지름 값 [30] 입력 후 Enter를 누르고 모서리 선분 ❶, ❷를 클릭합니다. 현재 Fillet 명령의 작업 모드는 '자르기 모드'이므로 반대쪽의 벗어난 선분이 잘리면서 작업이 마무리 됩니다.

```
명령: FILLET
현재 설정: 모드 = 자르기, 반지름 = 50.0000
첫 번째 객체 선택 또는 [명령 취소(U)/폴리선(P)/반지름(R)/자르기(T)/다중(M)]: r
▼ FILLET 모깎기 반지름 지정 <50.0000>: 30
```

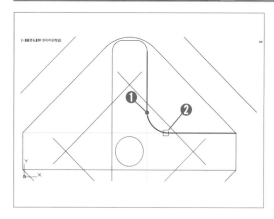 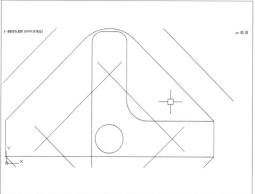

07 Enter를 눌러 Fillet 명령을 재실행하고 자르기 옵션 [T] 입력 후 Enter, [N] 입력 후 Enter 를 누릅니다. 모서리 선분 ❶, ❷를 클릭하면 교차선을 잘라내지 않고 곡선만 추가합니다.

```
명령: FILLET
현재 설정: 모드 = 자르기, 반지름 = 30.0000
첫 번째 객체 선택 또는 [명령 취소(U)/폴리선(P)/반지름(R)/자르기(T)/다중(M)]: t
▼ FILLET 자르기 모드 옵션 입력 [자르기(T) 자르지 않기(N)] <자르기>: n
```

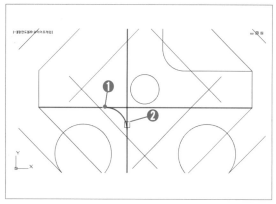

✽✽ 자르기 모드에 따라 작업 결과가 달라지므로 교차선을 편집할 경우 목적에 따라 옵션을 변경합니다.

08 [Line(L)] 명령을 입력하고 Enter 를 누릅니다. ❶, ❷지점 클릭 후 Enter , 다시 Enter 누르고
❸, ❹지점을 클릭합니다. Enter 누르면 명령이 종료됩니다.

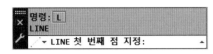

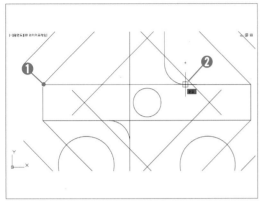

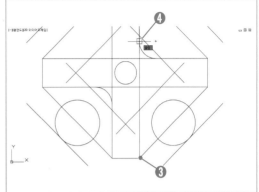

09 [Fillet(F)] 명령 입력 후 Enter , 다중 옵션 [M]을 입력하고 Enter 를 누릅니다. 모서리 선분
❶, ❷, ❸, ❹를 차례로 클릭한 후 Enter 를 눌러 명령을 종료합니다.

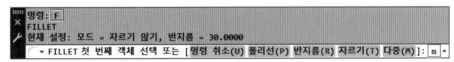

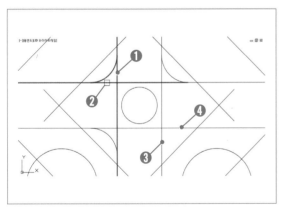

10 [Trim(TR)] 명령을 입력하고 Enter 를 누른 다음 기준선 **❶**, **❷**, **❸**, **❹**를 차례로 클릭하고 Enter 를 누릅니다. 자를 선분 **❺**, **❻**, **❼**, **❽**을 클릭하고 Enter 를 눌러 명령을 종료합니다.

```
명령: TR TRIM
현재 설정: 투영=UCS, 모서리=없음, 모드=표준
절단 모서리 선택...
▼ TRIM 객체 선택 또는 [모드(O)] <모두 선택>:
```

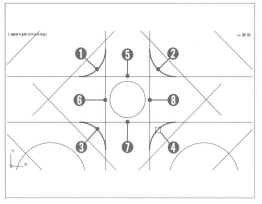
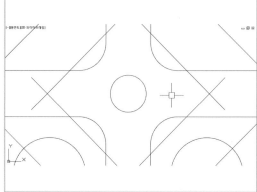

11 Fillet 명령은 곡선에서도 사용이 가능합니다. [Fillet(F)] 명령 입력 후 Enter , 반지름 [R]을 입력하고 Enter 를 누릅니다. 반지름 값 [200]을 입력하고 Enter , 원의 **❶**지점과 **❷**지점을 클릭하면 둥글게 편집됩니다. 반대편 **❸**, **❹**지점도 작업을 반복합니다.

✷✷ 클릭하는 위치는 곡선으로 연결되는 근처 지점이면 됩니다.

```
명령: F
FILLET
현재 설정: 모드 = 자르기 않기, 반지름 = 30.0000
첫 번째 객체 선택 또는 [명령 취소(U)/폴리선(P)/반지름(R)/자르기(T)/다중(M)]: r
▼ FILLET 모깎기 반지름 지정 <30.0000>: 200
```

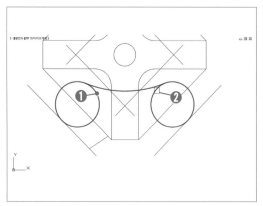
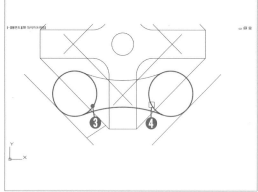

12 나머지 모서리는 반지름을 '20'으로 설정하여 편집합니다.

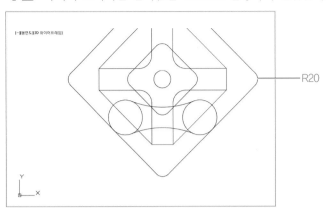

R20

02 | Chamfer(모따기)

Chamfer 명령의 사용 방법은 Fillet 명령과 유사하며 작업 모드도 자르기, 자르지 않기 두 가지 모드로 Fillet과 동일합니다. 그러나 Fillet 명령에서는 반지름 설정이 기준이지만 Chamfer 명령은 두 개의 거리 값을 설정해 작업하게 됩니다.

작업	모서리를 사선으로 편집
단축키	C H A
풀다운 메뉴	수정(Modify) ➡ 모따기(Chamfer)
리본 메뉴	

01 [P03/Ch01/Chamfer.dwg] 파일을 불러온 후 [Chamfer(CHA)] 명령을 입력하고 [Enter]를 누릅니다. 자르기 옵션 [T] 입력 후 [Enter], [N] 입력 후 [Enter]를 눌러 [자르기 않기] 모드로 변경합니다.

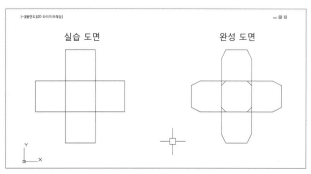

```
명령: CHA
CHAMFER
(자르기 모드) 현재 모따기 거리1 = 0.0000, 거리2 = 0.0000
첫 번째 선 선택 또는 [명령 취소(U)/폴리선(P)/거리(D)/각도(A)/자르기(T)/메서드(E)/다중(M)]: T
CHAMFER 자르기 모드 옵션 입력 [자르기(T) 자르지 않기(N)] <자르기>: N
```

02 거리 옵션 [D]를 입력하고 [Enter], 첫 번째 모따기 거리 값 [30] 입력 후 [Enter], 두 번째 모따기 거리 값 [30] 입력 후 [Enter]를 누릅니다.

✳✳ 현재 모드는 '자르지 않기' 모드 상태입니다.

```
CHAMFER
(자르지 않기 모드) 현재 모따기 거리1 = 0.0000, 거리2 = 0.0000
첫 번째 선 선택 또는 [명령 취소(U)/폴리선(P)/거리(D)/각도(A)/자르기(T)/메서드(E)/다중(M)]: d
첫 번째 모따기 거리 지정 <0.0000>: 30
CHAMFER 두 번째 모따기 거리 지정 <30.0000>: 30
```

03 우측 상단 모서리 선분 ❶과 ❷를 클릭하면 설정한 거리1 '30', 거리2 '30'으로 모서리를 모따기 합니다. 작업이 끝나면 명령은 자동으로 종료됩니다.

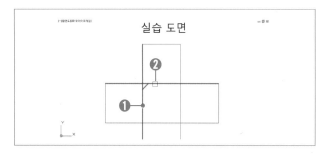

04 Enter 를 눌러 Chamfer 명령을 재실행하고 다중 옵션 [M]을 입력한 후 Enter 를 누릅니다. 모서리 선분 ❶, ❷, ❸, ❹, ❺, ❻을 차례로 클릭하고 Enter 를 눌러 명령을 종료합니다.

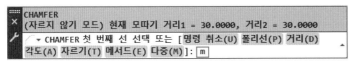

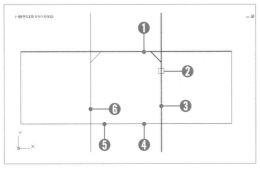
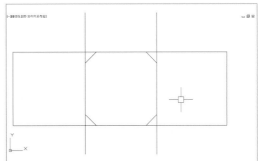

05 자르기 모드를 변경하기 위해 Enter 를 눌러 Chamfer 명령을 재실행하고 자르기 옵션 [T] 입력 후 Enter, 다시 [T] 입력 후 Enter 를 눌러 자르기 모드로 변경합니다.

```
명령: CHA
CHAMFER
(자르지 않기 모드) 현재 모따기 거리1 = 30.0000, 거리2 = 30.0000
첫 번째 선 선택 또는 [명령 취소(U)/폴리선(P)/거리(D)/각도(A)/자르기(T)/메서드(E)/다중(M)]: t
   ▼ CHAMFER 자르기 모드 옵션 입력 [자르기(T) 자르지 않기(N)] <자르지 않기>: t
```

06 거리 옵션 [D] 입력 후 Enter, 거리1 값 [60] 입력 후 Enter, 거리2 값 [30] 입력 후 Enter 를 누릅니다. 다중 옵션 [M]을 입력한 후 Enter 를 누르고, 모서리 선분 ❶, ❷를 클릭한 다음 계속해서 선분 ❸~⓰까지 순서대로 클릭해 작업을 완료합니다.

∗∗ 모서리 클릭 시 먼저 클릭하는 부분이 거리1 값, 나중에 클릭하는 부분이 거리2 값으로 적용되기 때문에 클릭 순서에 주의합니다.

```
첫 번째 선 선택 또는 [명령 취소(U)/폴리선(P)/거리(D)/각도(A)/자르기(T)/메서드(E)/다중(M)]: d
첫 번째 모따기 거리 지정 <30.0000>: 60
두 번째 모따기 거리 지정 <60.0000>: 30
   ▼ CHAMFER 첫 번째 선 선택 또는 [명령 취소(U) 폴리선(P) 거리(D) 각도(A) 자르기(T) 메서드(E)
   다중(M)]: m
```

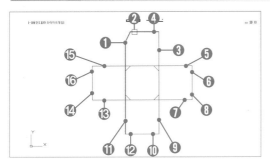
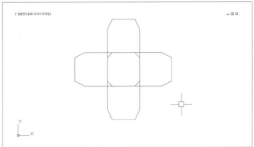

03 | Break(끊기)

Break 명령은 Trim 명령과 유사한 기능으로 선의 일부 구간을 지정해 끊어줍니다.

작업	선, 호, 원 끊기
단축키	B R
풀다운 메뉴	수정(Modify) ➡ 끊기(Break)
리본 메뉴	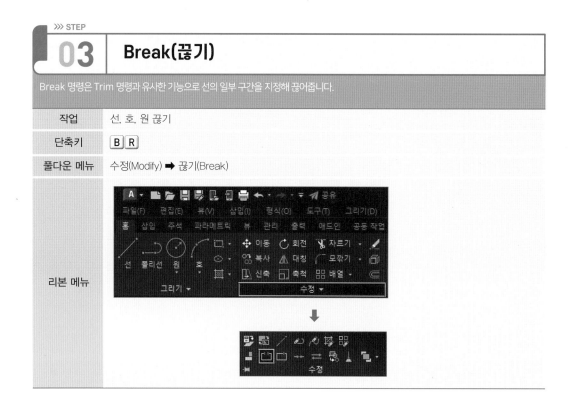

01 [P03/Ch01/Break.dwg] 파일에서 도면−A로 이동합니다. [Osnap(OS)]을 입력하고 Enter 를 누른 후 객체 스냅 설정에서 [근처점]을 체크하고 [확인]을 클릭합니다.

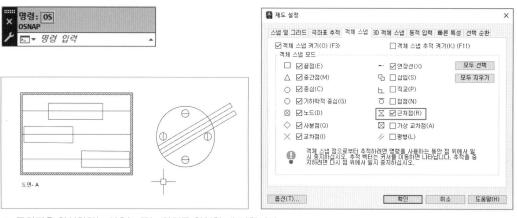

** 근처점을 활성화하는 이유는 끊는 위치를 확인할 때 편합니다.

02 Break(BR) 명령을 입력하고 Enter, 첫 번째 선분 ❶을 클릭하고 ❷를 클릭하면 선분이 끊어집니다. Trim은 교차되는 선분을 기준으로 잘라내지만 Break는 두 점으로 지정한 구간을 잘라냅니다.

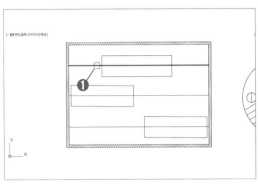
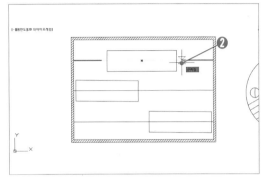

03 Enter를 눌러 Break 명령을 재실행한 후 ❶지점 클릭 후 ❷지점을 클릭합니다. 다시 Enter를 누른 후 ❸, ❹지점을 클릭해 선을 끊어줍니다.

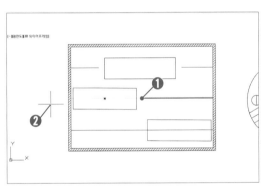
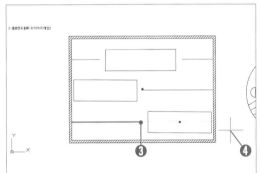

04 Enter를 눌러 Break 명령을 재실행하고 원의 ❶지점을 클릭합니다. ❷나 ❸지점으로 커서를 이동하고, 원이 시계 반대 방향으로 끊어지는 것을 확인한 후 ❷지점을 클릭해 끊어줍니다.

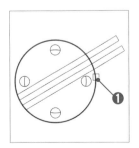
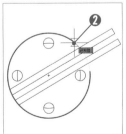
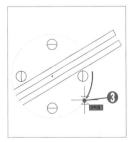
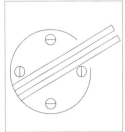

05 도면-B에서 단열재 선인 곡선 달대(세로선)가 교차하지 않도록 편집하겠습니다. [Enter]를 눌러 Break 명령을 재실행하고 **❶**, **❷**지점을 클릭합니다. 다시 [Enter]를 누르고 Break 명령을 재실행한 후 **❸**, **❹**지점과 **❺**, **❻**지점을 끊어줍니다.

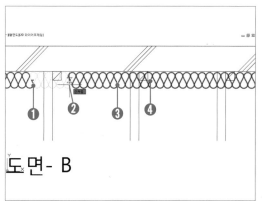
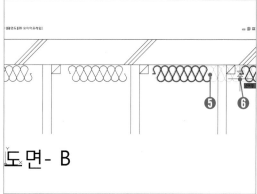

Fillet은 모서리를 둥글게 깎는 기능이지만 모드를 '자르기'로 하고 반지름 값을 '0'으로 설정하면 선분의 길이를 늘려주거나 잘라내어 모서리를 정리할 수 있습니다. 이 기능은 업무 내용에 따라 모서리를 깎는 기능보다 더 많이 사용합니다.

{Fillet을 활용한 모서리 정리}

1 [P03/Ch01/Fillet활용.dwg] 파일을 불러옵니다. 모서리 길이가 짧은 부분을 편집하겠습니다. 실행 조건은 모드가 '자르기'이며 반지름 값은 '0'으로 설정되어 있어야 합니다. [Fillet(F)] 명령을 입력하고 Enter, 반지름 옵션 [R]을 입력하고 Enter를 누른 후 반지름 값 [0]을 입력합니다. 편집하고자 하는 모서리 선분 ❶과 ❷를 클릭하면 짧은 선분을 Extend처럼 연장시킵니다.

```
명령: F
FILLET
현재 설정: 모드 = 자르기, 반지름 = 20.0000
첫 번째 객체 선택 또는 [명령 취소(U)/폴리선(P)/반지름(R)/자르기(T)/다중(M)]: r
▼ FILLET 모깎기 반지름 지정 <20.0000>: 0
```

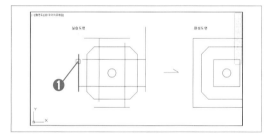
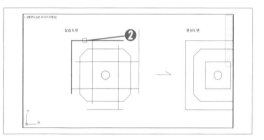

2 Enter를 눌러 Fillet 명령을 재실행하고 선분 ❶, ❷를 클릭하면 Trim처럼 교차된 선분을 잘라내어 모서리를 정리합니다. 다시 Enter를 눌러 명령을 재실행하고 나머지 선분을 완성 도면과 같이 정리합니다.

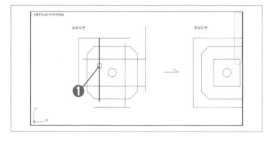
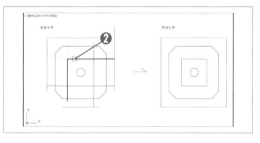

> **Tip!** **Fillet 반지름 값을 '0'으로 억제하기**
>
> Fillet 명령은 반지름 값을 '0'으로 하여 모서리 편집에 자주 사용합니다. 하지만 반지름 값이 '0'이 아닌 다른 값으로 설정되어 있다면 반지름(R) 옵션을 변경해야 하므로 번거로울 수 있습니다. 이때 Shift를 누른 상태에서 모서리를 클릭하면 어떤 값이 설정되어 있더라도 '0'으로 작업되어 모서리를 정리할 수 있습니다.

1 Fillet과 Chamfer 명령을 이용해 테이블 도면을 작성하시오.

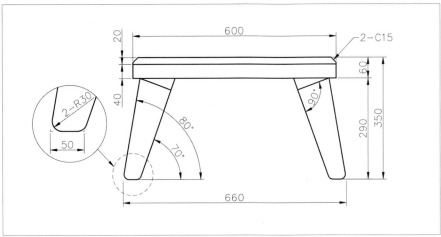

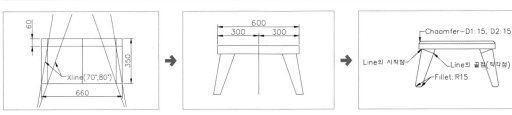

** 2-C15는 앞의 2는 개수이며, C는 Chamfer, 뒤의 15는 모따기의 거리 값 1, 2가 모두 15를 뜻합니다.

📥 P03/Ch01/실습과제답안.dwg

빠른 도면 작성을 위한 명령어

정다각형을 작성하는 Polygon 명령과 유형에 따라 신속하게 도면을 작성할 수 있도록 복사 기능이 포함된 Rotate, Scale, Mirror 명령을 알아보겠습니다.

Polygon(POL) : 정다각형(내접, 외접, 모서리 길이 사용)

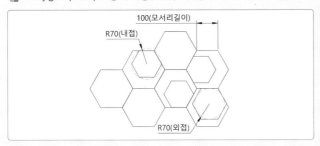

Rotate(RO) : 회전

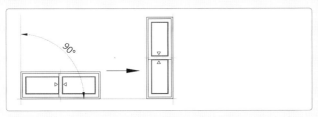

Scale(SC) : 축척(객체의 크기 조절)

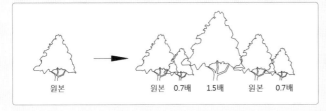

Mirror(MI) : 대칭

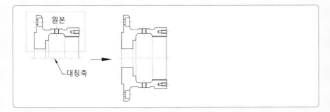

>>> STEP

01 | Polygon(폴리곤_정다각형)

폴리곤은 정다각형을 작성하는 명령으로 삼각형부터 1024각형까지 작성할 수 있지만 주로 3, 5, 6, 8각형 위주로 사용되며, 생성 원리는 원의 내접, 외접, 모서리 길이로 구분됩니다.

작업	정다각형 그리기
단축키	P O L
풀다운 메뉴	그리기(Draw) ➡ 폴리곤(Polygon)
리본 메뉴	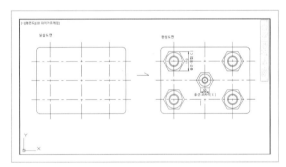

01 [P03/CH02/Polygon.dwg] 파일을 불러옵니다.

02 [Polygon(POL)] 명령을 입력하고 Enter 를 누릅니다. 정육각형을 그리기 위해 [6]을 입력한 후 Enter 를 누르고 정육각형이 그려질 중심 ❶을 클릭합니다.

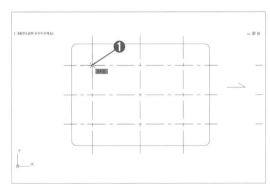

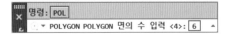

명령: POL
▼ POLYGON POLYGON 면의 수 입력 <4>: 6

03 내접으로 작성하기 위해 [C]를 입력한 후 Enter, 반지름 값 [55] 입력 후 Enter를 누르면 정육각형이 작성됩니다.

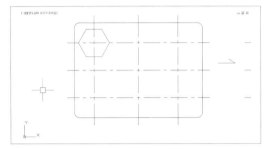

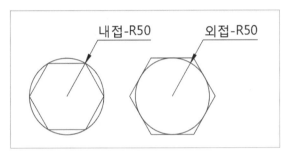

** 명령행의 옵션에는 '내접(I)'과 '외접(C)'이 있습니다. 내접은 생성할 다각형을 원의 크기로 입력해 원의 안쪽에 접하는 크기로 작성하고 외접은 바깥쪽에 접하게 생성합니다.

04 모서리 길이를 입력해서 정다각형을 그려보겠습니다. [Polygon(POL)] 명령을 입력한 후 Enter, 면의 수 [6]을 입력하고 Enter, 모서리 옵션 [E]를 입력하고 Enter를 누릅니다.

05 도형의 끝점 ❶을 클릭한 후 직교 모드(F8)가 ON임을 확인합니다. ❷지점으로 이동한 후 [50]을 입력하고 Enter를 누릅니다.

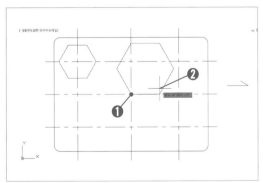

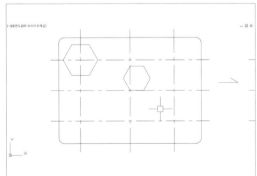

06 작성한 정육각형을 이동하기 위해 [Move(M)] 명령을 입력하고 Enter 를 누릅니다. 정육각형 ❶ 클릭 후 Enter, 기준점 ❷지점을 클릭하고 목적지 ❸지점을 클릭합니다.

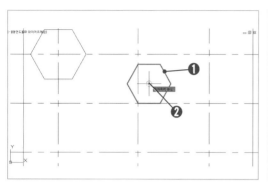 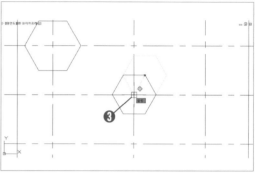

07 다음과 같이 ❶지점과 ❷지점에 Circle 명령을 사용해 원을 그립니다.

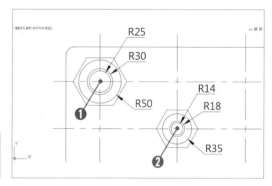

```
명령: C
CIRCLE
CIRCLE 원에 대한 중심점 지정 또는 [3점(3P) 2점(2P)
Ttr - 접선 접선 반지름(T)]:
```

08 [Copy(CO)] 명령을 입력한 후 Enter 를 누르고 ❶, ❷지점을 클릭한 후 Enter, 기준점 ❸지점을 클릭하고 목적지 ❹, ❺, ❻지점을 클릭합니다.

```
명령: CO
COPY
COPY 객체 선택:
```

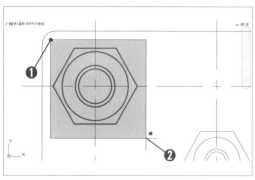 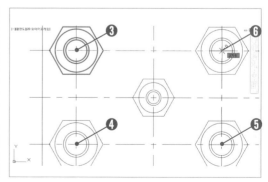

02 Rotate(회전)

Rotate 명령은 선택한 대상을 회전시킵니다. 회전 기준점을 설정하고 반시계 방향(CCW) 회전은 양수, 시계 방향(CW) 회전은 음수로 각도를 입력해야 합니다.

작업	회전하기
단축키	R O
풀다운 메뉴	수정(Modify) ➡ 회전(Rotate)
리본 메뉴	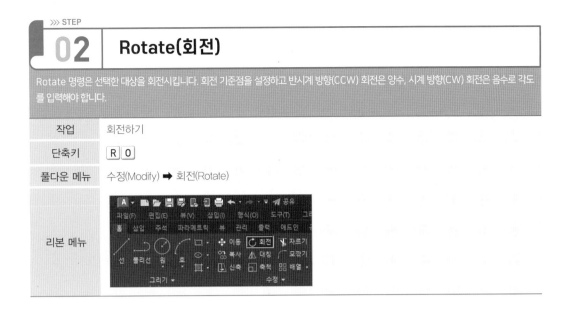

01 [P03/Ch02/Rotate.dwg] 파일의 도면-A에서 Rotate 명령을 사용해 부품을 '90°' 회전시켜보겠습니다. [Rotate(RO)] 명령을 입력하고 Enter 를 누릅니다. 회전 대상인 부품 ❶을 클릭하고 Enter , 회전 기준 ❷지점 클릭 후 회전 각도 [90]을 입력하고 Enter 를 누릅니다.

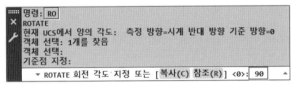

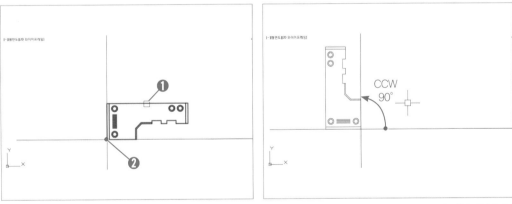

✲✲ 부품의 모든 요소는 블록으로 만들었습니다. 블록은 여러 개의 요소를 하나의 요소로 만들며, 블록에 대한 내용은 본문에서 다룹니다.

02 오른쪽 부품으로 이동하고 [Rotate(RO)] 명령을 입력한 후 Enter, 부품 ❶을 클릭하고 Enter, 회전 기준 ❷지점 클릭 후 회전 각도 [−45]를 입력하고 Enter를 누릅니다.

```
명령: RO ROTATE
현재 UCS에서 양의 각도: 측정 방향=시계 반대 방향 기준 방향=0
객체 선택: 1개를 찾음
객체 선택:
기준점 지정:
▼ ROTATE 회전 각도 지정 또는 [복사(C) 참조(R)] <90>: -45 ▲
```

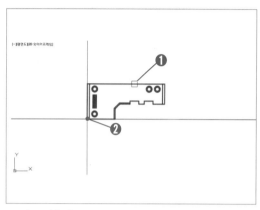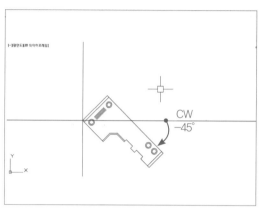

✽✽ 각도 값을 음수로 입력해 시계 방향으로 회전하고 기준점은 위치가 변하지 않았습니다.

03 세 번째 부품으로 이동하고 [Rotate(RO)] 명령을 입력한 후 Enter, 부품 ❶을 클릭하고 Enter, 회전 기준 ❷지점 클릭 후 복사 옵션 [C]를 입력하고 Enter를 누릅니다. 회전 각도 [90]을 입력하고 Enter를 누르면 회전된 대상이 추가됩니다.

```
명령: RO ROTATE
현재 UCS에서 양의 각도: 측정 방향=시계 반대 방향 기준 방향=0
객체 선택: 1개를 찾음
객체 선택:
기준점 지정:
회전 각도 지정 또는 [복사(C)/참조(R)] <315>: C
선택한 객체의 사본을 회전합니다.
▼ ROTATE 회전 각도 지정 또는 [복사(C) 참조(R)] <315>: 90 ▲
```

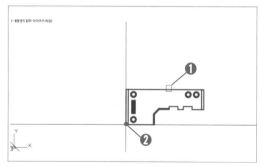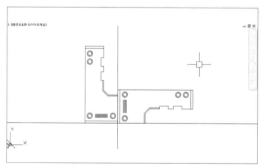

> **Tip!** 직교 모드로 회전 방법
>
> 회전 각도가 '90°', '180°', '270°'인 경우 값을 입력하지 않고 직교 모드(F8)를 ON으로 설정하고 기준점을 클릭한 후 커서를 회전 방향으로 이동해 클릭하면 회전시킬 수 있습니다.

04 도면-B에서 [Rotate(RO)] 명령을 입력하고 Enter를 누릅니다. **①**, **②**지점을 클릭하고 Enter, 회전 기준 **③**지점 클릭 후 각도를 입력하지 않고 커서를 맞추고자 하는 선분인 **④**나 **⑤**지점 을 클릭합니다. 기준 위치가 같아 이런 방법으로도 회전할 수 있습니다.

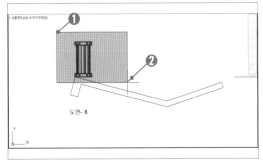

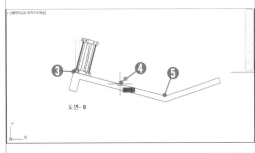

05 Copy(CO)] 명령을 입력한 후 Enter를 누릅니다. **①**, **②**지점 클릭 후 Enter, 기준점 **③**을 클릭합니다. 배열 옵션을 사용하기 위해 [A]를 입력하고 Enter, 항목 수는 [4]를 입력하고 Enter를 누릅니다. 맞춤 옵션 [F]를 입력하고 Enter를 누릅니다. 이후 목적지 **④**지점을 클릭하고 Enter를 눌러 종료합니다.

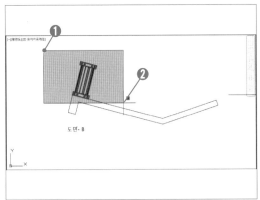

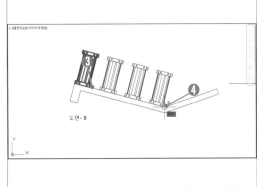

Copy 명령의 배열(A) 옵션

Copy 명령 실행 과정에서 배열 옵션을 적용하면 목적지에 사본 배치 후 해당 거리만큼 연속하여 복사가 진행되며,
배열 옵션의 맞춤(F) 옵션을 적용하면 원본과 사본 사이에 등간격으로 복사합니다.

❶ 배열(A) 옵션 적용

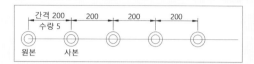

❷ 배열(A) 옵션의 맞춤(F) 적용

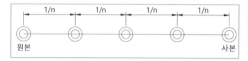

 >>> STEP

03 | Scale(축척)

축척은 대상의 크기를 크게 하거나 작게 조절하는 명령으로, Rotate 명령과 작업 과정 및 옵션이 동일합니다.

작업	축척(객체의 크기를 조정)
단축키	S C
풀다운 메뉴	수정(Modify) ➡ 축척(Scale)
리본 메뉴	

01 [P03/Ch02/Scale.dwg] 파일의 도면-A에서 Scale 명령을 사용해 사각형 기호의 크기를 축소, 확대해 보겠습니다.

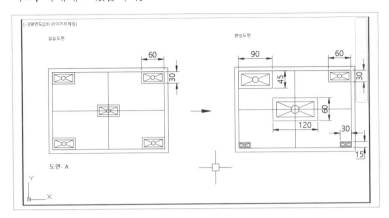

02 [Scale(SC)] 명령을 입력하고 Enter를 누릅니다. 확대 대상 ❶, ❷지점을 클릭하여 선택하고 Enter, 확대 기준 ❸지점 클릭 후 배율 값 [2]를 입력하고 Enter를 누릅니다.

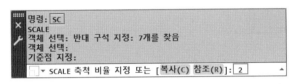

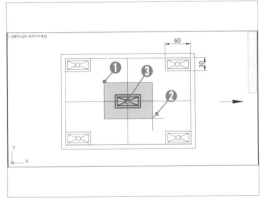
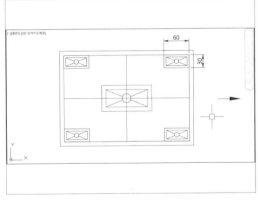

✳✳ 대상은 2배로 커지고 기준인 중심 위치는 변하지 않았습니다.

03 Enter를 눌러 Scale(SC) 명령을 재실행합니다. 확대 대상 ❶, ❷지점을 클릭하여 선택하고 Enter, 확대 기준 ❸지점 클릭 후 배율 값 [1.5]를 입력하고 Enter를 누릅니다.

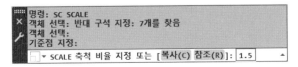

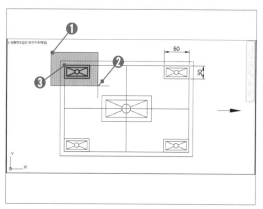
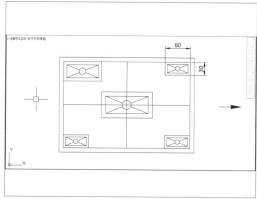

** 대상은 1.5배로 커지고 기준인 왼쪽 ❸의 위치는 변하지 않았습니다.

04 [Enter]를 눌러 Scale(SC) 명령을 재실행하고 확대 대상 ❶, ❷지점을 클릭하여 선택한 후 [Enter], 확대 기준 ❸지점 클릭 후 배율 값 [0.5]를 입력하고 [Enter]를 누릅니다.

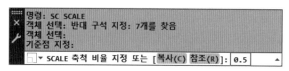

명령: SC SCALE
객체 선택: 반대 구석 지정: 7개를 찾음
객체 선택:
기준점 지정:
SCALE 축척 비율 지정 또는 [복사(C) 참조(R)]: 0.5

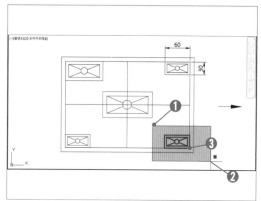
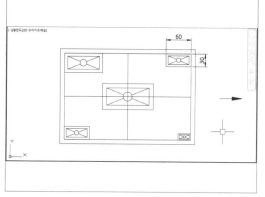

** 대상은 0.5배로 커지고 기준인 오른쪽 ❸의 위치는 변하지 않았습니다.

Tip! **소수점 입력 방법**

수치 입력 시 소수점 앞의 '0'은 입력하지 않아도 됩니다.
예 : 0.5 → .5,   0.2 → .2로 입력 가능

05 계속해서 참조 옵션을 사용하기 위해 도면-B로 이동하여 왼쪽의 축척 1/3 A4 도면 양식을 축척 1/5 A4 도면 양식으로 변경해 보겠습니다.

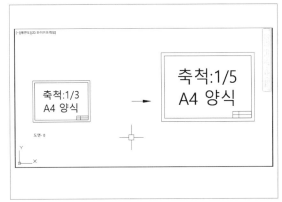

06 [Scale(SC)] 명령을 입력한 후 Enter 를 누르고 확대 대상 ❶, ❷지점을 클릭하고 Enter , 확대 기준 ❸지점을 클릭합니다.

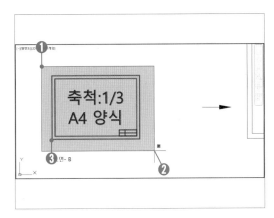

```
명령: SC
SCALE
    ▼ SCALE 객체 선택:
```

07 참조 옵션 [R] 입력 후 Enter , 참조 값 1/3의 [3]을 입력하고 Enter , 새 값은 변경될 1/5의 축척 값 [5]를 입력하고 Enter 를 누릅니다.

```
기준점 지정:
축척 비율 지정 또는 [복사(C)/참조(R)]: r
참조 길이 지정 <1.0000>: 3
    ▼ SCALE 새 길이 지정 또는 [점(P)] <1.0000>: 5
```

※ Scale 명령은 도면 요소의 크기를 조절할 때 주로 사용하지만 도면 양식(도곽)의 크기를 변경할 때도 사용됩니다. 하지만 배율 계산이 난해하고 값이 딱 떨어지지 않기 때문에 계산을 하기보다 참조(R) 옵션을 사용하면 도면 양식(도곽)의 크기를 쉽게 변경할 수 있습니다.

04 | Mirror(대칭)

기계, 건축, 토목 등의 도면에는 대칭 부분이 많습니다. 이런 경우 대칭 형태의 한쪽 부분만 작성해 반대편을 Mirror 명령으로 복사하면 좀 더 빠른 작성이 가능합니다.

작업	대칭하기
단축키	M I
풀다운 메뉴	수정(Modify) ➡ 대칭(Mirror)
리본 메뉴	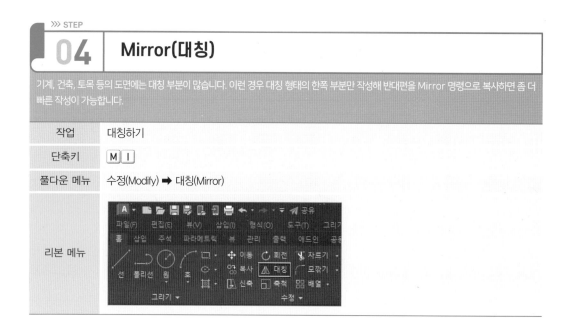

01 [P03/Ch02/Mirror.dwg] 파일의 도면-A에서 가장 좌측 상단의 문을 좌우 대칭, 상하 대칭으로 복사해 보겠습니다.

02 [Mirror(MI)] 명령을 입력하고 Enter를 누릅니다. 대칭 대상 ❶을 클릭하고 Enter, 대칭선은 ❷지점을 클릭한 후 ❸지점을 클릭합니다. 원본 삭제 유무에서는 기본값 〈아니오〉를 적용하기 위해 Enter를 누릅니다.

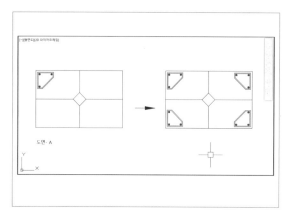

```
명령: MI MIRROR
객체 선택: 1개를 찾음
객체 선택: 대칭선의 첫 번째 점 지정:
대칭선의 두 번째 점 지정:
MIRROR 원본 객체를 지우시겠습니까? [예(Y) 아니오(N)] <아니오>:
```

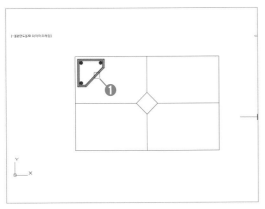
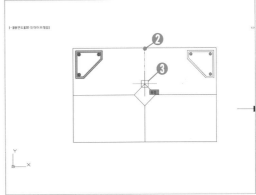

✶✶ 예(Y)를 입력하면 원본이 삭제됩니다.

03 원본과 사본을 상하 대칭으로 복사하기 위해 Enter 를 눌러 Mirror 명령을 재실행합니다. 대칭 대상 도형 **❶**, **❷**를 클릭해 선택하고 Enter , 대칭선은 **❸**지점을 클릭한 후 **❹**지점을 클릭합니다. 원본 삭제 유무에서는 기본값 〈아니오〉를 적용하기 위해 Enter 를 누릅니다.

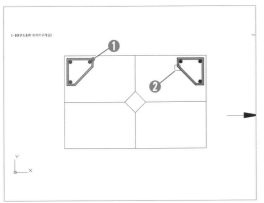
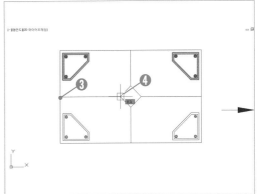

✶✶ 대칭선을 클릭할 때 두 점으로 연결되는 방향이 중요합니다. 위치는 두 점이 연결되는 방향을 고려하여 클릭합니다.

04 원본과 거리를 두고 대칭 복사하는 과정과 대칭 이동을 활용해 보겠습니다. 도면-B로 이동합니다.

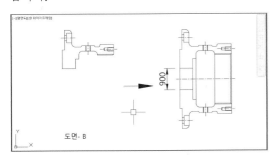

05 간격띄우기로 대칭선의 위치를 표시하기 위해 [Offset(O)] 명령을 입력한 후 Enter 를 누릅니다. 거리 값은 '900'의 절반인 [450]을 입력하고 Enter, 간격띄우기 대상인 선분 ❶ 클릭, 간격띄우기 방향인 ❷지점을 클릭하고 Enter 를 눌러 복사합니다.

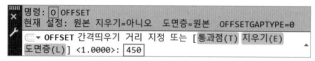

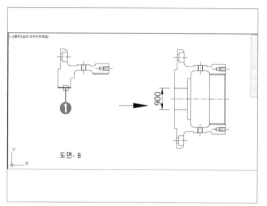

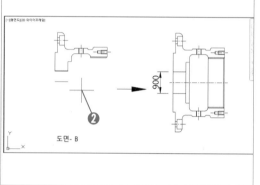

06 [Mirror(MI)] 명령을 입력하고 Enter 를 누릅니다. 대칭 대상인 도형을 ❶지점 클릭 후 ❷지점을 클릭하여(포함 선택) 선택하고 Enter, 대칭선은 ❸지점 클릭 후 ❹지점을 클릭합니다. 원본 삭제는 〈아니오〉를 적용하기 위해 Enter 를 누릅니다.

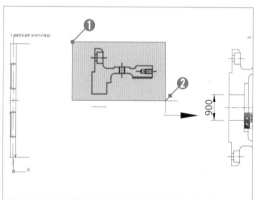

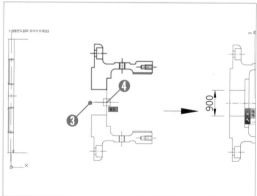

07 [Line(L)] 명령을 입력하고 Enter 를 누른 후 **❶**지점의 끝점 표식에서 클릭하고, **❷**지점의 끝점 표식에서 클릭합니다. 나머지 세로선을 그려 도면을 완성합니다.

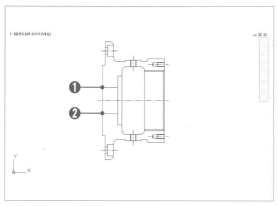

08 도면-C로 이동한 후 'Steve Larson'의 책상을 아래에 'Roxie Smith'에 대칭으로 복사합니다.

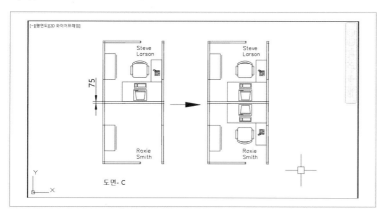

1 Rotate(RO), Scale(SC), Osnap(OS) 명령을 이용해 다음 도면을 작성하시오.

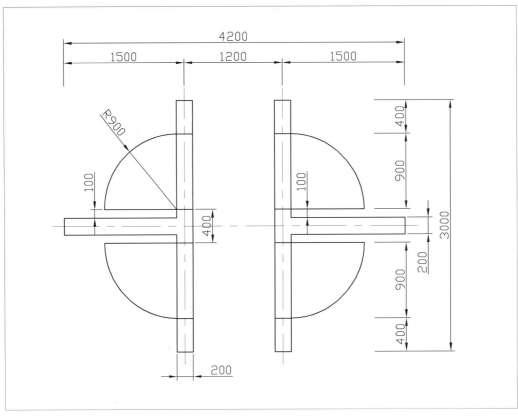

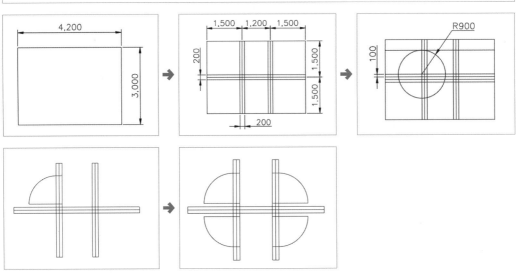

📥 P03/Ch02/실습과제답안.dwg

CHAPTER

03

배열 복사

배열 복사는 여러 가지 옵션을 이용하여 많은 양을 한 번에 복사하는 명령으로 직사각형, 원형, 경로 배열로 구분됩니다. 복사 개수가 많은 경우 Copy 명령보다 효과적으로 작업할 수 있습니다.

⬡ Array(AR) : 배열 복사

명령: AR
ARRAY
객체 선택: 1개를 찾음
⊞▾ ARRAY 객체 선택: 배열 유형 입력 [직사각형(R) 경로(PA) 원형(PO)] <직사각형>: ▲

직사각형 배열

원형 배열

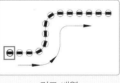

경로 배열

⬡ Arrayclassic : 설정 창을 사용한 배열 복사(AutoCAD 2011 버전까지는 기본 설정으로 사용됨)

배열 ×

◉ 직사각형 배열(R)　　○ 원형 배열(P)　　　　🔲 객체 선택(S)
0개의 객체가 선택됨

⊞ 행의 수(W): 4　　Ⅲ 열의 수(O): 4

간격띄우기와 방향

행 간격띄우기(F): 1
열 간격띄우기(M): 1
배열 각도(A): 0

💡 기본적으로 행 간격이 음이면 행은 아래 방향으로, 열 간격이 음이면 열은 왼쪽으로 추가됩니다.
팁

확인
취소
미리보기(V) <
도움말(H)

01 Array(배열 복사)

배열 복사는 반복되는 객체를 빠르게 정렬하여 복사할 수 있는 명령으로 하나하나 객체를 복사하기 보다 한번에 작업할 수 있어 작업 시간을 단축시킬 수 있습니다.

작업	배열 복사
단축키	A R
풀다운 메뉴	수정(Modify) ➡ 배열(Array)
리본 메뉴	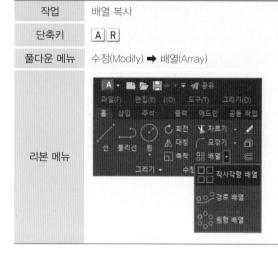

:: Rectangular Array(직사각형 배열) 명령 사용하기

원본을 기준으로 열과 행의 수를 설정하고 거리 값을 입력합니다. 거리 값 설정 시 양수는 축 방향으로 배열, 음수는 축 반대 방향으로 배열됩니다.

01 [P03/Ch03/Array.dwg] 파일의 도면−A에서 Array 명령의 직사각형, 원형, 경로 배열을 사용해 배열해 보겠습니다.

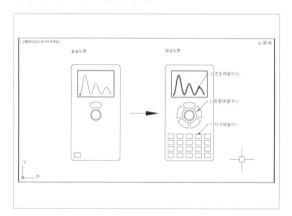

02 [Array(AR)] 명령 입력 후 Enter, 배열 대상인 사각형을 ❶지점 클릭 후 ❷지점을 클릭하여 (포함 선택) 선택하고 Enter, 직사각형 옵션 [R]을 입력하고 Enter를 누릅니다.

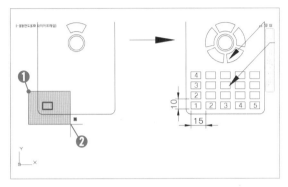

03 배열할 개수를 설정하기 위해 [COU]를 입력하고 Enter, 열의 수 [5] 입력 후 Enter, 행의 수 [4] 입력 후 Enter, 간격두기 옵션 [S]를 입력하고 Enter를 누릅니다. 다시 열의 거리 [15] 입력 후 Enter, 행의 거리 [10] 입력 후 Enter를 누르고 한 번 더 Enter를 눌러 작업을 종료합니다.

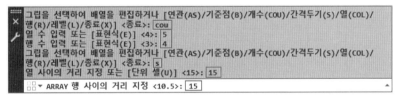

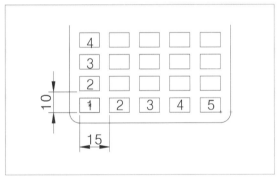

* 작업된 결과를 대기 상태의 커서로 클릭해 보면 배열된 모든 대상이 하나로 묶여 있음을 확인할 수 있습니다. 이는 연관(AS) 옵션이 적용된 결과입니다.

❶ 연관(AS) 옵션 적용의 장점과 단점

연관 옵션을 'Y'로 설정하고 작업을 완료하면 이후 대기 상태의 커서로 배열 대상을 클릭해 리본 메뉴에서 수량과 거리 등을 수정할 수 있습니다. 하지만 배열 대상 중 일부를 삭제하거나 이동할 수 없게 됩니다. 연관 옵션을 'Y'로 설정해 작업을 마친 후 필요시 'Explode(X)' 명령으로 분해하면 연관 옵션을 해제할 수 있습니다.

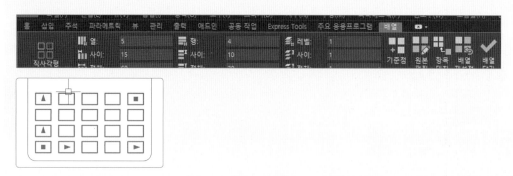

❷ 거리 값 음수, 양수

배열 대상의 위치에 따라 거리 값을 음수로 설정해야 할 경우도 있습니다. 아래 화면을 보고 내용을 확인합니다.

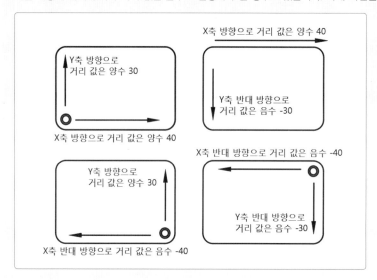

배열 중심을 지정하고 배열 각도와 수량을 입력합니다. 배열 각도 설정 시 양수는 시계 반대 방향, 음수는 시계 방향으로 배열됩니다.

01 [Array(AR)] 명령을 입력한 후 Enter를 누르고, 배열 대상을 ❶지점 클릭 후 ❷지점을 클릭하여(포함 선택) 선택한 다음 Enter를 누릅니다. 원형 옵션을 적용하기 위해 [PO]를 입력하고 Enter를 누릅니다.

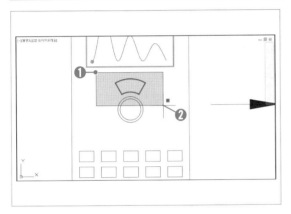

02 배열의 중심은 원의 중심 ❶지점을 클릭합니다. 배열할 항목을 설정하기 위해 [I]를 입력하고 Enter, 항목 수 [5]를 입력하고 Enter를 누릅니다. 한 번 더 Enter를 눌러 작업을 종료합니다.

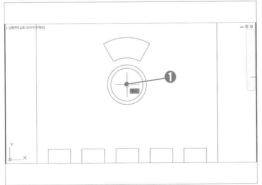

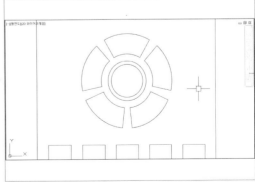

❶ 채울 각도

채울 각도가 기본값 360°가 아닌 경우 [채울 각도(F)] 옵션을 사용해 복사 각도를 설정합니다.

180° 설정   −180° 설정

❷ 원본 회전 유무

도면 유형에 따라 배열 대상이 회전하지 않고 다음과 같이 배열되어야 하는 경우도 있습니다. 옵션 설정 순서와 관계없이 [항목 회전(ROT)] 옵션을 설정하면 됩니다.

항목 회전 Y   항목 회전 N

:: Path Array(경로 배열) 명령 사용하기

경로 배열은 AutoCAD 2012 버전부터 추가된 옵션입니다. 경로는 하나의 선분으로 이루어진 대상을 선택해 배열 개수와 거리 값 을 입력하면 배열됩니다.

01 경로 배열을 하기 전 경로로 사용할 선을 클릭해 선이 하나로 되어 있는지를 확인하고 Esc를 누릅니다.

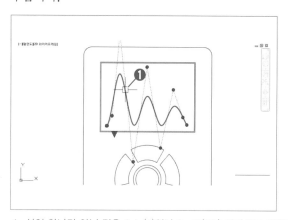

∴ 선이 하나가 아닌 경우 Join(J)이나 Pedit(PE) 명령으로 결합한 후 진행해야 합니다.

02 [Array(AR)] 명령 입력 후 Enter, 배열 대상 기호를 ❶지점 클릭 후 ❷지점을 클릭하여 (포함 선택) 선택하고 Enter, 경로 옵션을 적용하기 위해 [PA]를 입력하고 Enter 를 누릅니다.

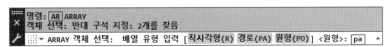

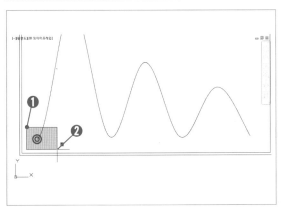

03 경로가 될 선분 ❶을 클릭한 후 항목 옵션 [I]를 입력하고 Enter, 거리 값 [2] 입력 후 Enter, 수량 [65]를 입력하고 Enter 를 누릅니다. 한 번 더 Enter 를 눌러 작업을 종료합니다.

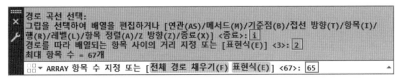

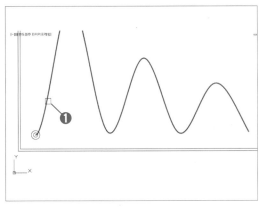

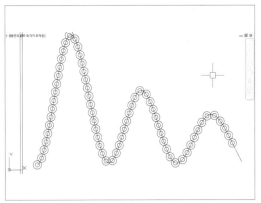

Tip! **Array 명령의 리본 메뉴 옵션**

Array 명령 실행 후 배열 유형을 입력하고 활성화되는 리본 메뉴에서 작업하는 것도 가능합니다.

❶ 직사각형 배열

① 유형(Type) : Array의 배열 유형을 표시합니다.
② 열(Columns) : X축의 개수와 거리 값을 설정합니다.
③ 행(Rows) : Y축의 개수와 거리 값을 설정합니다.
④ 수준(Levels) : Z축의 개수와 거리 값을 설정합니다.
⑤ 특성(Properties) : 결합 유무 등 배열의 특성을 설정합니다.
⑥ 배열 닫기(Close) : 배열을 종료합니다.

❷ 원형 배열

① 유형(Type) : Array의 배열 유형을 표시합니다.
② 항목(Items) : 원본을 포함한 배열 개수, 각도를 설정합니다.
③ 특성(Properties) : 배열 대상의 회전 유무 등 특성을 설정합니다.
④ 배열 닫기(Close) : 배열을 종료합니다.

❸ 경로 배열

① 유형(Type) : Array의 배열 유형을 표시합니다.
② 항목(Items) : 원본을 포함한 배열 개수, 간격을 설정합니다.
③ 특성(Properties) : 배열 대상의 등간격, 정렬 등 특성을 설정합니다.
④ 배열 닫기(Close) : 배열을 종료합니다.

Array 명령은 AutoCAD 2012 버전부터 명령행과 리본 메뉴에서 설정할 수 있도록 변경되었습니다. 이전 사용자는 다소 불편할 수 있는 부분이며, 변경된 Array 사용에 어려움을 느끼는 사용자도 있었습니다. 그래서 AutoCAD 2013 버전부터 Arrayclassic이라는 명령으로 예전에 사용하던 방법을 추가했습니다.

{설정 창을 사용한 배열 복사}

AutoCAD 2011 버전까지 Classic Mode에서 사용한 Array 작업 방법을 사용하기 위해서는 Arrayclassic으로 명령을 입력하며, 경로 배열은 지원하지 않습니다. 간단한 도형을 작업하며 알아보겠습니다.

1 [P03/Ch03/Arrayclassic.dwg] 파일을 불러옵니다. 배열 거리는 가로 100, 세로 50입니다.

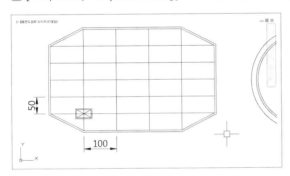

2 [Arrayclassic]을 입력하고 Enter 를 누릅니다. [배열] 대화상자가 나타나고 직사각형 배열과 원형 배열로 나누어집니다. 직사각형 배열 항목을 클릭하고 그림과 같이 설정한 다음 [객체 선택]을 클릭합니다.

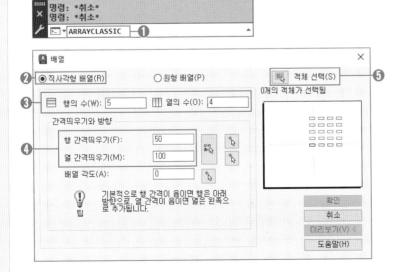

3 작업 화면에서 배열 대상인 사각형을 클릭하고 [Enter]를 누른 후 [배열] 대화상자에서 [미리보기]를 클릭해 작업 결과를 확인하고 [Esc]를 누릅니다. 행의 수 [5], 열의 수 [4]를 설정하고 [확인]을 클릭합니다.

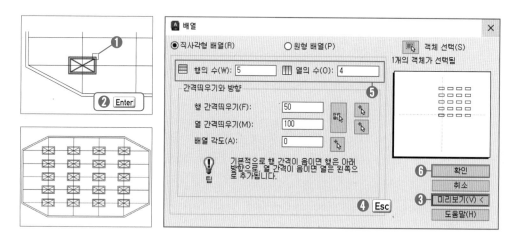

4 원형 배열을 사용하기 위해 [Arrayclassic] 명령을 입력하고 [Enter]를 누릅니다. [배열] 대화상자에서 [원형 배열] 항목 선택 후 항목 수의 총계를 [12]로 설정하고 중심점을 지정하는 버튼을 클릭합니다.

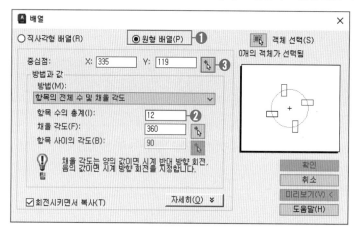

⑤ 작업 화면에서 배열의 중심점을 클릭한 후 [배열] 대화상자에서 [객체 선택]을 클릭합니다.

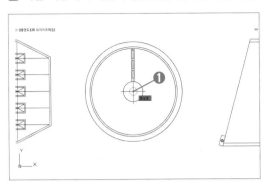 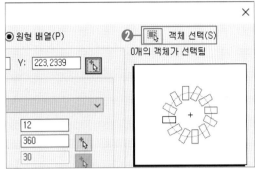

⑥ 복사 대상 ❶을 클릭하여 선택하고 [Enter], [배열] 대화상자에서 [미리보기]를 클릭해 작업 결과를 확인합니다. 문제가 없다면 [Enter]를 눌러 작업을 완료합니다.

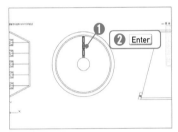  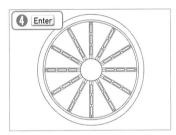

Array, Arrayclassic 명령 중 어떤 명령을 사용할지는 사용자의 선택입니다. 명령마다 장점과 단점이 있고 분명한 차이가 있으니 본인에게 맞는 명령으로 작업합니다.

✼✼ 배열 복사를 Arrayclassic으로 할 경우 단축키를 등록해 사용하면 편리합니다.

> **Tip!** **Arrayclassic의 옵션**
>
> 직사각형 배열의 배열 각도를 설정하면 경사진 부분에도 다음과 같이 배열할 수 있습니다. 각도 설정 버튼 ❶을 클릭하고 경사를 이루는 두 점 ❷, ❸을 클릭합니다.
>
>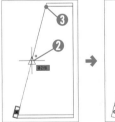

1 Array 명령을 이용해 다음 도면을 작성하시오.

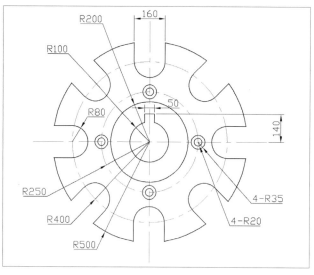

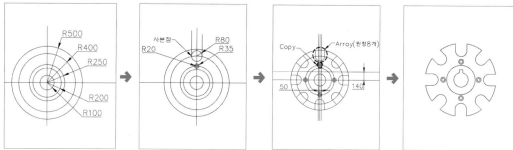

2 Array 명령을 이용해 다음 도면을 작성하시오.

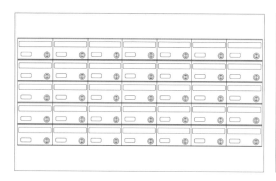

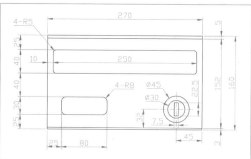

📁 P03/Ch03/실습과제답안.dwg

CHAPTER

04

다양한 패턴의 활용

Hatch 명령을 사용하면 규칙적인 선분의 표현과 다양한 패턴 및 채색 작업을 할 수 있습니다. 특히 절단된 단면의 표현과 여러 가지 재료를 표현하는데 많이 사용됩니다.

⬣ Hatch(H) : 해치(패턴 넣기)

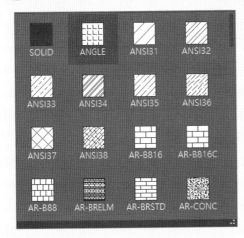

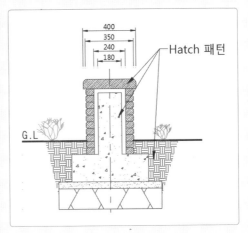

⬣ Hatch Edit(HE) : 해치 편집

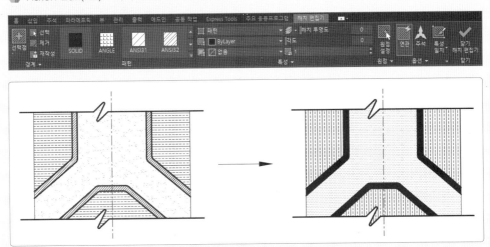

01 Hatch(해치)

hatch 명령은 숨겨진 곳의 단면 표현이나 재질을 표현할 때 사용하는 명령으로 Hatch를 적용하기 위해서는 객체가 닫혀 있어야 합니다.

작업	해치(패턴 넣기)
단축키	H
풀다운 메뉴	그리기(Draw) ➡ 해치(Hatch)
리본 메뉴	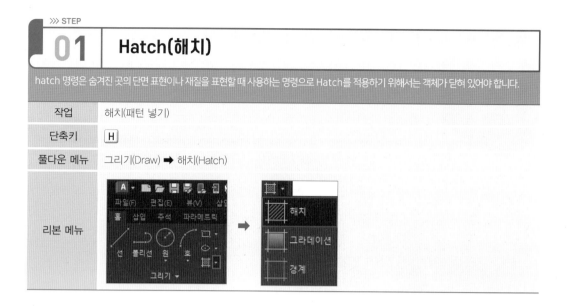

⠿ Hatch(해치) 명령 사용하기

미리 정의(Predefined) 유형을 사용하여 저장된 패턴을 사용해 보겠습니다. 패턴 방향은 각도 값, 크기는 축척 값으로 설정합니다.

01 [P03/Ch04/Hatch.dwg] 파일에서 Hatch 명령의 미리 정의를 사용해 여러 가지 패턴을 사용해 보겠습니다.

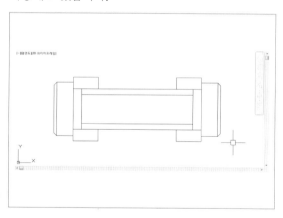

02 [Hatch(H)] 명령 입력 후 Enter 를 누릅니다. 명령이 실행되면 리본 메뉴에 [해치 작성] 탭이 추가됩니다.

```
명령: H
HATCH
▒ ▼ HATCH 내부 점 선택 또는 [객체 선택(S) 명령 취소(U) 설정(T)]:    ▲
```

03 패턴 패널에서 [ANSI31] 패턴을 클릭합니다. 패턴 영역인 **②**를 클릭한 후 Enter 를 누르거나 닫기(☑)를 클릭해 작업을 완료합니다.

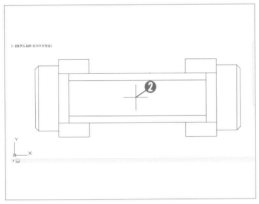

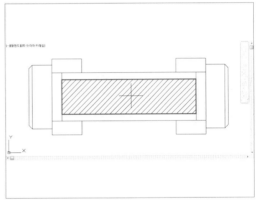

Tip! **해치의 영역 지정**

패턴 영역을 지정하는 방법은 [선택점]과 [선택] 두 가지가 있습니다. 해치의 영역을 지정할 때 커서의 모양이 십자 커서(┼)가 아닌 선택 커서(□)가 나타나는 경우 리본 메뉴의 좌측 끝에 있는 선택점(🔳)을 클릭하면 십자 커서(┼)로 변경됩니다.

❶ 선택점(🔳) : 패턴이 적용될 빈 영역 클릭

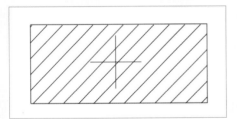

❸ 선택(🔲) : 패턴이 적용될 닫혀있는 객체 클릭

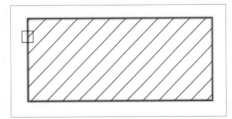

04 다시 [Hatch(H)] 명령 입력 후 Enter를 누릅니다. 패턴 패널의 화살표를 두 번 클릭한 후 [ANSI37] 패턴을 클릭합니다. 패턴 영역인 ❸, ❹, ❺, ❻지점을 클릭한 후 Enter를 누르거나 닫기(✅)를 클릭해 작업을 완료합니다.

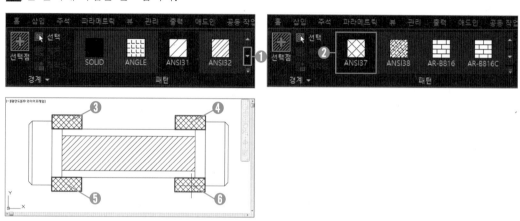

05 [Hatch(H)] 명령 입력 후 Enter를 누릅니다. 패턴 패널에서 [ANSI31] 패턴을 클릭한 후 특성 패널에서 각도는 [90], 축척은 [2]로 설정합니다. 패턴 영역인 ❸지점을 클릭한 후 Enter를 누르거나 닫기(✅)를 클릭해 작업을 완료합니다.

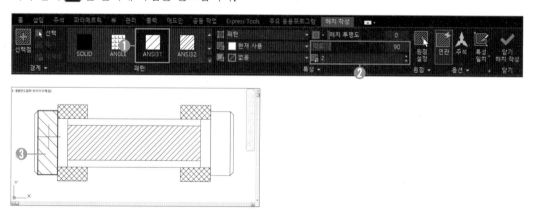

06 격자무늬 'ANSI37' 패턴을 대기 상태의 커서로 클릭하고 Delete를 누르면 하나의 영역만 삭제되지 않고 4개의 패턴이 모두 삭제됩니다. 이렇듯 Hatch는 하나로 되어 있음을 알 수 있습니다.

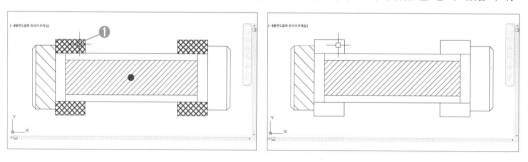

07 [Hatch(H)] 명령 입력 후 Enter를 누릅니다. 패턴 패널에서 [ANSI31] 패턴을 클릭한 후 특성 패널에서 각도는 [0], 해치 패턴 축척은 [1]로 설정합니다. 옵션 패널에서 확장 메뉴 ❸을 클릭하고 [개별 해치 작성]을 클릭합니다. ❺, ❻, ❼, ❽지점을 클릭한 후 Enter를 누르거나 닫기(✓)를 클릭해 작업을 완료합니다.

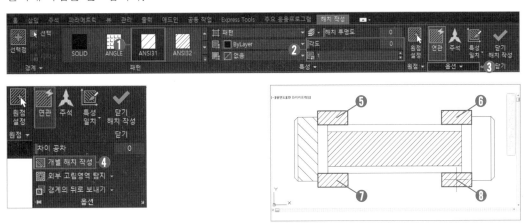

08 사선무늬 'ANSI31' 패턴을 대기 상태의 커서로 클릭하고 Delete를 누르면, 선택한 하나의 영역만 삭제됩니다. 이처럼 설정에 따라 패턴을 분리시키거나 하나로 묶을 수도 있습니다.

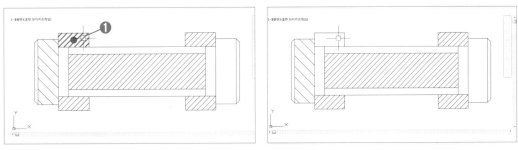

** 하나로 묶는 경우에는 관리가 쉽고, 분리시킬 경우 작업 후 개별 편집이 가능한 장점이 있습니다.

09 다시 [Hatch(H)] 명령 입력 후 Enter를 누릅니다. 패턴 패널에서 더보기 화살표를 클릭하고 [AR-BRSTD] 패턴을 클릭합니다.

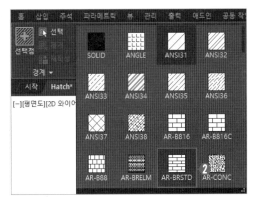

10 패턴 영역 ❶지점을 클릭하면 패턴이 정상적으로 표현되지 않습니다. 축척 값이 너무 크거나 작기 때문입니다.

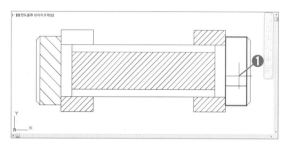

11 설정을 변경하기 위해 특성 패널에서 해치 패턴 축척을 [0.05]로 변경하고 Enter 를 누르거나 닫기(✔)를 클릭해 작업을 완료합니다. 저장된 패턴의 크기는 일정하지 않고 다양한 것을 알 수 있습니다.

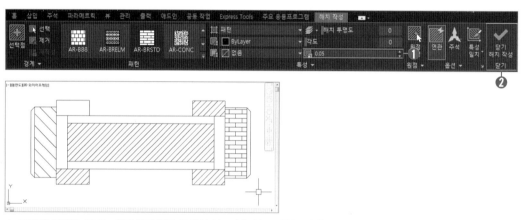

** 저장된 패턴의 크기는 일정하지 않고 다양하다는 것을 알고 작업해야 합니다.

12 남은 부분도 패턴을 적용합니다.

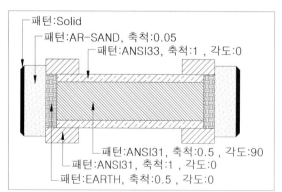

:: Hatch(해치) 명령의 옵션 사용하기

사용자 정의(User Defined) 유형을 사용하면 간단한 패턴을 사용자가 만들 수 있습니다. 패턴 정의는 각도와 간격을 입력해 설정합니다.

01 [P03/Ch04/Hatch옵션.dwg] 파일에서 건축 입면도에 간단한 패턴을 넣겠습니다.

02 [Hatch(H)] 명령 입력 후 [Enter]를 누릅니다. 해치의 유형은 [사용자 정의], 각도는 [15], 해치 간격은 [70]으로 설정합니다.

** 해치의 유형이 사용자 정의로 변경되면 패턴은 선으로 고정되며, 축척 항목은 간격 설정으로 변경됩니다.

03 설정한 패턴의 영역을 지정하기 위해 ❶지점을 클릭한 후 [Enter]를 누르거나 닫기(✔)를 클릭해 작업을 완료합니다.

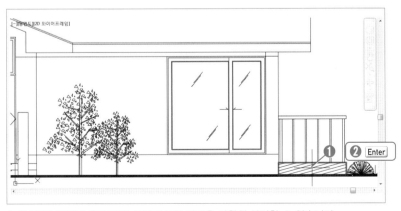

** '사용자 정의'를 활용하면 선의 각도와 간격을 정확히 설정할 수 있습니다.

04 이중 옵션을 사용하기 위해 [Hatch(H)] 명령 입력 후 Enter를 누릅니다. 특성 패널에서 확장 메뉴를 클릭하고 [이중]을 클릭합니다. ❸, ❹, ❺, ❻, ❼지점을 클릭한 후 Enter를 누르거나 닫기(✅)를 클릭해 작업을 완료합니다.

✻ 이중을 체크하면 설정한 각도에 '90" 선을 추가합니다. ❸ Hatch의 원점 설정이 잘 안되는 경우 Hatch 작업 후 대기 상태의 커서로 작성된 패턴을 클릭합니다. 리본 메뉴의 원점 설정을 클릭하고 변경될 원점을 클릭합니다.

05 [Hatch(H)] 명령 입력 후 Enter를 누릅니다. 다음과 같이 유형은 [사용자 정의], 각도는 [0], 해치 간격은 [600], [이중] 옵션을 체크합니다.

06 영역을 지정하기 위해 **❶**지점을 클릭하면 격자무늬 패턴이 모서리에 맞지 않고 한쪽이 부족하거나 남게 됩니다. 설정을 수정하겠습니다.

07 패턴이 시작하는 원점을 변경하기 위해 [원점 설정] **❶**을 클릭하고 **❷**지점을 클릭합니다. Enter 를 누르거나 닫기(✔)를 클릭해 작업을 완료합니다.

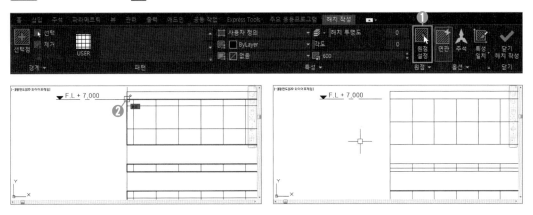

Tip! Hatch 사용 시 영역 지정이 안 되는 경우

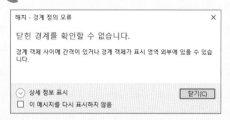

❶ 닫혀 있는 도형이 아닌 경우

영역이 완전히 닫혀 있지 않으면 영역을 지정할 수 없습니다.

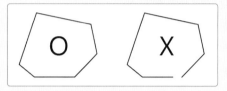

❷ 작업 영역의 일부가 화면에 보이지 않는 경우

영역을 클릭했을 때 영역을 지정할 수 없다는 메시지가 나오는 경우가 종종 있습니다. 이런 경우 선택하고자 하는 영역이 화면상에 일부만 보이기 때문입니다. 해결 방법은 선택하고자 하는 영역을 작업 화면 안에 전부 보이게 설정하고 영역을 지정하면 됩니다.

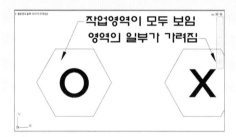

❸ Hatch의 원점 설정이 잘 안되는 경우

Hatch 작업 후 대기 상태의 커서로 작성된 패턴을 클릭합니다. 리본 메뉴의 원점 설정을 클릭하고 변경될 원점을 클릭합니다.

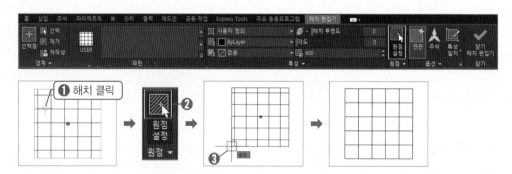

08 그라데이션을 적용해 색을 채워보겠습니다. [Hatch(H)] 명령 입력 후 Enter를 누르고, 해치의 유형은 [그라데이션]을 선택합니다. 색상은 흰색과 회색 또는 유사한 색상 2가지를 선택하고 채색 패턴은 첫 번째 [GR_LINEAR]를 선택합니다.

09 영역을 지정하기 위해 ❶, ❷지점을 클릭한 후 Enter를 누르거나 닫기(✔)를 클릭해 작업을 완료합니다.

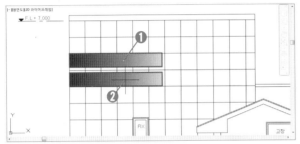

✲✲ 그라데이션이 아닌 단색으로 강조하거나 색을 채울 경우에는 [해치] 탭에서 설정합니다.

10 [Hatch(H)] 명령 입력 후 Enter를 누릅니다. 패턴 패널에서 [SOLID] 패턴을 클릭합니다. 패턴 영역인 ❷지점을 클릭한 후 Enter를 누르거나 닫기(✔)를 클릭하면 현재 도면층 색상으로 채워집니다. 같은 방법으로 다음과 같이 패턴 넣기를 진행합니다.

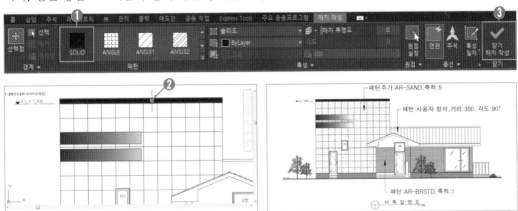

✲✲ 벽돌 해치의 영역 선택이 잘되지 않으면 나무를 삭제하거나 이동한 후 영역을 지정하면 됩니다.

02 Hatch Edit(해치 편집)

작성된 해치는 Hatch Edit, 리본 메뉴, 특성(Properties)에서 편집할 수 있습니다. 사용하기 쉬운 방법으로 작업을 진행합니다.

작업	해치 편집
단축키	H E
풀다운 메뉴	수정(Modify) ➡ 해치 편집(Hatch Edit)
리본 메뉴	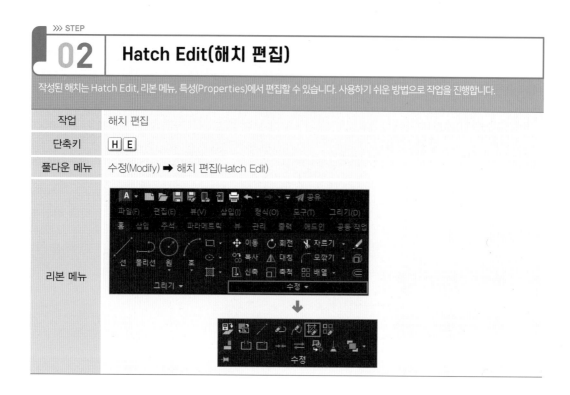

01 [P03/Ch04/Hatch Edit.dwg] 파일에서 왼쪽 패턴과 동일하게 수정해 보겠습니다.

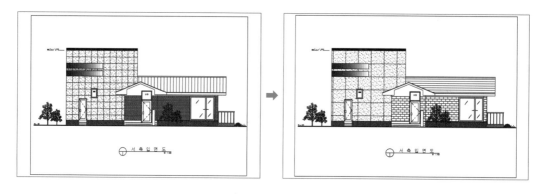

02 작성된 해치의 패턴을 수정하기 위해 [Hatch Edit(HE)] 명령을 입력하고 Enter를 누른 후 패턴 ❶을 클릭합니다.

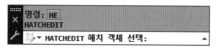

03 다음과 같이 각도는 [0], 간격두기는 [200]으로 수정하고 [확인]을 클릭하면 수정됩니다.

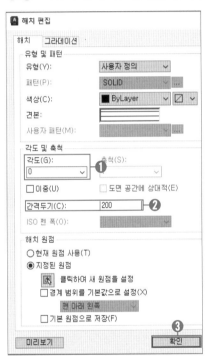
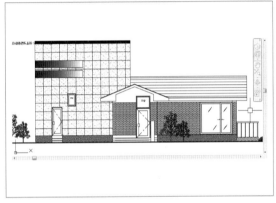

04 리본 메뉴를 사용해 수정해 보겠습니다. 대기 상태의 커서로 패턴 ❶을 클릭하면 상단의 리본 메뉴는 선택한 패턴의 정보가 표시됩니다. [AR-B88] 패턴을 선택하고 [닫기 해치 편집기]를 클릭해 종료합니다.

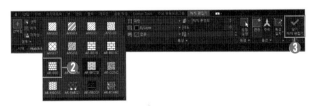

05 특성(Properties)을 사용해 보겠습니다. 대기 상태의 커서로 패턴 ❶을 클릭하고 Ctrl + 1 을 누릅니다. [특성] 정보 창에서 간격 조정을 [1200]으로 입력한 후 Enter 를 누르고 [닫기]를 클릭 해 창을 닫습니다. Esc 를 눌러 선택된 사항을 해제합니다.

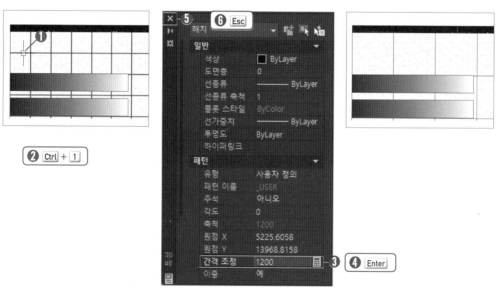

⁂ Ctrl + 1 을 키보드에서 누를 때 Ctrl 은 좌측 키를 사용하고 1 은 상단의 숫자 키를 사용합니다.

Tip! **해치 패턴의 편집**

하나의 패턴인 경우 Hatch Edit를 사용하는 것이 좋으며, 다수의 패턴을 한꺼번에 변경할 경우 리본 메뉴나 특성을 사용하는 것이 좋습니다.

모두 선택　　　　　　　　　패턴 및 특성 변경

실무에서는...

Hatch는 도면에 많이 사용하는 명령입니다. 단순하지만 사용하는 방법에 따라 같은 도면이라도 좀 더 돋보이며, 고급스러운 느낌이 됩니다. 도면에 사용된 예시를 보고 준비된 도면에 Hatch를 사용해 완성해 보겠습니다.

{직종별 Hatch 표현의 예}

1 건축

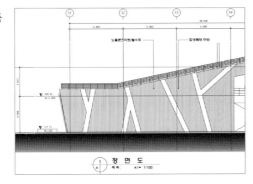

2 인테리어

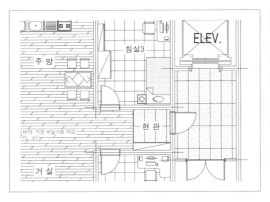

3 기계

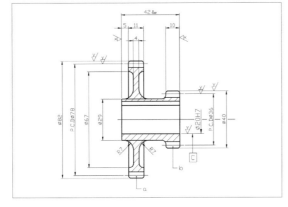

4 토목

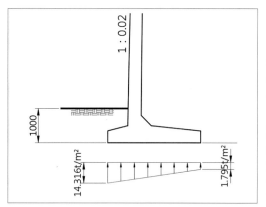

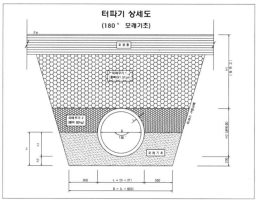

5 조경

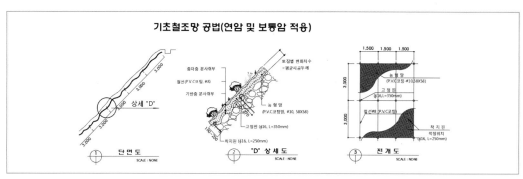

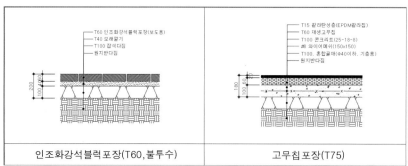

인조화강석블럭포장(T60, 불투수)	고무칩포장(T75)

6 문자의 강조와 영역 구분

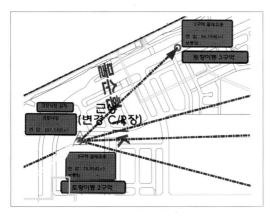 

{Hatch 패턴을 사용한 실무 도면 작성}

1 [P03/Ch04/Hatch실무.dwg] 파일의 도면-A에서 오른쪽 도면과 같이 패턴을 넣어보겠습니다.

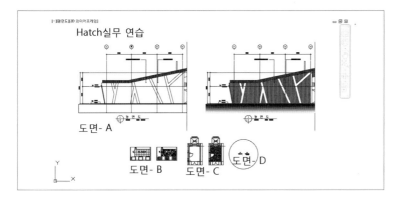

2 벽 마감재의 표현을 위해 [Hatch(H)] 명령 입력 후 Enter 를 누릅니다. 유형은 [사용자 정의], 각도는 [90], 간격두기 [150]으로 설정합니다.

③ 해치 영역을 ❶부터 ㉓까지 클릭하고 [Enter]를 누르거나 닫기(☑)를 클릭해 작업을 완료합니다.

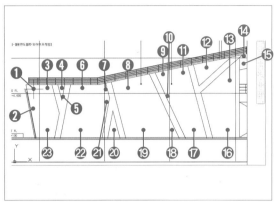
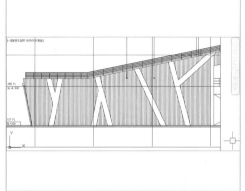

④ 그라데이션으로 지반을 표현하기 위해 [Hatch(H)] 명령 입력 후 [Enter]를 누릅니다. 해치 유형은 [그라데이션]을 선택한 후 색상1은 검은색을 선택하고, 색상2는 클릭해서 끕니다. 채색 유형은 [GR_LINEAR]를 선택하고 각도는 [270]을 입력합니다.

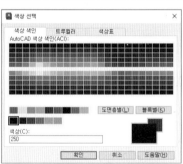

⑤ 영역을 지정하기 위해 ❶지점을 클릭한 후 [Enter]를 누르거나 닫기(☑)를 클릭해 작업을 완료합니다.

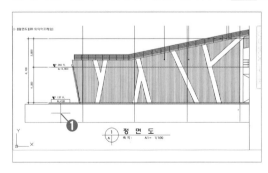
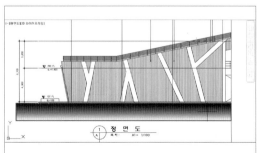

6 도면-B에서 [Hatch(H)]를 입력한 후 Enter를 누릅니다. 제시된 설정으로 그림과 같이 표현해 봅니다.

- 벽면 – 패턴 : AR-SAND(▨), 축척 : 2, 3, 4
- 파티션 – 패턴 : GOST_GLASS(▦), 축척 : 10

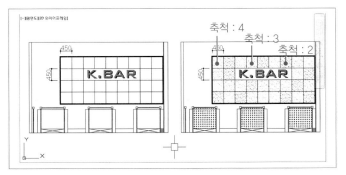

** 동일한 재료라도 축척 값을 조금씩 변경하면 좀 더 자연스러운 질감을 표현할 수 있습니다.

7 패턴의 유형에 따라 한 번에 해결되지 않고 여러 번 중복으로 작업해야 하는 경우도 있습니다. 도면-C에서 [Hatch(H)] 명령을 입력한 후 Enter를 누릅니다. 제시된 설정으로 그림과 같이 표현해 봅니다.

❶ 사용자 정의, 각도 : 0, 간격 : 1000
❷ 사용자 정의, 각도 : 90, 간격 : 500
❸ 미리 정의, 패턴 : AR-SAND, 각도 : 0, 축척 : 3

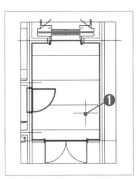
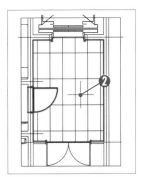
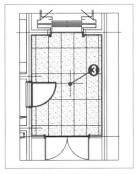

** Hatch 명령을 실행해 한 가지 패턴만 선택하고 세 번에 걸쳐 반복합니다.

8 영역의 경계가 없다면 작업을 하기 전 경계를 그린 후 작업하고 다시 경계를 지워야 하는 경우도 있습니다. 도면-D를 준비하고 [Rectang(REC)] 명령 입력 후 Enter, ❶지점 클릭 후 ❷지점을 클릭해 경계를 표시합니다.

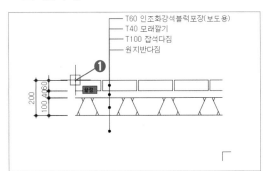
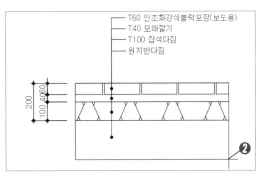

9 [Line(L)] 명령 입력 후 Enter 를 누르고, ❶지점 클릭 후 ❷지점을 클릭해 경계를 표시합니다.

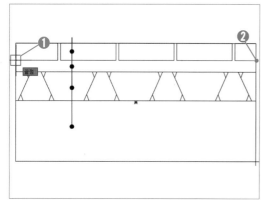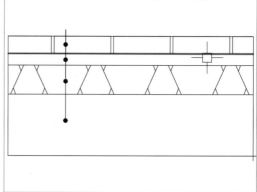

10 제시된 설정으로 그림과 같이 패턴을 넣고 작성한 경계를 삭제합니다.

❶ 블록 포장 – 패턴 : ANSI31, 축척 : 2, 각도 : 0, 90

❷ 모래 깔기 – 패턴 : AR-SAND, 축척 : 0.3, 각도 : 0

❸ 원지반 다짐 – 패턴 : EARTH, 축척 : 7, 각도 : 0

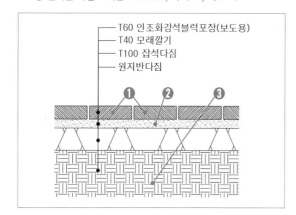

T60 인조화강석블럭포장(보도용)
T40 모래깔기
T100 잡석다짐
원지반다짐

1 Hatch 명령을 이용해 다음 도면을 작성하시오.

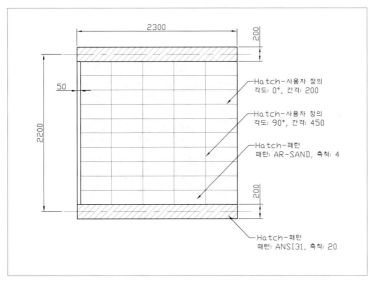

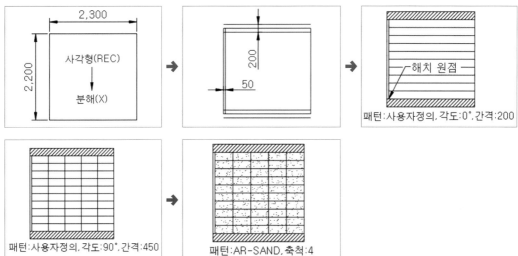

📥 P03/Ch04/실습과제답안.dwg

2 Hatch 명령을 이용해 다음 도면을 작성하시오.

(단면 표시 해치는 패턴 : ANSI31, 축척 : 1, 각도 : 0으로 설정)

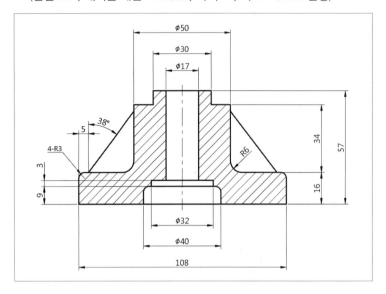

3 Hatch 명령을 이용해 다음 도면을 작성하시오.

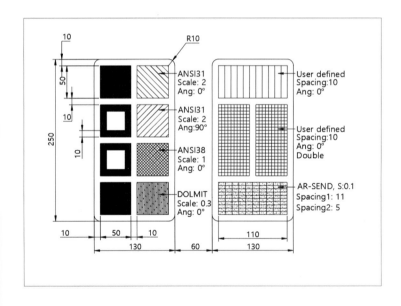

P03/Ch04/실습과제답안.dwg

CHAPTER

05

신축과 블록의 활용

도면 요소의 길이나 폭을 쉽게 변경할 수 있는 Stretch(신축) 명령을 배워보고, 도면 관리에 효율적인 블록 활용에 대해 알아보겠습니다.

⬡ Stretch(S) : 신축

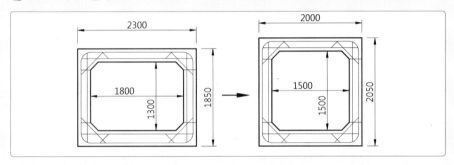

⬡ Block(B) : 블록 생성

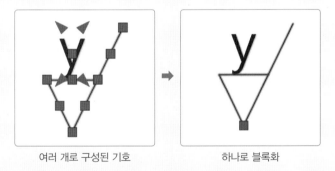

여러 개로 구성된 기호   하나로 블록화

⬤ Insert(I) : 삽입

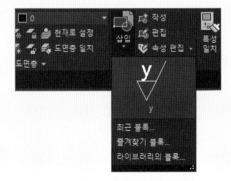

01 Stretch(신축)

신축은 도면의 일부를 한쪽 방향으로 늘리거나 줄일 수 있어 도면의 너비, 높이, 두께 등이 변경될 경우 자주 사용됩니다. Stretch 명령은 항상 걸침 선택(Crossing)으로만 대상을 선택해야 하며, 기준점을 이용한 신축과 거리 값을 입력한 신축 두 가지 방법으로 작업할 수 있습니다.

작업	신축
단축키	S
풀다운 메뉴	수정(Modify) ➡ 신축(Stretch)
리본 메뉴	

01 [P03/Ch05/Stretch.dwg] 파일의 도면-A에서 Stretch 명령을 이용해 그림과 같이 수정해 보겠습니다.

02 오른쪽 공간을 '1000' 늘리기 위해 [Stretch(S)] 명령을 입력하고 Enter, ❶지점 클릭 후 ❷지점 클릭하고 Enter를 누릅니다.

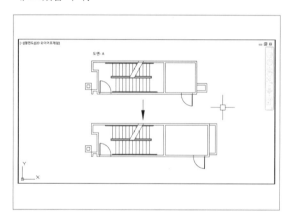

```
명령: S
STRETCH
걸침 윈도우 또는 걸침 폴리곤만큼 신축할 객체 선택...
 STRETCH 객체 선택:
```

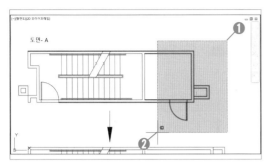

✽✽ 오른쪽 작은 덕트와 문은 완전히 포함되므로 이동되고 위쪽, 아래쪽 벽체는 영역에 걸쳐 있으므로 변형됩니다. 명령 행에는 걸침 윈도우로 선택해야 한다고 표시됩니다.

03 도면 아래 ❶지점을 클릭한 후 ❷지점으로 이동하고 늘릴 값 [1000] 입력 후 Enter 를 누릅니다. [Dist(DI)] 명령을 입력하고 Enter 를 누른 후 ❺, ❻을 클릭해 거리 값이 '3425'인지 확인합니다.

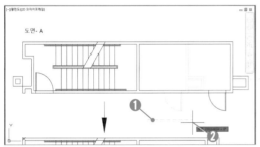
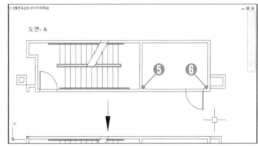

04 오른쪽 덕트는 넓이를 '800'에서 '600'으로 줄여보겠습니다. [Stretch(S)] 명령 입력 후 Enter, ❶지점 클릭 후 ❷지점을 클릭하고 Enter 를 누릅니다. 기준점 ❸지점 클릭 후 ❹지점으로 이동한 후 [200]을 입력하고 Enter 를 누릅니다.

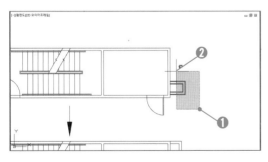
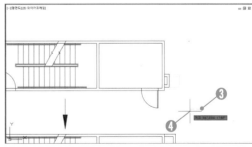

05 [Stretch(S)] 명령 입력 후 [Enter], ❶, ❷지점을 클릭하고 [Enter]를 누릅니다. 기준점 ❸지점을 클릭하고 두 번째 점인 목적지 ❹지점을 클릭합니다.

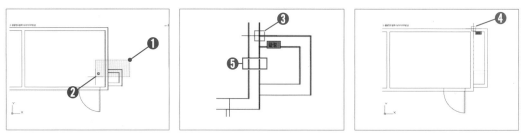

∴ 벽체 ❺지점은 시작과 끝부분이 아닌 중간에 걸쳐있기 때문에 아무런 영향을 받지 않습니다.

06 도면-B에서 넓이는 '300'을 줄이고 높이는 '200'을 늘리는 Stretch를 연습해 봅니다.

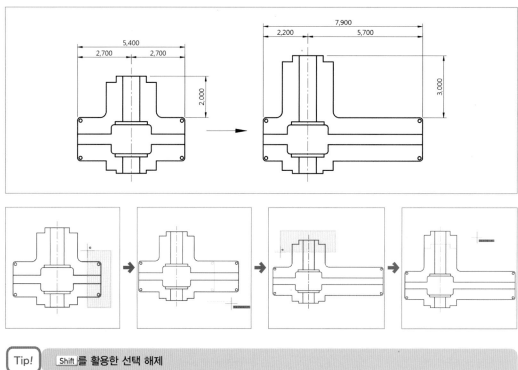

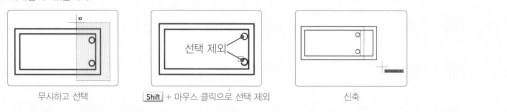

> **Tip!** [Shift]를 활용한 선택 해제

Stretch 명령을 이용해 영역을 지정할 경우 불필요한 대상이 선택되었다면 [Shift]를 누른 상태에서 클릭하면 선택을 해제할 수 있습니다.

무시하고 선택   [Shift] + 마우스 클릭으로 선택 제외   신축

02 | Block(블록)

도면 요소를 블록으로 만드는 목적은 객체가 많아 복잡할 때 요소를 하나로 묶게 되면 선택, 이동 및 관리를 쉽게 할 수 있고, 수정사항이 발생할 경우 다수의 도면 요소를 신속하게 수정하는 것이 가능합니다.

작업	블록 생성
단축키	B
풀다운 메뉴	수정(Modify) ➡ 객체(Object) ➡ 블록(Block)
리본 메뉴	

01 [P03/Ch05/Block.dwg] 파일에서 Block 명령을 이용해 표면 거칠기 기호를 하나의 객체로 묶은 후 오른쪽 도면과 같이 배치해 보겠습니다.

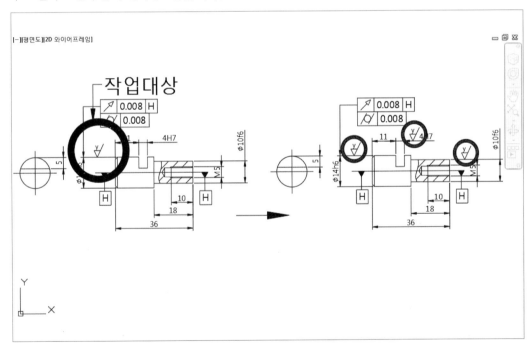

02 대기 상태의 커서로 기호를 클릭하면, 여러 개의 선분과 문자로 이루어진 것을 알 수 있습니다. Esc를 눌러 선택을 해제합니다.

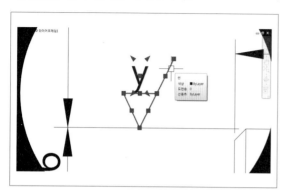

03 [Block(B)] 명령 입력 후 Enter, [블록 정의] 대화상자에서 이름은 [y]를 입력하고 [선택점(🔣)]을 클릭한 후 작업 화면에서 기준점 ❹를 클릭합니다.

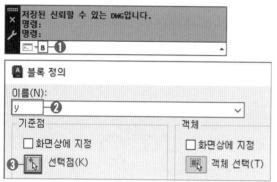

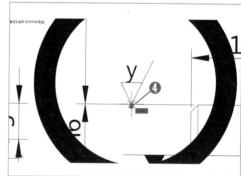

✳✳ 기준점은 이후 Insert 명령으로 삽입할 때 사용됩니다.

04 하나로 묶을 대상을 선택하기 위해 [객체 선택(🔲)]을 클릭한 후 작업 화면에서 ❷지점과 ❸ 지점을 클릭해 포함 선택하고 Enter를 누릅니다. [블록 정의] 대화상자에서 [확인]을 클릭하면 거칠기 기호가 블록으로 만들어집니다.

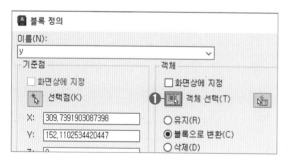

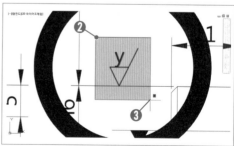

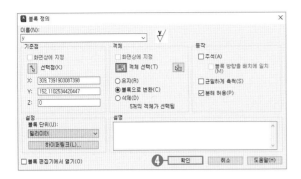

05 대기 상태의 커서로 클릭하면 기호를 구성하는 모든 객체가 한 번에 선택되며, 확인 후 **Esc** 를 눌러 선택을 해제합니다. [Copy(CO)] 명령을 실행한 후 y 기호를 선택합니다. 기준점 **❶**지점을 클릭하고 **❷**, **❸**지점에 기호를 복사합니다.

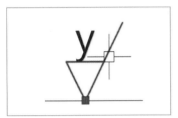
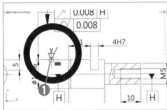
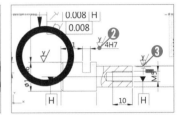

** 치수선 위에 복사하기 위해 목적지 클릭 전 **Shift** + 마우스 오른쪽 버튼을 클릭하여 근처점을 사용합니다.

Tip! **객체 스냅 설정(Osnap)**

근처점과 직교(직각) 모드를 자주 사용할 경우 명령행에 [Osnap(OS)] 명령을 입력하고 **Enter**를 누른 다음 [근처점], [직교(직각)] 모드를 활성화하고 [확인]을 클릭하면 자동으로 추적됩니다.

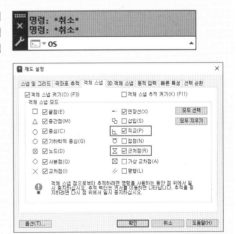

06 Step 03을 진행하기 위해 거칠기 y 기호를 [Erase(E)] 명령이나 Delete 를 눌러 모두 삭제합니다.

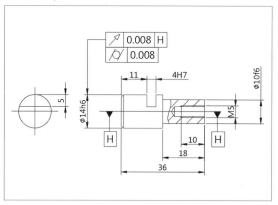

∴ 블록을 Explode(X) 명령으로 분해하면 블록을 만들기 전 상태로 돌아갑니다.

>>> STEP

03 Insert(삽입)

Insert 명령을 이용하면 작성된 도면(DWG)이나 블록을 현재 작업 중인 도면으로 불러와 삽입할 수 있습니다. 블록의 삽입 또는 삭제 방법을 배워보겠습니다.

작업	블록 및 DWG 파일을 현재 도면으로 삽입
단축키	I
풀다운 메뉴	삽입(Insert) ➡ 블록 팔레트(Block Palette)
리본 메뉴	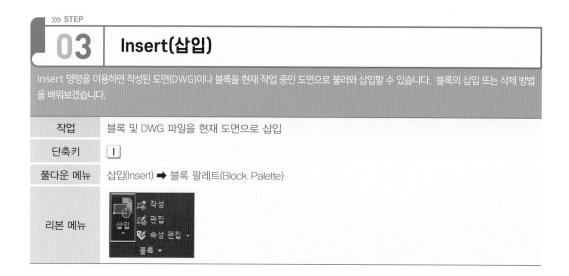

01 [Block(B)] 명령을 이용해 블록을 만들면 현재 파일에 해당 블록이 저장됩니다. 저장된 블록을 Insert(I) 명령으로 다시 삽입해 보겠습니다. [Insert(I)] 명령을 입력하고 Enter 를 누릅니다.

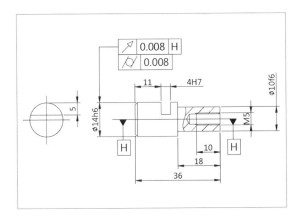

02 [삽입] 대화상자에서 [현재 도면] 탭을 클릭하고 거칠기 기호 [y]를 클릭합니다.

03 삽입점의 기준이 되는 커서의 위치는 이전 Step 02에서 블록(Block)을 만들 때 지정했던 기준점의 위치로 **①**지점을 클릭해 거칠기 기호를 배치합니다. Enter 를 눌러 명령을 재실행하고 다시 Enter 를 누른 후 **②**지점을 클릭합니다.

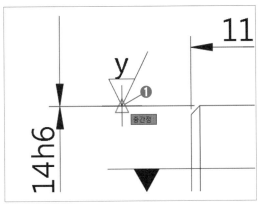
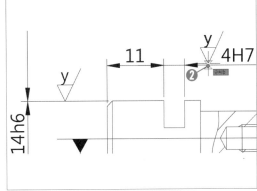

✱✱ 최초 배치 후에는 Copy(CO) 명령으로 복사해도 됩니다.

Tip! | 리본 메뉴의 사용과 [삽입] 대화상자 옵션

리본 메뉴에서 블록 패널의 [삽입]을 클릭하고 저장된 블록을 선택합니다. 이 과정은 명령행에 Insert(I) 명령 입력 후
Enter를 누른 것과 동일합니다.

❶ 리본 메뉴의 삽입

❷ Insert(I)의 옵션

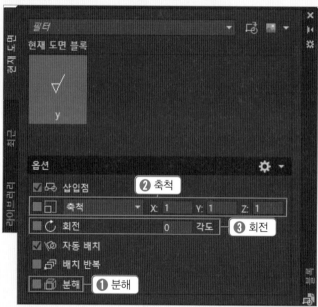

① **분해** : 삽입 대상을 분해(Explode)하여 삽입합니다.
② **축척** : 삽입 대상의 크기를 배율 값으로 설정해 삽입합니다.
　(단일 축척을 해제하면 X, Y, Z의 배율을 각각 입력할 수 있으며, 값을 음수(−)로 입력할 경우 상하좌우 대칭으로
　삽입 가능)
③ **회전** : 각도를 입력해 회전된 상태로 삽입합니다.

1 다음 도면을 작성하시오.

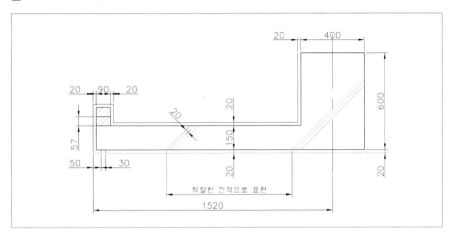

2 과제 **1**에서 작성된 도면을 다음과 같은 크기로 수정하시오.

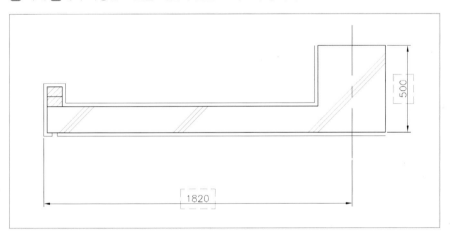

3 다음 도면을 작성하고 A부분을 블록으로 생성하시오.(블록 이름은 'T1')

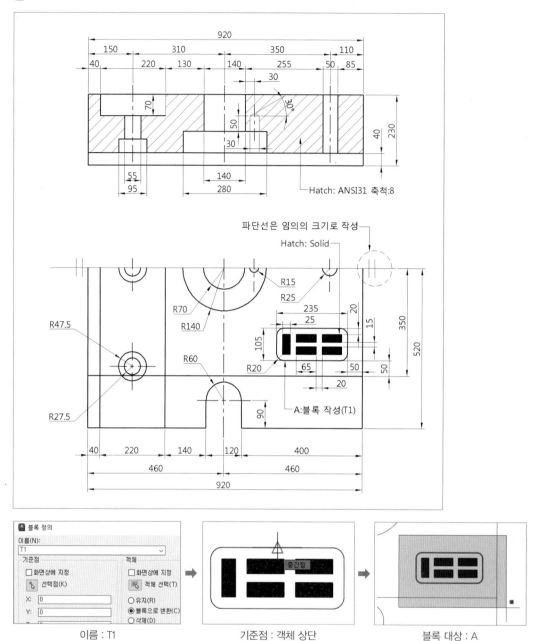

이름 : T1   기준점 : 객체 상단   블록 대상 : A

🔲 P03/Ch05/실습과제답안.dwg

06

타원과 객체의 분할

타원은 Ellipse 명령으로 작성하며, 원과는 다르게 짧고 긴 두 개의 축으로 이루어져 주의가 필요합니다.
타원 및 분할과 연관된 기능을 함께 배워보겠습니다.

Ellipse(EL) : 타원

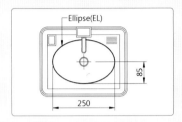

Divide(DIV) : 등분할

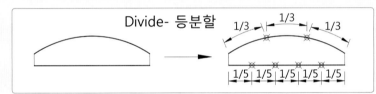

Ddptype(Ptype) : 포인트의 유형 설정

Measure(ME) : 길이 분할

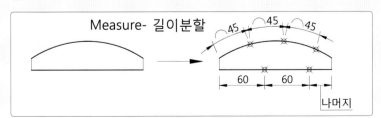

01 | Ellipse(타원)

타원은 원과 다르게 장축과 단축 2개의 거리 값을 입력해 생성합니다. 사용 옵션에 따라 축의 끝점을 지정하는 방법과 중심을 먼저 지정하는 옵션, 타원 호를 그리는 옵션이 있습니다.

작업	타원 그리기
단축키	E L
풀다운 메뉴	그리기(Draw) ➡ 타원(Ellipse)
리본 메뉴	

01 [P03/Ch06/Ellipse.dwg] 파일에서 타원을 작성하기 위해 [Ellipse(EL)] 명령을 입력하고 Enter를 누릅니다. 타원이 지나는 ❶, ❷, ❸지점(중간점△)을 차례로 클릭하면 타원이 작성됩니다.

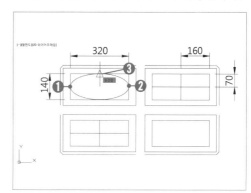

```
명령: EL
ELLIPSE
  ▼ ELLIPSE 타원의 축 끝점 지정 또는 [호(A) 중심(C)]:
```

02 반대편은 중심(C) 옵션을 사용해 그려보겠습니다. Enter를 눌러 명령을 재실행한 후 중심 옵션 [C]를 입력하고 Enter, 타원의 중심인 ❶지점을 먼저 클릭하고 ❷, ❸지점을 클릭합니다.

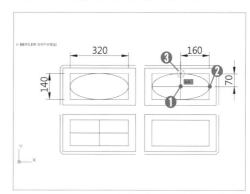

```
다른 축으로 거리를 지정 또는 [회전(R)]:
명령: ELLIPSE
  ▼ ELLIPSE 타원의 축 끝점 지정 또는 [호(A) 중심(C)]: C
```

03 이번에는 값을 입력해 작성해 보겠습니다. [Ellipse(EL)] 명령을 입력 후 Enter, 중심 [C] 입력 후 Enter를 누릅니다. 타원의 중심 ❶지점 클릭 후 ❷지점으로 이동해 거리 값 [160]을 입력하고 Enter, 두 번째 값 [70]을 입력하고 Enter를 누릅니다.

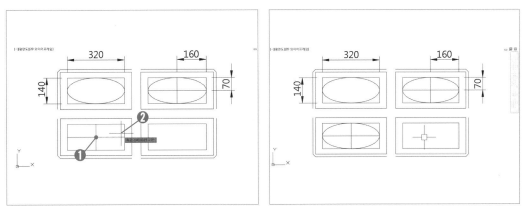

✻✻ 타원이 지나는 위치가 표시된 경우에는 처음 방법으로, 위치 표시가 되지 않은 경우에는 두 번째 방법으로 작성합니다.

>>> STEP

02 Divide(등분할)

Divide(DIV) 명령은 선택한 객체를 입력한 값만큼 등분합니다. 등분된 위치는 설정된 Point(점)로 표시되고 위치는 객체 스냅의 Node(노드)로 추적할 수 있습니다.

작업	등분할	보조 기능	Ptype(포인트 유형 설정)
단축키	D I V		
풀다운 메뉴	그리기(Draw) ➡ 점(Point) ➡ 등분할(Divide)		
리본 메뉴			

01 원을 12등분한 위치에 선을 작성하기 위해 [P03/Ch06/Divide.dwg] 파일을 불러옵니다.

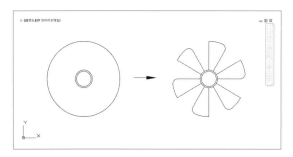

02 [Divide(DIV)] 명령을 실행하고 Enter 를 누른 후 원 ❶을 클릭한 다음 세그먼트의 수 12를 입력하고 Enter 를 누릅니다. 등분했지만 화면의 변화는 없습니다.

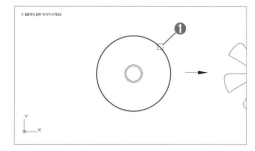

```
명령: DIV DIVIDE
등분할 객체 선택:
                                    ❷
DIVIDE 세그먼트의 개수 또는 [블록(B)] 입력: 12
```

** 등분된 위치를 점(Point)으로 표시하는데, 표시되는 점의 기본 설정이 너무 작아 보이지 않습니다.

03 등분 위치를 표시하는 점(Point)의 유형을 변경하기 위해 [DDPtype(PTYPE)] 명령을 입력하고 Enter 를 누릅니다. 유형을 선택하고 [확인]을 클릭하면 선택한 유형으로 변경되어 표시됩니다.

```
등분할 객체 선택:
세그먼트의 개수 또는 [블록(B)] 입력: 12
DDPTYPE
```

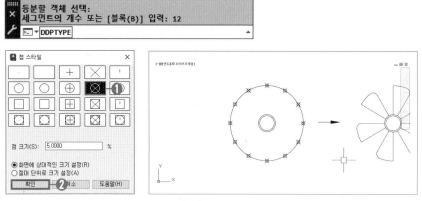

** Ptype 명령으로 설정된 표식은 Point(PO) 명령으로 작업한 것과 동일해 별도로 사용하는 것도 가능합니다. Ptype 명령이 실행되지 않을 경우 [DDptype]을 입력합니다.

04 표식의 위치를 추적하기 위해서는 객체 스냅의 노드(Node)가 활성화되어야 합니다. Osnap(OS) 명령을 입력하고 Enter 를 눌러 활성화 여부를 확인합니다.

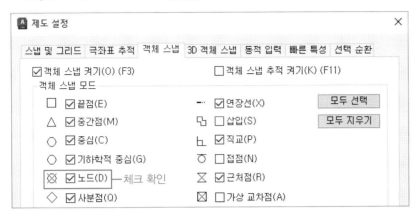

05 원의 중심을 통과하는 선을 작성하기 위해 [Line(L)] 명령을 입력하고 Enter, ❶지점 클릭 후 ❷지점을 클릭합니다. Line 명령을 반복 사용하여 그림과 같이 작성합니다.

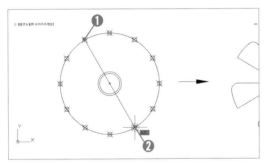

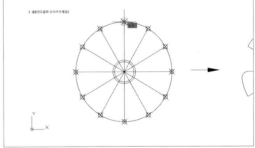

06 Trim(TR) 명령으로 원의 안쪽 선을 잘라내고 바깥쪽도 ❶~❻까지 잘라냅니다.

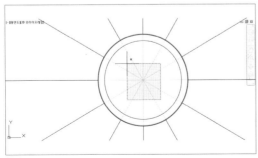

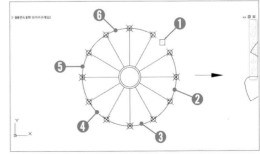

07 바깥쪽 원도 그림과 같이 작업한 후 등분된 위치를 표시한 Point(점)는 Erase(E) 명령이나 Delete를 눌러 삭제합니다.

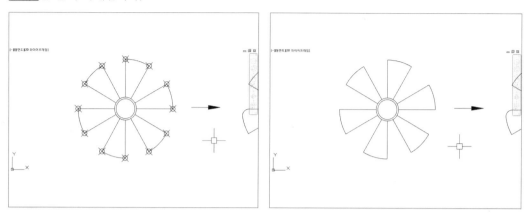

08 Fillet(F) 명령을 입력한 후 반지름 값을 [20]으로 설정하고, 모서리 ❶~⓬를 편집합니다.

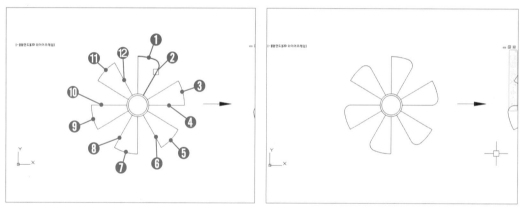

03 Measure(길이 분할)

Measure 명령은 입력한 길이 값으로 선택한 객체를 분할하는 명령으로 분할된 위치는 포인트로 표시됩니다.

작업	길이 분할
단축키	M E
풀다운 메뉴	그리기(Draw) ➡ 점(Point) ➡ 길이 분할(Measure)
리본 메뉴	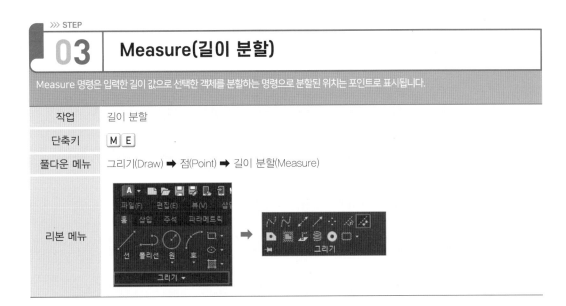

∷ Measure(길이 분할) 명령 사용하기

Measure(ME) 명령은 선택한 객체를 입력한 길이 값으로 분할합니다. 분할된 위치는 설정된 Point(점)로 표시되고 위치는 객체 스냅의 Node(노드)로 추적할 수 있습니다.

01 [P03/Ch06/Measure.dwg] 파일에서 완성된 도면과 같이 길이 분할 후 도면 요소를 배치하겠습니다.

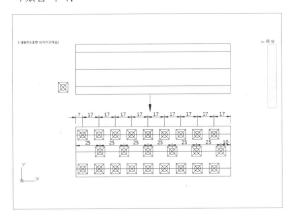

02 [Measure(ME)] 명령 입력 후 Enter, 선분 ❶을 클릭한 후 길이 값 [25]를 입력하고 Enter를 누릅니다. 길이 분할을 했지만 화면에 변화는 없습니다.

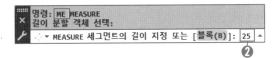

명령: ME MEASURE
길이 분할 객체 선택:
MEASURE 세그먼트의 길이 지정 또는 [블록(B)]: 25
❷

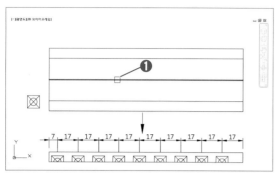

∗∗ 분할의 기준은 선분을 클릭할 때 가까운 방향을 기준으로 설정합니다. 오른쪽에 가깝게 클릭하면 오른쪽부터 분할되고 왼쪽에 가깝게 클릭하면 왼쪽부터 분할됩니다.

03 등분 위치를 표시하는 점(Point)의 유형을 변경하기 위해 [Ptype] 명령을 입력하고 Enter를 누릅니다. [점 스타일] 대화상자에서 표식을 선택하고 점 크기는 [10]으로 설정한 후 [확인]을 클릭합니다.

04 기호를 복사하기 위해 [Copy(CO)] 명령을 입력하고 Enter를 누릅니다. 복사 대상을 선택하고 기준점 ❶지점을 클릭해 다음과 같이 복사합니다.

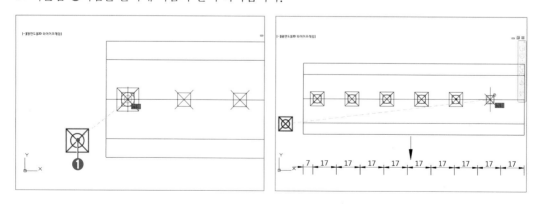

05 위와 아래도 동일한 방법으로 작업합니다. 분할의 시작이 우측부터 진행되므로 명령을 실행해 거리 값 [17]을 입력하고 오른쪽에 좀 더 가깝게 선분을 클릭합니다.

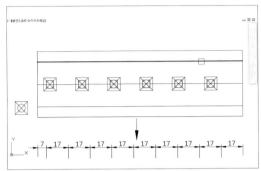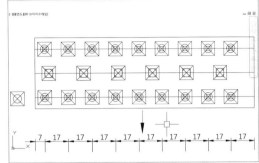

06 분할 위치를 표시한 Point를 삭제해도 되지만 수량이 많고 겹쳐있어 보이지 않게 처리하겠습니다. [Ptype] 명령을 입력하고 Enter를 누른 후 두 번째 표식을 클릭하고 [확인]을 클릭합니다.

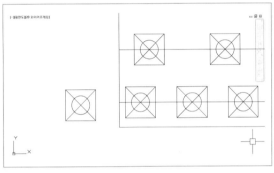

✽✽ 삭제된 것이 아닌 보이지 않게 한 것으로, 필요 시 다른 모양을 선택하면 다시 나타납니다.

⠿ Divide, Measure(분할) 명령 응용하기

분할된 위치에 배치할 대상을 하나씩 복사하지 않고 분할과 동시에 배치가 되도록 블록을 활용해 작업해 보겠습니다.

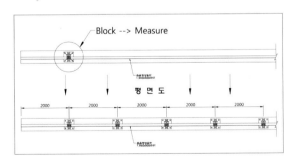

01 [P03/Ch06/Measure2.dwg] 파일에서 플레이트 ❶을 확대해 커서로 클릭하면 여러 개의 객체로 복잡하게 구성된 것을 알 수 있습니다. Esc를 눌러 선택을 해제합니다. 현재 상태에서 분할하여 배치해도 되지만 이후 관리가 불편합니다. 플레이트를 블록으로 만든 후 배치해 보겠습니다.

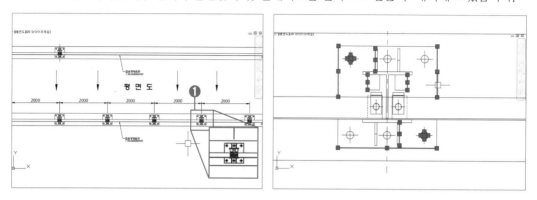

02 [Block(B)] 명령을 입력하고 Enter를 누릅니다. [블록 정의] 대화상자에서 이름은 [P1]로 입력하고 [선택점(⬆)]을 클릭합니다. 기준점은 ❸지점을 클릭합니다.

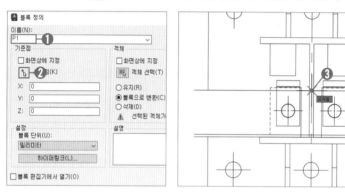

03 대상을 선택하기 위해 [객체 선택(🖼)]을 클릭합니다. 플레이트를 ❷지점 클릭 후 ❸지점을 클릭해 선택한 다음 Enter를 누르고 [확인]을 클릭합니다.

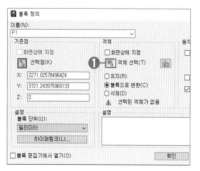
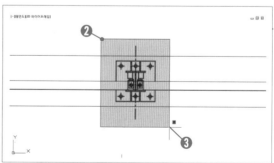

04 [Measure(ME)] 명령 입력 후 Enter를 누르고, 선분 ❶을 클릭합니다. 블록을 사용하기 위해 [B] 입력 후 Enter, 블록 이름을 [P1]으로 입력하고 Enter를 누릅니다. 정렬하기 위해 한 번 더 Enter를 누르고, 길이 값 [2000] 입력 후 Enter를 누르면 분할과 동시에 지정한 블록이 배치됩니다.

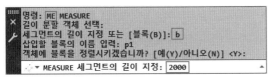

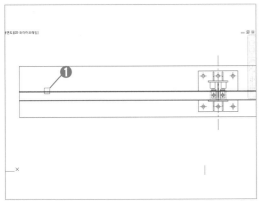

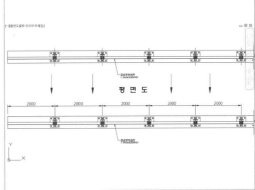

1 Ellipse, Array 명령을 이용해 다음 도면을 작성하시오.

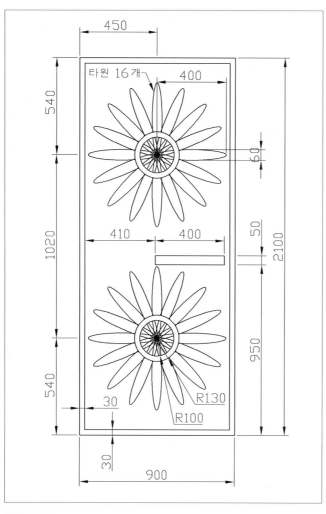

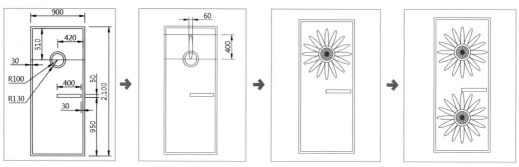

기타 활용 명령어

지금까지 배운 자주 사용하는 명령어보다는 사용 빈도가 높지 않지만 도면 작업 시 유용하게 사용할 수 있는 명령을 이용해 도면 요소를 작성해 보겠습니다.

◆ Dount(DO) : 도넛

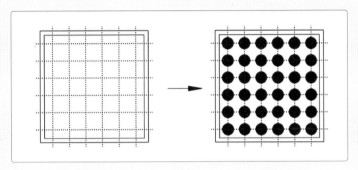

◆ Revcloud : 구름형 도형

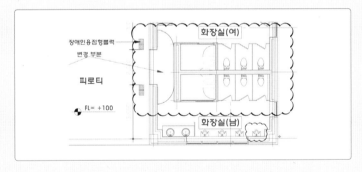

◆ Align(AL) : 정렬

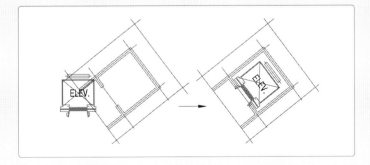

01 | Donut(도넛)

도넛은 안쪽과 바깥쪽 지름 값을 입력해 작성합니다. 안쪽 지름 값을 '0'으로 설정하면 크기가 있는 점을 생성할 수도 있으며, Polyline에 해당되므로 분해하면 두 개의 호로 구성된 원으로 분해됩니다.

작업	도넛
단축키	D O
풀다운 메뉴	그리기(Draw) ➡️도넛(Dount)
리본 메뉴	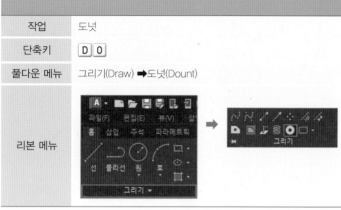

01 [P03/Ch07/Donut.dwg] 파일에서 오른쪽 도면과 같이 Donut 명령을 이용해 점 모양을 넣어보겠습니다.

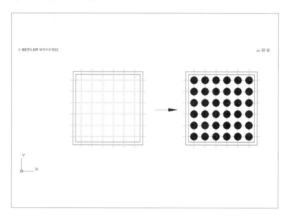

02 [Donut(DO)] 명령을 입력하고 Enter, 도넛의 내부 지름 [30] 입력 후 Enter, 외부 지름 [50]을 입력한 다음 ❶~❻지점을 클릭하고 Enter를 눌러 작업을 종료합니다.

```
명령: DO
DONUT
도넛의 내부 지름 지정 <10.0000>: 30
▼ DONUT 도넛의 외부 지름 지정 <20.0000>: 50
```

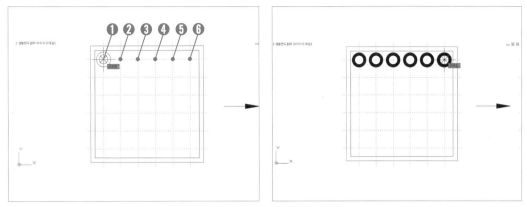

✽✽ 도넛은 안쪽 지름과 바깥쪽 지름 입력으로 도넛 모양을 만들 수 있습니다. 안쪽과 바깥쪽 지름을 바꾸어도 결과는 동일합니다.

03 Enter를 눌러 명령을 재실행하고 도넛의 내부 지름 [0] 입력 후 Enter, 외부 지름을 [40]으로 입력합니다. ❶~❻지점까지 클릭하고 Enter를 눌러 작업을 종료합니다. 나머지 부분은 다양한 크기로 작성해 봅니다.

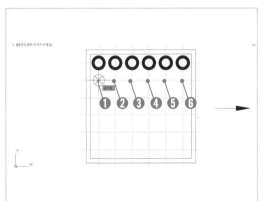

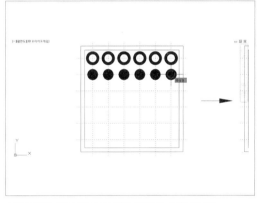

✽✽ 크기를 갖는 점은 Point(PO) 명령으로 만들 수 없어 Donut 명령으로 내부 지름 값 '0'을 입력해 사용합니다.

02 Revcloud(구름형 리비전)

Revcloud 명령은 작성된 도면이 변경 및 수정되었거나 검토해야 할 부분을 눈에 띄게 표시할 수 있습니다.

작업	구름형 리비전(검토 및 변경 사항) 표시
풀다운 메뉴	그리기(Draw) ➡ 구름형 리비전(Revcloud)
리본 메뉴	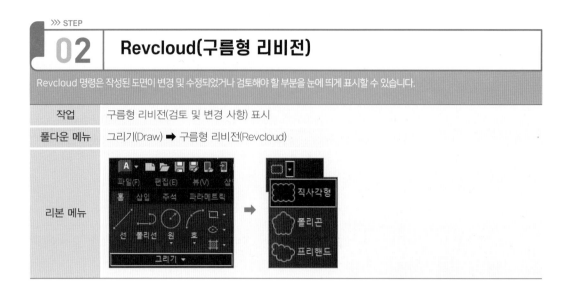

01 [P03/Ch07/Revcloud.dwg] 파일에서 Revcloud 명령을 사용해 검토 부분을 표시하겠습니다.

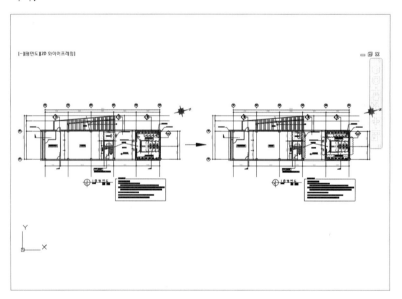

02 왼쪽 도면의 방풍실을 확대한 후 리본 메뉴 [홈] 탭의 [그리기] 그룹에서 확장을 클릭하고, 다시 [직사각형] 옆 확장을 클릭해 직사각형을 선택하면 Revcloud 명령이 실행됩니다.

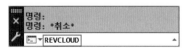

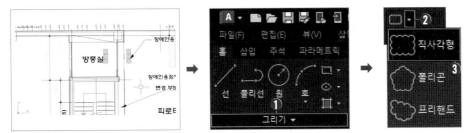

** 단축키가 없어 명령어보다 메뉴를 사용하는 것이 편합니다.

03 스타일을 호의 두께가 강조된 '컬리그래피' 유형으로 변경하기 위해 [S] 입력 후 Enter, 컬리그래피 [C]를 입력하고 Enter를 누릅니다. 호의 길이를 변경하기 위해 [A] 입력 후 Enter, 호의 대략적인 길이 [500]을 입력하고 Enter를 누릅니다.

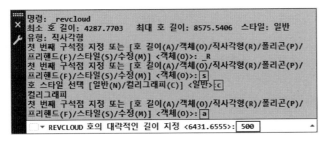

Tip! **하위 버전의 호 길이 입력**

버전이 낮은 경은 호의 길이 입력은 최솟값과 최댓값으로 구분됩니다. 같은 값으로 두 번 입력합니다.

04 ❶지점을 클릭하고 ❷지점을 클릭해 구름형 도형을 그립니다.

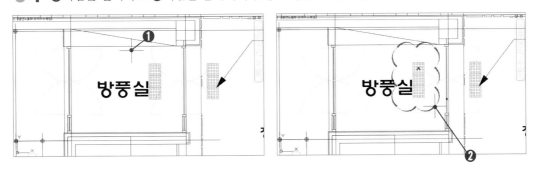

05 Enter 를 눌러 Revcloud 명령을 재실행하고, ❶지점을 클릭하고 ❷지점을 클릭해 구름형 도형을 다시 그립니다.

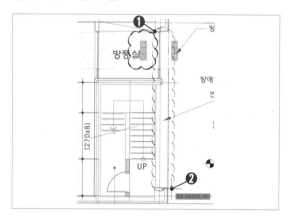

06 계속해서 우측 화장실 부분도 구름형 수정 기호를 표시합니다.

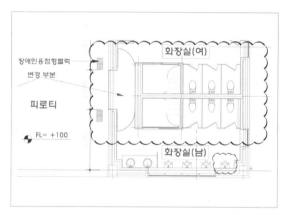

Tip! **Revcloud 명령 옵션**

❶ **호 길이(Arc length)** : 구름형 호의 크기를 설정합니다.
❷ **객체(Object)** : 구름형 리비전으로 변환할 객체를 지정합니다.
❸ **직사각형(Rectangular)** : 두 점을 지정하여 직사각형 구름형 리비전을 작성합니다.
❹ **폴리곤(Polygonal)** : 정점으로 세 개 이상의 점에 의해 정의된 비직사각형 리비전 구름을 작성합니다.
❺ **프리핸드(Freehand)** : 프리핸드 구름형 리비전을 작성, 속도를 빨리하면 호가 커집니다.
❻ **스타일(Style)** : 구름형 리비전의 스타일을 지정합니다.
❼ **일반(Normal)** : 기본 타입 페이스를 사용하여 구름형 리비전을 작성합니다.
❽ **컬리그래피(Calligraphy)** : 컬리그래피 펜으로 그린 것처럼 구름형 리비전을 작성합니다.

03 | Align(정렬)

근원점과 정의점을 지정하여 선택한 객체를 이동, 회전 또는 기울이거나 다른 객체의 점에 맞춰 정렬할 수 있습니다. 2D에서는 두 쌍의 점 이동만 필요합니다. 첫 번째는 기준(위치)을 지정하고 두 번째는 방향(각도)을 지정합니다.

작업	객체 정렬
단축키	A L
풀다운 메뉴	수정(Modify) ➡ 3D작업(3D Operations) ➡ 정렬(Align)
리본 메뉴	

01 [P03/Ch07/Align.dwg] 파일에서 도면 요소를 이동하고 정렬하겠습니다.

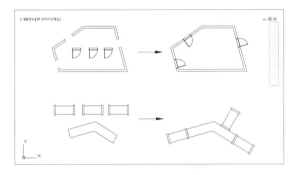

02 [Align(AL)] 명령 입력 후 Enter 를 누르고 정렬 대상을 ❶지점 클릭 후 ❷지점을 클릭해 포함 선택으로 선택한 다음 Enter 를 누릅니다.

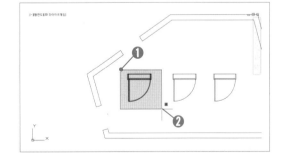

명령: AL
ALIGN
ALIGN 객체 선택:

03 첫 번째 근원점 ❶지점 클릭 후 근원점이 이동될 대상점 ❷지점을 클릭합니다. 계속해서 두 번째 근원점 ❸지점을 클릭하고, 근원점이 향할 방향인 대상점 ❹지점을 클릭합니다.

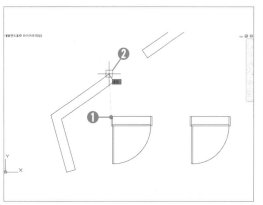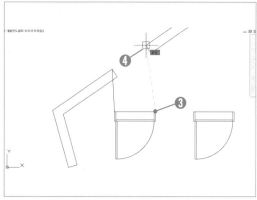

04 세 번째 근원점과 대상점은 불필요하므로 Enter 만 누르고, 객체 축척은 원본 크기를 유지하기 위해 한 번 더 Enter 를 누르면 정렬됩니다. 첫 번째 근원점과 대상점은 위치 이동의 기준이 되며 두 번째 근원점과 대상점은 회전 각도의 기준이 됩니다.

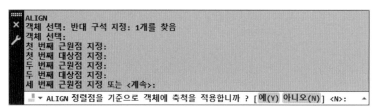

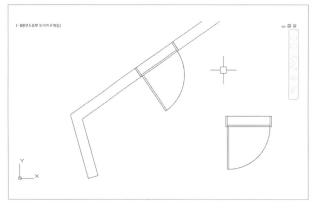

05 Enter를 눌러 명령을 반복합니다. 정렬 대상을 ❶지점 클릭 후 ❷지점을 클릭해 포함 선택으로 선택하고 Enter를 누릅니다.

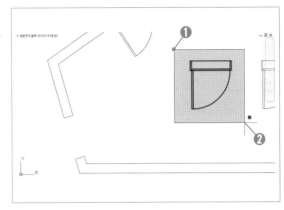

06 첫 번째 근원점 ❶지점을 클릭하고, 근원점이 이동될 대상점 ❷지점을 클릭합니다. 두 번째 근원점 ❸지점을 클릭하고, 근원점이 향할 방향인 대상점 ❹지점을 클릭합니다.

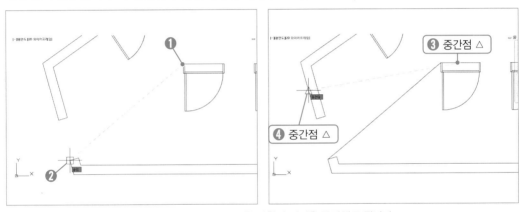

✵✵ 두 번째 근원점은 방향을 입력하므로 목적지와 동일한 방향인 지점을 클릭해도 됩니다.

07 세 번째 근원점과 대상점은 불필요하므로 Enter만 누르고, 객체 축척은 원본 크기를 유지하기 위해 한 번 더 Enter를 누르면 정렬됩니다. 나머지 하나도 정렬합니다.

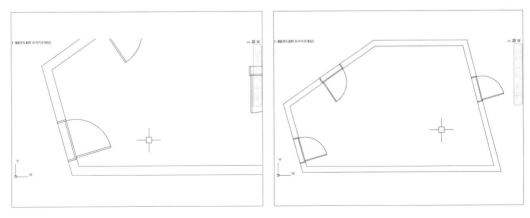

08 다음 도면도 우측과 같이 정렬시킵니다.

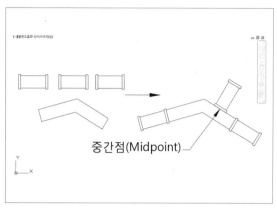

중간점(Midpoint)

정렬 대상과 목적지의 거리가 먼 경우 Move 명령을 이용해 근처로 이동한 후 작업합니다.

Tip! **Align의 축척 적용**

정렬 위치를 지정하고 마지막 설정 옵션의 축척 적용을 'Yes'로 입력하면 첫 번째 근원점과 두 번째 근원점의 거리
만큼 대상의 크기를 맞추어 정렬합니다.

```
명령: AL ALIGN
객체 선택: 반대 구석 지정: 1개를 찾음
객체 선택:
첫 번째 근원점 지정:
첫 번째 대상점 지정:    <직교 끄기>
두 번째 근원점 지정:
두 번째 대상점 지정:
세 번째 근원점 지정 또는 <계속>:
▼ ALIGN 정렬점을 기준으로 객체에 축척을 적용합니까 ? [예(Y) 아니오(N)] <N>: y
```

예

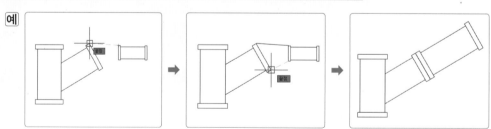

1 Align 명령을 이용해 다음 도면을 작성하시오.

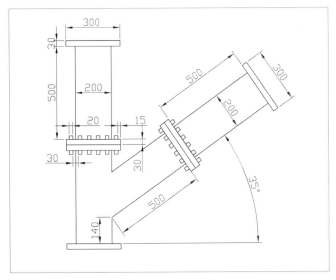

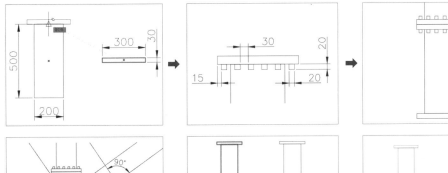

몸통 연결부 작성

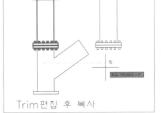

Trim편집 후 복사

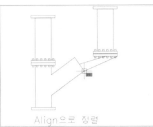

Align으로 정렬

📥 P03/Ch07/실습과제답안.dwg

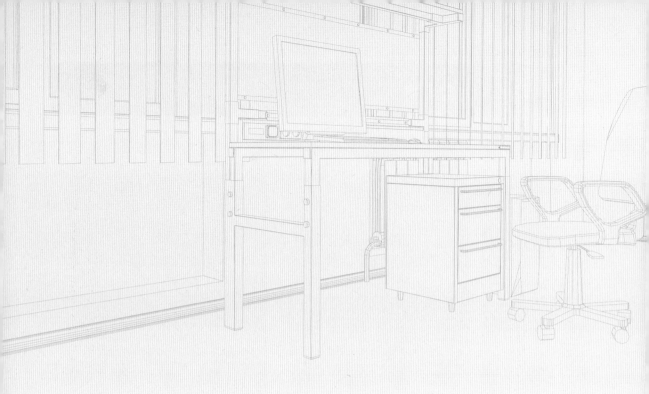

04

실무 도면 작성 및 관리

이전 파트까지는 도면 요소의 외형을 그리거나 편집하는 명령 위주로 배웠습니다. 하지만 도면에서 정보를 전달하는 것은 형태적인 요소뿐만이 아닌 도면증과 주석(문자, 치수)도 중요합니다. 이번에는 작성된 도면에 치수와 문자를 기입하는 방법과 출력 시 설정하는 방법을 알아보겠습니다.

도면층(Layer)과 특성의 활용

도면 작성에 있어 필수 요소인 도면층(Layer)은 도면 요소를 구분하여 작성할 수 있으며, 다양한 선의 색상과 두께, 종류를 지정하여 도면을 표현할 수 있습니다.

⬡ Layer(LA) : 도면층

⬡ Linetype(LT) : 선종류 관리자

⬡ Ltscale(LTS) : 선의 축척

LTS: 0.5 ——————   LTS: 0.5 — — — — —

LTS: 1 —— — —— —   LTS: 1 — — — — — —

LTS: 1.5 — — —   LTS: 1.5 —— —— ——

일점쇄선(Center)   파선(Hidden)

⬡ Properties(PR, Ctrl + 1) : 특성

⬡ Matchprop(MA) : 특성 일치

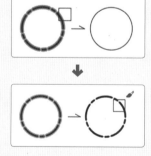

01 Layer(도면층)

도면층 구성에 정해진 답은 없으며, 직종에 따라 다양하게 만들어 사용할 수 있습니다. 도면을 작성하면서 필요한 색상과 선의 유형을 도면층으로 추가하고 변경할 수 있습니다.

작업	도면층 관리
단축키	L A
풀다운 메뉴	형식(Format) ➡ 도면층(Layer)
리본 메뉴	

01 [P04/Ch01/Layer.dwg] 파일을 불러옵니다. 도면은 도면층(Layer)을 적용하여 작성된 도면입니다.

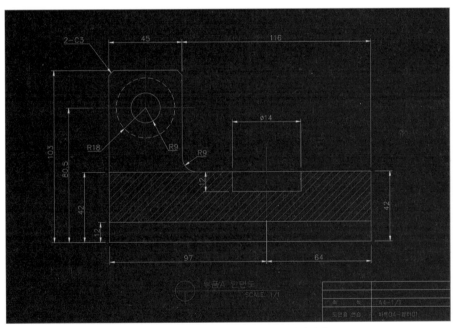

** 이해를 돕기 위해 배경색을 초기 설정인 검은색으로 변경한 화면입니다.

02 [Layer(LA)] 명령을 입력하고 Enter 를 눌러 구성된 도면층을 확인합니다. 총 6개의 도면층으로 구성된 도면으로, 물체의 외형을 이루는 'Model', 중심을 표시한 'Center', 가려진 부분을 표시한 'Hidden', 치수는 'Dim', 문자는 'Txt', 패턴은 'Hat'으로 구분하였고, 향후 관리를 위해 각 요소별로 구분하여 작성하게 됩니다. 이름이 '0'인 도면층은 기본적으로 등록된 도면층이며, 'Defpoints' 도면층은 치수를 기입하면 생성되는 도면층입니다. 그 외에 도면층은 사용자가 추가한 도면층입니다.

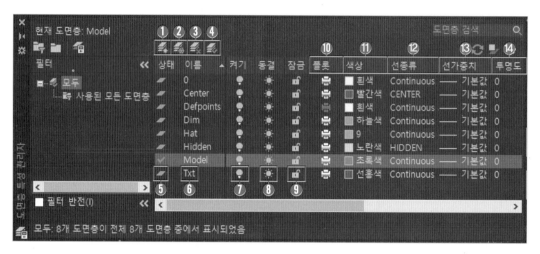

❶ **새 도면층** : 새로운 도면층을 생성합니다.

❷ **새 도면층(동결)** : 뷰포트를 동결시킨 도면층을 생성합니다.

❸ **도면층 삭제** : 선택한 도면층을 삭제합니다.

❹ **현재로 설정** : 선택한 도면층을 현재 사용할 도면층으로 변경합니다.

❺ **상태** : 현재 도면층을 표시합니다.

❻ **이름** : 도면층의 이름입니다.(이름에 〈 〉 / ₩ " : ; ? * | = ' 등은 사용할 수 없음)

❼ **켜기** : 도면층을 켜고 끕니다.(ON이면 내용이 보이고 OFF면 안보임)

❽ **동결** : 도면층의 동결 유무를 표시합니다.(ON/OFF와 유사하지만 계산에 포함되지 않고 처리 속도가 빠름)

❾ **잠금** : 도면층을 잠급니다.(잠긴 도면층은 수정, 편집 불가)

❿ **플롯** : 도면층의 출력 유무입니다.(ㅠ면 출력 대상에서 제외)

⓫ **색상** : 도면층의 색상입니다.(지정된 색으로 작업)

⓬ **선종류** : 선의 유형입니다.(지정된 선의 종류로 작업)

⓭ **선가중치** : 선의 두께입니다.(지정된 두께로 출력)

⓮ **투명도** : 도면층이 투과되는 투영 정도를 설정합니다.

:: 도면층(Layer) 명령 사용하기

필요한 도면층을 추가하고 도면층에 맞는 색상과 선의 종류를 적용하겠습니다.

01 새 도면을 시작하고 도면층을 구성하기 위해 [Layer(LA)] 명령을 입력하고 Enter 를 누릅니다. [도면층 특성 관리자] 대화상자에서 [새 도면층(🖪)]을 클릭하면 이름이 '0'인 도면층 아래로 도면층이 추가됩니다. 추가된 [도면층1] 이름을 클릭하여 [Model]로 입력하고 Enter 를 누릅니다.

02 [새 도면층(🖪)]을 클릭해 도면층을 만들 수도 있지만 한번 도면층을 만든 후에는 Enter 만 누르면 계속해서 추가할 수 있습니다. Enter 를 눌러 도면층을 추가한 후 이름을 [Center]로 입력하고 Enter 를 누릅니다. 같은 방법으로 다음과 같이 구성합니다.

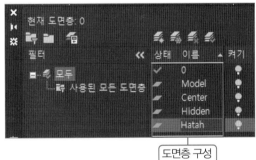

도면층 구성

03 도면층에 색상을 지정하겠습니다. 'Moldel' 도면층의 색상을 클릭하고 [색상 선택] 대화상자에서
원하는 색상(초록색)을 선택한 후 [확인]을 클릭합니다.

 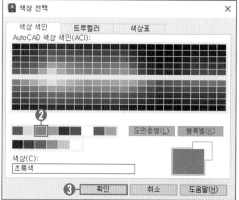

Tip! **색상 번호**

AutoCAD에서 사용하는 색상에는 고유 번호가 설정되어 있기 때문에 색상 선택 시 '색상'에 고유 번호를 입력해 선
택할 수 있습니다. 빨간색은 1, 노란색은 2 순서입니다.

04 03 과정과 같은 방법으로 도면층의 색상을 정의합니다.

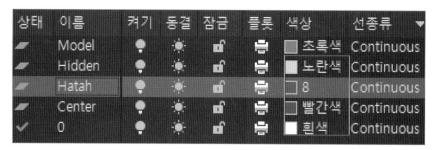

05 현재 모든 도면층의 선종류는 'Continuous(실선)'로 되어 있습니다. Center 도면층의 [Continuous]를 클릭하고 [선종류 선택] 대화상자에서 [로드]를 클릭합니다.

06 목록에서 선종류 하나를 선택하고 Center 선의 앞글자 [C]를 누르면 Center 선으로 이동됩니다. [확인]을 클릭하면 Center 선을 사용할 수 있도록 등록됩니다.

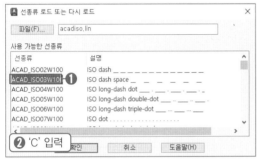

∗∗ 이동이 안되면 [한/영] 변환키를 확인합니다.

07 등록된 [CENTER] 선을 선택하고 [확인]을 클릭하면 해당 도면층에 선택한 선분이 적용됩니다.

08 Hidden 도면층의 [Continuous]를 클릭합니다. 적용 가능한 Hidden(숨은선)이 없기 때문에 [로드]를 클릭합니다.

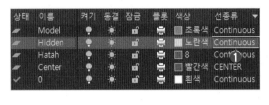

09 대화상자에서 '선종류' 중 하나를 선택하고 Hidden 선의 앞글자 [H]를 누르면 Hidden 선으로 이동됩니다. [확인]을 클릭하면 Hidden 선을 사용할 수 있도록 등록됩니다.

⁎⁎ 이동이 안되면 한/영 변환키를 확인합니다.

10 등록된 [HIDDEN] 선을 선택하고 [확인]을 클릭하면 해당 도면층에 선택한 선분이 적용됩니다.

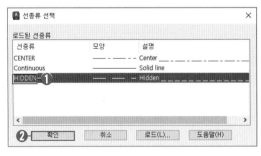

11 도면층의 구성이 그림과 같이 설정되었는지 확인하고 [닫기]를 클릭합니다.

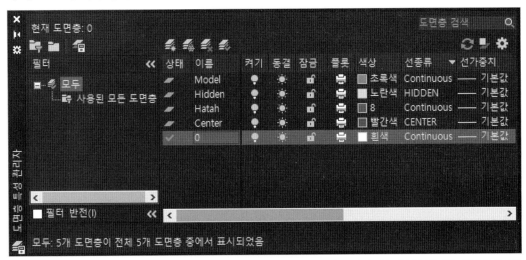

✱✱ 도면층의 순서는 관계없으며, 이름과 색상 중간에 있는 켜기, 동결, 잠김 표시가 맞는지 확인합니다. 모양이 다르면 해당 아이콘을 클릭하여 수정합니다.

▗▖ 도면층(Layer)을 적용한 도면 작성

추가한 도면층(Layer)을 이용해 도면을 작성하면서 Layer의 기본적인 운영 방법을 배워보겠습니다.

01 사용할 현재 도면층을 지정하기 위해 [홈] 탭의 [도면층] 그룹에서 화살표를 클릭하고 [Model]을 클릭합니다.

✱✱ 도면층 클릭 시 왼쪽 옵션(켜기, 동결, 잠김)을 클릭하지 않도록 주의합니다.

02 준비된 도면층을 사용해 다음 도면을 작성하겠습니다.

✱✱ 책의 모든 선은 검은색으로 표현되니 참고하기 바랍니다.

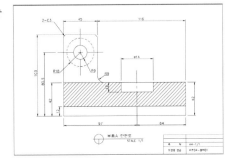

03 [Xline(XL)] 명령 입력 후 Enter, ❶지점 클릭 후 ❷지점 클릭, 다시 위쪽으로 이동해 ❸지점을 클릭한 후 Enter를 눌러 작업을 종료합니다. [Offset(O)] 명령 입력 후 Enter, 거리 값 [45] 입력 후 Enter, 간격띄우기 대상 선분 ❹를 클릭한 후 ❺지점을 클릭합니다. 현재 도면층 색상이 초록색 이므로 초록색 으로 작성됩니다.

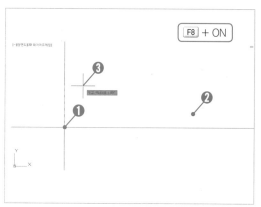
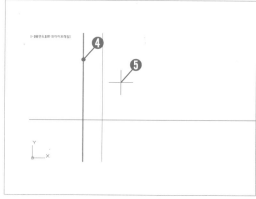

04 03 과정과 같은 방법으로 Offset 명령을 이용해 그림과 같이 도면의 전체 외형을 표시하고 Trim 명령으로 불필요한 부분을 잘라냅니다. Model 도면층을 사용 중이므로 모든 선이 초록색 으로 작성됩니다.

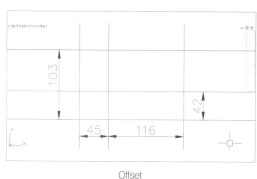

Offset

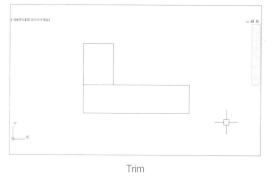

Trim

05 홈을 표현하기 위해 계속해서 Offset 명령으로 그림과 같이 복사합니다. 모서리를 편집하기 위해 Fillet(F) 명령 입력 후 Enter, 선분 ❶, ❷를 클릭합니다. 계속해서 Enter를 누르고 선분 ❸, ❹를 클릭합니다.

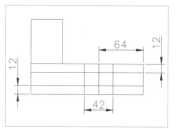
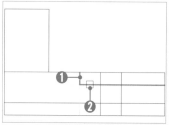
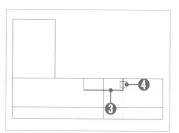

✲ Fillet 명령 사용 시 모드는 자르기, 반지름은 0으로 설정되어 있어야 합니다.

06 원의 중심을 표시하기 위해 Offset 명령으로 그림과 같이 복사하고, Chamfer(CHA) 명령 입력 후 Enter, 거리 옵션 [D] 입력 후 Enter, 거리 값 [3]을 입력하고 Enter, 다시 Enter를 누른 후 선분 ❶, ❷를 클릭합니다. 계속해서 Enter를 누른 후 선분 ❸, ❹를 클릭합니다.

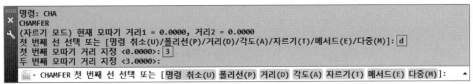

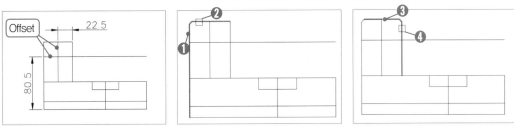

07 Circle(C) 명령 입력 후 Enter, ❶지점 클릭 후 반지름 값 [9]를 입력하고 Enter를 누르면 원이 작성됩니다. 나머지 'R18'인 원도 동일하게 작성하고 Trim 명령으로 원 바깥쪽 선을 잘라냅니다. 지금까지 Model 도면층을 사용 중이므로 모든 선이 초록색으로 작성됩니다.

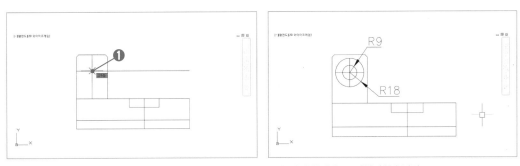

** 현재 작업 환경은 바탕색이 검은색이어야 하지만 이해를 돕기 위해 흰색으로 작업되었습니다.

08 도면 요소에 맞는 도면층으로 변경하기 위해 대기 상태의 커서로 선분 ❶, ❷, ❸을 클릭하고 [도면층] 그룹에서 [Center] 도면층을 선택합니다.

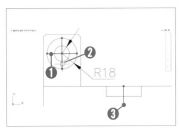

09 도면층이 'Center' 도면층(빨간색)으로 변경된 것을 확인하고, 커서를 작업공간인 ❶지점으로 이동한 후 Esc를 눌러 선택을 해제합니다. 도면층이 변경되어 색상은 빨간색으로 표현되지만 선의 유형이 일점쇄선으로 변경되지 않았습니다. 이는 선의 길이가 짧아 표현이 되지 않는 것입니다.

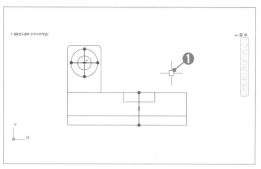 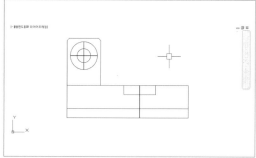

✱✱ 도면층 변경 후 항상 Esc를 눌러 선택을 해제합니다. 도면층이 변경되지 않는다면 명령행에 Pickfirst 명령을 입력해 설정값을 '1'로 변경합니다.

10 선분을 늘리기 위해 [Lengthen(LEN)] 명령 입력 후 Enter를 누릅니다. 증분 옵션 [DE] 입력 후 Enter, 객체를 늘릴 값 [10]을 입력한 후 Enter를 누르고 선분 ❶, ❷, ❸, ❹, ❺, ❻을 클릭합니다. Enter를 눌러 명령을 종료합니다.

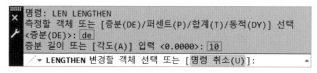

```
명령: LEN LENGTHEN
측정할 객체 또는 [증분(DE)/퍼센트(P)/합계(T)/동적(DY)] 선택
<증분(DE)>: de
증분 길이 또는 [각도(A)] 입력 <0.0000>: 10
LENGTHEN 변경할 객체 선택 또는 [ 명령 취소(U)]:
```

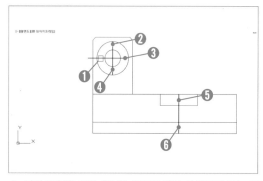 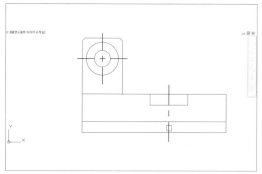

✱✱ 선의 유형은 선의 축척과 길이에 따라 표현되지 않는 경우도 있습니다.

11 대기 상태의 커서로 원 **❶**을 클릭하고 [도면층] 그룹의 [Hidden] 도면층을 선택합니다. 도면층이 변경되면 커서를 작업 공간인 **❹**지점으로 이동하고 Esc를 눌러 선택을 해제합니다.

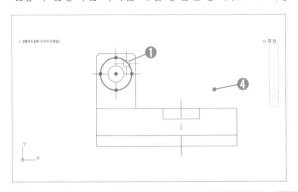

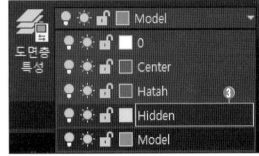

12 [Hatch(H)] 명령 입력 후 Enter를 누릅니다. 패턴 패널에서 [ANSI31] 패턴을 선택한 후 특성 패널에서 각도는 [0], 축척은 [1]로 설정합니다. 패턴 영역인 **❹**, **❺**지점을 클릭한 후 Enter를 누르거나 닫기(✔)를 클릭해 작업을 완료합니다. Hatch의 패턴도 현재 도면층인 초록색으로 작성되었습니다.

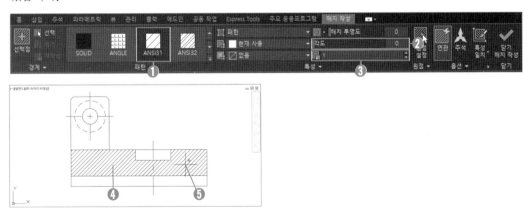

13 대기 상태의 커서로 패턴 **❶**을 클릭하고 리본 메뉴 [홈] 탭의 [도면층] 그룹에서 [Hatch] 도면층 선택합니다.

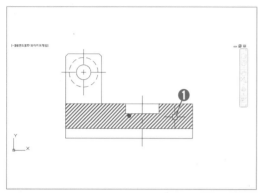 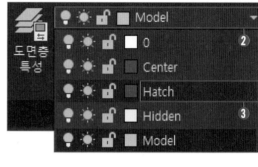

** 해치를 선택하면 리본 메뉴가 해치 편집기로 변경되므로 [홈] 탭을 클릭해 도면층을 변경합니다.

14 커서를 작업공간인 **❶**지점으로 이동하고 Esc를 눌러 선택을 해제합니다. 패턴의 도면층이 Hatch 도면층인 회색으로 변경되었습니다.

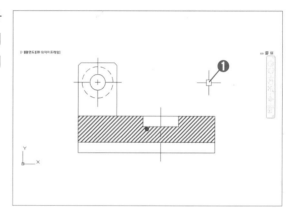

15 [Circle(C)] 명령 입력 후 Enter, Ttr 옵션 [T] 입력 후 Enter를 누릅니다. 접선 **❶**, **❷**를 클릭하고 반지름 [9]를 입력한 후 Enter, 원의 **❸**지점은 Trim(TR) 명령으로 잘라냅니다.

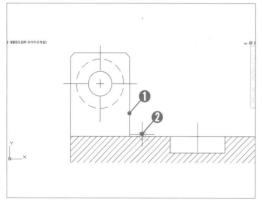 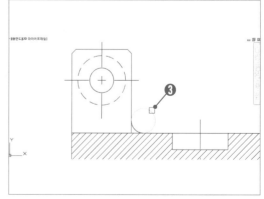

** Fillet(F) 명령을 사용해도 됩니다. Trim 모드는 'No Trim'으로 설정해야 합니다.

Tip!　Offset(O) 명령의 도면층(Layer) 옵션 활용

건축 평면도와 같이 중심선을 기준으로 구조체 두께를 표현할 경우 Offset 명령의 도면층(Layer) 옵션을 적용하면
좀 더 효율적인 작업이 가능합니다.

❶ 도면층(Layer) 옵션 미적용(기본값)
선택한 선분의 도면층이 그대로 복사됩니다.

❷ 도면층(Layer) 옵션 적용
현재 도면층 설정 상태(일점쇄선이 아닌 실선 도면층)가 적용됩니다.

도면층(Layer) 옵션을 적용하면 선택한 선분의 도면층이 아닌 현재 도면층으로 변경되어 복사됩니다.

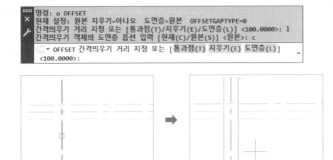

02 | Linetype, Ltscale, Properties, Matchprop(도면층 관련 명령어)

도면층은 색상, 선의 종류 등 다양한 정보를 담고 있습니다. 이를 편집하고 활용하는데 있어 유용한 명령어를 배워보겠습니다. 자주 사용되므로 단축키는 외워두는 것이 좋습니다.

작업	Linetype : 선의 종류와 축척을 설정 Ltscale : 사용되고 있는 모든 선의 축척을 설정 Properties : 객체의 특성을 확인하고 편집 Matchprop : 특성을 추출해 다른 객체에 적용
단축키	Linetype : `L` `T` Ltscale : `L` `T` `S` Properties : `P` `R`, `Ctrl` + `1` Matchprop : `M` `A`

01 Step 01에서 작성된 도면을 화면에 준비하고 완성된 도면을 수정하면서 기능을 배워보겠습니다. 완성된 도면이 없다면 [P04/Ch01/Layer관련명령어.dwg] 파일을 불러옵니다.

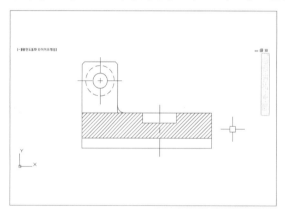

02 이점쇄선으로 반지름이 '40'인 원을 작성하겠습니다. Layer(LA) 명령으로 작업할 수 있지만 Linetype을 사용하겠습니다. 단축키 [LT]를 입력하고 `Enter`를 누릅니다.

```
명령: LT
LINETYPE
▼ 명령 입력
```

03 [선종류 관리자] 대화상자에서 [로드] 클릭합니다. 대화상자에서 아무 선종류나 클릭한 후 [P]를 누르고 'PHANTOM'을 선택하고 [확인]을 클릭하면 [PHANTOM] 선이 사용 가능한 선으로 추가됩니다. 다시 [확인] 을 클릭합니다.

04 [Layer(LA)] 명령을 입력하고 Enter, [도면층 추가(🖾)] ❶을 클릭한 후 이름을 클릭해 [Phantom]으로 입력하고 색상은 [선홍색], 선종류는 이점쇄선인 [PHANTOM]으로 설정합니다.

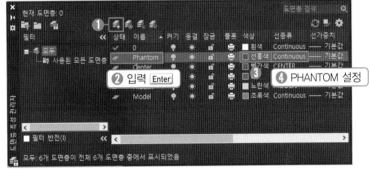

∴ Linetype에서 추가한 선은 Layer에서도 사용이 가능합니다.

05 Circle(C) 명령을 실행하고, 우측 교차점 ❶을 중심점으로 하여 반지름이 '15'인 원을 작성합니다.

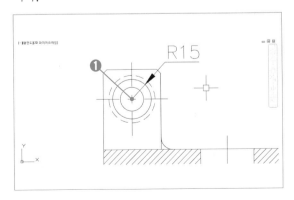

06 원 ❶을 클릭하고 [도면층] 그룹에서 [Phantom] 도면층을 선택합니다. 도면층 변경을 확인하고 Esc 를 눌러 선택을 해제합니다.

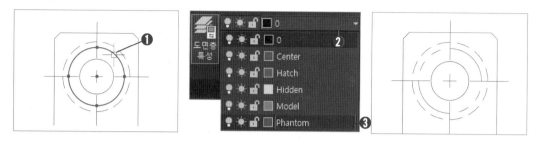

07 작성된 도면의 중심선(Center)과 가상선(Phantom)의 간격을 조정하기 위해 [Ltscale(LTS)] 명령을 입력하고 Enter, 축척 비율 [0.5] 입력 후 Enter 를 누릅니다. Ltscale(LTS)는 다음 결과처럼 모든 선의 축척을 설정합니다.

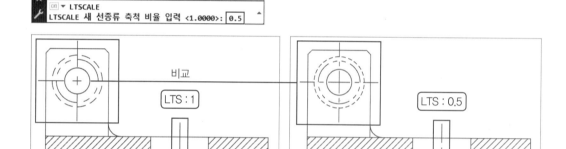

Tip! **Linetype(LT)의 Ltscale**

Ltscale(LTS) 명령의 설정은 Linetype(LT) 명령에서도 가능합니다. [선종류 관리자] 대화상자에서 [자세히]를 클릭하면 하단에 세부 내용이 추가됩니다. 전체 축척 비율 값이 Ltscale 값과 동일합니다.

** 중심선(Center)과 가상선(Phantom)의 축척은 보기 좋게 변경되었지만, 숨은선(Hidden)은 너무 촘촘하게 표현되었습니다. 이렇듯 Ltscale 명령은 화면에 작성된 모든 선의 축척을 설정합니다.

08 특성을 사용해 숨은선(Hidden)만 다시 크게 조정하기 위해 [Properties(PR, `Ctrl` + `1`)] 명령을 입력하고 `Enter`를 누릅니다. 선택된 요소가 없어 현재 도면층 정보가 표시됩니다. 대기 상태의 커서로 원 **❶**을 클릭하면 선택된 원의 정보가 표시됩니다.

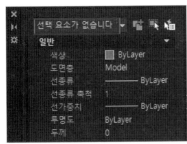 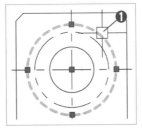 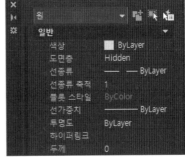

09 [특성] 대화상자에서 선종류 축척 값을 [2]로 설정하고 `Enter`를 누릅니다.

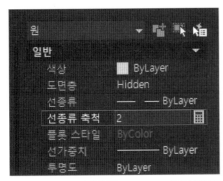 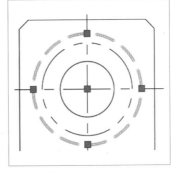

✲✲ 개별적인 선의 축척은 Properties(PR) 명령을 사용해야 합니다.

Tip! **특성 Properties(PR, `Ctrl` + `1`)의 실행**

특성을 실행하고 사용하는 방법은 '선 선택'과 '후 선택'이 있습니다.
❶ **선 선택** : 대기 상태의 커서로 먼저 대상을 클릭한 후 Properties(PR) 명령을 입력하고 `Enter`를 누르거나 `Ctrl` + `1`을 누릅니다.
❷ **후 선택** : Properties(PR) 명령을 입력하고 `Enter`를 누르거나, `Ctrl` + `1`을 눌러 [특성] 대화상자를 불러오고 대기 상태의 커서로 대상을 클릭합니다.
(`Ctrl` + `1`을 누를 때 `Ctrl`은 왼쪽 키, `1`은 키패드가 아닌 상단의 숫자 키를 눌러야합니다.)

10 선택된 원의 반지름을 '22'로 수정하기 위해 [특성] 대화상자에서 반지름 값을 [22]로 설정하고 Enter를 누릅니다.

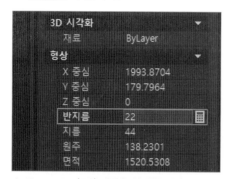 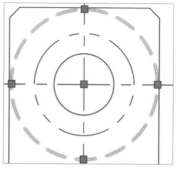

∗∗ Properties(PR) 명령은 선택한 객체의 정보를 수정할 수 있습니다.

11 Properties(PR) 명령을 사용한 후 도면층 선택을 해제합니다. 커서를 ❶지점으로 이동하고 Esc를 누른 후 [특성] 대화상자의 [닫기]를 클릭해 닫아줍니다.

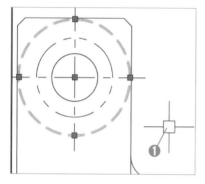 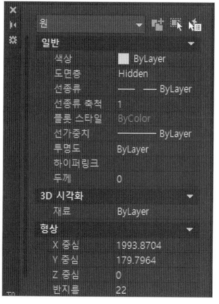

12 Offset(O) 명령을 실행해 선분 ❶을 상단으로 '8'만큼 복사합니다. [Hatch(H)] 명령 입력 후 Enter를 누르고 패턴 패널에서 [ANSI37] 패턴을 클릭합니다. 특성 패널에서 각도는 [0], 축척은 [1]로 설정합니다.

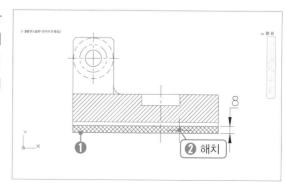

13 특성 일치 사용을 위해 [Matchprop(MA)] 명령 입력 후 Enter 를 누르고, 소스 ❶을 클릭한 다음 일치 대상 ❷를 클릭하고 Enter 를 눌러 명령을 종료합니다.

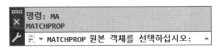

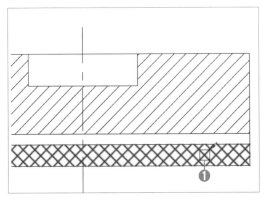
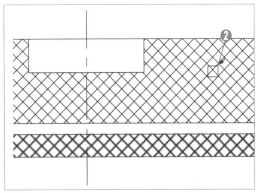

14 Enter 를 눌러 명령을 재실행하고 선분 ❶ 클릭 후 ❷, ❸을 클릭하면 선분 ❶과 같이 Hidden 도면층으로 변경됩니다.

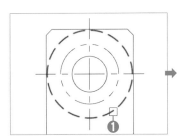

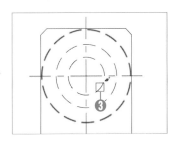

Tip! **특성 일치 Matchprop(MA) 명령의 예시**

원본 소스가 있을 경우 특성(Ctrl + 1)보다 특성 일치 Matchprop(MA)를 사용하는 것이 효과적입니다.

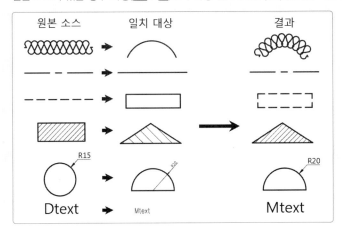

1 제시된 도면층으로 다음 도면을 작성하시오.

- Model : 외형선 도면층
- Center : 중심선 도면층
- Hidden : 숨은선 도면층
- Hatch : 해칭선 도면층

상	이름	▲	켜	동	잠	플	색상	선종류	선가중치
✓	0		●	●	●	●	■ 흰색	Continuous	—— 기본값
◢	Center		●	●	●	●	□ 빨간색	CENTER	—— 기본값
◢	Hatch		●	●	●	●	□ 파란색	Continuous	—— 기본값
◢	Hidden		●	●	●	●	■ 노란색	HIDDEN	—— 기본값
◢	Model		●	●	●	●	■ 초록색	Continuous	—— 기본값

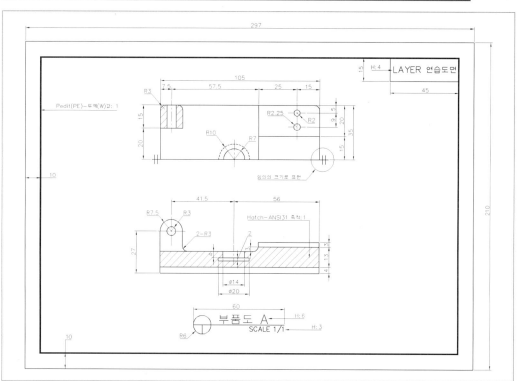

[평면도 외형 작성]

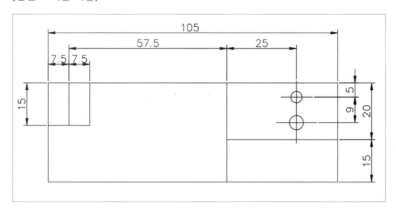

[폭이 같은 위치에서 Line으로 선을 그린 후 임의의 위치에 단면도 하단 선을 작성하고 Offset으로 전체 형태를 작성]

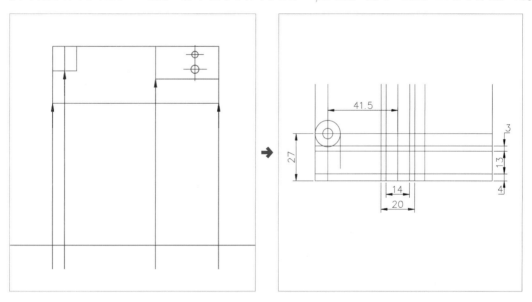

[단면도를 부분적으로 편집하고 폭이 같은 위치를 Line으로 평면도에 표시]

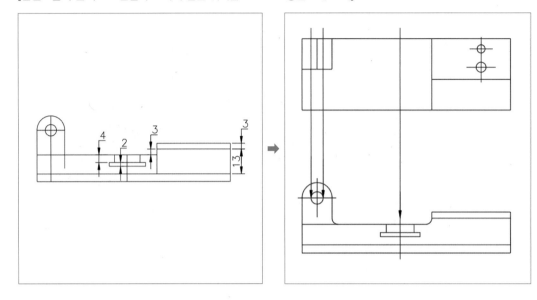

[해치를 넣어 완성하고 시트를 작성해 도면을 배치]

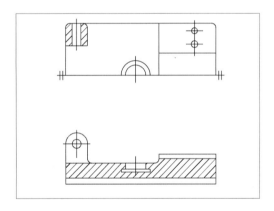

P04/Ch01/실습과제답안.dwg

문자 작성과 문자 유형

도면의 내용을 표기하는 문자는 중요한 요소입니다. AutoCAD의 문자 작성은 동적 문자인 단일 행 문자와 장문을 쓰는 여러 줄(다중 행) 문자가 있습니다. 사용 빈도가 높은 단일 행 문자와 문자의 유형을 설정하는 TextStyle을 배워보겠습니다.

◆ Dtext(DT) : 단일 행 문자(동적 문자)

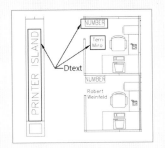

◆ Ddedit(ED, 더블클릭) : 문자 편집

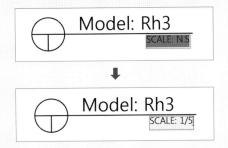

◆ Style(ST) : 문자 스타일

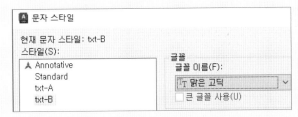

◆ Mtext(T, MT) : 여러 줄 문자(다중 행 문자)

주 서

1.일반공차 - 가)가공부: KS B 0412 보통급
　　　　　　나)주강부: KS B 0418 보통급
2.도시되고 지시없는 모떼기1x45°, 필렛 및 라운드 R3
3.일반 모떼기는 0.2x45°
4.열처리 HRC 50±2(품번 1,3)
5.표면 거칠기 기호 비교표

01 Dtext(단일 행 문자)

도면에 표기되는 재료의 명칭, 규격, 도면명, 축척 등의 짧은 단어는 Dtext 명령을 이용해 작성합니다. 사용할 글꼴은 문자 스타일에서 설정해야 합니다.

작업	동적 문자로 짧은 문장이나 단어를 표기	보조 기능	문자 편집
단축키	D T		
풀다운 메뉴	그리기(Draw) ➡ 문자(Text)		
리본 메뉴	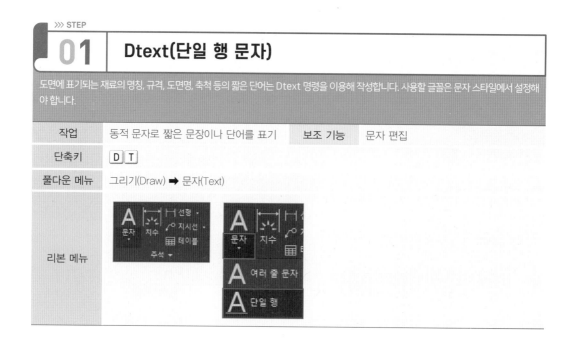		

01

[P04/Ch02/Dtext1.dwg] 파일에서 Layer(LA) 명령을 실행한 후 'txt' 도면층(하늘색)을 다음과 같이 추가하고 현재 도면층으로 선택합니다.

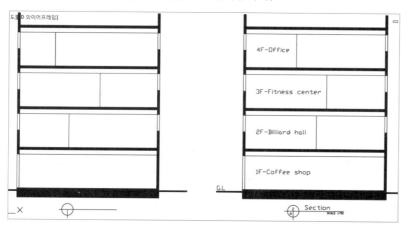

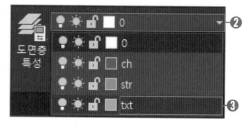

** 문자도 도면층을 구분해 표기합니다.

02 [Dtext(DT)] 명령을 입력한 후 [Enter]를 누르고, 명령행을 확인하면 현재 문자 스타일은 'Standard', 문자 높이 '2.5', 자리맞추기는 '왼쪽'으로 설정되어 있습니다.

```
명령: DT
TEXT
현재 문자 스타일: "Standard"  문자 높이: 2.5000  주석: 아니오  자리맞추기: 왼쪽
TEXT 문자의 시작점 지정 또는 [자리맞추기(J) 스타일(S)]:
```

03 문자의 시작점인 ❶지점을 클릭하고, 문자 높이 [7] 입력 후 [Enter], 각도 [0]을 입력하고 [Enter]를 누릅니다. 시작점은 문자를 작성할 수 있도록 커서가 변경되었습니다.

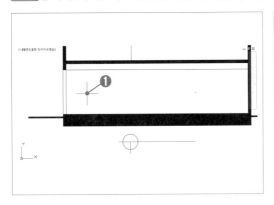
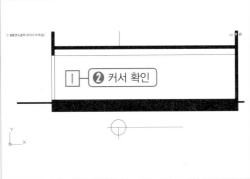

04 [1F-Coffee shop]을 입력하고 [Enter]를 누른 후 작업을 완료하기 위해 한 번 더 [Enter]를 누릅니다.

✳✳ 명령을 입력할 때 [Space Bar]와 [Enter]는 같은 기능이지만 문자 작성 시에는 구분이 됩니다. [Space Bar]는 간격띄우기, [Enter]는 행을 변경합니다. 문자의 위치는 Move 명령을 이용해 보기 좋게 이동합니다.

05 [Copy(CO)] 명령 입력 후 Enter를 누르고, 문자 ❶을 클릭하고 Enter를 누릅니다. 기준점은 ❷지점 클릭 후 ❸, ❹, ❺지점을 클릭하고 Enter를 누릅니다.

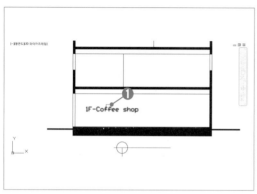
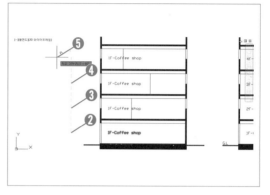

06 문자의 내용을 수정하기 위해 [Ddedit(ED)] 명령 입력 후 Enter를 누릅니다. 수정할 문자 ❶을 클릭한 다음 '1F'를 삭제하고 '2F'를 입력한 후 Enter를 누릅니다. 명령이 계속 진행 중이므로 다른 문자도 클릭해 수정합니다.

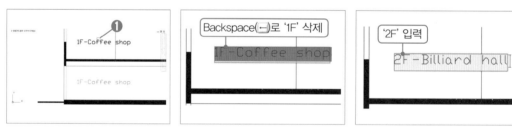

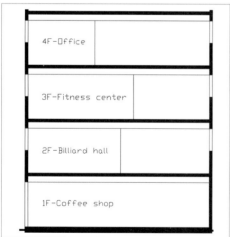

** Ddedit(ED) 명령을 입력하지 않고 대기 상태의 커서로 문자를 더블클릭해도 문자가 수정 모드로 전환됩니다.

07 02~06 과정과 같은 방법으로 [Dtext(DT)] 명령을 이용해 아래쪽 문자도 다음과 같이 작성합니다. 시작점의 위치는 적당한 곳을 클릭하여 작성한 후 [Move(M)] 명령으로 이동하면 됩니다.

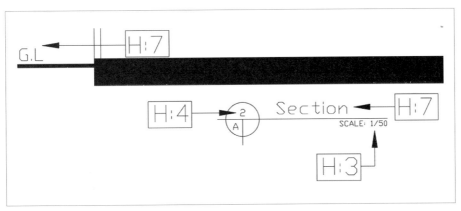

02 Style(문자 스타일)

AutoCAD에는 크게 쉐이프 타입과 트루 타입 두 가지 글꼴이 있으며, 쉐이프 타입의 기본 글꼴을 사용해 한글을 작성하면 '???'로 표기됩니다. 이런 글꼴 관련 설정은 Style 명령을 사용해 필요한 글꼴을 추가하고 문자를 작성해야 합니다.

작업	문자의 유형 설정
단축키	S T
풀다운 메뉴	형식(Format) ➡ 문자 스타일(Text Style)
리본 메뉴	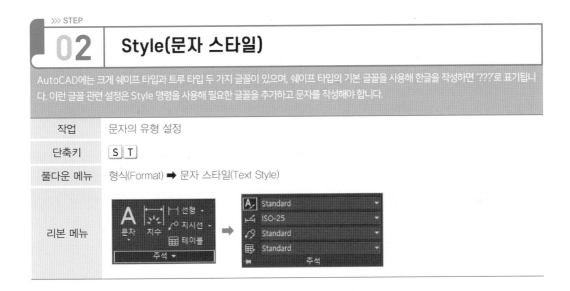

01 [P04/Ch02/Style.dwg] 파일에서 [Dtext(DT)] 명령 입력 후 Enter 를 누르고, 빈 영역에 높이 [50]으로 [오토캐드2024]를 입력하면 한글은 '????'로 나타납니다. 확인 후 글자를 삭제합니다.

```
명령: DT TEXT
현재 문자 스타일: "Standard" 문자 높이: 2.5000  주석: 아니오  자리맞추기: 왼쪽
문자의 시작점 지정 또는 [자리맞추기(J)/스타일(S)]:
높이 지정 <2.5000>: 50
TEXT 문자의 회전 각도 지정 <0>:
```

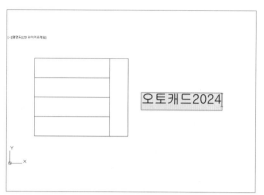

문자 작성 중

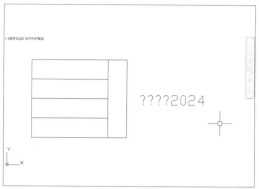

문자 작성 완료

02 AutoCAD에서 문자는 Style(ST) 명령으로 설정하고 관리합니다. [Style(ST)] 명령을 입력하고 Enter 를 누릅니다.

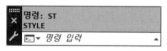

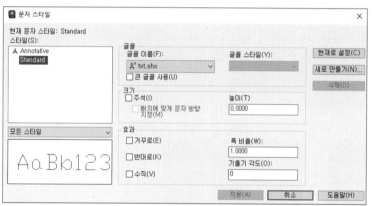

03 [문자 스타일] 대화상자에서 [새로 만들기]를 클릭하고 스타일 이름은 [TXT-A] 입력 후 [확인]을 클릭합니다. 스타일에 'TXT-A'가 추가되고, 글꼴 이름을 클릭해 [맑은 고딕]을 선택한 다음 [적용]을 클릭하고 [닫기]를 클릭합니다.

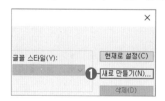

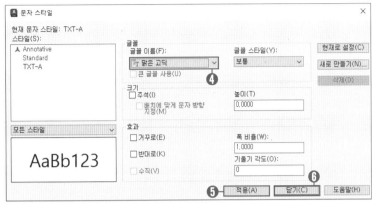

** '@맑은 고딕'이 아닌 '맑은 고딕'을 선택합니다. '@'가 붙은 글꼴은 세로쓰기 글꼴입니다.

04 [Dtext(DT)] 명령 입력 후 Enter를 누르고, 명령행을 확인하면 현재 문자 스타일이 'TXT-A'로 변경되어 있습니다. 시작점 ❶지점을 클릭하고, 높이 [35] 입력 후 Enter, 각도 [0]을 입력하고 Enter를 누릅니다. [오토캐드2024K]를 입력하고 Enter, 한 번 더 Enter를 눌러 작업을 완료합니다.

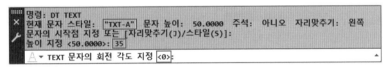

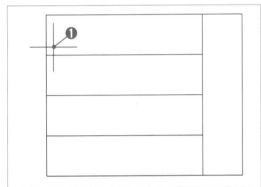

** 새로운 스타일을 추가하면 자동으로 현재 스타일로 적용됩니다.

05 스타일을 추가하기 위해 [Style(ST)] 명령을 입력하고 **Enter**, [문자 스타일] 대화상자에서 [새로 만들기]를 클릭하고, 스타일 이름을 [TXT-B]로 입력한 후 [확인]을 클릭합니다. 스타일에서 'TXT-B'를 선택하고 글꼴에서 [romans.shx]를 선택한 후 [큰 글꼴 사용]을 체크합니다.

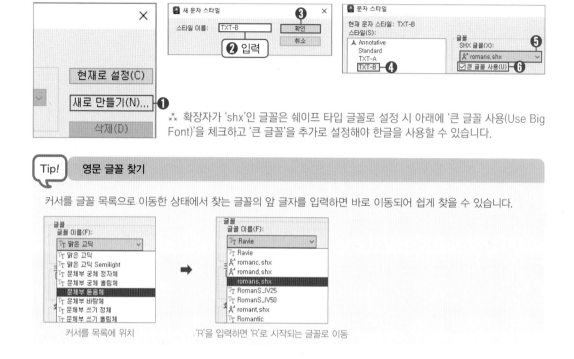

※ 확장자가 'shx'인 글꼴은 쉐이프 타입 글꼴로 설정 시 아래에 '큰 글꼴 사용(Use Big Font)'을 체크하고 '큰 글꼴'을 추가로 설정해야 한글을 사용할 수 있습니다.

Tip! **영문 글꼴 찾기**

커서를 글꼴 목록으로 이동한 상태에서 찾는 글꼴의 앞 글자를 입력하면 바로 이동되어 쉽게 찾을 수 있습니다.

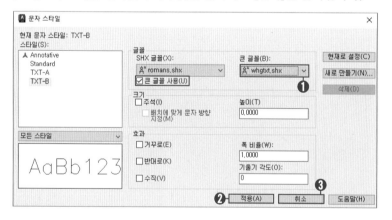

커서를 목록에 위치   'R'을 입력하면 'R'로 시작하는 글꼴로 이동

---

06 '큰 글꼴 사용'을 체크하면 우측에 큰 글꼴 항목이 활성화됩니다. 화살표를 클릭하여 [whgtxt.shx]를 선택한 후 [적용]을 클릭하고 [닫기]를 클릭합니다.

07 [Dtext(DT)] 명령을 입력 후 Enter 를 누르고, 명령행에 'TXT-B' 스타일을 확인합니다. 시작점 ❶지점을 클릭하고, 높이 [35] 입력 후 Enter, 각도 [0]을 입력하고 Enter 를 누릅니다. [오토캐드2024K]를 입력하고 Enter 를 누르고, 한 번 더 Enter 를 눌러 작업을 완료합니다.

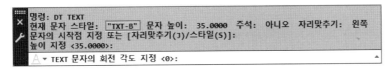

```
명령: DT TEXT
현재 문자 스타일: "TXT-B" 문자 높이: 35.0000 주석: 아니오 자리맞추기: 왼쪽
문자의 시작점 지정 또는 [자리맞추기(J)/스타일(S)]:
높이 지정 <35.0000>:
TEXT 문자의 회전 각도 지정 <0>:
```

08 쉐이프 타입 글꼴을 사용할 때 꼭 큰 글꼴까지 설정해야 정상적으로 한글을 표기할 수 있습니다. 작성한 두 개의 문자를 확대, 축소하면서 비교해 봅니다.

> Tip! **AutoCAD의 글꼴 유형**

❶ **쉐이프 타입(shx)** : 벡터 방식의 AutoCAD 전용 글꼴로 출력 시 두께 조절이 가능하며, 메모리 소모가 작습니다. 작은 글자를 구분하기 쉽고 가독성이 좋아 도면에 이상적인 글꼴입니다.
- 기본적으로 사용 가능한 한글 쉐이프 타입 글꼴
  – whgtxt.shx : 단선 고딕체
  – whgdtxt.shx : 복선 고딕체
  – whtgxt.shx : 복선 태고딕체
  – whtmtxt.shx : 복선 태명조체

❷ **트루 타입** : 여러 프로그램에서 사용됩니다. 흔히 볼 수 있는 굴림, 돋움, 고딕과 같이 모양이 예쁘고 다양하지만 메모리 소모가 많고 하드웨어에 부담이 될 수 있어 도면의 명칭이나 제목에 사용됩니다.

❸ **@트루 타입** : 트루 타입 글꼴에 '@'가 붙어 있는 글꼴은 세로쓰기 글꼴입니다. 문자의 각도를 '–90'로 설정하면 쓰기 방향을 위에서 아래로 쓸 수 있습니다

09 [Style(ST)] 명령 입력 후 **Enter**, [문자 스타일] 대화상자에서 스타일에 [TXT-A]를 선택하고 [현재로 설정]을 클릭합니다. 변경 확인은 '현재 문자 스타일'을 확인하고 [닫기]를 클릭해 설정을 종료합니다.

변경 전

변경 후

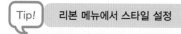

Tip! 리본 메뉴에서 스타일 설정

스타일 설정은 리본 메뉴의 주석 메뉴에서도 변경할 수 있습니다.

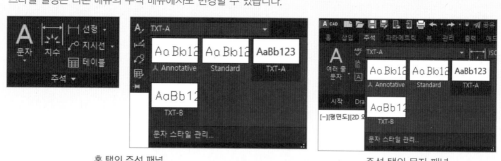

홈 탭의 주석 패널   주석 탭의 문자 패널

---

10 [Dtext(DT)] 명령 입력 후 **Enter**, 문자 스타일(TXT-A)을 확인하고 시작점 **①**지점 클릭, 높이 [35] 입력 후 **Enter**, 각도 [0]을 입력하고 **Enter**를 누릅니다. [이지캐드Rh3]을 입력하고 **Enter**를 누르고, 한 번 더 **Enter**를 눌러 작업을 완료합니다.

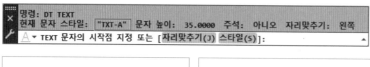

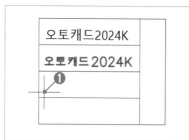
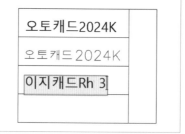

11 [Style(ST)] 명령을 실행하고 다음과 같이 'VER-A' 스타일을 추가한 후 글꼴은 '@굴림'으로 설정합니다.

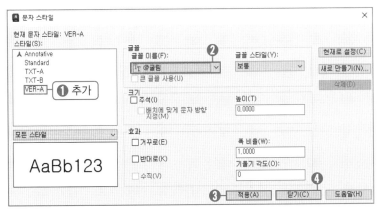

** '큰 글꼴 사용'이 체크되어 있으면 굴림, 고딕과 같은 트루 타입 글꼴을 선택할 수 없습니다.

> **Tip!** 문자의 높이
>
> 문자 스타일(Style) 설정에서 '높이' 값을 입력하면 절댓값으로 지정되어 Dtext(DT) 명령 사용 시 높이를 지정할 수 없게 됩니다. [문자 스타일] 대화상자의 '높이' 값은 특별한 경우가 아닌 이상 '0'으로 설정합니다.

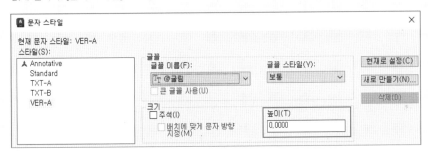

12 [Dtext(DT)] 명령 입력 후 Enter를 누르고, 현재 문자 스타일이 'VER-A'인 것을 확인한 다음 시작점 ❶지점 클릭, 높이 [35] 입력 후 Enter, 각도 [-90] 또는 [270]을 입력하고 Enter를 누릅니다. [수직쓰기]를 입력하고 Enter, 한 번 더 Enter를 눌러 작업을 완료합니다.

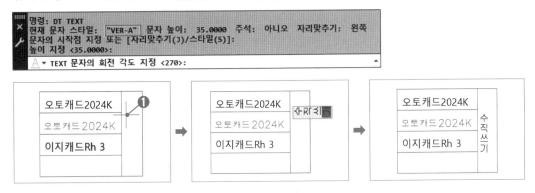

Tip! 문자 유형의 편집

이미 작성된 문자의 글꼴이나 높이 등을 수정할 수 있습니다.

Style(ST) 명령을 이용해 해당 스타일의 글꼴을 변경하면 이전에 작성된 문자의 글꼴이 변경됩니다. 변경이 안되면 화면 재생성(Regen(RE)) 명령을 실행합니다.

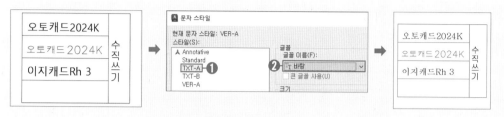

특성(PR Ctrl + 1) 명령으로 작성된 문자를 클릭해 문자 스타일이나 높이 등 다양한 정보를 확인하고 변경할 수 있습니다. 특성 창에서 값을 변경한 후 Space Bar 가 아닌 Enter 를 눌러야 값이 적용됩니다.

13 [Style(ST)] 명령을 실행해 현재 스타일을 'TXT-A'로 변경하고 [Dtext(DT)] 명령을 실행합니다. 시작점 ❶지점을 클릭하고, 높이 [35] 입력 후 Enter , 각도 [0]을 입력하고 Enter 를 누릅니다. [PVC%%C100]을 입력하고 Enter , 한 번 더 Enter 를 눌러 작업을 완료합니다.

∴ 'Ø'와 같은 특수 기호는 정해진 형식으로 입력합니다. ('%%C'는 'Ø'와 동일합니다.)

> **Tip!** 자주 사용되는 특수 기호

❶ 키보드로 직접 입력하는 특수 기호
- 지름 : %%C = Ø
- 각도 : %%D = °
- 공차 : %%P = ±

❷ 자음 + 한자 키를 이용한 특수 기호

자음을 입력하고 블록으로 지정한 상태에서 키보드의 한자 키를 누르면 목록이 나타나고, 번호를 입력하거나 클릭하면 특수 기호가 입력됩니다.

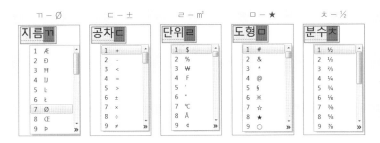

ㄲ - Ø　　　ㄷ - ±　　　ㄹ - ㎡　　　ㅁ - ★　　　ㅊ - ½

지름ㄲ	
1 Æ	
2 Đ	
3 Ħ	
4 IJ	
5 Ŀ	
7 Ø	
8 Œ	
9 Þ	

공차ㄷ	
1 +	
2 −	
3 <	
4 =	
5 >	
6 ±	
7 ×	
8 ÷	
9 ≠	

단위ㄹ	
1 $	
2 %	
3 ₩	
4 F	
5 '	
6 "	
7 ℃	
8 Å	
9 ¢	

도형ㅁ	
1 #	
2 &	
3 *	
4 @	
5 §	
6 ※	
7 ☆	
8 ★	
9 ○	

분수ㅊ	
1 ½	
2 ⅓	
3 ⅔	
4 ¼	
5 ¾	
6 ⅛	
7 ⅜	
8 ⅝	
9 ⅞	

>>> STEP

03 Mtext(여러 줄 문자)

Mtext 명령도 Dtext처럼 문자 스타일을 적용하여 문자를 작성합니다. 주로 장문을 쓰는데 사용되며, 일반 워드나 한글처럼 도구 막대를 사용한 작업이 가능합니다.

작업	설명글 등 장문 작성		보조 기능	문자 편집
단축키	T , M T			
풀다운 메뉴	그리기(Draw) ➡ 문자(Text)			
리본 메뉴				

01 [Style(ST)] 명령을 입력 후 Enter를 누르고, [문자 스타일] 대화상자에서 [새로 만들기]를 클릭합니다. 스타일 이름은 [T1], 글꼴은 [맑은 고딕]을 선택한 후 [적용]을 클릭하고 [닫기]를 클릭합니다.

✽✽ Mtext(MT) 명령으로 문자를 작성할 때 문자 스타일을 먼저 설정하고 작성하는 것이 좋습니다. (Dtext 명령으로도 작성이 가능합니다.)

02 [Mtext(MT)] 명령 입력 후 Enter를 누르고, ❶지점 클릭 후 ❷지점을 클릭해 문자가 작성될 영역을 설정합니다.

✽✽ 영역 설정 이후에도 크기를 조정할 수 있습니다.

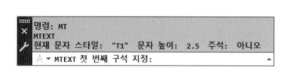

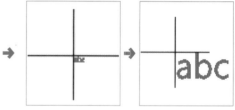

✽✽ 명령 실행 후 마우스 휠을 위로 살짝 돌려줍니다.

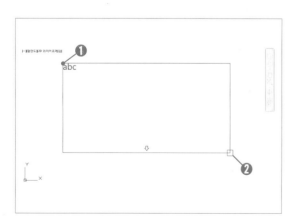

03 리본 메뉴에 현재 설정된 문자 높이와 스타일, 자리맞추기 등 다양한 옵션 정보를 확인할 수 있습니다. 문자를 입력하면 입력 창이 나타나며, 모서리 드래그로 영역의 크기를 조절할 수 있습니다.

04 문자 높이를 [3]으로 입력하고 [Enter]를 누른 후 다음과 같이 문자를 입력합니다.

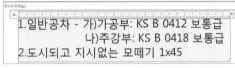

⁂ [Space Bar]는 간격을 띄우고, [Enter]는 행을 변경합니다.

05 각도 단위인 °(Degrees)의 표시는 '%%d'로 입력해도 되지만 [삽입] 탭에서 기호 (@)를 클릭하여 특수 기호 목록이 나타나면, [차수 %%d]를 선택합니다.

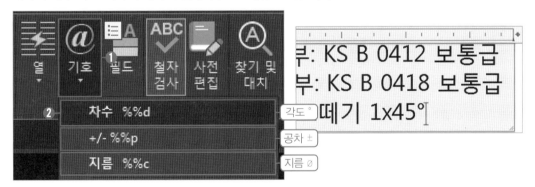

06 다시 문자를 작성하고 '50±2' 부분의 '±(%%p)'를 [기호()] 클릭 후 선택합니다. 문자 작성이 끝나면 [닫기(✔)]를 클릭해 작업을 완료합니다.

07 Rectang(REC) 명령 입력 후 Enter 를 누르고, 시작점을 클릭한 다음 상대좌표 [@15,6]을 입력하고 Enter 를 누릅니다. [Mtext(MT)] 명령 입력 후 Enter, ❶지점 클릭 후 ❷지점을 클릭한 후 [자리맞추기]를 클릭해 [중간 중심 MC]를 선택합니다. 문자를 작성하고 [닫기(✔)]를 클릭해 작업을 완료합니다.

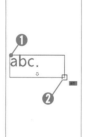

08 문자 편집은 Dtext 명령과 동일하게 더블클릭하면 편집 모드로 전환되어 편집이 가능하고, 대기 상태의 커서로 클릭하면 여러 줄이 하나로 되어 있는 것을 확인할 수 있습니다. 각 문자를 이동하거나 복사하기 위해서는 Explode(X) 명령으로 분해해야 각 행별로 편집이 가능합니다.

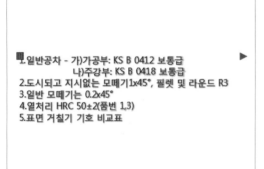

Explode(X) 분해 전   Explode(X) 분해 후

∴ Mtext를 Explode(X)로 분해하면 Dtext로 됩니다.

Tip! **문자와 해치(Hatch)**

문자를 먼저 작성하고 Hatch 명령을 사용해 패턴을 넣을 경우 문자와 패턴이 겹쳐지지 않게 처리되지만 패턴을 먼저 넣고 문자를 작성하면 문자와 패턴이 겹치게 됩니다. 작업의 순서상 패턴을 먼저 넣은 경우에는 Textmask 명령을 사용해 문자 주변의 패턴을 제거할 수 있습니다. 도면에 표기되는 문자는 내용을 전달해야 하므로 문자의 가독성이 좋아야합니다.

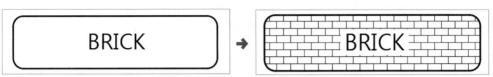

문자를 먼저 작성하고 패턴을 넣은 경우

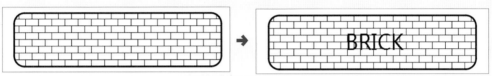

패턴을 먼저 넣고 문자를 작성한 경우

패턴을 먼저 넣은 경우 Textmask 명령을 실행해 문자를 선택하고 Enter를 누릅니다.

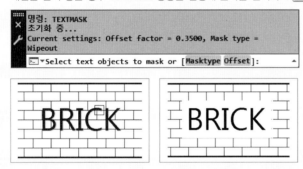

 Tip! **Mtext의 배경색 옵션**

패턴을 먼저 작성한 후 Mtext의 '배경' 옵션을 사용하면 문자의 배경색을 설정할 수 있습니다.

1 다음 도면과 표를 작성하시오.

- 글꼴 : 맑은 고딕
- 높이 : 3
- 지름(∅) : %%c
- 각도(°) : %%d
- 공차(±) : %%p
- ※ : ㅁ + 한자키

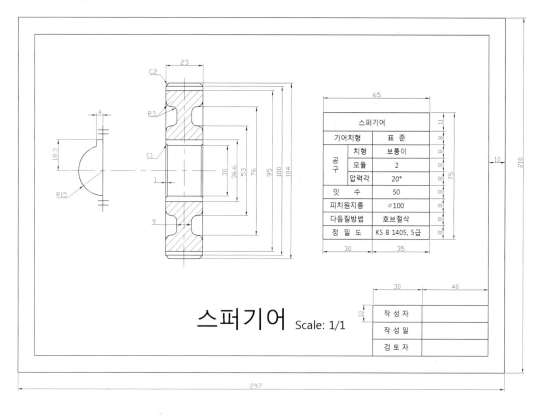

스퍼기어		
기어치형	표 준	
공구	치형	보통이
	모듈	2
	압력각	20°
잇 수	50	
피치원지름	∅100	
다듬질방법	호브절삭	
정 밀 도	KS B 1405, 5급	

스퍼기어 Scale: 1/1

작 성 자		
작 성 일		
검 토 자		

[Xline이나 Line으로 기준선을 작성하고 기어의 전체 외형을 Offset으로 작성]

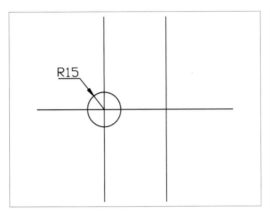
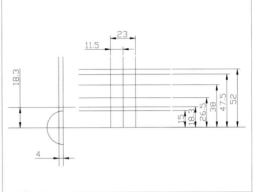

[기어 형태를 세부적으로 편집(Fillet의 모드를 NO Trim으로 편집)하고, Mirror 명령으로 상하 대칭으로 복사(편집 후 복사)]

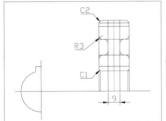
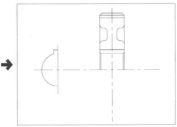
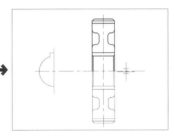

[해치를 넣은 다음 표를 Offset으로 작성하고 문자를 모든 칸에 복사한 후 편집]

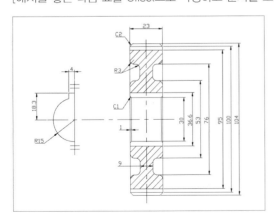

스퍼기어		
스퍼기어	스퍼기어	
	스퍼기어	스퍼기어
스퍼기어	스퍼기어	스퍼기어
	스퍼기어	스퍼기어
스퍼기어	스퍼기어	
스퍼기어	스퍼기어	
스퍼기어	스퍼기어	
스퍼기어	스퍼기어	

[표를 편집하고 도면 양식에 도면과 표를 배치하여 완성]

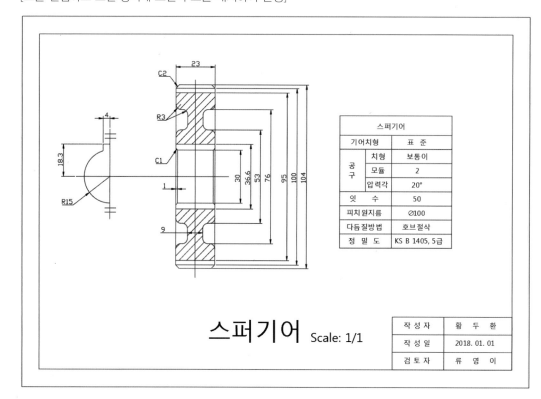

스퍼기어		
기어치형	표 준	
공구	치형	보통이
	모듈	2
	압력각	20°
잇 수	50	
피치원지름	∅100	
다듬질방법	호브절삭	
정 밀 도	KS B 1405, 5급	

스퍼기어 Scale: 1/1

작 성 자	황 두 환
작 성 일	2018. 01. 01
검 토 자	류 영 이

P04/Ch02/실습과제답안.dwg

03

치수 기입

도면에는 설계 대상의 형상, 치수, 문자가 표기되어야 도면의 기능을 다 할 수 있습니다. 그만큼 형상을 그리는 것도 중요하지만 치수 기입은 도면 작업에 있어 중요한 단계입니다. 여기서는 치수 기입의 기본적인 명령과 기입 방법에 대해 알아보겠습니다.

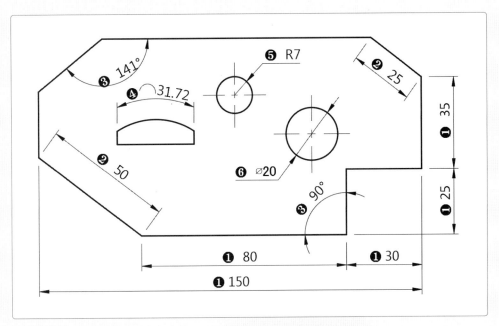

❶ Dimlinear(DLI) ▦ : 선형 치수
❷ Dimaligned(DAL) ◪ : 정렬 치수
❸ Dimangular(DAN) ◿ : 각도 치수
❹ Dimarc(DAR) ◖ : 호 길이 치수
❺ Dimradius(DRA) ◉ : 반지름 치수
❻ Dimdimaeter(DDI) ◉ : 지름 치수

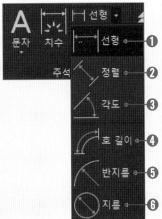

01 Dimlinear(선형 치수), Dimaligned(정렬 치수), Dimangular(각도 치수)

수평, 수직 거리를 표기하는 선형 치수(Dimlinear), 사선의 길이를 표기하는 정렬 치수(Dimaligned), 각도를 표기하는 각도 치수(Dimangular)를 배워보겠습니다.

작업	선의 길이와 각도를 측정하여 치수 기입
단축키	선형 치수(Dimlinear) : D L I 정렬 치수(Dimaligned) : D A L 각도 치수(Dimangular) : D A N
풀다운 메뉴	치수(Dimension)
리본 메뉴	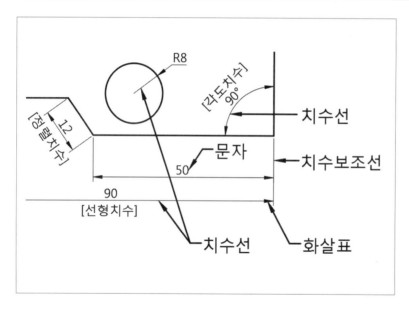

∷ 치수 명령 사용하기

치수 명령을 이용해 수직, 수평, 사선의 길이 등을 표기해 보고, 각도를 표기하는 방법을 알아보겠습니다

01 [P04/Ch03/Dim1.dwg] 파일에서 도면과 같이 치수를 기입하겠습니다. [도면층] 그룹에서 [Dim] 도면층을 선택합니다.

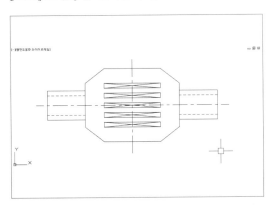 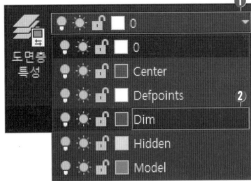

02 [Dimlinear(DLI)] 명령 입력 후 Enter를 누르고, ❶지점과 ❷지점을 클릭한 후 커서를 이동해 ❸지점을 클릭하면 선형 치수가 표시됩니다.

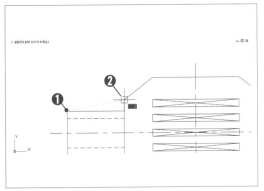 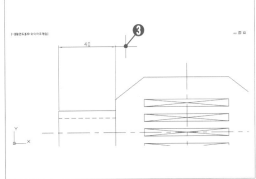

03 다시 [Dimlinear(DLI)] 명령 입력 후 Enter를 누르고, 명령행에 현재 설정된 〈객체 선택〉 옵션을 적용하기 위해 한 번 더 Enter를 누릅니다. 커서 모양이 선택 커서로 변경되면 선분 ❶을 클릭하고 좌측 치수와 나란히 하기 위해 ❷지점을 클릭합니다.

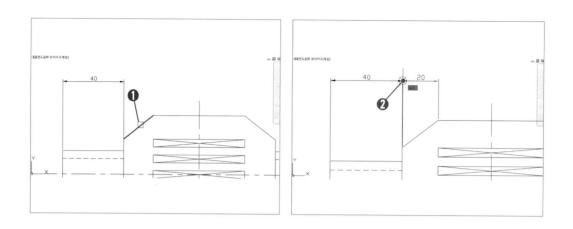

04 Enter 를 눌러 명령을 재실행하고, 한 번 더 Enter 를 누릅니다. 선분 **❶**을 클릭하고 **❷**지점을 클릭해 치수를 기입합니다.

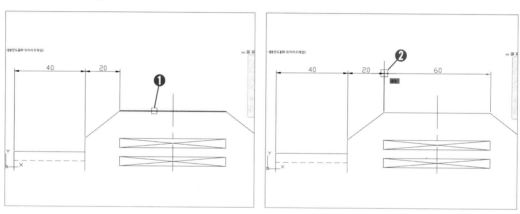

05 기입한 치수의 전체 길이를 작성하겠습니다. [Dimlinear(DLI)] 명령을 입력하고 Enter 를 누른 후 **❶**, **❷**, **❸**지점을 클릭해 전체 치수를 기입합니다.

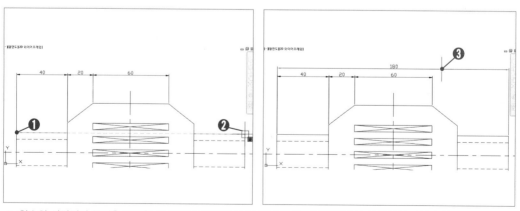

** 치수의 시작점과 끝점을 클릭할 때 객체의 끝점이나 중심의 끝점을 클릭해야 치수보조선이 겹치지 않습니다.

06 나머지 부분도 동일한 방법으로 치수를 기입합니다.

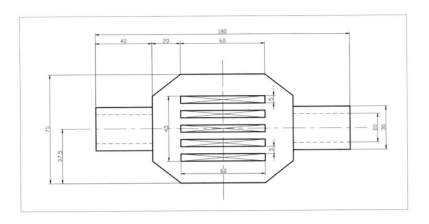

> **Tip!** 치수 값이 맞지 않는 경우

도면 작성 시 오류가 있는 경우도 있지만 치수 기입 시 시작점과 끝점의 위치를 잘못 클릭해 맞지 않는 경우가 있습니다. 값이 잘못 표기된 경우 클릭한 위치를 확대하고, 대기 상태의 커서로 치수 ❶을 클릭한 후 ❷를 클릭하고 ❸을 클릭하면 조정됩니다.

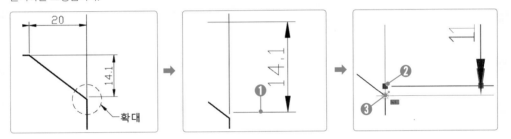

07 정렬 치수를 작성하기 위해 [Dimaligned(DAL)] 명령을 입력하고 Enter를 누른 후 ❶지점과 ❷지점을 클릭하고, 커서를 이동해 ❸지점을 클릭하면 정렬 치수가 기입됩니다.

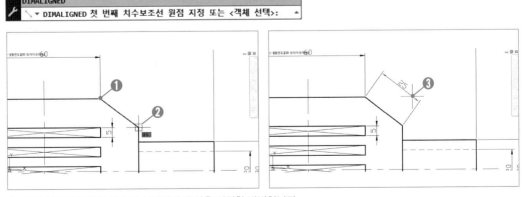

＊＊ 지금 사용한 방법은 치수의 시작점과 끝점을 지정한 방법입니다.

08 [Dimaligned(DAL)] 명령을 다시 입력하고 [Enter]를 누른 후 명령행에 현재 설정된 〈객체 선택〉 옵션을 적용하기 위해 [Enter]를 누릅니다. 선택 커서로 변경되면, 선분 ❶을 클릭하고 ❷지점을 클릭합니다.

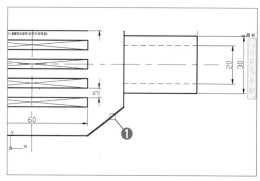
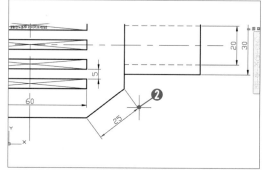

09 각도를 작성하기 위해 [Dimangular(DAN)] 명령을 입력하고 [Enter]를 누른 후 선분 ❶, ❷ 를 클릭하고 커서를 이동해 ❸지점을 클릭하면 각도가 기입됩니다.

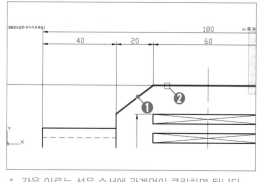
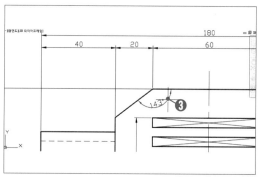

** 각을 이루는 선을 순서에 관계없이 클릭하면 됩니다.

Tip! **각도 기입 시 커서의 위치**

각을 이루는 선을 클릭하고 커서의 위치에 따라 표시되는 값이 다음과 같이 달라집니다.

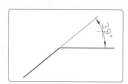

치수 기입 명령도 다른 명령처럼 옵션을 사용하면 좀 더 다양한 기능을 추가로 사용할 수 있습니다. 옵션을 사용해 기입해 보겠습니다.

01 [P04/Ch03/Dim2.dwg] 파일에서 오른쪽 도면의 치수와 동일하게 기입해 보겠습니다.

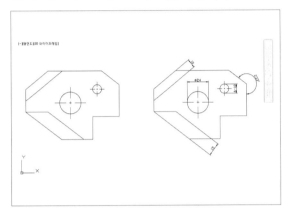

02 [Dimlinear(DLI)] 명령 입력 후 Enter 를 누르고, ❶지점 클릭 후 ❷지점을 클릭하고 커서를 이동하면 수평 거리 '24'가 표시됩니다. 여러 줄 문자 옵션을 적용하기 위해 [M]을 입력하고 Enter 를 누른 후 리본 메뉴의 [기호(@)]를 클릭합니다.

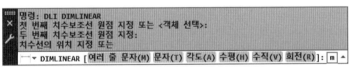

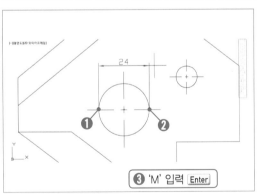

❸ 'M' 입력 Enter

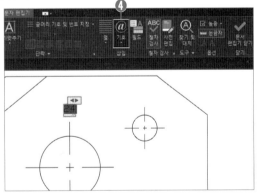

03 [지름 %%c]를 선택하고 [닫기]를 클릭하거나 빈 공간을 클릭합니다. 편집이 종료되면 ❸지점을 클릭해 작업을 완료합니다.

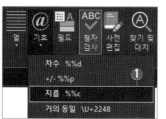 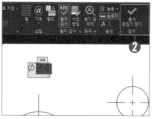 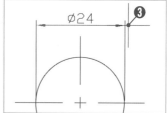

> **Tip!** **치수 문자 수정**
>
> 작성이 완료된 치수를 대기 상태의 커서로 더블클릭하면 편집 모드로 전환됩니다.
>
>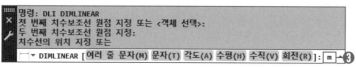

04 Dimlinear(DLI)] 명령 입력 후 Enter를 누르고 ❶, ❷지점을 클릭한 다음 커서를 이동하면 수직 거리 '10'이 표시됩니다. 여러 줄 문자 옵션을 적용하기 위해 [M]을 입력하고 Enter를 누른 후 [A-]를 입력하고 빈 공간 ❺지점을 클릭합니다. 편집이 종료되면 ❻지점을 클릭해 작업을 완료합니다.

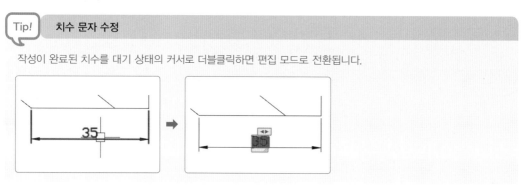

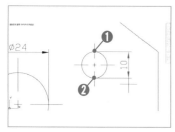 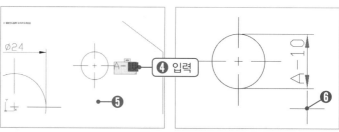

05 예시와 같이 '233°'를 기입하기 위해 선분 **①**, **②**를 클릭하고 커서를 **③**지점으로 이동해 클릭하면 '233°'가 아닌 '127°'로 기입됩니다. 원인은 각도 치수는 기본적으로 180°보다 큰 각도를 기입할 수 없기 때문입니다. 옵션을 이용해 각도를 표시하는 방법을 알아보겠습니다.

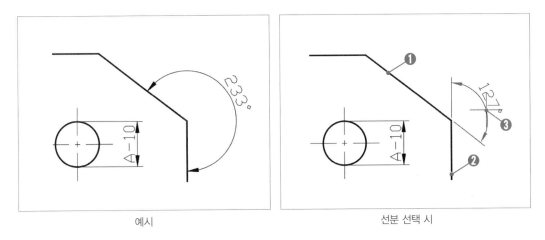

예시   선분 선택 시

06 [Dimangular(DAN)] 명령을 입력하고 Enter를 누른 후 명령행의 〈정점 지정〉을 사용하기 위해 다시 Enter를 누릅니다. 각의 꼭지점 **①**을 클릭하고 각의 시작 **②**지점 클릭, 각의 끝 **③**지점 클릭 후 **④**지점을 클릭해 작업을 완료합니다.

```
명령: DAN
DIMANGULAR
▼ DIMANGULAR 호, 원, 선을 선택하거나 <정점 지정>:
```

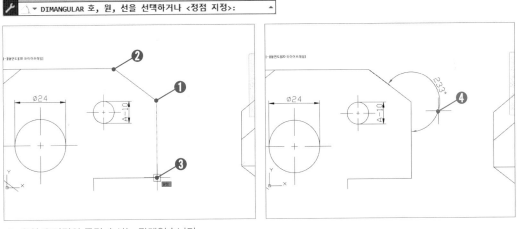

✽✽ **②**와 **③**지점의 클릭 순서는 관계없습니다.

07 다음과 같이 기울어진 선형 치수는 옵션을 적용하지 않으면 올바르게 기입되지 않습니다.

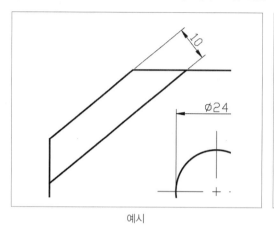

예시

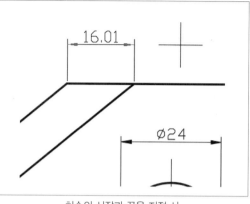

치수의 시작과 끝을 지정 시

08 [Dimlinear(DLI)] 입력 후 Enter를 누르고 ❶, ❷지점 클릭 후 회전 옵션을 사용하기 위해 [R]을 입력한 다음 Enter를 누릅니다. 기울어진 각도를 모르기 때문에 ❶, ❹지점을 클릭해 각을 입력하고 ❺지점을 클릭해 작업을 완료합니다. 같은 방법으로 그림과 같이 치수를 기입합니다.

```
명령: DLI
DIMLINEAR
첫 번째 치수보조선 원점 지정 또는 <객체 선택>:
두 번째 치수보조선 원점 지정:
치수선의 위치 지정 또는
DIMLINEAR [여러 줄 문자(M) 문자(T) 각도(A) 수평(H) 수직(V) 회전(R)]: r ❸
```

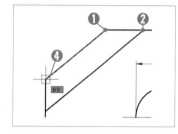

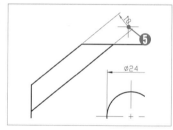

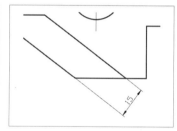

02 Dimarc(호 길이 치수), Dimdiameter(지름 치수), Dimradius(반지름 치수)

호의 길이를 표기하는 호 길이 치수(Dimarc), 지름을 표기하는 지름 치수(Dimdiameter), 반지름을 표기하는 반지름 치수(Dimradius)를 배워보겠습니다.

작업	호와 원의 길이 및 지름, 반지름 치수 기입
단축키	호 길이 치수(Dimarc) : D A R 지름 치수(Dimdiameter) : D D I 반지름 치수(Dimradius) : D R A
풀다운 메뉴	치수(Dimension)
리본 메뉴	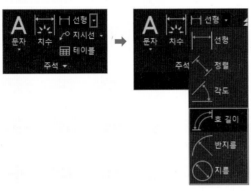

:: 원형 치수 사용하기

원형 치수 명령을 이용해 호 길이, 지름, 반지름 치수를 표기해 보겠습니다.

01 [P04/Ch03/Dim3.dwg] 파일에서 제시된 예제 도면과 같이 치수를 기입하겠습니다.

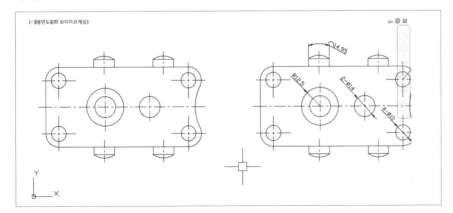

02 [Dimarc(DAR)] 명령 입력 후 Enter를 누르고, 호 ❶을 클릭하면 호의 길이가 표시됩니다. 커서를 ❷지점으로 이동해 클릭합니다.

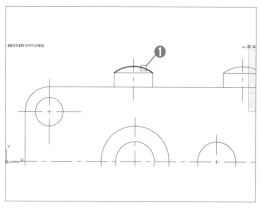 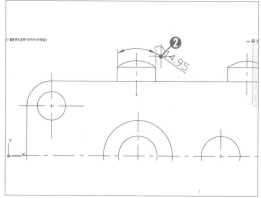

03 Enter를 눌러 명령을 재실행하고, 호 ❶을 클릭합니다. 커서를 우측으로 이동해 ❷지점을 클릭합니다.

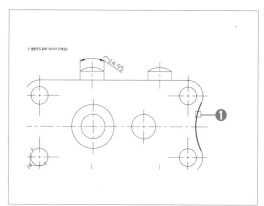 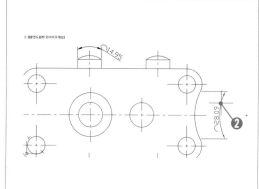

04 [Dimdiameter(DDI)] 명령 입력 후 Enter 를 누르고, 원 **❶**을 클릭하면 원의 지름이 표시됩니다. 커서를 **❷**지점으로 이동해 클릭합니다.

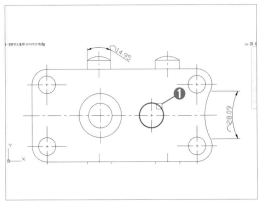 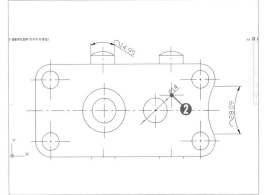

05 [Dimradius(DRA)] 명령 입력 후 Enter 를 누르고, 호 **❶**을 클릭하면 호의 반지름이 표시됩니다. 커서를 **❷**지점으로 이동해 클릭합니다.

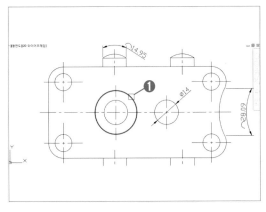 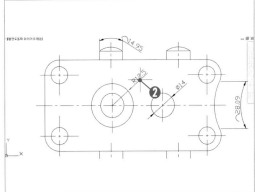

06 Enter 를 눌러 명령을 재실행하고, 호 ❶을 클릭합니다. 커서를 우측으로 이동해 ❷지점을 클릭합니다.

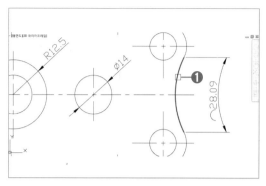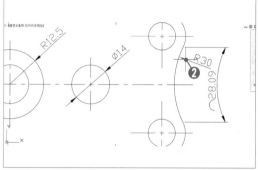

:: **원형 치수 명령 옵션 사용하기**

지름이나 반지름 치수도 선형 치수처럼 문자의 편집이 가능합니다. 옵션을 사용해 문자를 추가해 보겠습니다.

01 [Dimradius(DRA)] 명령 입력 후 Enter, 호 ❶을 클릭한 후 여러 줄 문자 옵션 [M]을 입력하고 Enter 를 누릅니다. [4-]를 입력한 다음 빈 공간 ❷지점 클릭 후 ❸지점을 클릭해 작업을 완료합니다.

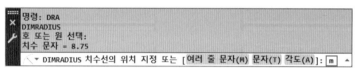

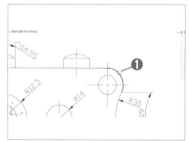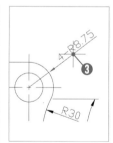

02 [Dimdiameter(DDI)] 명령 입력 후 Enter, 원 ❶을 클릭하고 여러 줄 문자 옵션 [M] 입력 후 Enter를 누릅니다. [4-]를 입력한 다음, 빈 공간 ❷지점을 클릭하고 ❸지점을 클릭해 작업을 완료합니다.

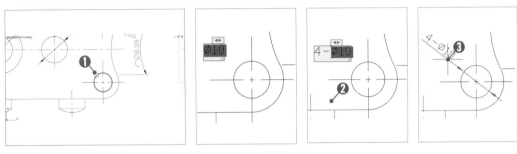

03 그림처럼 각도와 선형 치수를 기입해 도면을 완성합니다.

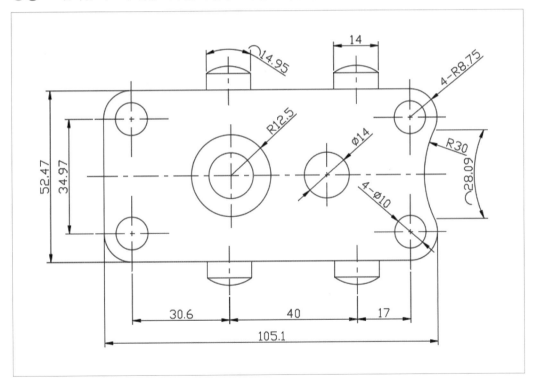

1 제시된 도면층을 구성하고 다음 도면을 작성하시오.

(문자와 치수를 모두 기입하며, 문자의 높이는 작업자가 임의로 정하여 도면과 유사하게 배치합니다.)

상태	이름	켜기	동결	잠금	플롯	색상	선종류	선가중치
✓	0					흰색	Continuous	기본값
	문자					흰색	Continuous	기본값
	숨은선					노란색	HIDDEN	기본값
	외형선					초록색	Continuous	기본값
	중심선					빨간색	CENTER	기본값
	치수선					하늘색	Continuous	기본값

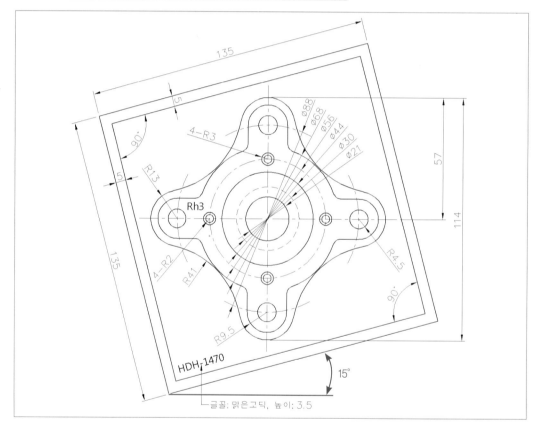

2 다음 도면을 Circle(C) 명령과 Osnap을 이용해 작성하시오.

[기준이 되는 사각형 판과 원을 작성]

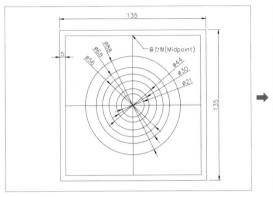

[원의 중심을 기준으로 사각형 판을 15° 회전(Rotate)]

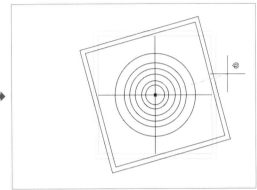

[배열 복사 대상을 작성하고 편집]

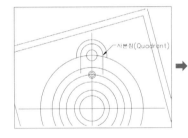

[배열 복사(Array)의 원형 배열(PO) 옵션으로 4개 배열]

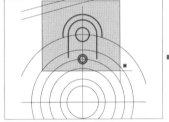

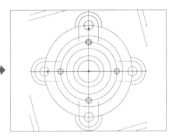

[배열 대상 분해(Explode) 후 Fillet(R41)]

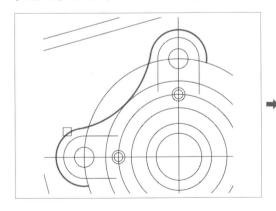

[배열 복사(Array)의 원형 배열(PO) 옵션으로 4개 배열]

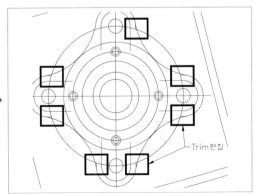

📥 P04/Ch03/실습과제답안.dwg

CHAPTER 04

다양한 치수 기입

Chapter 03의 기본적인 치수 기입 외에 신속한 치수 기입이 가능한 명령과 지시선을 활용한 기입 방법에 대해 배워보겠습니다.

◆ Dimcontinue(DCO) : 연속 치수

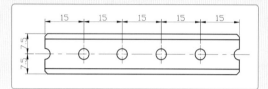

◆ Dimbaseline(DBA) : 기준선 치수

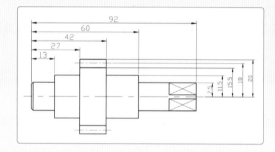

◆ QDim : 신속 치수(빠른 작업)

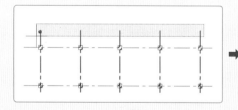

◆ Qleader(LE) : 신속 지시선

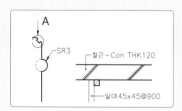

◆ Dimedit(DED) : 치수 편집

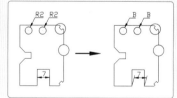

>>> STEP

01 Dimbaseline, Dimcontinue, Qdim(다양한 치수 기입)

같은 유형의 치수 기입이라도 사용하는 명령에 따라 작업 방법이 다를 수 있습니다. AutoCAD는 유사한 기능의 명령들이 있으므로 사용자의 유형과 도면 내용에 따라 좀 더 효과적인 명령을 사용하면 신속한 작업이 가능합니다.

작업	Dimcontinue : 치수를 이어가는 연속적인 치수 기입 Dimbaseline : 기준을 지정하여 층을 이루는 치수 기입 Qdim : 다양한 유형의 치수를 신속하게 기입	보조 기능	DimDLI (치수선 간격 설정)
단축키	Dimcontinue : D C O Dimbaseline : D B A Qdim : Q D I M		
풀다운 메뉴	치수(Dimension)		
리본 메뉴	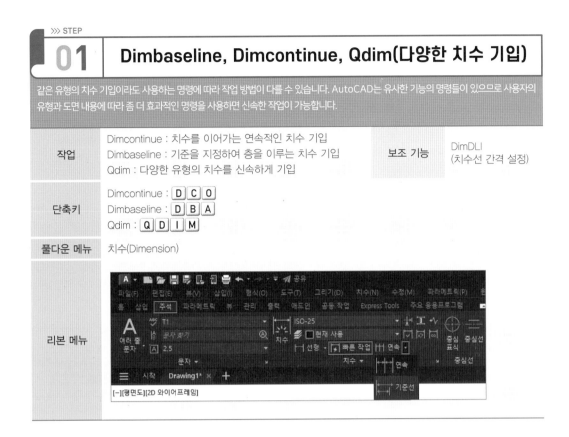		

01 [P04/Ch04/신속치수.dwg] 파일에서 우측과 같이 연속된 치수를 Dimcontinue(DCO) 명령으로 기입해 보겠습니다.

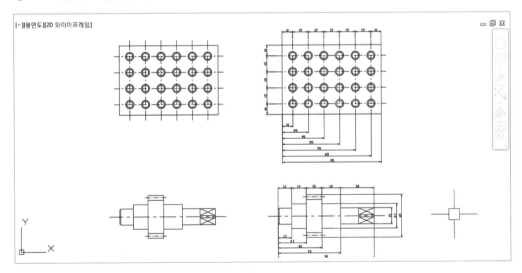

02 도면을 확대하고 [Dimlinear(DLI)] 명령을 입력한 다음 Enter 를 누릅니다. ❶지점 클릭 후 ❷지점을 클릭하고 ❸지점으로 커서를 이동해 클릭합니다.

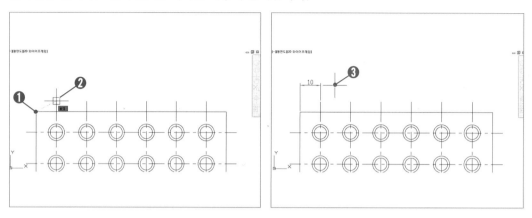

03 [Dimcontinue(DCO)] 명령 입력 후 Enter 를 누르면 마지막에 기입된 치수에 자동으로 이어져 화면에 표시됩니다. ❶~❻지점까지 차례로 클릭하고 Enter, 다시 Enter 를 눌러 치수 기입을 종료합니다.

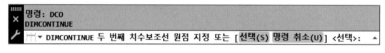

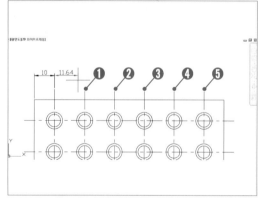

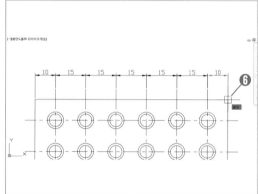

04 [Dimlinear(DLI)] 명령 입력 후 Enter 를 누르고, ❶지점 클릭 후 ❷지점을 클릭하고 ❸지점으로 커서를 이동해 클릭합니다. 오른쪽도 같은 방법으로 기입합니다.

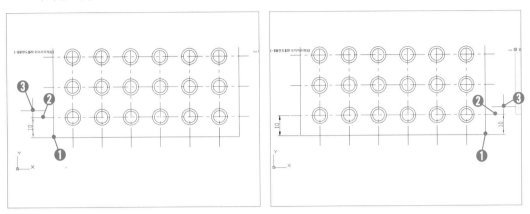

05 [Dimcontinue(DCO)] 명령 입력 후 Enter 를 누르면 마지막에 기입된 오른쪽 치수에서 자동으로 이어져 화면에 표시됩니다. 왼쪽에 치수를 기입하기 위해 한 번 더 Enter 를 눌러 선택 옵션을 적용하고 왼쪽 치수의 진행 방향인 ❶지점을 클릭합니다.

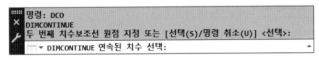

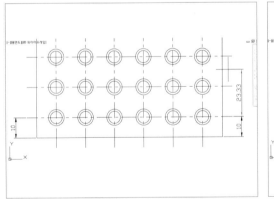

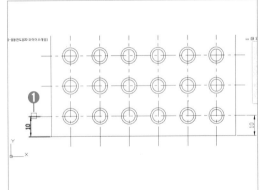

06 선택한 부분에서 치수가 이어져 화면에 표시됩니다. 계속해서 ❶지점부터 ❹지점까지 클릭하고 Enter 를 누르고, ❺지점을 클릭해 오른쪽까지 연속 치수로 마무리합니다.

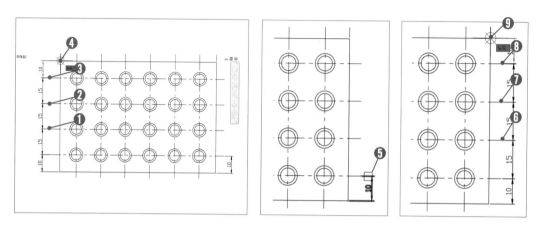

07 선형 치수 [Dimlinear(DLI)] 명령 입력 후 Enter 를 누릅니다. ❶지점 클릭 후 ❷지점을 클릭한 다음 ❸지점으로 커서를 이동해 클릭합니다.

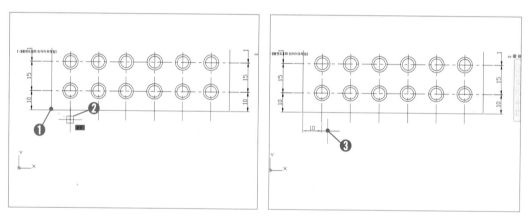

08 [Dimbaseline(DBA)] 명령을 입력한 다음 Enter 를 누르면 마지막에 기입된 치수에서 자동으로 이어져 화면에 표시됩니다. ❶지점에서 ❻지점까지 차례로 클릭하고 Esc 를 눌러 치수 기입을 종료합니다.

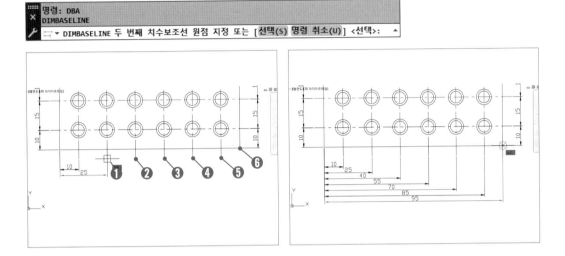

09 치수선 높이가 너무 좁아 답답해 보입니다. 치수를 삭제하고 치수 변수를 조정해 다시 기입하겠습니다. Erase(E) 명령을 이용해 치수 ❶, ❷, ❸, ❹, ❺, ❻을 삭제합니다.

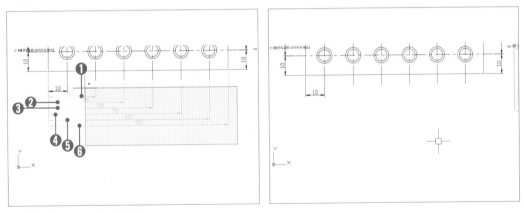

✽✽ 치수 변수는 치수의 설정입니다.

10 [DimDLI] 명령 입력 후 Enter를 누릅니다. 기본값이 '3.75'로 너무 작습니다. [7]을 입력하고 Enter, 다시 [Dimbaseline(DBA)] 명령 입력 후 Enter를 누르면, 마지막에 기입된 치수가 삭제되어 치수가 표시되지 않습니다. 이어질 부분 ❶지점을 클릭하고 ❷~❼지점까지 차례로 클릭해 작업을 마무리합니다.

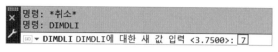

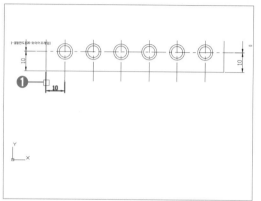

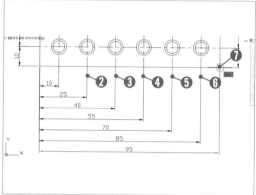

Tip! **Dimbaseline의 치수 변수인 DimDLI의 설정 전과 후**

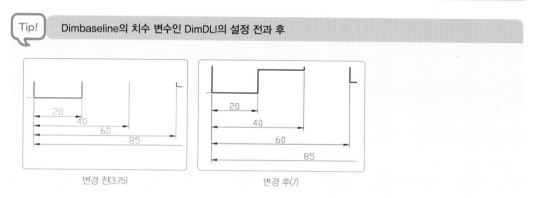

변경 전(3.75)   변경 후(7)

11 계속해서 신속 치수(Qdim)를 사용해 좀 더 빠르게 작업해 보겠습니다. 도면에서 [Qdim] 명령을 입력한 다음 Enter를 누릅니다.

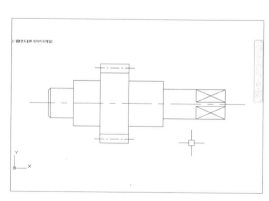

12 선분 ❶~❻까지 클릭하고 Enter 를 누르면 명령행에 기입할 치수 형식이 나타납니다. 기본 설정이 연속 치수이므로 ❼지점을 클릭해 연속 치수를 기입합니다.

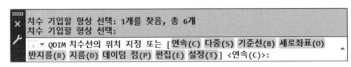

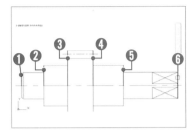 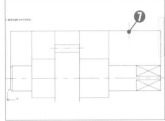 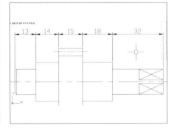

13 [Qdim] 명령 입력 후 Enter 를 누르고 선분 ❶~❻까지 클릭한 다음 Enter 를 누릅니다. 기준선 옵션 [B] 입력 후 Enter , ❼지점을 클릭하면 기준선 치수가 기입됩니다.

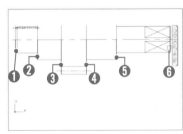 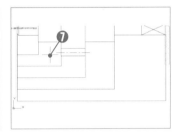 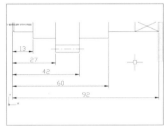

✱ Qdim의 기준선 치수 기입도 DimDLI 설정이 적용됩니다.

Tip! **Qdim으로 치수 기입 시 기준의 변경**

치수 기준선 치수의 기준은 왼쪽이지만 오른쪽이나 중간으로 변경할 경우에는 '데이텀 점(P)' 옵션 [P]를 입력하고 Enter를 누른 후 새로운 기준점 ❶을 클릭하면 다음과 같이 변경할 수 있습니다.

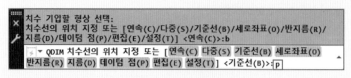

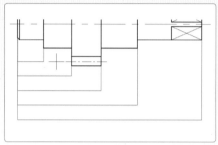

기본 설정 기입

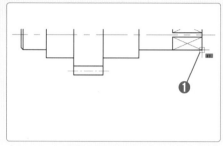

[P] 입력 후 ❶지점 클릭

기준 위치 변경 됨

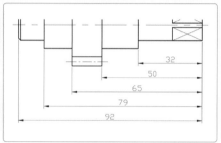

치수 기입

14 [Qdim] 명령을 입력하고 Enter를 누른 후 선분 ❶~❻까지 클릭하고 Enter를 누릅니다. 다중선 옵션 [S] 입력 후 Enter를 누른 다음, ❼지점을 클릭하면 기준선 치수가 기입됩니다.

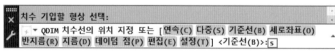

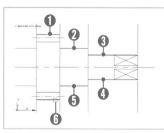

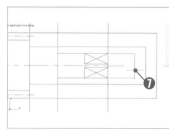

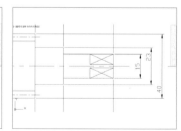

15 기입된 다중선 치수 문자가 한쪽으로 치우쳐 있습니다. 치수 정보를 현재 설정으로 갱신하 겠습니다. [-Dimstyle] 명령 입력 후 Enter, 적용 옵션 [A] 입력 후 Enter, 치수 ❶, ❷를 클릭하고 Enter를 누르면 현재 설정으로 갱신되어 문자가 가운데 정렬됩니다.

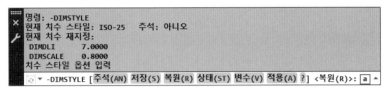

※※ AutoCAD 2017 이전 버전은 명령행에 [Dim] 명령을 입력하고 Enter를 누른 후 [UP]을 입력하면 됩니다. (아이콘은 [주석] 탭▶[치수] 패널▶업데이트(▦))

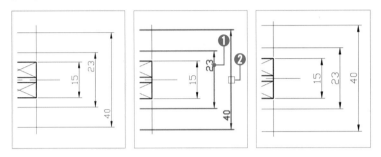

16 [Circle(C)] 명령 입력 후 Enter, ❶지점 클릭 후 반지름 값 [3]을 입력하고 Enter를 누릅니 다. 같은 방법으로 R4, R5, R6, R7 원을 그립니다. [Qdim] 명령을 입력한 다음 Enter를 누르고 원 ❷~❻까지 클릭한 후 Enter를 누릅니다. 반지름 옵션 [R]을 입력한 다음 Enter, ❼지점을 클릭하면 반지름 치수가 기입됩니다.

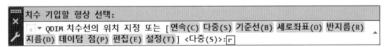

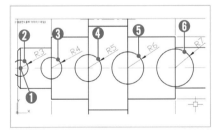
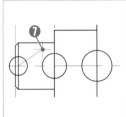
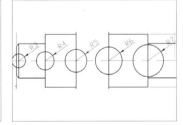

02 Qleader, Dimedit(지시선과 치수 편집)

사용자가 화살표의 위치 및 문자의 내용을 직접 기입하는 지시선을 사용해보고 기입된 치수를 편집해 보겠습니다.

작업	Qleader : 신속 지시선을 작성
	Dimedit : 기입된 치수를 편집
단축키	Qleader : L E
	Dimedit : D E D

01 [P04/Ch04/LE.dwg] 파일에서 지시선이 기입된 도면을 참고하여 지시선을 작성하고 치수를 편집하겠습니다.

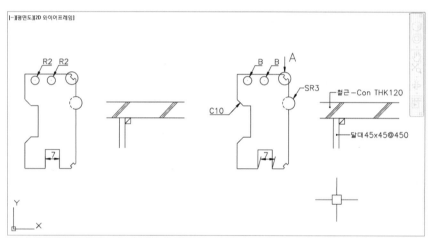

02 [Qleader(LE)] 명령을 입력한 다음 Enter를 누릅니다. 화살표가 시작되는 ❶지점 클릭 후 꺾는 위치 ❷지점 클릭, 지시선의 끝 ❸지점을 클릭하고 Enter를 누른 다음 한 번 더 Enter를 누르면 문자쓰기로 전환됩니다.

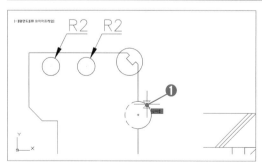
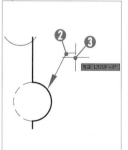

** F8 (Ortho) 기능은 Shift 를 길게 눌러 대체할 수 있습니다.

03 [SR3]을 입력하고 빈 공간을 클릭합니다. 작성된 문자는 지시선의 중간에 위치합니다.

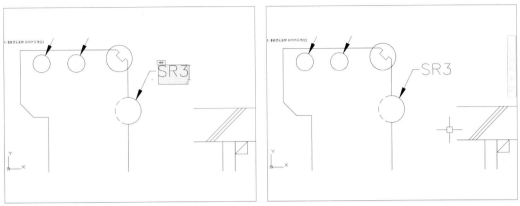

** SR3은 구(Sphere)의 반지름 값 '3'을 뜻하며 지시선 중간에 문자를 표기하는 직종은 주로 건축 설계 분야입니다.

04 [Qleader(LE)] 명령을 입력한 다음 Enter를 누르고 한 번 더 Enter를 누릅니다. [지시선 설정] 대화상자의 [부착] 탭에서 [맨 아래 행에 밑줄] 항목을 체크하고 [확인]을 클릭합니다.

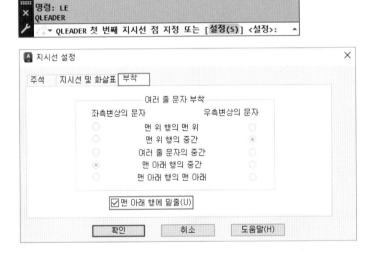

05 화살표가 시작되는 **❶**, **❷**, **❸**지점을 차례로 클릭하고 Enter, 한 번 더 Enter를 눌러 문자 쓰기로 전환합니다. [C10]을 입력하고 [닫기]를 클릭하거나 빈 공간을 클릭합니다. 작성된 문자는 지시선 위에 위치합니다.

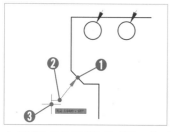 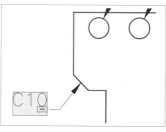 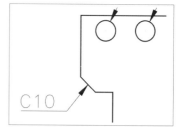

∴ 지시선 위에 문자를 표기하는 직종은 기계 설계 분야입니다.

06 [Qleader(LE)] 명령 입력 후 Enter를 누르고, **❶**지점 클릭 후 **❷**지점 클릭한 다음 Esc를 눌러 명령을 종료합니다. [Dtext(DT)] 명령 입력 후 Enter, 높이 값 [4] 입력 후 Enter, [A]를 입력하고 보기 좋게 배치합니다.

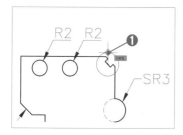 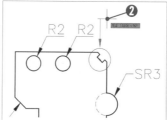 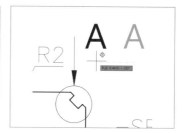

07 오른쪽 도면으로 이동하고 [Qleader(LE)] 명령 입력 후 Enter를 누르고, 한 번 더 Enter를 누릅니다. [지시선 설정] 대화상자의 [지시선 및 화살표] 탭에서 화살촉은 [작은 점]을 선택하고 [부착] 탭에서는 [맨 아래 행의 중간]을 선택한 후 [확인]을 클릭합니다.

 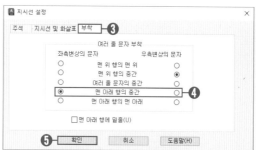

08 화살표가 시작되는 **❶**, **❷**, **❸**지점을 차례로 클릭하고 Enter 를 누른 후 한 번 더 Enter 를 눌러 문자 쓰기로 전환합니다. [철근-Con THK120]을 입력하고 **❹**지점 클릭이나 [닫기]를 클릭합니다.

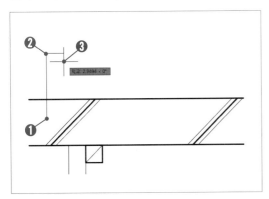

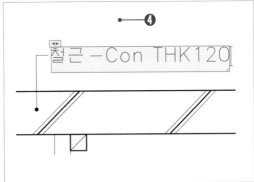

09 지시선을 꺾지 않고 작성해 보겠습니다. [Qleader(LE)] 명령을 입력한 다음 Enter 를 누르고, 화살표가 시작되는 **❶**지점 클릭 후 **❷**지점을 클릭합니다. 세 번째 위치는 불필요하므로 Enter 를 누르고 다시 Enter , 한 번 더 Enter 를 누릅니다. [달대45x45@900]을 입력하고 **❸**지점이나 [닫기]를 클릭합니다.

```
QLEADER
첫 번째 지시선 점 지정 또는 [설정(S)] <설정>:
다음 점 지정:
다음 점 지정:
문자 폭 지정 <0>:
주석 문자의 첫 번째 행 입력 또는 <여러 줄 문자>:
    QLEADER
```

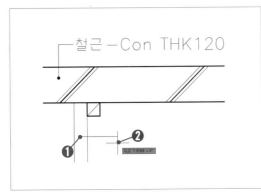

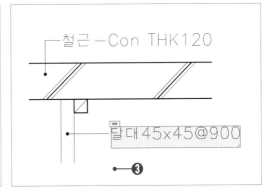

10 Dimedit(DED) 명령으로 기입된 치수를 기울여보고 내용을 편집해 보겠습니다. [Dimedit(DED)] 명령을 입력한 다음 Enter 를 누르고, 'R2'로 기입된 내용을 수정하기 위해 새로 만들기 옵션 [N]을 입력하고 Enter 를 눌러 적용합니다.

```
명령: DED
DIMEDIT
    DIMEDIT 치수 편집의 유형 입력 [홈(H) 새로 만들기(N)
회전(R) 기울기(O)] <홈(H)>: n
```

11 편집 창이 활성화되면 오른쪽 방향키(→)와 Backspace(←)를 눌러 '0'을 지우고 [B]를 입력합니다. 빈 공간 ❶지점을 클릭한 다음, 편집 대상인 치수 ❷, ❸을 클릭하고 Enter 를 누르면 선택한 문자가 앞서 정의한 내용으로 편집됩니다.

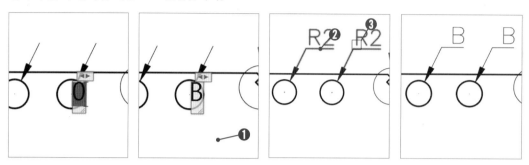

12 외형과 치수보조선이 겹치는 경우도 Dimedit(DED) 명령을 사용합니다. 예제를 준비하고 [Dimedit(DED)] 명령 입력 후 Enter , 기울기 옵션 [O] 입력 후 Enter , 치수 ❶을 클릭한 다음 Enter , 각도 값 [75]를 입력하고 Enter 를 누릅니다.

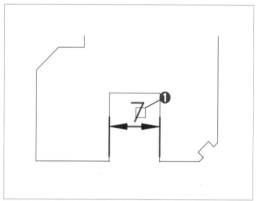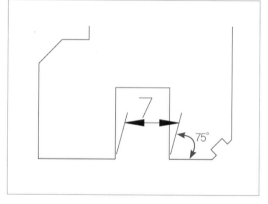

∴ 각도의 기준은 수평을 0°로 합니다.

> **Tip!** **Ddedit와 Dimedit 명령의 차이점**
>
> ❶ Ddedit(ED) : 문자나 치수 문자의 내용을 하나씩 개별적으로 편집할 수 있으며, 더블클릭으로 신속한 작업이 가능합니다.
> ❷ Dimedit(DED) : 다수의 치수 문자를 하나의 내용으로 편집할 수 있으며, 문자(Dtext, Mtext)는 편집할 수 없습니다.

1 다음 도면을 작성하시오.

　도면 작성에 필요한 Layer를 생성하고 치수 기입은 본 도면과 동일하게 합니다. 표시되지 않은 반지름(R)은 2.5로 작성합니다.

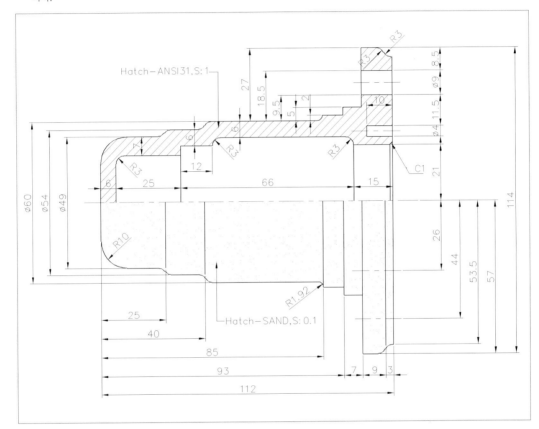

Tip!　　**수치 입력 시 분수로 입력**

　Offset으로 모든 선을 복사해 놓고 작업하면 선이 너무 많아 혼동되므로 윗부분 작업을 마치고 아랫부분은 윗부분 편집을 마친 후 작업합니다. 그리고 Offset 명령에서 값을 입력할 때 분수 입력을 활용합니다.

　예 123/2, 1095/20

[전체 외형을 작성하고 상하 대칭의 중심을 표시]

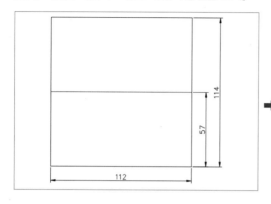

[아래쪽 먼저 Offsset으로 위치를 표시하고 편집]

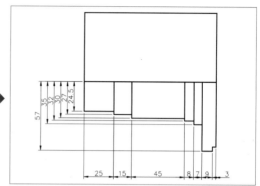

[Fillet으로 모서리를 편집]

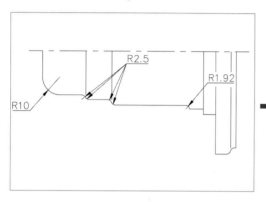

[Mirror로 상하 대칭 복사]

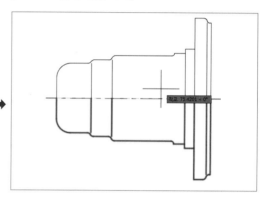

[절단면의 두께를 Offset으로 작성]

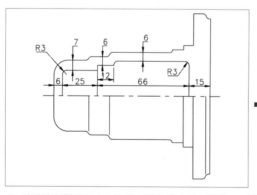

[홈을 표현하고 Hatch를 표시]

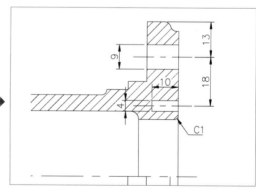

** 반대편 외형에 Hatch를 표시하고 치수를 기입해 도면을 완성합니다.

📥 P04/Ch04/실습과제답안.dwg

CHAPTER 05

치수의 주요 변수(치수 설정)

치수 기입 관련 명령은 크게 기입 명령과 변수 2가지로 구분됩니다. 이전 장에서 배운 명령은 치수를 기입하는 명령으로 기본적인 형태로 기입됩니다. 치수 기입을 하면서 변수를 설정하면 다양한 형태로 치수를 기입할 수 있어 좀 더 보기 좋은 도면을 작성할 수 있습니다.

⬡ **DimScale** : 치수의 축척(크기)을 설정

⬡ **DimTOH** : 문자의 가로쓰기 설정

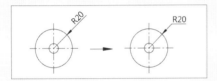

⬡ **DimTOFL** : 치수선 생성 유무 설정

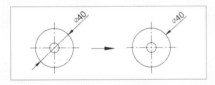

⬡ **DimSE1** : 첫 번째 치수보조선의 생성 유무 설정
⬡ **DimSE2** : 두 번째 치수보조선의 생성 유무 설정

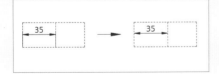

⬡ **DimUPT** : 문자의 위치 이동을 설정

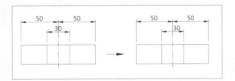

⬡ **DimATFIT** : 화살표와 문자의 위치 설정

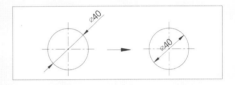

⬡ **DimTMove** : 문자 위치의 규칙 등을 설정

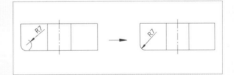

⬡ **DimCenter** : 중심 마크 생성
⬡ **DimCEN** : 중심 마크의 유형 설정

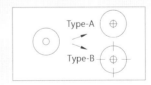

01 DimScale, DimUPT, DimTOH
(치수 축척, 문자 위치 이동, 문자 가로쓰기)

치수의 크기를 설정하는 DimScale 등 가장 많이 사용되는 치수 변수를 설정해 치수를 기입해 보겠습니다.

작업	DimScale : 치수의 축척(크기)을 설정 DimUPT : 문자의 위치 이동을 설정 DimTOH : 문자의 가로쓰기 설정

01 [P04/Ch05/치수변수1.dwg] 파일에서 오른쪽과 같이 치수를 기입하겠습니다.

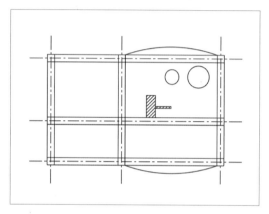 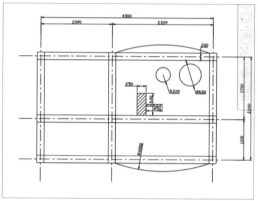

02 예제 도면은 길이가 5000정도 되는 건축 평면입니다. 도면의 치수를 Qdim 명령을 이용해 걸침 선택하고, 치수 구간을 선택한 후 연속 치수를 기입하면 기입된 치수가 너무 작아 점의 형태로 보입니다. 기입된 치수를 삭제합니다.

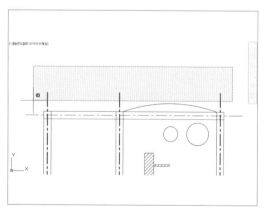 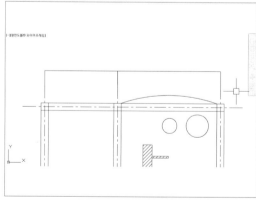

03 치수의 크기를 설정하기 위해 [DimScale] 명령을 입력한 다음 [Enter]를 누르고, 배율 값 [30]을 입력하고 [Enter]를 누릅니다.

∴ 명령행에 표시된 〈1.0000〉은 현재 설정된 치수 값입니다.

04 다시 Qdim 명령 입력 후 [Enter], ❶지점 클릭 후 ❷지점을 클릭하여 걸침 선택하고 [Enter], ❸ 지점을 클릭해 치수 구간을 선택한 다음 연속 치수를 기입합니다. 크기를 30배로 설정하여 도면 크기에 맞게 적절한 크기로 기입됩니다.

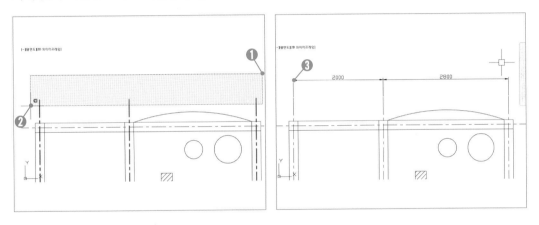

05 [Dimradius(DRA)] 명령을 입력한 다음 [Enter]를 누르고, 원 ❶과 ❷를 클릭해 반지름을 기입합니다. 문자가 치수선과 나란히 기입되며 기입된 치수는 모두 삭제합니다.

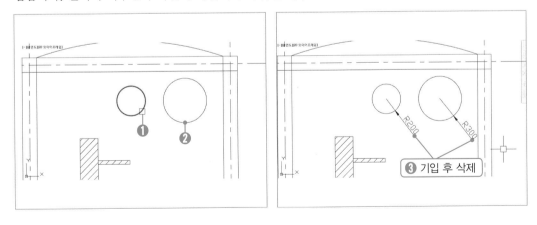

06 변수를 설정해 문자를 가로 방향으로 표기해 보겠습니다. [DimTOH] 명령을 입력한 다음 Enter 를 누르고, [ON]이나 [1]을 입력합니다.

Tip! **치수 변수 등 시스템 변수의 설정값**

변수를 설정하는 명령은 대부분 ON/OFF로 되어 있는 경우가 많습니다. ON은 숫자 '1'과 같고 OFF는 숫자 '0'과 같습니다. ON을 입력할 경우 [1]을 입력하고 OFF를 입력할 경우는 [0]을 입력해도 됩니다.

07 [Dimradius(DRA)] 명령을 입력한 다음 Enter 를 누르고, 원 ❶을 클릭해 반지름 치수를 기입합니다. [Dimdiameter(DDI)] 명령을 입력한 다음 Enter 를 누르고, 원 ❷를 클릭해 지름 치수를 기입합니다. 문자가 치수선과 상관없이 수평으로 기입됩니다.

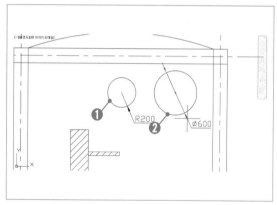

** 안쪽에도 수평으로 문자를 기입하려면 DimTiH 명령을 실행해 ON으로 설정합니다.

Tip! **치수 기입 중 변수 입력**

DimTOH 등 치수 변수의 일부는 명령이 진행되는 중간에도 입력이 가능합니다.
[예] 반지름을 기입하기 위해 원을 선택하면, TOH가 적용되지 않음을 확인하고 명령행에 변수를 바로 입력하고 설정을 ON(1)으로 하면 동시에 치수의 표시도 변경됩니다.

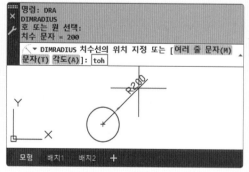
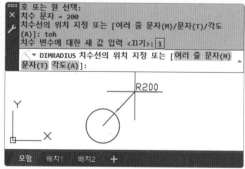

08 선형 치수를 기입하기 위해 [Dimlinear(DLI)] 명령을 입력한 다음 Enter 를 누르고, ❶지점과 ❷지점을 클릭하고 ❸지점으로 이동하면 문자가 도면 요소에 가려지는 것을 확인할 수 있습니다. Esc 를 눌러 명령을 취소합니다.

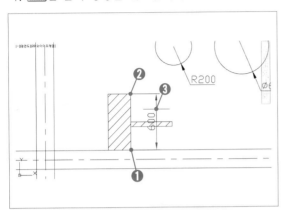

09 문자의 위치를 제어하는 [DimUPT] 명령을 입력한 다음 Enter 를 누르고, 설정은 ON(1)을 입력하고 Enter 를 누릅니다.

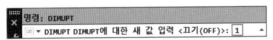

✳ DimUPT는 DimTOH처럼 치수 기입 중간에 설정할 수 없습니다.

10 [Dimlinear(DLI)] 명령을 입력한 다음 Enter 를 누르고, ❶지점과 ❷지점을 클릭하고 ❸지점으로 이동하면 커서로 문자의 위치를 제어할 수 있습니다. 남은 치수도 기입합니다.

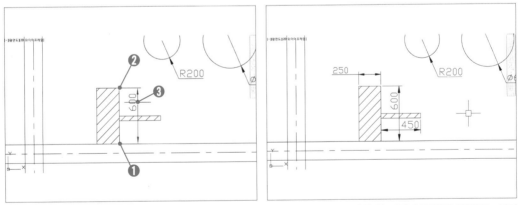

✳ DimUPT가 ON으로 활성화되어 있으면 문자를 가운데 정렬할 수 없으므로 사용 후 다시 OFF(0)로 변경하는 것이 좋습니다.

11 치수 업데이트로 기입된 치수의 크기를 약간 작게 조정해 보겠습니다. 먼저 [DimScale] 명령을 입력한 다음 Enter, 배율 값 [20]을 입력하고 Enter를 누릅니다. 현재 설정값은 '20'이 됩니다. [−DimStyle(📷)] 명령을 입력한 다음 Enter, 업데이트 적용 옵션 [A] 입력 후 Enter, ❶부터 ❺까지 치수를 클릭하고 Enter를 누릅니다.

∴ 아이콘(📷)을 클릭하면 [A] 옵션이 자동으로 적용되므로 치수를 바로 클릭하면 됩니다.

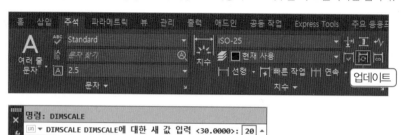

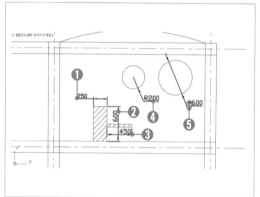
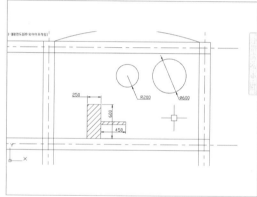

∴ [−DimStyle]의 업데이트 옵션이나 아이콘(📷)을 클릭하면 기입한 치수의 크기와 변수를 현재 설정된 변수 값으로 정보를 갱신할 수 있습니다.

02 DimCenter, DimCEN, DimTOFL
(중심 마크, 중심 마크 유형, 치수선 생성 유무)

원과 호에 치수를 기입할 때 자주 사용하는 치수 변수를 배워보겠습니다.

작업	DimCenter : 중심 마크 생성 DimCEN : 중심 마크의 유형 설정 DimTOFL : 치수선 생성 유무 설정

01 [P04/Ch05/치수변수2.dwg] 파일에서 오른쪽 도면과 같이 치수 변수를 설정해 치수를 기입하겠습니다.

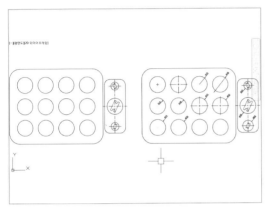 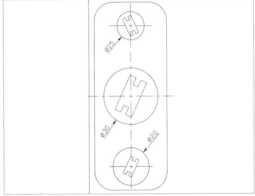

02 작업할 부분을 확대하고 [Dimdiameter(DDI)] 명령 입력 후 원 ❶을 클릭해 치수를 기입하면 원 중앙을 치수선이 가로질러 원 안의 형태를 구분하는데 문제가 될 수 있습니다. 원 안에 또 다른 형태의 객체가 포함되어 있을 경우 반지름, 지름 치수 기입 시 안쪽에 치수선을 넣지 않는 것이 좋습니다.

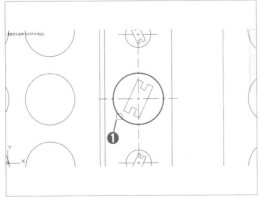 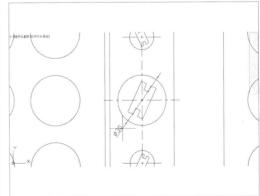

03 중심 마크를 생성하는 [DimCenter(DCE)] 명령을 입력한 다음 Enter 를 누르고, 원 **❶**을 클릭합니다. 원 중앙에 작은 중심 마크가 생성됩니다.

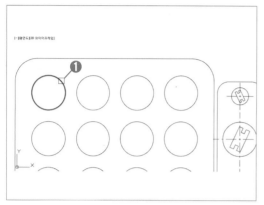

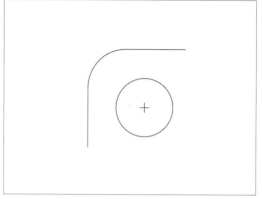

04 중심 마크는 마크와 선, 두 가지가 있으며 선으로 변경해 표시하겠습니다. 설정 변수인 [DimCEN] 명령 입력 후 Enter , 값을 [−2]로 입력하고 Enter , [DimCenter(DCE)] 명령을 입력한 다음 Enter 를 누르고, 원 **❶**을 클릭합니다. 원 중앙에 선 형태의 중심 표시가 만들어집니다.

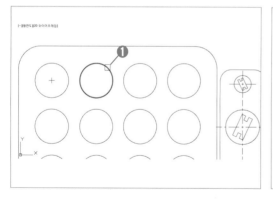

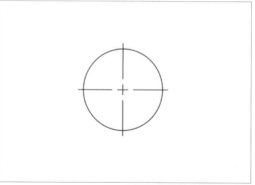

> **Tip!** **DimCenter의 변수 DimCEN**
>
> DimCenter의 변수 DimCEN의 설정값이 양수이면 마크 형태의 중심선을 표시하고 음수이면 선 형태로 중심선을 표시합니다. 값은 마크와 벗어난 선의 길이입니다.

05 기본 설정 상태에서 지름과 반지름 치수를 원 ❶, ❷, ❸, ❹에 기입합니다. DimTOFL 변수가 기본 설정(ON)이면 바깥쪽 기입 시 치수선이 표시되는 것을 확인할 수 있습니다.

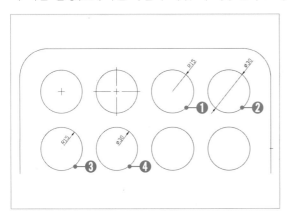

06 치수선이 표시되지 않도록 [DimTOFL] 명령을 입력한 다음 Enter, 설정값은 [OFF(0)]로 입력하고 Enter를 누릅니다. 원 ❶과 ❷를 클릭해 반지름과 지름 치수를 다음과 같이 기입하면 치수선은 표시되지 않고 중심 표식이 나타나는 것을 알 수 있습니다. 이는 DimTOFL 변수 값이 OFF되면 자동으로 DimCenter가 적용되어 표시되기 때문입니다.

```
명령: DIMTOFL
DIMTOFL DIMTOFL에 대한 새 값 입력 <켜기(ON)>: 0
```

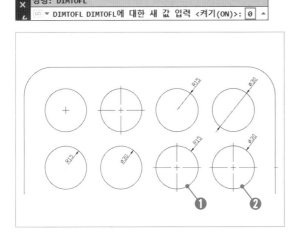

** 현재 DimCEN 값이 음수이므로 선이 길게 표시되며, 양수이면 마크 형태로 적용되어 표시됩니다.

07 중심 표시가 나타나지 않도록 [DimCEN] 명령을 입력한 다음 Enter, 값을 [0]으로 입력하고 Enter를 누릅니다.

```
명령: DIMCEN
DIMCEN DIMCEN에 대한 새 값 입력 <-2.0000>: 0
```

08 다시 남은 원 ❶과 ❷에 반지름과 지름 치수를 바깥쪽으로 기입하면 원 안쪽이 깔끔합니다.

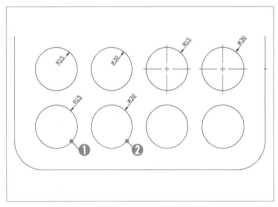

❖ DimCEN 변수가 '0'이면 중심 표시를 넣지 않으므로 DimTOFL 변수가 'OFF(0)'로 설정되더라도 치수 기입 시 중심 표시가 나타나지 않고 깨끗하게 표시됩니다.

09 오른쪽 도형도 그림과 같이 반지름과 지름 치수를 기입합니다.

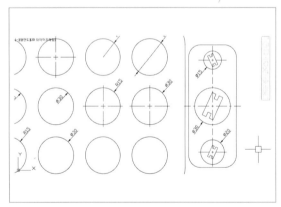

03 DimATFIT, DimSE1, DimSE2, DimTMove (화살표와 문자 위치, 치수보조선 생성 유무, 문자 위치 규칙)

좀 더 보기 좋은 치수를 기입할 수 있는 치수 변수를 설정해 보겠습니다.

작업	DimATFIT : 화살표와 문자의 위치 설정 DimSE1 : 첫 번째 치수보조선의 생성 유무 설정 DimSE2 : 두 번째 치수보조선의 생성 유무 설정 DimTMove : 문자 위치의 규칙 등을 설정

01 [P04/Ch05/치수변수3.dwg] 파일에서 오른쪽 예제처럼 치수의 변수를 설정해 기입하겠습니다.

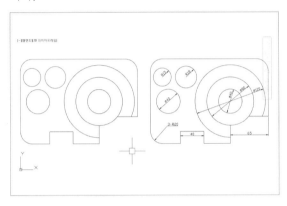

02 기본 설정 상태에서 왼쪽 원 ❶에 지름 치수(DDI)를 기입하면 제시된 도면처럼 화살표가 원 안쪽에 두 개의 화살표로 표시되지 않고 짧게 하나만 표시됩니다.

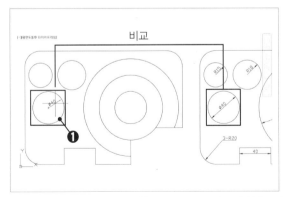

** DimATFIT 변수가 기본값 '3'으로 설정되어 있으면 화살표가 짧게 한쪽만 표시됩니다.

03 [DimATFIT] 명령 입력 후 Enter, 값 [2]를 입력하고 Enter를 누릅니다. [Dimdiameter (DDI)], [Dimradius(DRA)] 명령을 이용해 그림과 같이 지름 치수를 기입합니다.

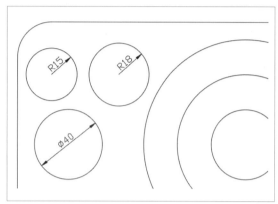

✲ 반지름은 원의 중앙에서 치수선이 시작되어 한쪽만 화살표가 표시됩니다.

04 [Dimdiameter(DDI)] 명령을 이용해 원 ❶, ❷에 치수를 기입하면 치수가 중앙에 배치되어 겹쳐져 표시됩니다.

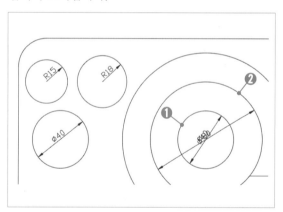

05 문자 이동을 제어하는 변수인 [DimUPT] 명령 입력 후 Enter, 값 [1]을 입력하고 Enter를 누릅니다. [Dimdiameter(DDI)] 명령 입력 후 Enter, 원 ❶~❸을 클릭해 치수를 기입합니다. 커서를 이동하면 문자도 이동할 수 있습니다.

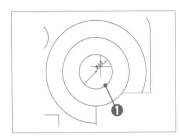 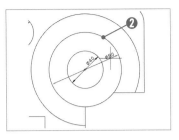 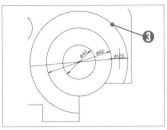

Tip!   **DimATFIT 변수 값 2와 3의 차이**

❶ DimATFIT : 3

안쪽 기입 시 치수선의 길이를 조절할 수 있고, 바깥쪽 기입 시 반지름과 지름에 따라 치수선이 길게 표시됩니다.

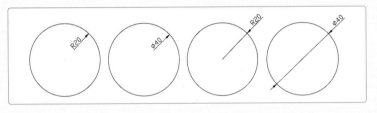

❷ DimATFIT : 2

기본적으로 안쪽으로만 기입할 수 있으며, 바깥쪽으로 기입하기 위해서는 DimUPT 변수가 1로 설정되어야 합니다.

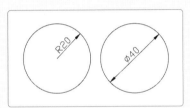

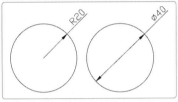

DimATFIT : 2, DimUPT : 0   DimATFIT : 2, DimUPT : 1

06 [Dimlinear(DLI)] 명령으로 ❶, ❷지점을 클릭해 치수를 기입하면 치수보조선과 외형의 일부가 겹쳐 보기가 좋지 않습니다.

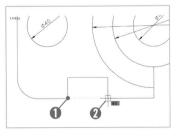 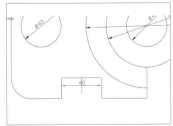 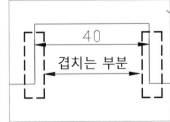

07 보조선 생성을 억제하는 변수 [Dimse1] 명령 입력 후 **Enter**, 값 [1]을 입력하고 **Enter**를 누릅니다. 다시 [Dimse2] 명령 입력 후 **Enter**, 값 [1]을 입력하고 **Enter**를 누릅니다.

```
명령: DIMSE1
DIMSE1에 대한 새 값 입력 <끄기(OFF)>: 1
명령: DIMSE2
▸ DIMSE2 DIMSE2에 대한 새 값 입력 <끄기(OFF)>: 1
```

> Tip! **방향키를 활용한 명령 입력**
>
> [Dimse1] 입력 후 다시 [Dimse2]를 입력할 때 위쪽 방향키(↑)를 누르면, 이전에 사용한 명령을 보여줍니다. Backspace(←)를 눌러 '1'을 지우고, '2'로 입력한 다음 **Enter**를 눌러 설정을 쉽게 변경할 수 있습니다. 변수를 기본 값으로 다시 변경할 때도 같은 방법을 활용합니다.

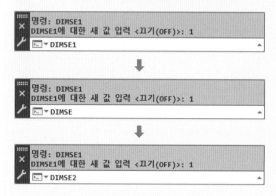

Dimse1 설정 후 아래 방향키(↓)를 누르고 Backspace(←)를 눌러 '1'을 삭제. '2'로 입력한 후 **Enter**를 누릅니다.

08 [Dimlinear(DLI)] 명령 입력 후 **Enter**, ❶지점 클릭 후 ❷지점을 클릭하고 ❸지점으로 이동해 클릭합니다.

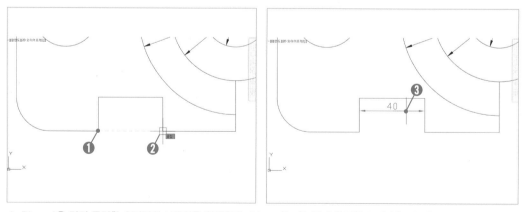

✲✲ Dimse1은 먼저 클릭한 ❶지점의 보조선을 억제하고, Dimse2는 두 번째 클릭한 ❷지점을 억제합니다.

09 [Dimse1] 명령 입력 후 Enter, 값 [0]을 입력하고 Enter를 누릅니다. 다시 [Dimse2] 명령을 입력하고 Enter, 값 [0]을 입력하고 Enter를 누릅니다. (처음 상태로 설정)

```
명령: DIMSE1
DIMSE1에 대한 새 값 입력 <켜기(ON)>: 0
명령: DIMSE2
DIMSE2 DIMSE2에 대한 새 값 입력 <끄기(OFF)>: 0
```

10 [Dimlinear(DLI)] 명령을 입력하고 Enter를 누른 후 ❶, ❷지점을 클릭하고 커서를 ❸지점으로 이동해 클릭합니다. ❶지점을 클릭한 부분의 보조선이 겹쳐서 기입됩니다.

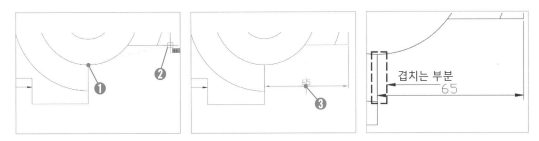

11 대기 상태의 커서로 치수 ❶을 클릭하고 [Properties(PR, Ctrl + 1)] 명령을 입력합니다. [특성] 대화상자에서 치수보조선 1을 [끄기]로 설정합니다. 설정을 변경한 보조선 1이 감춰집니다. [닫기]를 클릭해 창을 닫고, Esc를 눌러 선택을 해제합니다.

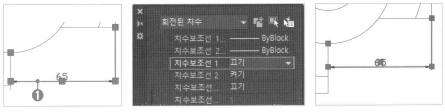

✱✱ 보조선 억제는 변수보다 Properties(PR, Ctrl + 1)를 활용하는 것이 편리합니다.

12 [Dimradius(DRA)] 명령을 실행해 호 ❶의 반지름 치수를 기입하면 보조선이 생성되어 외형과 치수의 구분이 명확하지 않습니다. 기입된 치수를 삭제합니다.

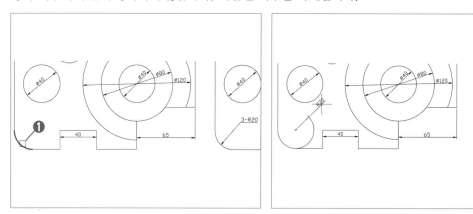

13 안내선이 생성되지 않도록 [DimTMOVE] 명령 입력 후 Enter, 설정값 [1]을 입력하고 Enter를 누릅니다. [Dimradius(DRA)] 명령을 입력하고 Enter를 누른 후 호 ❶을 클릭하고 커서를 ❷지점으로 이동합니다.

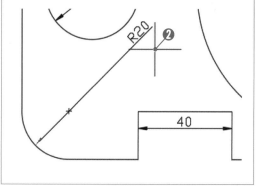

** 클릭한 호에서부터 화살표가 그려져 안내선이 나오지 않게 됩니다.

14 [DimTOH] 명령 입력 후 Enter, 설정값 [1] 입력 후 Enter, ❶지점을 클릭한 다음 치수를 기입합니다. 이후 치수 ❷를 더블클릭하여 [3−]를 입력하고 작업을 완료합니다.

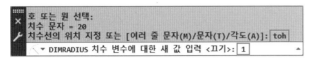

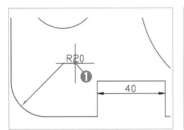
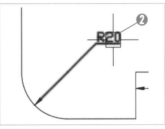
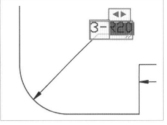

※※ 필요에 의해 DimTMove를 '1'로 변경해 치수를 기입한 후에는 다음 치수 기입을 위해 다시 '0'으로 변경하는 것이 좋습니다.

Tip! **DimTMove 변수의 설정 결과**

공간이 부족한 경우 선형 치수 기입 시 값에 따른 결과입니다.

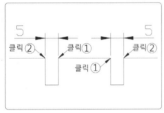

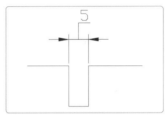

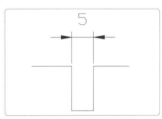

DimTMove : 0   DimTMove : 1   DimTMove : 2

1 다음 도면을 작성하시오.

도면 작성에 필요한 Layer를 생성하고 치수 기입은 본 도면과 동일하게 합니다.

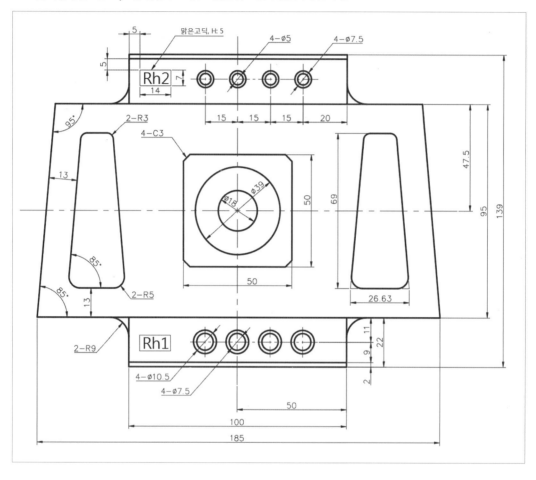

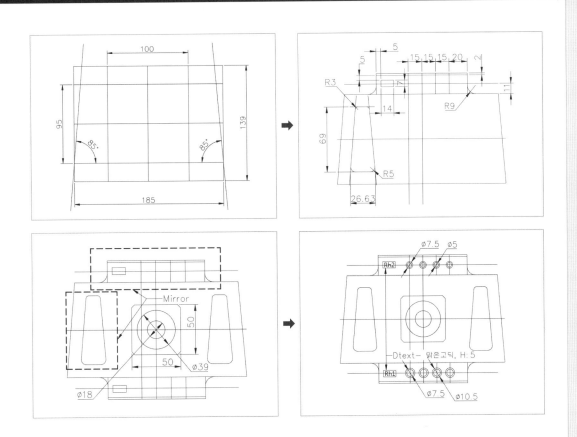

CHAPTER

06

치수 스타일(유형)

치수 스타일을 관리하는 Dimstyle 명령을 이용하면 치수도 문자와 같이 다양한 유형의 스타일을 만들어 사용할 수 있으며, 치수 변수 설정도 가능합니다.

◆ DimStyle : 치수 스타일 관리자

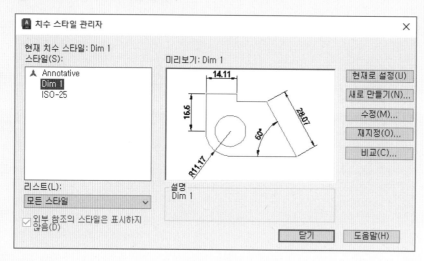

◆ DimStyle 설정 항목

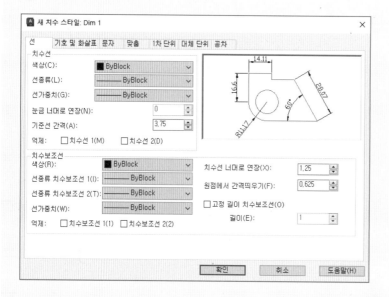

01 DimStyle(치수 유형 관리자)

DimStyle(치수 유형)은 치수와 관련된 대부분의 설정을 관리할 수 있습니다. 주요 기능을 확인하고 새로운 치수 유형을 추가해 보겠습니다.

작업	치수 스타일 추가 및 치수 변수 관리
단축키	D
풀다운 메뉴	치수(Dimension) ➡ 치수 스타일(Dimension Style)
리본 메뉴	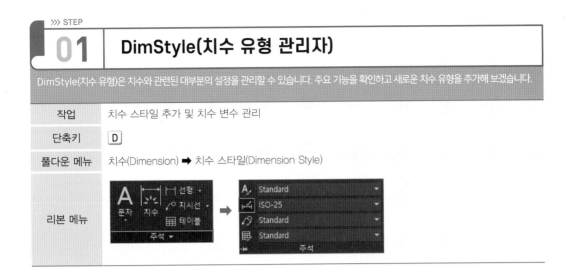

01 [P04/Ch06/치수 스타일1.dwg] 파일을 불러옵니다.

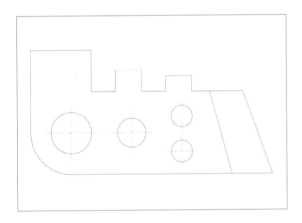

02 선형 치수 [Dimlinear(DLI)] 명령을 이용해 오른쪽 도면처럼 선형 치수를 기입합니다. 기입된 치수는 기본 설정인 ISO-25 스타일입니다.

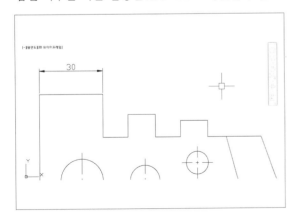

03 [DimStyle(D)] 명령을 입력한 다음 Enter를 누르면 [치수 스타일 관리자] 대화상자가 나타납니다.

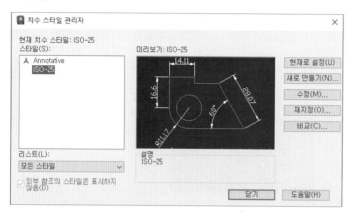

> **Tip!** **[치수 스타일 관리자] 대화상자 알아보기**
>
> 이미 작성된 문자의 글꼴이나 높이 등을 수정할 수 있습니다.
>
>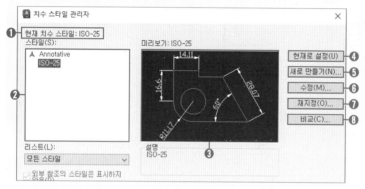
>
> ① **현재 치수 스타일** : 현재 지정된 치수 유형입니다.
> ② **스타일** : 작성된 치수 스타일 목록입니다.
> ③ **미리보기** : 선택된 치수 유형 미리보기 창입니다.
> ④ **현재로 설정** : 선택된 치수 유형을 현재 유형으로 설정합니다.
> ⑤ **새로 만들기** : 치수 유형 새로 만들기입니다.
> ⑥ **수정** : 선택된 치수 유형을 수정합니다.
> ⑦ **재지정** : 설정 덮어쓰기(임시 치수) 입니다.
> ⑧ **비교** : 두 개의 치수 유형을 비교합니다.

04 [새로 만들기]를 클릭한 후 [새 치수 스타일 작성] 대화상자에서 [새 스타일 이름]을 [Dim-A]로 입력하고 [계속]을 클릭합니다. [새 치수 스타일] 대화상자가 나타납니다.

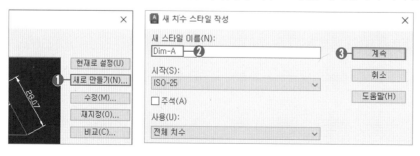

05 [맞춤] 탭의 '전체 축척 사용' 값을 [0.8]로 변경하고 [확인]을 클릭합니다.

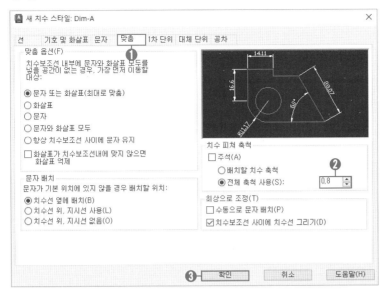

** 변경한 값은 치수의 크기 설정으로 Dimscale 값을 변경한 것과 동일합니다. 더 많은 사항을 변경할 수 있지만 내용을 확인하면서 수정합니다.

06 [치수 스타일 관리자] 대화상자에서 추가된 'Dim-A' 스타일을 확인하고, 현재 치수 스타일도 'Dim-A'로 변경된 것을 확인합니다. 문자 스타일(Text Style)처럼 치수 스타일 또한 신규로 등록된 스타일이 자동으로 현재 스타일로 지정됩니다. [닫기]를 클릭하고 설정을 완료합니다.

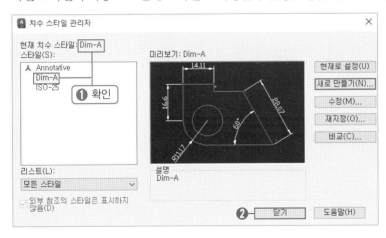

07 [Dimlinear(DLI)] 명령을 이용해 치수를 한 번 더 기입합니다. 축척이 '1'에서 '0.8'로 변경되어 크기가 작게 기입됩니다.

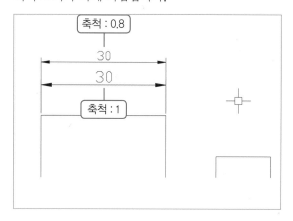

::: **선 설정하기**

[선] 탭에서는 치수선과 치수보조선의 세부 내용을 설정합니다. 주요 사항을 변경해 보겠습니다.

01 DimStyle(D) 명령을 입력한 다음 [Enter]를 누릅니다. [치수 스타일 관리자] 대화상자의 스타일에서 'Dim-A' 스타일을 확인하고 [수정]을 클릭합니다.

02 [선] 탭의 '원점에서 간격띄우기' 값을 [2]로 변경합니다. [확인]을 클릭하고 [치수 스타일 관리자] 대화상자에서 [닫기]를 클릭합니다.

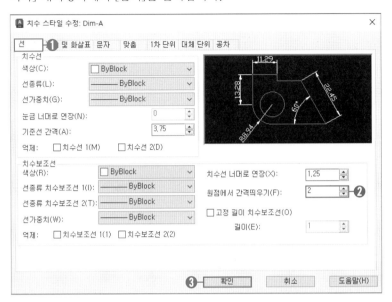

Tip! **치수 스타일 [선] 탭 옵션**

❶ 치수선(Dimension Lines)
- **색상(Color)** : 치수선의 절댓값 색을 지정합니다.(DimCLRD)
- **선종류(Line Type)** : 치수선의 유형을 지정합니다.(DimLTYPE)
- **선가중치(Line Weight)** : 치수선의 두께를 지정합니다.(DimLWD)
- **눈금 너머로 연장(Extend Beyond Ticks)** : 치수보조선에서 돌출된 치수선의 길이를 지정합니다.(DimDLE)
- **기준선 간격(Baseline Spacing)** : 기준 치수 기입 시 하단의 치수선과 상단 치수선과의 거리를 지정합니다.(DimDLI)
- **억제(Suppress)** : 좌우 치수선 생성 유무를 조정합니다.(DimSD1, DimSD2)

❷ 치수보조선(Extension Lines)
- **색상(Color)** : 치수보조선의 색을 지정합니다.(DimCLRE)
- **선종류 치수보조선 1(Line Type Ext Line1)** : 치수보조선 1의 유형을 지정합니다.(DimLTEX1)
- **선종류 치수보조선 2(Line Type Ext Line2)** : 치수보조선 2의 유형을 지정합니다.(DimLTEX2)
- **선가중치(Line Weight)** : 치수보조선의 두께를 지정합니다.(DimLWE)
- **억제(Suppress)** : 좌우의 치수보조선 생성 유무를 조정합니다.(DimSE1, DimSE2)
- **치수선 너머로 연장(Extend Beyond Dim Lines)** : 치수선에서 돌출된 치수보조선의 길이를 지정합니다.(DimEXE)
- **원점에서 간격띄우기(Offset From Origin)** : 지정된 위치에서부터 치수보조선이 생성될 거리를 지정합니다.(DimEXO)
- **고정 길이 치수보조선(Fixed Length Extension Lines)** : 치수보조선의 길이를 하단의 길이 값으로 고정합니다.(DimFXLOM)

03 [Dimlinear(DLI)] 명령 입력 후 Enter 를 누르고, ❶, ❷지점을 클릭한 다음 ❸지점으로 커서를 이동해 클릭합니다. 보조선 시작 값을 조정하여 물체와 치수의 구분이 명확해집니다.

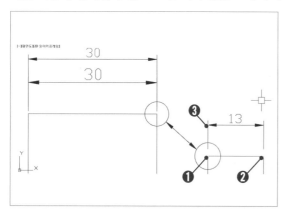

:: **DimStyle 명령으로 기호 및 화살표 설정하기**

주로 치수의 양끝 화살표 모양을 설정합니다. 직종에 따라 다양한 유형의 화살표가 사용됩니다.

01 DimStyle(D) 명령 입력 후 Enter, [치수 스타일 관리자] 대화상자에서 [수정]을 클릭합니다. [기호 및 화살표] 탭을 클릭하고 첫 번째, 두 번째 설정을 [건축 눈금]으로 변경합니다. [확인] 클릭 후 [닫기]를 클릭합니다.

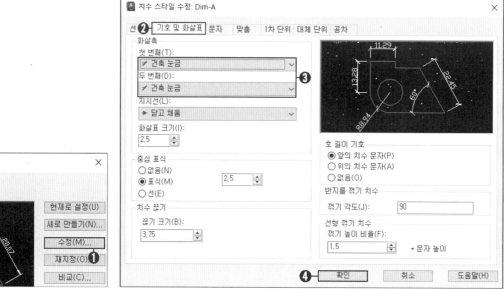

❶ **화살촉(Arrowheads)**
• **첫 번째(First)** : 치수선 시작 부분(위치 지정 시 첫 번째 클릭)의 화살표 모양입니다.(DimBLK1)
• **두 번째(Second)** : 치수선 끝부분(위치 지정 시 두 번째 클릭)의 화살표 모양입니다.(DimBLK2)
• **지시선(Leader)** : 지시선 시작 부분의 화살표 모양(Qleader(LE)) 설정과 동일합니다.(DimLDRBLK)
• **화살표 크기(Arrow Size)** : 화살표의 크기입니다.(DimASZ)

❷ **중심 표식(Center Marks) (DimCEN)**
• **없음(None)** : 중심 표식을 넣지 않습니다.
• **표식(Mark)** : 중앙에 작은 십자 표식으로 표시합니다.
• **선(Line)** : 선으로 길게 표시합니다.

❸ **치수 끊기(Dimension Break)**
• **끊기 크기(Break Size)** : 치수를 끊는 교차 부분의 간격입니다.(DimBreak 명령으로 실행)

❹ **호 길이 기호(Arc Length Symbol)**
• **앞의 치수 문자(Preceding Dimension Text)** : 치수 문자 앞에 호의 기호를 배치합니다.
• **위의 치수 문자(Above Dimension Text)** : 치수 문자 위에 호의 기호를 배치합니다.
• **없음(None)** : 호 길이 기호를 넣지 않습니다.

❺ **반지름 꺾기 치수(Radius Jog Dimension)**
• **꺾기 각도(Jog Angle)** : 반지름 치수 꺾기 각도입니다.

❻ **선형 꺾기 치수(Linear Jog Dimension)**
• **꺾기 높이 비율(Jog Height Factor)** : 선형 치수 꺾기 높이입니다.

02 'Dim-A' 스타일이 수정되었기 때문에 이전에 기입한 'Dim-A' 스타일 치수 2개가 수정되었습니다. 하지만 가장 먼저 기입한 치수는 기본 스타일인 'ISO-25' 스타일이므로 변경 사항이 적용되지 않습니다.

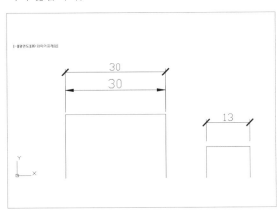

03 Dimlinear(DLI) 명령 입력 후 Enter를 누르고, 중간점 ❶지점을 클릭하고 ❷지점을 클릭해 선형 치수를 기입합니다. 설정된 화살표로 치수가 기입되며, 교차 부분이 생겨 치수보조선이 문자를 가리고 있습니다.

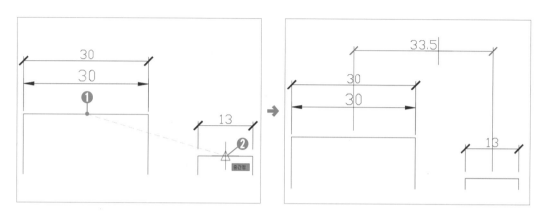

04 리본 메뉴 [주석] 탭의 [치수] 그룹에서 [치수 끊기(⊞)]를 클릭하거나 [Dimbreak] 명령을 입력합니다. 교차되는 [33.5] 선형 치수 ❶을 클릭하고 Enter를 누른면, Dimstyle에 설정된 끊기 크기(Break Size)만큼 치수가 끊어집니다.

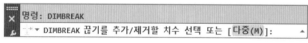

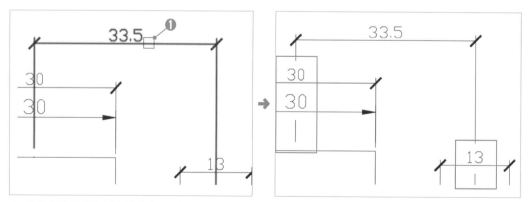

∴ 이와 같은 작업을 위해 분해하는 사용자가 있습니다. 분해(X)를 하게 되면 치수의 속성이 사라지므로 편집 시 문제가 발생합니다.

치수에 표기되는 문자 스타일을 설정해 글꼴과 문자의 색을 다르게 표현할 수 있습니다.

01 DimStyle(D) 명령 입력 후 Enter, [치수 스타일 관리자] 대화상자에서 [수정]을 클릭하고 [문자] 탭을 클릭합니다.

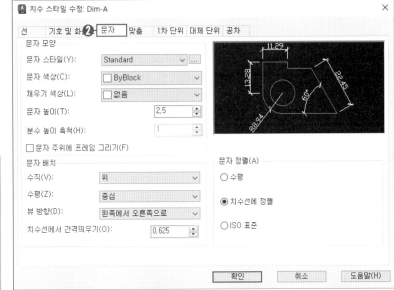

Tip! | **치수 스타일 [문자] 탭 옵션**

❶ **문자 모양(Text Appearance)**
- **문자 스타일(Text Style)** : 치수 문자의 문자 스타일을 설정합니다.
- **문자 색상(Text Color)** : 치수 문자의 색상을 설정합니다.
- **채우기 색상(Fill Color)** : 치수 문자의 바탕색을 설정합니다.
- **문자 높이(Text Height)** : 치수 문자의 높이를 설정합니다.
- **분수 높이 축척(Fraction)** : 분수 단위 표기의 높이를 설정합니다.(1차 단위를 분수로 설정해야 활성화 됨)
- **문자 주위에 프레임 그리기(Draw Frame Around Text)** : 항목 체크 시 문자 외곽에 사각 테두리를 생성합니다.

❷ **문자 배치(Text Placement)**
- **수직(Vertical)** : 수직 방향의 문자 배치를 지정합니다.
- **수평(Horizontal)** : 수평 방향의 문자 배치를 지정합니다.
- **뷰 방향(View Direction)** : 문자를 보는 방향을 설정합니다.
- **치수선에서 간격띄우기(Offset From Dim Line)** : 치수선과 문자의 수직 간격을 설정합니다.

❸ **문자 정렬(Text Alignment)**
- **수평(Horizontal)** : 치수 문자를 항상 수평으로 정렬합니다.(DimTOH=ON, DimTIH=ON과 동일함)
- **치수선에 정렬(Aligned With Dimension Line)** : 치수 문자와 치수선을 평행하게 정렬합니다. (DimTOH=OFF, DimTIH=OFF와 동일함)
- **ISO 표준(ISO Standard)** : 치수보조선 안에 문자 포함 시 치수선과 평행 정렬, 밖에 있으면 수평 정렬합니다. (DimTOH=ON, DimTIH=OFF와 동일함)

02 [문자 모양]의 '문자 스타일' 옆 ⋯ 아이콘을 클릭한 다음 [새로 만들기]를 클릭합니다. 스타일은 [Dim-A], 글꼴 이름은 [맑은 고딕]으로 설정한 후 [적용]을 클릭하고 [닫기]를 클릭합니다.

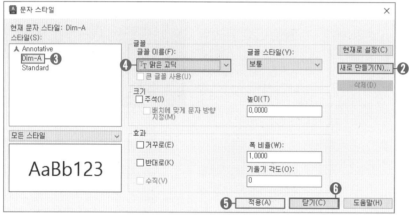

※※ ⋯은 문자 스타일(Text Style)과 동일하며 설정이 치수와 연동됩니다.

03 문자 스타일의 [Standard] 항목을 클릭해 [Dim-A]로 변경하고, 문자 색상도 [노란색]으로 변경합니다. 미리보기에서도 변경된 사항을 확인할 수 있습니다. [확인]을 클릭하고 [치수 스타일 관리자] 대화상자에서 [닫기]를 클릭합니다.

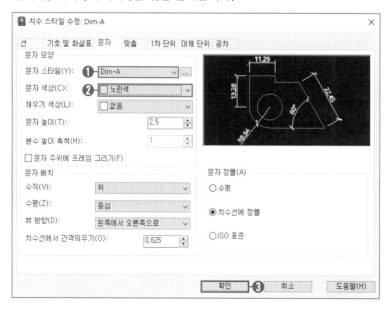

04 'Dim-A' 스타일 수정으로 치수 3개가 수정되었습니다. 하지만 가장 먼저 기입한 치수는 기본 스타일인 'ISO-25' 스타일이므로 변경 사항이 적용되지 않습니다.

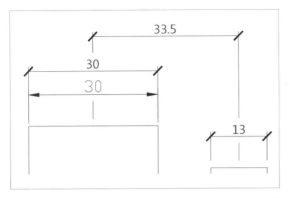

✻ 현재 Dim 도면층은 빨강으로 설정되어 있지만 치수 문자의 색을 절댓값으로 변경했기 때문에 어떤 도면층을 사용하더라도 문자는 노란색으로 표기됩니다.

:: DimStyle 맞춤 설정하기

[맞춤] 탭에서는 DimTOFL, DimUPT, DimATFIT, DimTMOVE, DimScale 등을 설정할 수 있습니다.

01 DimStyle(D) 명령 입력 후 Enter, [치수 스타일 관리자] 대화상자에서 [수정]을 클릭하고 [맞춤] 탭을 클릭해 설정 내용을 확인합니다.

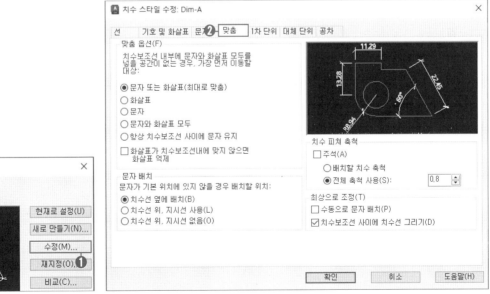

자주 변경하는 부분이 아니므로 내용만 확인합니다.

❶ **맞춤 옵션(Fit Options)**
• **문자 또는 화살표(Either Text Or Arrows)** : DimATFIT〈3〉과 동일합니다.
• **화살표(Arrows)** : DimATFIT〈1〉과 동일합니다.
• **문자(Text)** : DimATFIT〈2〉와 동일합니다.
• **문자와 화살표 모두(Both Text And Arrows)** : DimATFIT〈0〉과 동일합니다.
• **항상 치수보조선 사이에 문자 유지(Always Keep Text Between Ext Lines)** : 치수보조선 사이의 공간이 부족할 경우 치수보조선 안에 치수 문자를 강제로 배치합니다.(DimTIX)

❷ **문자 배치(Text Placement)**
• **치수선 옆에 배치(Beside The Dimension Line)** : 치수보조선 사이에 문자를 넣을 공간이 부족한 경우 문자를 보조선 옆으로 내보냅니다.(DimTMOVE〈0〉)
• **치수선 위, 지시선 사용(Over Dimension Line, With Leader)** : 치수보조선 사이에 문자를 넣을 공간이 부족할 경우 문자를 치수선 위로 지시선을 그려 내보냅니다.(DimTMOVE〈1〉)
• **치수선 위, 지시선 없음(Over Dimension Line, Without Leader)** : 치수보조선 사이에 문자를 넣을 공간이 부족할 경우 문자를 치수선 위로 지시선을 그리지 않고 내보냅니다.(DimTMOVE〈2〉)

❸ **치수 피쳐 축척(Scale For Dimension Features)**
• **주석(Annotative)** : 주석 축척을 사용합니다.
• **배치할 치수 축척(Scale Dimension To Layout)** : 배치 축척을 사용합니다.
• **전체 축척 사용(Use Overall Scale Of)** : 사용할 축척을 직접 입력합니다.(DimScale)

❹ **최상으로 조정(Fine Tuning)**
• **수동으로 문자 배치(Place Text Manually)** : 사용자가 치수 문자의 위치를 수동으로 조정합니다.(DimUPT)
• **치수보조선 사이에 치수선 그리기(Draw Dim Line Between Ext Line)** : 치수 문자와 화살표가 치수보조선 밖에 위치할 경우 내부의 치수선 그리기를 설정합니다.(DimTOFL)

:: DimStyle 1차 단위 설정하기

1차 단위 설정은 기본으로 사용할 단위 및 정밀도 등을 설정할 수 있습니다.

01 설정 내용을 확인하기 전에 먼저 원 ❶의 반지름 값과 사선 ❷의 길이를 특성(PR, Ctrl + 1)을 활용해 확인합니다.

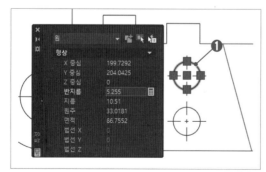

원 ❶의 반지름 : 5.255

사선 ❷의 길이 : 41.5097

02 [Dimradius(DRA)] 명령을 입력하고 Enter , 원 ❶을 클릭하면 원의 반지름이 표시됩니다. [Dimaligned(DAL)] 명령을 입력하고 Enter , 다시 Enter 를 눌러 옵션 적용 후 선분 ❷를 클릭하고 ❸지점을 클릭합니다. 기입된 값은 조회된 값과 다른데 이는 단위 설정의 정밀도 설정과 관련이 있으며, 소수점 표기 형식이 소수점 두 자리로 억제되어 있기 때문입니다.

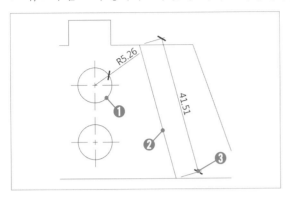

03 DimStyle(D) 명령 입력 후 Enter , [치수 스타일 관리자] 대화상자에서 [수정]을 클릭하고 [1차 단위] 탭을 클릭합니다. 선형 치수의 정밀도를 소수점 네 자리로 변경 후 [확인]을 클릭하고 [치수 스타일 관리자] 대화상자에서 [닫기]를 클릭합니다.

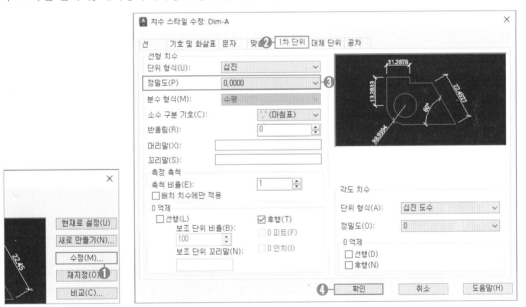

⁎ 정밀도는 직종에 따라 달라집니다. 건축은 0을 많이 사용하고, 기계는 0.00을 많이 사용합니다.

Tip! **치수 스타일 [1차 단위] 탭 옵션**

❶ **선형 치수(Linear Dimension)**
• **단위 형식(Unit Format)** : 단위를 지정합니다.(십진, Wineows 바탕 화면 – mm, 엔지니어링 – inch)
• **정밀도(Precision)** : 소수점 표기의 정밀도로 소수점 자릿수를 제어합니다.
• **분수 형식(Fraction Format)** : 분수 형식 단위를 지정합니다.(단위를 분수로 설정하면 활성화 됨)
• **소수 구분 기호(Decimal Separator)** : 소수점 구분 형식을 설정합니다.
• **반올림(Round Off)** : 반올림 값을 지정합니다.
• **머리말(Prefix)** : 문자 앞의 머리말을 입력합니다.
• **꼬리말(Suffix)** : 문자 뒤의 꼬리말을 입력합니다.

❷ **측정 축척(Measurement Scale)**
• **축척 비율(Scale Factor)** : 치수 측정 시 길이의 축척을 설정합니다.(실제 길이의 표기값 비율)

❸ **0 억제(Zero Suppression)**
• **선행(Leading)** : 소수점 앞 0의 표기를 억제합니다.
• **후행(Trailing)** : 소수점 뒤 0의 표기를 억제합니다.

❹ **각도 치수(Angular Dimension)**
• **단위 형식(Unit Format)** : 단위를 지정합니다.(십진 도수(°))
• **정밀도(Precision)** : 소수점 표기의 정밀도로 소수점 자릿수를 제어합니다.

❺ **0 억제(Zero Suppression)**
• **선행(Leading)** : 소수점 앞 0의 표기를 억제합니다.
• **후행(Trailing)** : 소수점 뒤 0의 표기를 억제합니다.

04 설정을 완료하면 치수가 수정된 것을 확인할 수 있습니다.

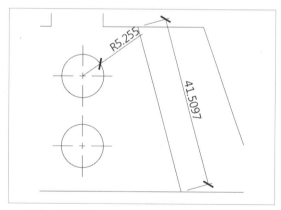

✲ 기계 도면과 같은 정밀한 도면을 작성하는 경우 정밀도 설정을 도면에 맞게 설정한 후 치수를 기입해야 합니다.

02 DimStyle의 수정과 재지정의 차이점

DimStyle(치수 유형)의 수정은 Step 01에서 작업한 것처럼 이미 기입한 치수 스타일을 변경할 때 사용되며 재지정은 이미 기입한 치수 스타일 설정은 그대로 유지하고 설정을 변경한 내용으로 다시 기입할 때 사용됩니다.

작업	치수 스타일의 수정과 재지정 설정의 차이
단축키	D
풀다운 메뉴	치수(Dimension) ➡ 치수 스타일(Dimension Style)

01 현재 사용 중인 'Dim-A' 스타일의 화살표는 '건축(사선)'이며, 소수점 표시는 '넷째 자리', 전체 축척은 '0.8'로 설정되어 있습니다. 세 가지 사항을 변경해 다시 치수를 기입하겠습니다. [DimStyle(D)] 명령을 입력하고 Enter를 누른 후 [치수 스타일 관리자] 대화상자에서 [재지정]을 클릭합니다.

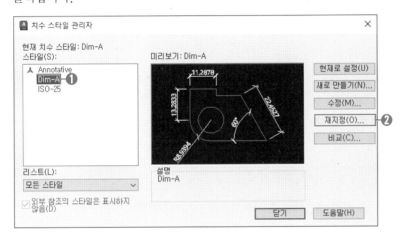

02 [기호 및 화살표] 탭에서 화살촉의 옵션을 [닫고 채움]으로 변경하고 [맞춤] 탭에서는 [전체 축척 사용]을 선택하고 값은 [1]로 변경합니다.

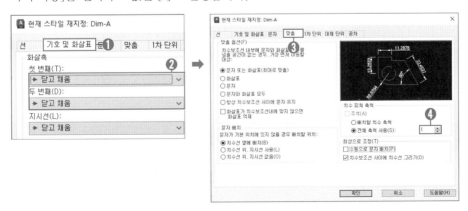

03 [1차 단위] 탭에서 정밀도를 [0.00]으로 설정한 후 [확인]을 클릭하고 [치수 스타일 관리자] 대화상자에서 [닫기]를 클릭합니다. 설정을 변경했지만 재지정했기 때문에 설정 전에 기입된 치수는 변경되지 않고 그대로 유지됩니다.

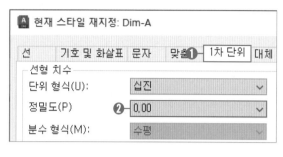 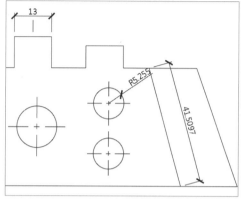

04 설정된 사항을 확인하기 위해 [Dimradius(DRA)] 명령을 입력하고 Enter를 누른 후 원 **❶**을 클릭해 반지름 치수를 기입합니다. [Dimaligned(DAL)] 명령을 입력하고 Enter를 누른 후 다시 Enter를 눌러 옵션을 적용하고, 선분 **❷**를 클릭하고 **❸**지점을 클릭합니다. 치수의 크기, 정밀도, 화살표가 변경된 설정으로 기입됩니다.

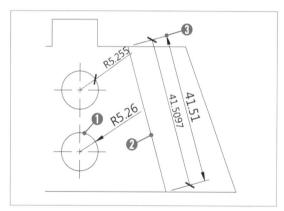

∗∗ 수정과 재지정은 분명히 다르기 때문에 꼭 이해하고 사용해야 합니다.

기입된 치수의 변수를 수정할 때는 특성을 활용

치수의 축척, 치수보조선 억제, 치수 스타일, 문자 스타일, 화살표, 정밀도 등은 자주 변경될 수 있으므로 [특성] 대화 상자에서 위치를 알아두는 것이 좋습니다.

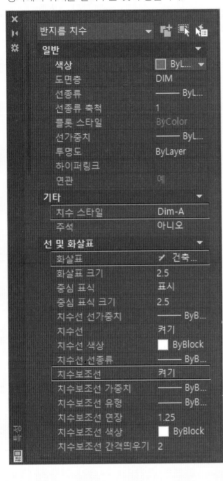

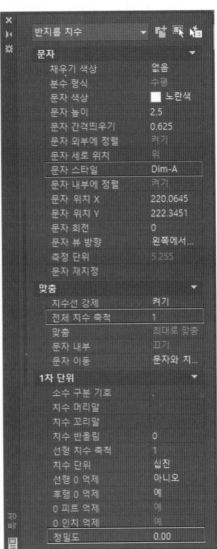

1 다음과 같이 도면 작성에 필요한 도면층과 스타일을 구성하시오.

[도면층]

[문자 스타일]

[치수 스타일 : 'ISO-25' 기본 스타일을 다음과 같이 수정]

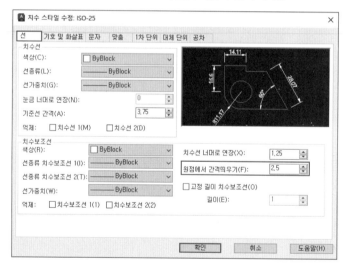
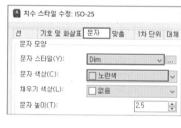

2 과제 **1**의 도면층과 스타일을 적용해 다음 도면을 작성하시오.

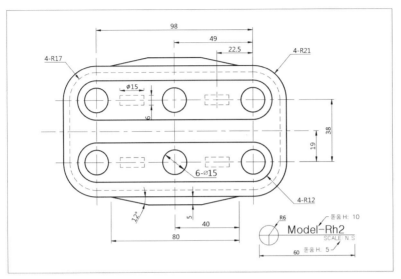

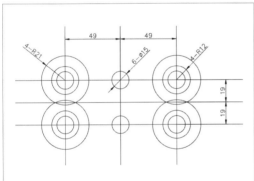

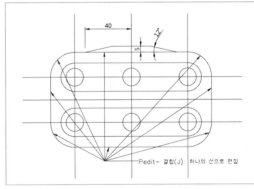

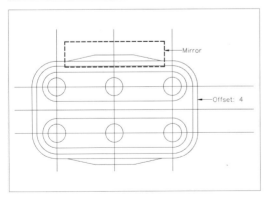

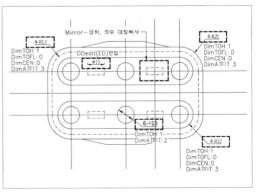

📁 P04/Ch06/실습과제답안.dwg

도면의 배치와 출력

도면 작성의 최종 결과물은 종이에 인쇄된 도면이며, 인쇄된 도면을 바탕으로 업무를 진행하게 됩니다. 작성된
도면을 출력할 수 있도록 배치하고 선의 색상과 두께를 설정하여 보기 좋은 도면으로 출력할 수 있어야 합니다.

◆ PageSetup과 Plot(Ctrl + P) : 페이지 설정과 출력

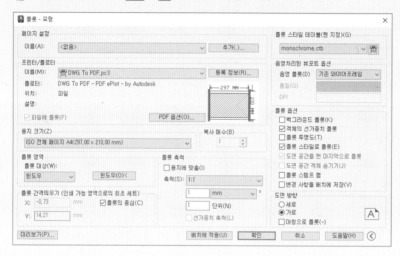

◆ Layout : 배치

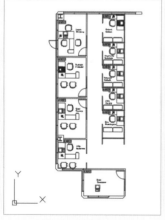

모형 공간에 작성된 도면

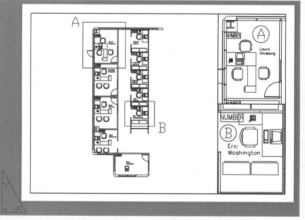

배치 공간에 모형 공간의 도면을 배치

>>> STEP

01 PageSetup(페이지 설정)

작성된 도면을 출력하기 전에 출력에 대한 정보를 입력해 저장합니다. 저장하지 않아도 출력은 할 수 있지만 저장하면 동일한 부분은 반복해서 설정하지 않고 출력할 수 있습니다.

작업	출력에 필요한 부분을 설정해 저장
풀다운 메뉴	파일(File) ➡ 페이지 설정 관리자(Page Setup)
리본 메뉴	

01 [P04/Ch07/Page Setup.dwg] 파일을 불러옵니다.

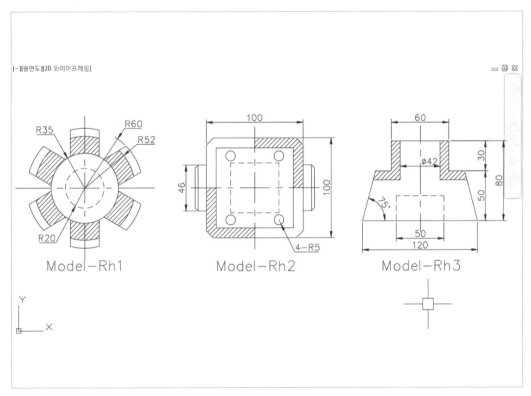

02 각 도면층(Layer)에 대한 출력 두께를 설정하기 위해 Layer(LA) 명령을 입력하고 Enter를 누릅니다. 'Center' 도면층의 선가중치인 기본값을 클릭하면 [선가중치(두께)] 대화상자가 나타납니다. [0.15mm]를 선택하고 [확인]을 클릭합니다.

03 나머지 도면층도 동일한 방법으로 그림과 같이 설정하고 [닫기]를 클릭합니다.

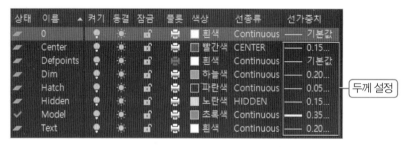

04 왼쪽 하단 [모형] 탭에서 마우스 오른쪽 버튼을 클릭하고, [페이지 설정 관리자]를 선택합니다. [페이지 설정 관리자] 대화상자에서 [수정]을 클릭합니다.

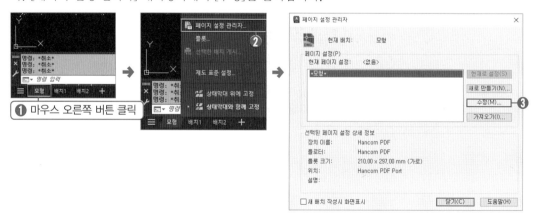

05 [페이지 설정] 대화상자가 나타나고 사용할 프린터, 용지, 영역, 축척, 출력 스타일 등을 설정할 수 있습니다.

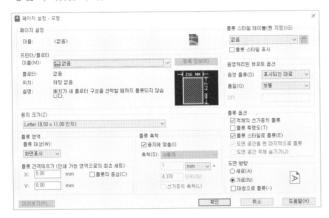

06 출력할 장치를 설정하기 위해 '프린터/플로터'에서 PC와 연결되어 있는 프린터 모델을 선택합니다.

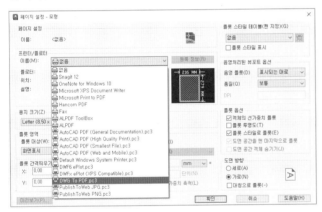

✱✱ 컴퓨터에 프린터가 없는 경우 [DWG To PDF.PC3]을 선택합니다.

> **Tip!** 플로터
>
> A2, A1, A0 등의 큰 용지에 출력할 수 있는 장비로 문서보다는 도면이나 홍보물, 현수막 등을 출력할 때 많이 사용됩니다.

07 출력할 용지를 설정하기 위해 용지 크기의 화살표를 클릭해 [A4] 용지를 선택합니다.

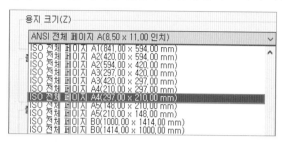

08 플롯 영역에서는 선택한 영역이 용지 중앙에 배치될 수 있도록 [플롯의 중심]을 체크하고 플롯 대상의 화살표를 클릭해 [윈도우]를 선택합니다. 영역을 지정하기 위해 작업 화면으로 이동됩니다.

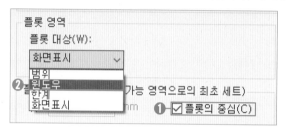

09 작업 화면에서 왼쪽 원형 도면을 출력하기 위해 ❶지점 클릭 후 ❷지점을 클릭하면 다시 [페이지 설정] 대화상자로 돌아옵니다.

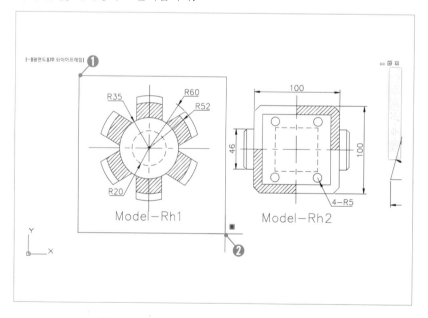

10 왼쪽 하단의 [미리보기]를 클릭해 지정한 영역을 확인하고, [Esc]를 눌러 다시 [페이지 설정] 대화상자로 복귀합니다.

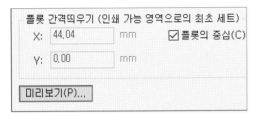

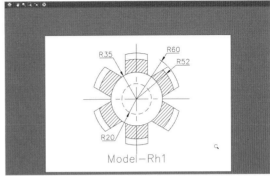

✲✲ 프린터 설정에 따라 [미리보기]를 클릭했을 경우 미리보기 화면이 컬러나 흑백으로 보일 수 있습니다. 이런 경우 다음 과정 내용인 '출력 스타일 테이블'에서 설정하면 해결됩니다.

11 플롯 축척에서 '용지에 맞춤' 항목이 체크되어 있으면, 축척을 입력할 수 없기 때문에 체크를 해제하고, [1/2]로 설정합니다. 플롯 스타일 테이블은 [monochrome.ctb]를 선택합니다.

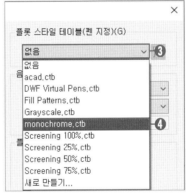

✲✲ 'monochrome.ctb'는 작성된 색상을 모두 검은색으로 출력하고 'acad.ctb'를 선택하면 작성된 색상 그대로 출력합니다.

12 마지막으로 도면 방향을 [가로]로 설정하고 [미리보기]를 클릭해 확인합니다. 축척이 '1/2'로 설정되어 작게 보입니다. 설정된 선의 두께를 확인하기 위해 확대하면 외형선과 다른 선의 두께가 비교됩니다. Esc 를 누르고 [확인]을 클릭합니다.

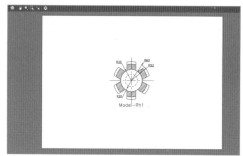

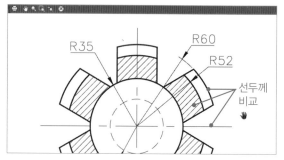

13 [페이지 설정 관리자] 대화상자에서 [닫기]를 클릭하면 설정된 사항이 기본값으로 저장됩니다.

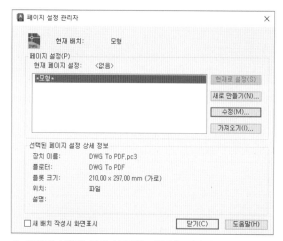

** 페이지 설정은 자주 사용되는 설정을 저장하는 기능이며, 출력하기 위해 꼭 설정하는 것은 아닙니다.

02 | Plot(플롯) - 모형 공간에서의 출력

작성된 도면을 출력합니다. [플롯] 대화상자의 구성은 [페이지 설정(PageSetup)] 대화상자와 대부분 비슷하지만 페이지 설정 (PageSetup)에서는 출력을 할 수 없습니다.

작업	설정된 사항을 출력
단축키	Ctrl + P
풀다운 메뉴	파일(File) ➡ 플롯(Plot)
리본 메뉴	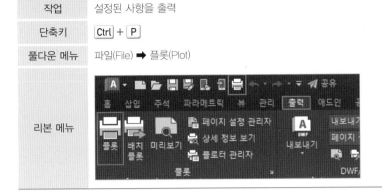

01 [Plot(Ctrl + P)] 명령 입력 후 Enter를 누르면, PageSetup에서 설정한 내용이 그대로 화면에 표시됩니다. 도면의 출력 사이즈를 키우기 위해 축척을 1/1로 변경합니다. 왼쪽 하단에 [미리보기]를 클릭해 출력될 부분을 확인하고, 출력 영역을 변경할 경우 플롯 영역의 [윈도우]를 클릭해 영역을 변경할 수 있습니다.

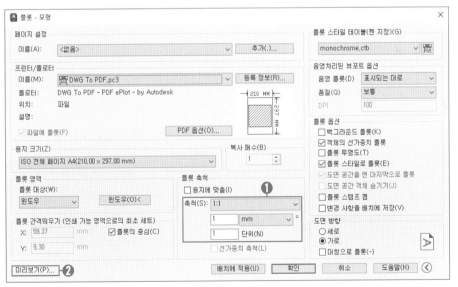

✎ '주석 축척' 확인 창이 나타나면 [계속]을 클릭합니다. 오른쪽에 추가 설정이 나타나지 않을 경우 오른쪽 하단에 [추가 옵션(ⓒ)]을 클릭합니다.

02 미리보기 창에서 문제가 없으면 Esc 를 눌러 [플롯] 대화상자로 돌아와 [확인]을 클릭해 출력합니다. 프린터가 없으면 [DWG To PDF.PC3]을 선택하고 '바탕 화면'이나 '내 문서'에 PDF 파일로 저장하여 결과를 확인할 수 있습니다.

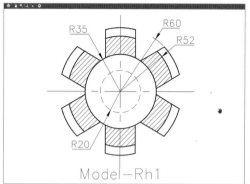 

03 출력된 결과물을 확인합니다.

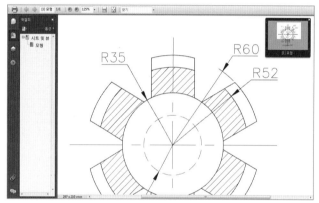

** PDF 파일로 출력할 경우 결과는 화면으로 확인할 수 있습니다. 확인 시 어도비 리더나 알PDF 등이 설치되어 있으면 자동으로 실행됩니다.

04 계속해서 용지 크기와 축척, 출력 영역이 다른 경우를 확인해 보겠습니다. Ctrl + P 를 눌러 플롯 명령을 실행합니다. 축척 ❶을 1/2로 설정한 후 플롯 영역의 [윈도우] ❷를 클릭한 다음 ❸지 점 클릭 후 ❹지점을 클릭합니다.

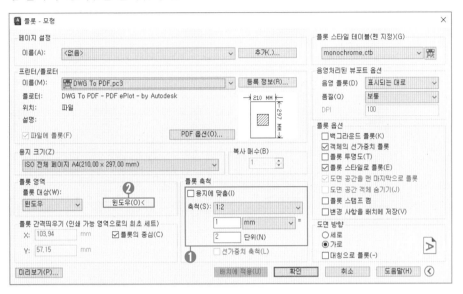

05 [미리보기]를 클릭해 두 개의 도면이 잘 나오는지 확인하고 Esc 를 눌러 세 개의 도면이 모두 출력되도록 다시 설정합니다.

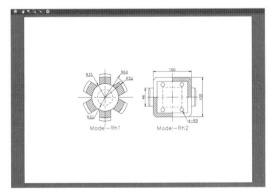
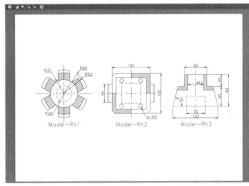

06 출력을 취소해 작업 환경으로 복귀하고 모든 도면을 준비된 양식에 배치해서 출력해 보겠습니다. 모든 도면은 위쪽에 있는 A4 용지로 이동해서 확인해보면 용지가 작아 1/1 실제 크기로 배치가 되지 않음을 확인할 수 있습니다.

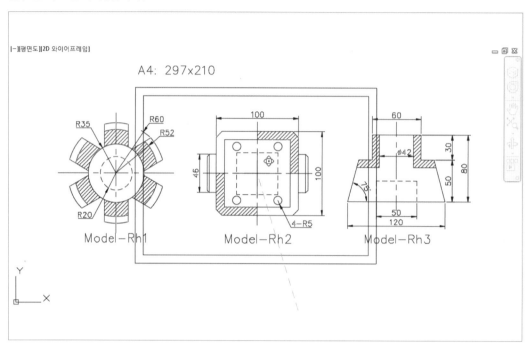

07 오른쪽의 세 번째 양식을 준비합니다. [Scale(SC)] 명령 입력 후 Enter, 확대 대상 ❶지점 클릭 후 ❷지점을 클릭하여 포함 선택하고 Enter, 확대 기준 ❸지점 클릭 후 배율 값 [2]를 입력하고 Enter를 누릅니다. Move(M) 명령을 이용해 다음과 같이 도면을 출력양식으로 이동합니다.

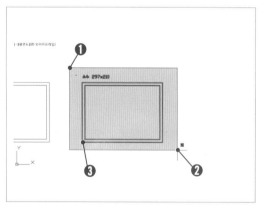

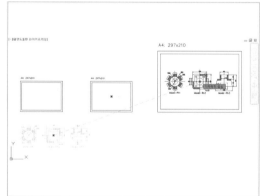

08 A4를 2배 크기로 변경했기 때문에 출력 설정 시 용지는 A4, 축척은 '1/2'이 됩니다. Ctrl + P 를 눌러 플롯 명령을 실행합니다. [플롯] 대화상자에서 [윈도우] ❶을 선택하고 ❷지점 클릭 후 ❸지점을 클릭하고 [미리보기]로 출력 결과를 확인합니다.

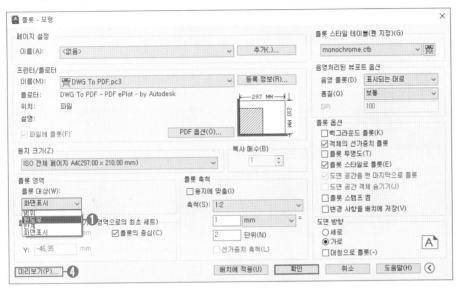

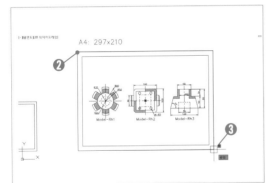

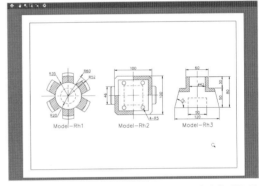

✲✲ 주석 축척이 플롯과 동일하지 않다는 메시지가 나타나면 [계속]을 클릭합니다. A4 용지를 2배로 키웠지만 출력은 반으로 줄어 A4 용지에 출력되기 때문에 도면 축척은 1/20이 됩니다.

03 Layout(도면 배치) - 배치 공간에서의 출력

모형 공간에서 작성된 도면을 모형 공간에서 직접 출력할 수도 있지만 출력의 한계가 있습니다. 모형 공간에서는 필요한 도면의 뷰 (View)만큼 복사해야 하거나 배치되는 도면의 축척이 다양할 경우 작업이 번거롭기 때문에 배치 공간(Layout)을 활용하면 좀 더 효 과적으로 도면을 배치하고 출력할 수 있습니다.

작업	모형 공간의 도면을 배치 공간을 활용해 출력
배치 탭	명령행 하단에 위치 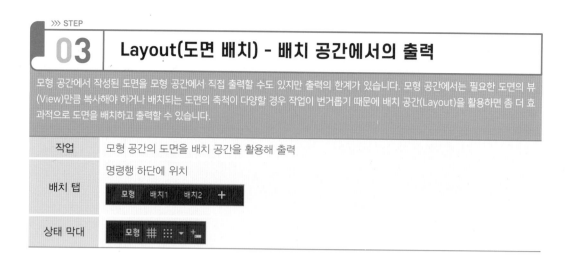
상태 막대	

01 [P04/Ch07/Layout.dwg] 파일에서 왼쪽 하단에 있는 [배치1] 탭을 클릭해 Layout 공간으 로 이동합니다.

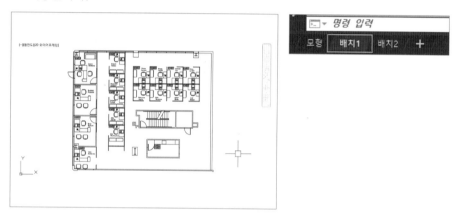

02 배치 공간으로 이동되면 설정된 용지에 모형 공간(Model)에서 작성된 도면이 자동으로 배 치됩니다.

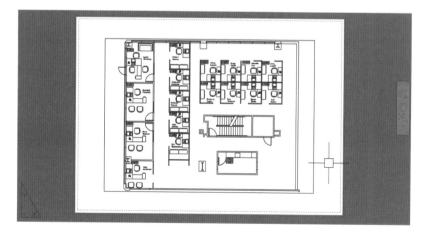

03 배치 공간의 환경을 설정하기 위해 [Options(OP)] 명령을 입력하고 Enter를 누릅니다. [화면표시] 탭의 '배치 요소'에서 [인쇄 가능 영역 표시], [용지 배경 표시]의 체크를 해제하고 [색상]을 클릭합니다. 색상에서 배경색을 모형 공간과 같은 [검은색]을 클릭하고 [적용 및 닫기]를 클릭한 후 [옵션] 대화상자에서 [확인]을 클릭합니다.

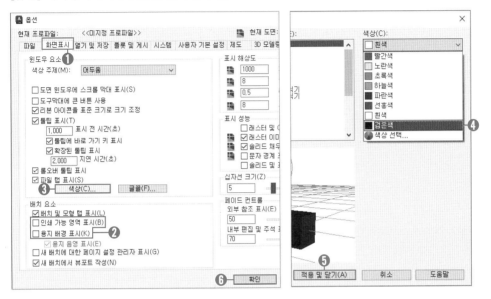

04 커서로 사각형 ❶을 클릭하고 Delete를 눌러 삭제합니다. 삭제한 사각형은 단순한 사각형인 아닌 모형 공간의 도면을 보여주는 뷰입니다.

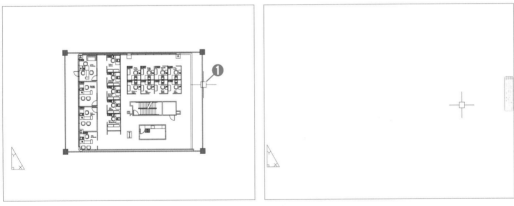

** 시각적 내용 전달을 위해 본 교재의 바탕은 흰색을 유지합니다.

05 [Rectang(REC)] 명령 입력 후 Enter, 구석점 ❶지점을 클릭하고 [@420,297]을 입력한 다음 Enter를 누릅니다. [Offset(O)] 명령을 입력하고 Enter, 거리 값 [10]을 입력하고 Enter, 사각형 ❷를 클릭한 다음, 안쪽 ❸을 클릭하여 Offset 합니다.

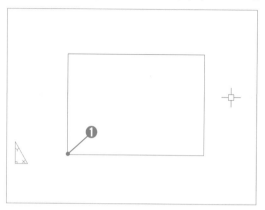
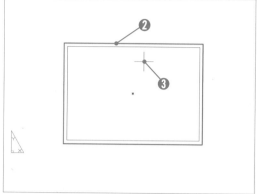

06 준비된 양식에 모형 공간의 도면을 배치하기 위해 [Mview(MV)]를 입력하고 Enter, 옵션 [4]를 입력하고 Enter를 누릅니다. ❶지점 클릭 후 ❷지점을 클릭하면 해당 영역에 4개의 창이 구성됩니다.

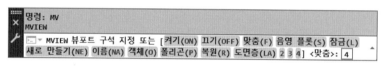

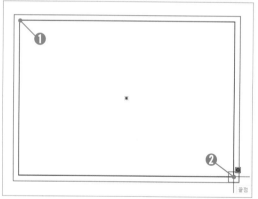
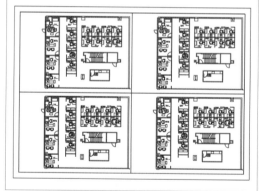

07 구성된 뷰의 선을 대기 상태의 커서로 클릭하면 각각 다른 뷰인 것을 확인할 수 있습니다. 확인 후 Esc를 눌러 선택을 해제합니다. 각 창별로 화면의 위치와 축척 설정이 가능합니다.

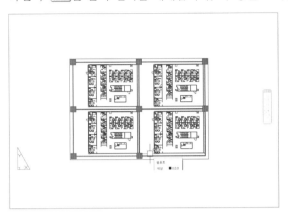

08 [Mspace(MS)] 명령을 입력하고 Enter를 누릅니다. 명령이 실행되면 창 하나가 강조되며 활성화되고, 화면과 축척 변경이 가능해집니다. 커서를 이동해 다른 창 안쪽을 클릭하면 활성화 위치를 변경할 수 있습니다. 왼쪽 하단을 클릭해 활성화 합니다.

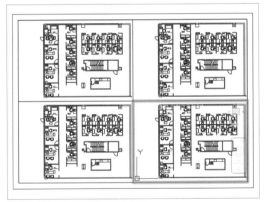 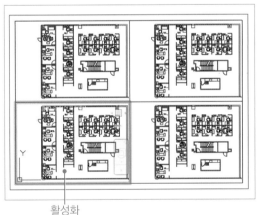

활성화

09 마우스 휠을 위아래로 돌리면 활성화된 뷰만 확대, 축소가 되며 휠을 누른 상태로 드래그하면 뷰의 위치를 변경할 수 있습니다. 왼쪽 A부분을 다음과 같이 적당히 확대해 배치하고, 오른쪽 하단 뷰를 클릭한 후 B부분을 확대해 배치합니다.

10 계속해서 ❶지점을 클릭해 활성화하고 C부분을 확대하여 배치 후 [Pspace(PS)] 명령을 입력하고 Enter 를 누릅니다. 명령이 실행되면 처음 상태인 모든 창이 비활성화된 종이 공간으로 변경됩니다.

11 축척을 설정하기 위해 대기 상태의 커서를 ❶지점에서 더블클릭합니다.

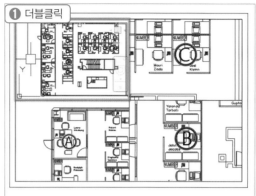

∴ Mspace(MS), Pspace(PS) 명령은 더블클릭으로 실행할 수 있습니다.

12 [Zoom(Z)] 명령 입력 후 Enter. [1/150xp]를 입력하고 Enter를 누릅니다. 왼쪽 상단의 화면이 축척 '1/150'로 조정됩니다. ❶지점에서 휠을 꾹 누른 상태로 드래그하여 화면 중앙에 오도록 배치합니다.

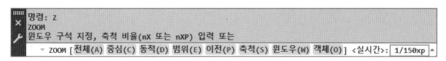

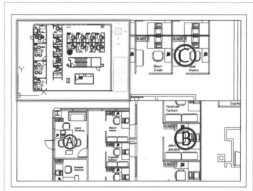

13 왼쪽 하단 뷰 ❶지점을 클릭해 해당 뷰를 활성화합니다. Zoom(Z) 명령을 입력하고 Enter 를 누른 후 [1/40xp]를 입력하고 Enter 를 누릅니다. 휠을 꾹 누른 상태로 드래그해 화면 중앙에 오도록 배치합니다.

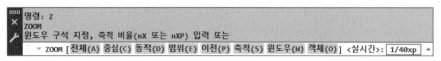

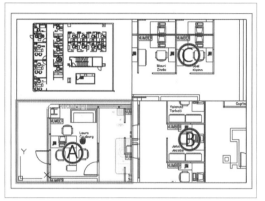

Tip! **뷰의 축척 설정**

뷰의 축척은 Zoom(Z) 명령 외에도 상태 막대의 [뷰포트 축척]으로도 설정이 가능합니다. 대기 상태의 커서로 축척을 변경할 뷰포트를 클릭하고 상태 막대의 [뷰포트 축척] 항목을 클릭해 변경하고자 하는 축척을 클릭하면 됩니다. 선택 항목에 변경할 축척 값이 없을 경우 [사용자...]를 클릭해 축척을 추가 할 수 있습니다.

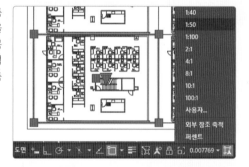

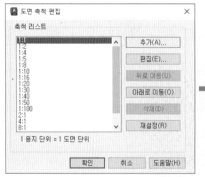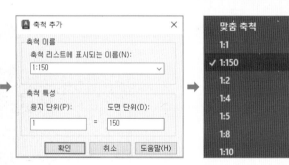

14 오른쪽 하단 뷰 ❶을 클릭해 활성화합니다. Zoom(Z) 명령을 입력하고 [Enter]를 누른 후 [1/30xp]를 입력하고 [Enter]를 누릅니다. 휠을 꾹 누른 상태로 드래그해 화면 중앙에 오도록 배치합니다.

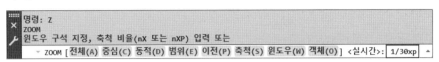

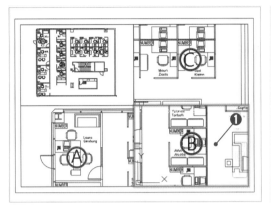
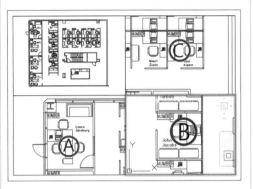

15 오른쪽 상단 뷰 ❶지점을 클릭해 활성화합니다. Zoom(Z) 명령을 입력하고 [Enter]를 누른 후 [1/20xp]를 입력하고 [Enter]를 누릅니다. 휠을 꾹 누른 상태로 드래그해 화면 중앙에 오도록 배치합니다.

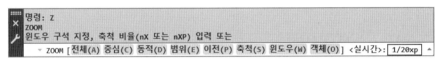

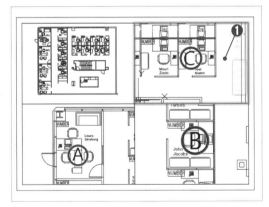
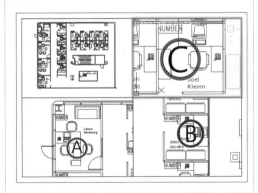

16 축척 설정이 끝나면 대기 상태의 커서로 **❶**지점에서 더블클릭합니다. 〈종이 공간〉 상태로 모든 창이 비활성화 됩니다.

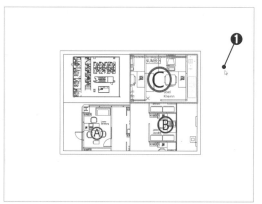 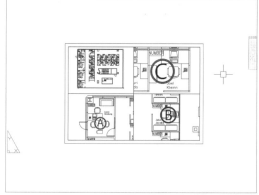

✳ Mspace(MS), Pspace(PS) 명령은 더블클릭으로 실행할 수 있습니다.

17 대기 상태의 커서로 뷰의 외곽 **❶**지점을 클릭하면 파란색 Grip(조절점)이 나타납니다. Grip **❷**, **❸**, **❹**, **❺**를 각각 클릭해 뷰 크기를 그림과 같이 조절합니다.

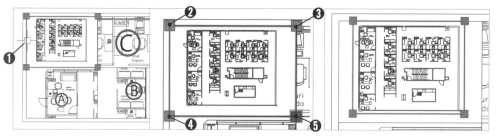

✳ 조정이 잘 안되면 Osnap(F3)을 OFF한 후 조정 위치를 클릭합니다.

18 같은 방법으로 나머지 3개의 창도 크기를 조절합니다.

 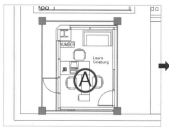 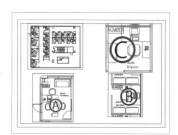

19 [Move(M)] 명령 실행 후 뷰 ❶을 클릭하고 Enter를 누릅니다. 기준점을 지정하고 아래로 이동합니다.

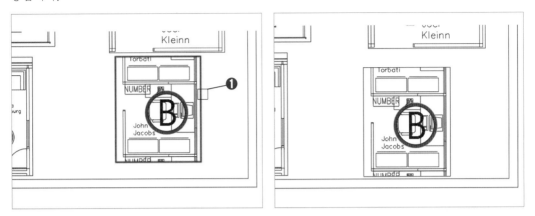

20 [Layer(LA)] 명령을 실행하고 [View] 도면층을 선홍색으로 추가합니다.

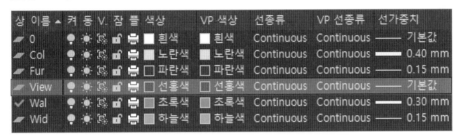

21 대기 상태의 커서로 뷰 ❶, ❷, ❸, ❹를 클릭해 도면층을 View 도면층 ❺로 변경하고 ❻을 클릭해 View 도면층을 동결시킵니다.

✻ View 도면층이 동결되지 않으면 현재 도면층이 View 도면층으로 설정되어 있기 때문입니다. 현재 도면층은 동결할 수 없으므로 현재 도면층을 View가 아닌 다른 도면층으로 변경하면 됩니다.

22 뷰를 동결시키면 뷰를 나타내는 사각형이 사라지고 뷰 안의 도면만 보이게 됩니다. 다음과 같이 적절한 크기의 도면명을 Dtext(DT) 명령으로 작성하고 작업을 완료합니다.

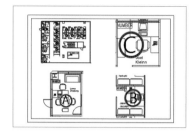
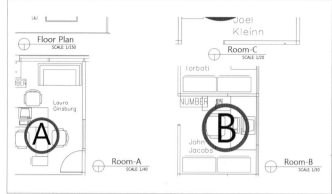

✻✻ 도면명 표기 시 뷰가 비활성화(PS)된 상태에서 작성합니다.

1 다음과 같이 도면층을 구성하고 도면을 작성해 출력하시오. 프린터가 없는 경우 PDF파일로 출력합니다.

[도면층]

상태	이름 ▲	켜기	동결	잠금	플롯	색상	선종류	선가중치
✓	0					☐ 흰색	Continuous	—— 기본값
	도면시트					☐ 흰색	Continuous	—— 0.40 mm
	문자					☐ 하늘색	Continuous	—— 0.20 mm
	숨은선					☐ 노란색	HIDDEN	—— 0.15 mm
	외형선					☐ 초록색	Continuous	—— 0.35 mm
	제목기호					☐ 선홍색	Continuous	—— 0.20 mm
	중심선					☐ 빨간색	CENTER	—— 0.20 mm
	치수선					☐ 흰색	Continuous	—— 0.20 mm
	해치					☐ 파란색	Continuous	—— 0.05 mm

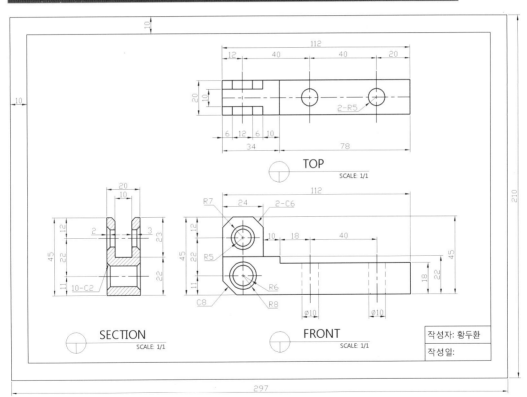

05

실무에서 유용한 기능들

이번에는 실무에 응용할 수 있는 기능과 문제 발생 시 해결할 수 있는 내용을 알아보겠습니다. AutoCAD를 배우는 대부분의 사람들은 도면을 작성하는 기능(Draw, Modify 명령)은 많이 연습하면서 프로그램의 환경(시스템)에 대해서는 소홀히 하는 경우가 많습니다. 프로그램 운영 시 발생되는 문제는 시스템과 관련 있는 것들이 많으므로 환경 설정(Options)과 옵션에 대해 이해하고 있으면, 문제를 쉽게 해결할 수 있습니다.

CHAPTER

01 단축키 편집

AutoCAD 작업 환경을 사용자가 변경할 수 있는 것처럼 단축키 또한 쓰기 편하도록 변경이 가능합니다. 등록된 단축키가 불편하거나 자주 사용하지만 단축키가 없는 경우 단축키를 추가하는 방법을 알아보겠습니다.

◆ 메모장 편집(acad.pgp)

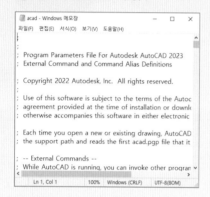

◆ 설정 창 편집(Aliasedit)

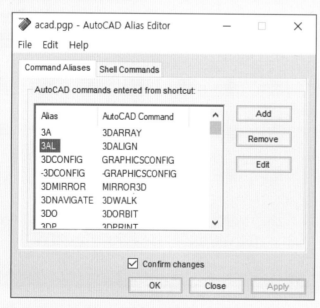

01 Aliasedit(단축키 편집)

명령어에는 기본 단축키가 설정되어 있습니다. 하지만 좀 더 편리하게 단축키를 변경하거나 단축키가 없는 경우 설정할 수 있습니다.

작업	단축키 편집
풀다운 메뉴	도구(Tools) ➡ 사용자화(Customize) ➡ 프로그램 매개변수 편집(Edit Program Parameters)
리본 메뉴	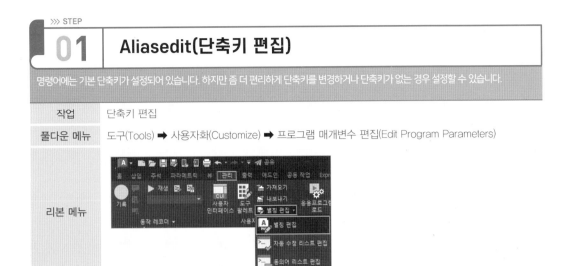

:: PGP(단축키 편집) 명령 사용하기

자주 사용하는 Copy(CO) 명령과 치수 변수의 단축키를 추가해서 사용해 보겠습니다.

01 리본 메뉴의 [관리] 탭 − [사용자화] 그룹에서 [별정 편집]을 클릭합니다. 세부 메뉴에서 다시 [별정 편집]을 클릭하면 단축키가 설정되어 있는 메모장이 나타납니다.

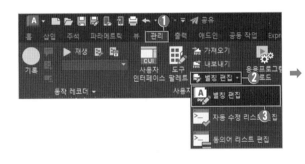 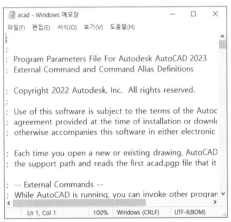

02 스크롤 막대를 아래로 내리면 왼쪽은 단축키, 오른쪽은 명령어로 구분된 부분이 나타납니다. 나열 순서는 숫자, 알파벳 순서로 되어 있습니다. 'CO, ＊COPY'를 찾아 '＊COPY '오른쪽 ❶에서 클릭하고 Enter 를 눌러 행을 변경합니다. 형식을 맞추어 다음과 같이 ❷부분의 내용을 추가합니다.

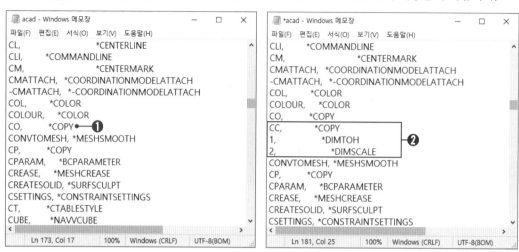

＊＊ 콤마(,) 이후 간격은 맞추지 않아도 되며 대소문자를 구분하지 않습니다.

03 [파일] 메뉴에서 [저장]을 클릭해 변경한 내용을 저장하고 [닫기]를 클릭합니다.

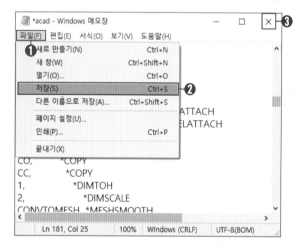

04 작업 화면에 반지름이 '30'인 원을 작성합니다. 작성된 원을 복사하기 위해 추가한 단축키 [CC]를 입력하고 Enter를 누르면 Copy 명령이 실행되지 않습니다. Esc를 눌러 실행된 명령을 종료합니다.

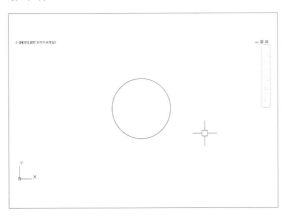

다른 명령이 실행됨

05 신규 등록한 단축키를 사용하기 위해서는 프로그램을 종료하고 다시 시작하거나 Reinit 명령을 실행해 변경된 정보를 등록해야 합니다. [Reinit] 명령을 입력하고 Enter를 누른 후 [PGP 파일(F)]을 체크하고 [확인]을 클릭합니다.

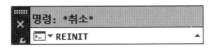

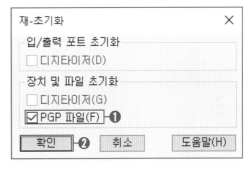

06 다시 명령행에 [CC]를 입력하고 Enter 를 누르면 Copy 명령이 실행됩니다. 원을 선택해 오른쪽에 2개를 복사한 후 [Dimradius(DRA)] 명령을 입력하고 Enter 를 누른 다음, 첫 번째 원 ❶에 반지름을 기입합니다.

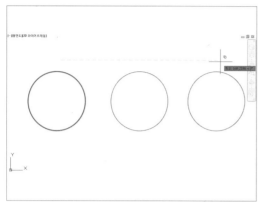 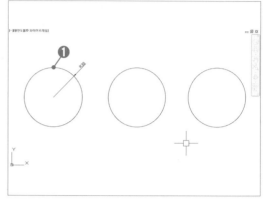

07 치수가 작게 나타납니다. 명령행에 [2]를 입력하고 Enter 를 누르면, [Dimscale] 명령이 실행되고 값을 [2]로 변경하고 두 번째 원 ❶에 반지름을 기입합니다.

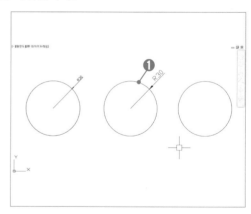

08 치수 문자를 가로쓰기 하기 위해 명령행에 [1]을 입력하고 Enter를 누릅니다. [DimTOH] 명령이 실행됩니다. 값을 [1]로 변경하고 세 번째 원 **❶**에 반지름을 기입합니다.

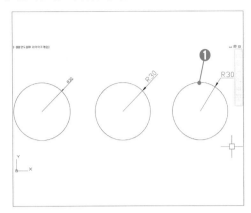

Tip! **단축키 중복 주의**

단축키는 명령어 하나당 하나가 아닌 여러 개를 등록할 수 있으며, 신규 등록 시 기존 단축키와 중복이 되지 않도록 주의합니다.

[예시]
'C'는 기본적으로 [Circle] 명령의 단축키로 설정되어 있으므로 [Copy] 명령의 단축키를 'C'로 등록할 수 없습니다. 중복 등록될 경우 중복된 명령어 모두 실행할 수 없습니다.

C, *CIRCLE ⎤
C, *COPY ⎦ 중복되므로 모두 실행 안됨

09 [Aliasedit] 명령을 실행해 단축키를 편집할 수도 있습니다. 단축키를 추가하기 위해 오른쪽 [ADD]를 클릭합니다.

❶ ADD : 단축키 추가
❷ Remove : 단축키 제거
❸ Edit : 단축키 편집

10 'Alias' 항목에 단축키로 사용할 [3]을 입력하고 'AutoCAD Command' 항목에 적용할 명령어 [LENGTHEN]을 입력합니다. [OK]를 클릭하고 덮어쓰기 확인 메시지가 나타나면 [예]를 클릭합니다.

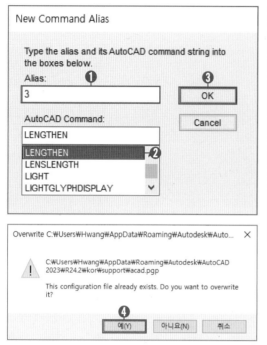

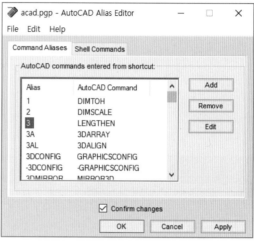

11 추가한 'LENGTHEN' 명령의 단축키를 확인하기 위해 [3]을 입력하고 Enter 를 누릅니다. [LENGTHEN] 명령이 실행되는 것을 확인합니다.

CHAPTER

02

면적 계산

부품의 표면적이나 공간의 면적을 Area 명령과 List 명령 등을 활용하여 면적을 계산하는 방법을 배워 보겠습니다.

 Area : 면적 계산

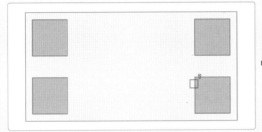

```
(빼기 모드) 객체 선택:
영역 = 250000.0000, 둘레 = 2000.0000
전체 면적 = 3500000.0000
⊡ ▼ AREA (빼기 모드) 객체 선택:              ▲
```

◆ List : 조회

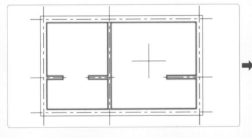

```
AutoCAD 문자 윈도우 - Area.dwg        —   □   ×
편집(E)
명령:   LIST

객체 선택: 1개를 찾음

객체 선택:
                LWPOLYLINE   도면층: "0"
                              공간: 모형 공간
                        핸들 = 3ff
             닫힘
     상수 폭    0.0000
            면적    6670000.0000
        둘레   12200.0000

명령:
```

01 Area, Boundary, List, Quickcalc(면적 계산하기)

Area 명령 등을 활용하여 면적을 계산해 보겠습니다.

작업	Area : 면적 계산 Boundary : 경계를 지정한 Polyline 설정 List : 조회 Quickcalc : 계산기
단축키	Area : A A Boundary : B O List : L I Quickcalc : Ctrl + 8
리본 메뉴	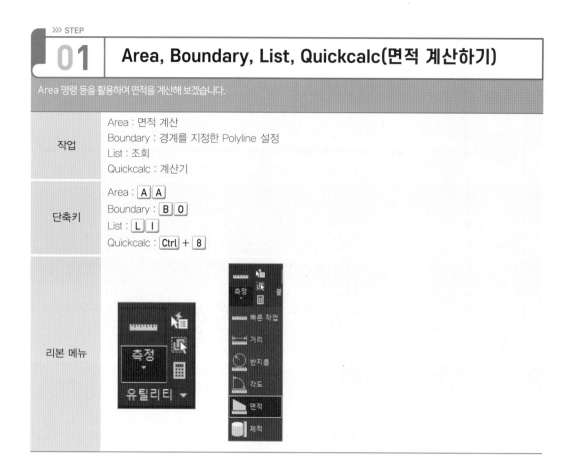

01 [P05/Ch02/Area.dwg] 파일을 불러옵니다.

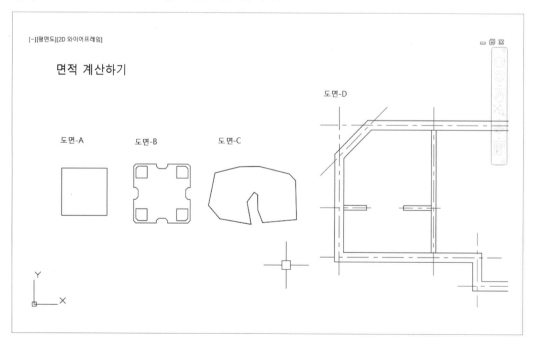

02 도면–A의 사각형은 Rectang 명령으로 작성된 Polyline입니다. [Area(AA)] 명령을 입력하고 Enter 를 누른 후 조회할 영역의 코너 ❶, ❷, ❸, ❹를 클릭하고 Enter 를 누릅니다.

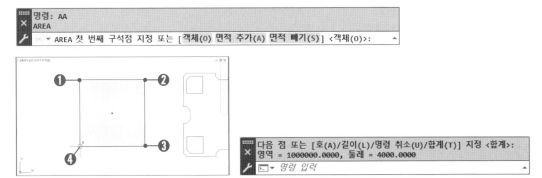

03 도면–B에서 도형 안쪽 사각형의 합을 구해보겠습니다. [Area(AA)] 명령을 입력한 후 Enter, 면적 추가 옵션 [A] 입력 후 Enter, 객체 선택 [O] 입력 후 Enter 를 누릅니다. 사각형 ❶, ❷, ❸, ❹를 클릭하면 명령행에 합계가 표시됩니다. Enter 를 누르고 한 번 더 Enter 를 눌러 명령을 종료합니다.

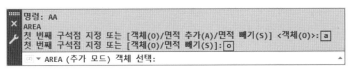

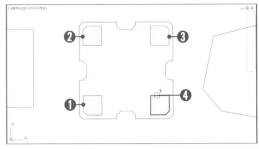

04 큰 사각형에서 작은 사각형을 뺀 나머지 면적을 확인하겠습니다. [Area(AA)] 명령 입력 후 Enter, 면적 추가 [A] 입력 후 Enter, 객체 [O] 입력 후 Enter를 누릅니다. 사각형 ❶을 클릭하고 Enter, 면적 빼기 [S]를 입력하고 Enter, 객체 [O]를 입력하고 Enter를 누릅니다. 사각형 ❷, ❸, ❹, ❺를 클릭하면 명령행에 결과가 표시됩니다. Enter를 누르고 한 번 더 Enter를 눌러 명령을 종료합니다.

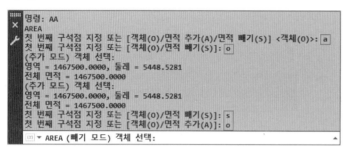

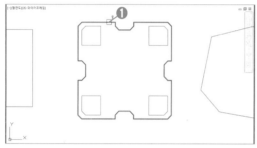

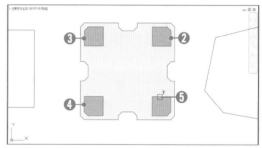

계산된 값

05 면적을 확인할 대상이 Polyline이 아닌 경우 먼저 Polyline으로 변경한 후 면적을 확인하는 것이 쉽습니다. [Boundary(BO)] 명령을 입력한 후 Enter를 누릅니다. [경계 작성] 대화상자에서 [점 선택(📧)] ❶을 클릭하고 Polyline을 추가할 영역 ❷지점 클릭 후 Enter를 누르면 도형에 Polyline이 추가됩니다.

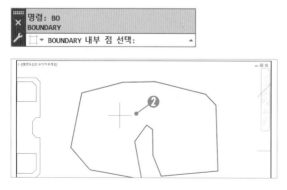

06 조회 명령으로 면적을 확인해 보겠습니다. [List(LI)] 명령 입력 후 Enter를 누르고, 도형 ❶을 클릭하고 Enter를 누릅니다. 면적을 확인했다면 조회 창의 [닫기]를 클릭합니다.

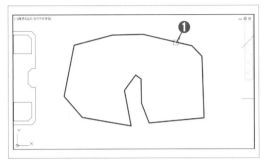

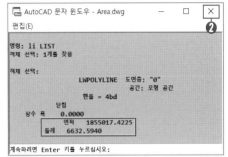

07 도면−D 평면도의 면적을 계산해 보겠습니다. 경계가 Polyline이 아니므로 먼저 [Boundary(BO)] 명령 입력 후 Enter를 누릅니다. [점 선택(🔲)] ❶을 클릭하고 Polyline을 추가할 영역 ❷지점과 ❸지점을 클릭한 후 Enter를 누릅니다.

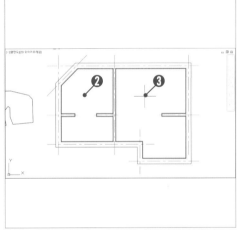

08 [List(LI)] 명령을 입력하고 [Enter]를 누른 후 영역 ❶을 클릭하고 [Enter]를 누릅니다. 면적을 확인한 후 그림과 같이 Dtext(DT) 명령으로 도면에 표기합니다. 영역 ❷도 동일하게 면적을 조회합니다.

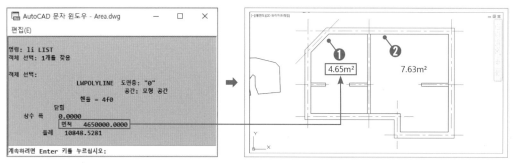

∴ AutoCAD의 단위는 mm이므로 소수점을 6자리 이동해 ㎡로 표기합니다.

09 계산기를 사용해 면적 단위를 Py(평)로 변경해 보겠습니다. [Ctrl] + [8]([홈] 탭 〉 [유틸리티] 그룹에서 계산기(▦)를 클릭)을 누른 후 그림과 같이 계산하고 값을 도면에 기입합니다.

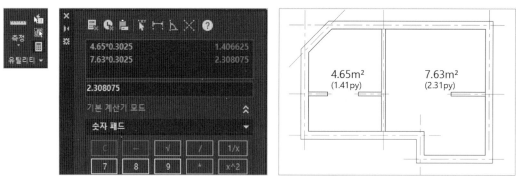

∴ 계산기 입력 창에 4.83 * 0.3025를 입력하고 [Enter]를 누르면 계산됩니다.

CHAPTER 03

AutoCAD 도면을
한글 문서에서 활용하기

AutoCAD에서 작성된 도면을 한글이나 MS워드에 첨부해야 하는 경우가 있습니다. Ctrl + C를 이용하여 클립보드에 저장된 도면을 다양한 방법으로 문서에 첨부하는 방법을 알아보겠습니다.

⬢ CopyClip : 클립보드에 복사

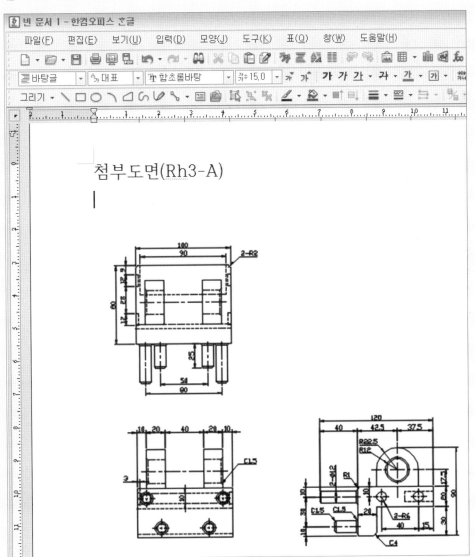

01 CopyClip, Copy With Base Point(클립보드 복사)

작성된 도면을 문서에 삽입하는 방법은 도면을 이미지(Bmp)로 저장해 그림 넣기로 첨부하는 방법과 AutoCAD 화면에서 CopyClip을 활용해 바로 첨부하는 방법이 있습니다.

작업	클립보드에 복사
단축키	CopyClip : Ctrl + C Copy With Base Point : Ctrl + Shift + C

:: 도면을 문서에 삽입하기

CopyClip(Ctrl + C)은 문서에 도면을 붙일 때 사용하지만 다른 도면으로도 복사할 수 있습니다.

01 [P05/Ch03/도면활용.dwg] 파일을 도면 양식에 복사하겠습니다.

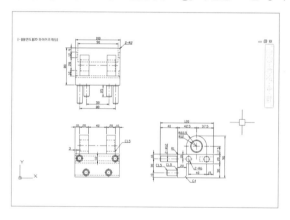

02 불러온 '도면활용' 파일은 도면 양식이 없습니다. [P05/Ch03/Sheet.dwg] 파일을 불러오고 [도면활용] 탭을 클릭해 작업 중인 파일을 이동합니다.

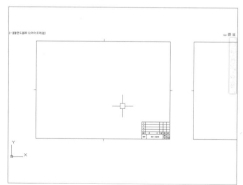

03 대기 상태의 커서로 ❶지점을 클릭한 후 ❷지점을 클릭하여 모든 도면 요소를 선택하고 Ctrl + C 를 누릅니다. 명령에서 '74'개의 요소가 클립보드에 복사된 것을 확인할 수 있습니다.

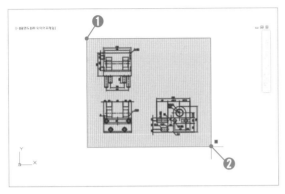

04 복사한 도면을 붙이기 위해 [Sheet] 탭을 클릭하고 Ctrl + V (붙이기)를 누르면, 도면이 화면에 나타납니다. ❷지점을 클릭해 도면을 배치합니다.

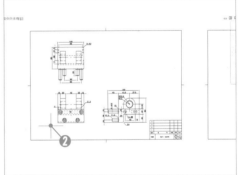

반대로 양식을 복사해 도면 파일에 붙여도 관계없습니다.

05 다시 [도면활용] 탭을 클릭합니다. 대기 상태의 커서로 ❷지점을 클릭한 후 ❸지점을 클릭하고 Ctrl + Shift + C 를 누릅니다. 명령행에 기준점을 지정하라고 표시됩니다.

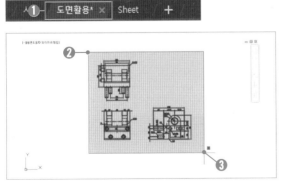

06 기준점 ❶을 클릭하고 복사한 도면을 붙이기 위해 [Sheet] 탭 ❷를 클릭합니다.

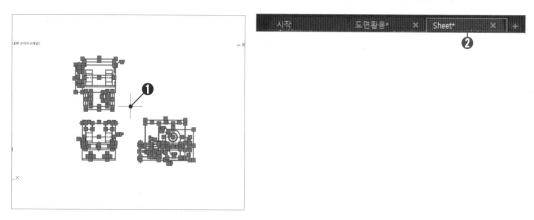

07 Ctrl + V (붙이기)를 누르면 도면이 화면에 나타납니다. 삽입의 기준점이 앞서 지정한 도면 의 중앙 부분에 나타납니다. ❶지점을 클릭해 도면을 배치합니다.

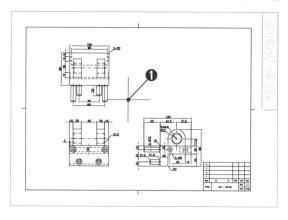

08 계속해서 복사한 도면을 한글 문서에 붙여보겠습니다. 한글 프로그램을 실행한 후 내용(첨부 도면)을 입력하고 Ctrl + V 를 누르면 도면이 문서에 붙여넣기 됩니다.

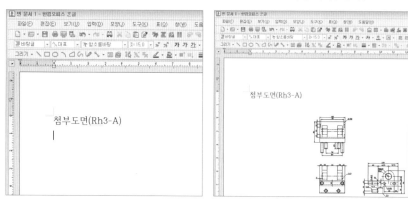

09 도면이 그림으로 삽입됩니다. 도면을 클릭하고 한글의 자르기(⊞) 도구를 사용해 좌우 여백을 잘라낸 후 크기를 조절해 도면을 배치합니다.

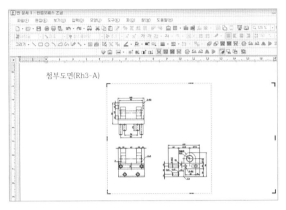
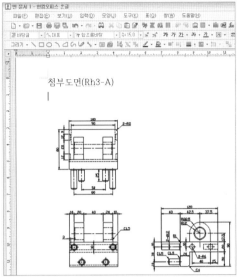

10 계속해서 OLE 개체로 삽입해 보겠습니다. 한글 프로그램에서 새 문서를 만들고 [입력] 메뉴에서 [OLE 개체]를 클릭합니다. [파일로부터 만들기]를 체크하고 [찾아보기]를 클릭합니다.

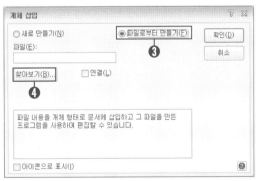

＊＊ 한글 프로그램의 버전에 따라 작업 방법과 메뉴의 위치가 다를 수 있습니다.

11 [P05/Ch03/도면활용.dwg] 파일을 선택하고 [열기]를 클릭합니다.

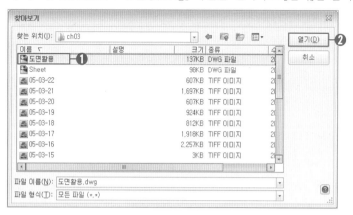

12 [연결]을 체크하고 [확인]을 클릭하면 문서에 OLE 형식으로 삽입됩니다.

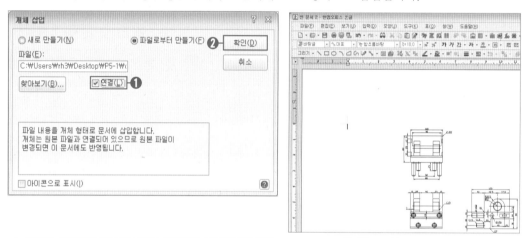

＊＊ 연결을 체크하면 한글 문서에서 이미지를 더블클릭할 경우 AutoCAD 도면을 열 수 있습니다. 또한, AutoCAD 도면
이 수정되었을 경우 문서에 삽입된 그림도 같이 수정됩니다.

문자가 깨져서 보이지 않을 경우

도면을 내부에서 작업했다면 문제가 발생할 경우는 없겠지만 외부에서 작성된 도면을 불러올 경우 Text Style 에 적용된 글꼴이 맞지 않아 한글 표기가 '???' 나 일본어처럼 보이는 경우가 발생할 수 있습니다. 이는 최초 작업 자가 사용한 글꼴이 현재 작업자의 PC에 없기 때문입니다. 이런 경우에는 폰트를 추가하거나 작업자가 보유한 글꼴로 변경해야 문자가 정상적으로 표시됩니다.

◆ Style : 문자 스타일

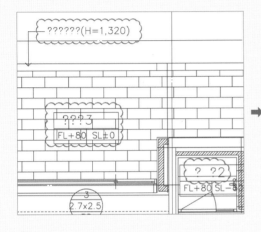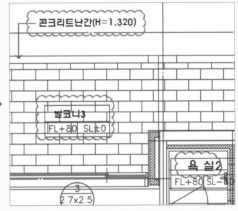

◆ List : 조회

AutoCAD 문자 윈도우 - Font.dwg — □ ×

편집(E)

```
명령: li LIST
객체 선택: 1개를 찾음

객체 선택:
                    TEXT         도면층:  "CONC"
                                  공간: 모형 공간

                      핸들 = 9ce
              스타일 = "TB_WBTXT"
      주석: 아니오
          타입페이스 = HY울룽도L
          simplex.shx에 의해 대체됨
              시작 점, X= 363.6752   Y=2614.4625

계속하려면 Enter 키를 누르십시오:
```

01 | List, Style, Regen(글꼴 변경하기)

외부 도면을 불러올 때 글꼴에 문제가 있어 표기된 문자가 깨지는 경우가 빈번합니다. 이런 경우 표기된 내용을 알 수 없고, 도면 관리에 문제가 발생할 수 있기 때문에 꼭 수정해야 합니다.

작업	List : 조회 Style : 문자 스타일 Regen : 화면 재생성
단축키	List : L I Style : S T Regen : R E
리본 메뉴	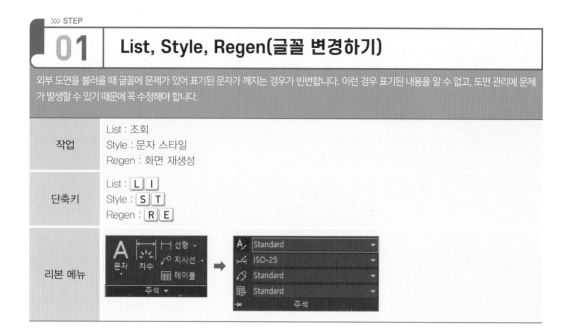

01 [P05/Ch04/Font.dwg] 파일을 불러옵니다.

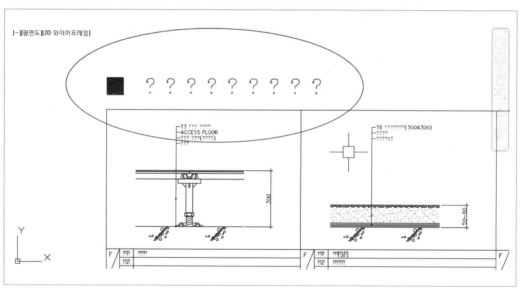

02 도면에 표기된 문자나 숫자가 영문을 제외하고 모두 '???'로 나타납니다. 이런 경우 Text Style을 확인해 사용 가능한 글꼴로 변경하면 해결됩니다. [List(LI)] 명령을 입력하고 Enter, 제목 문자 ❶을 클릭하고 Enter를 누릅니다. 조회 창에서 스타일을 확인하고 닫습니다.

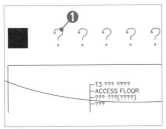 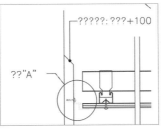 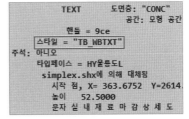

※※ 조회된 스타일은 TB_WBTXT입니다.

03 [Style(ST)] 명령을 입력하고 Enter, 스타일에서 [TB_WBTXT]를 선택한 후 글꼴을 [맑은 고딕]으로 설정하고 [적용]을 클릭합니다. 다시 [닫기]를 클릭합니다.

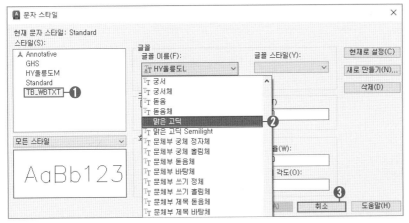

※※ 현재 사용 중인 컴퓨터에 'HY울릉도L' 글꼴이 설치되어 있다면, 글꼴 설정 과정을 진행하지 않아도 정상적으로 보입니다.

04 글꼴을 교체했지만 문자가 변경되지 않고 "???"로 표시될 경우, [Regen(RE)] 명령을 입력하고 Enter를 누르면 문자가 정상적으로 출력됩니다.

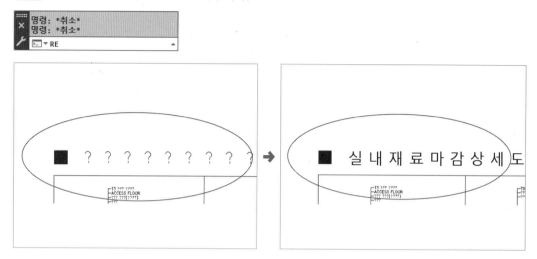

05 나머지 문자 스타일도 변경하기 위해 Style(ST) 명령을 입력하고 Enter를 누릅니다. 스타일 선택 후 다음과 같이 글꼴을 변경합니다.

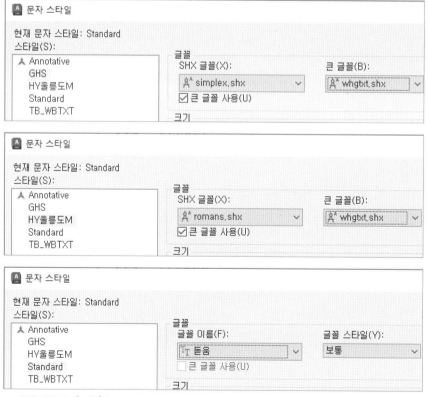

✻✻ 글꼴 변경 후 [적용]을 클릭해야 저장됩니다.

06 변경된 사항을 확인합니다.

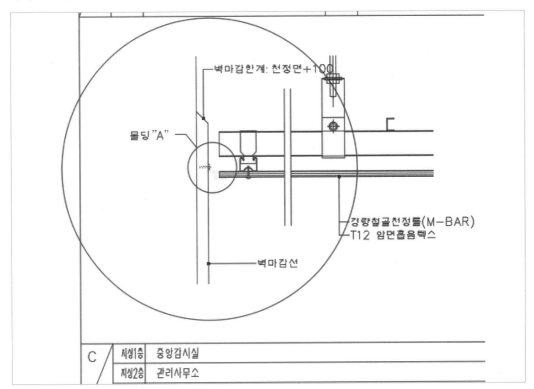

백업 파일(SV$, BAK) 복구하기

작업 중 저장을 하지 않았는데 컴퓨터가 꺼지거나 오류로 인해 작동이 멈추는 경우가 발생할 수 있습니다. 컴퓨터를 종료하지 않았는데도 비정상적으로 작동이 멈추거나 전원이 종료되면 AutoCAD는 설정된 시간에 맞춰 백업한 파일(SV$)을 저장하게 됩니다. 이번에는 백업 파일을 복원하는 방법을 배워보겠습니다.

⬢ Options : 자동 저장 시간 설정(Savetime)

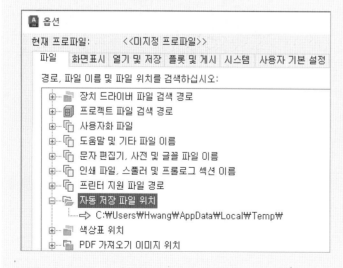

⬢ Options : 자동 저장 파일 경로 설정

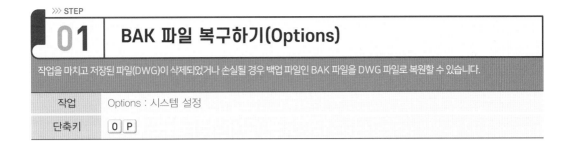

01 | BAK 파일 복구하기(Options)

작업을 마치고 저장된 파일(DWG)이 삭제되었거나 손실될 경우 백업 파일인 BAK 파일을 DWG 파일로 복원할 수 있습니다.

작업	Options : 시스템 설정
단축키	O P

01 새 도면을 시작하고 시스템 설정을 확인하기 위해 [Options(OP)] 명령을 입력하고 Enter 를 누릅니다. [열기 및 저장] 탭의 '파일 안전 예방조치' 부분에 [저장할 때마다 백업본 작성] 항목이 체크되어 있는지 확인하고 [확인]을 클릭합니다.

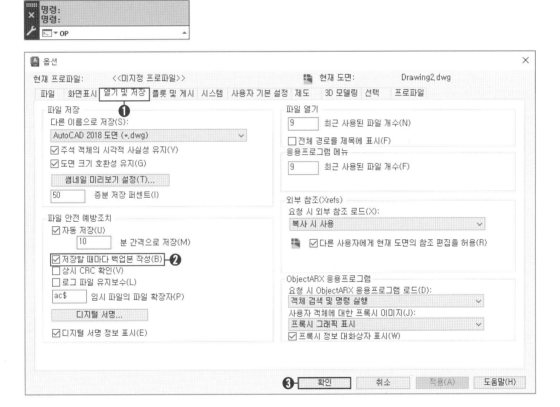

02 [Circle(C)] 명령 입력 후 Enter, ❶지점 클릭 후 반지름 값 [30]을 입력하고 Enter를 누르면 원이 작성됩니다. Save(Ctrl + S, 💾)를 클릭하면, 최초 저장이므로 [다른 이름으로 도면 저장] 대화상자가 나타납니다. 바탕 화면을 선택하고 [Test] 폴더를 만들어 파일명을 [T1]으로 저장합니다.

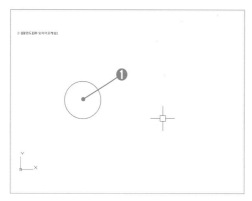

03 [Circle(C)] 명령 입력 후 Enter, ❶지점을 클릭하고 반지름 값 [50] 입력 후 Enter, Save (Ctrl + S, 💾)합니다. 계속해서 반지름이 '70'인 원도 작성하고 Save(Ctrl + S, 💾)합니다. 원 세 개를 작성하면서 총 3회 저장하였습니다.

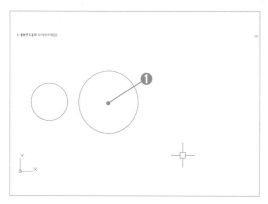

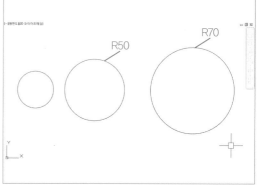

04 프로그램을 종료하고 저장 폴더인 'Test' 폴더로 이동합니다. 작업 파일(DWG)이 없어졌다 가정하고 'T1.dwg' 파일을 삭제합니다.

05 'T1.bak' 파일에서 마우스 오른쪽 버튼을 클릭하고 [이름 바꾸기]를 선택해 확장자 'bak'를 'dwg'로 변경합니다. 경고 메시지가 나타나면 [예]를 클릭합니다.

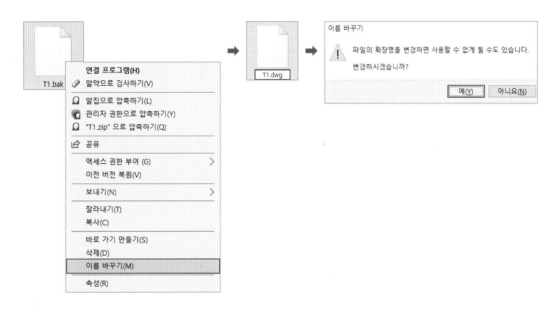

06 변경된 파일을 더블클릭해 실행합니다. 'bak' 파일은 마지막 저장 시점을 기준으로 이전 저장 시점까지만 백업되는 것을 알 수 있습니다.

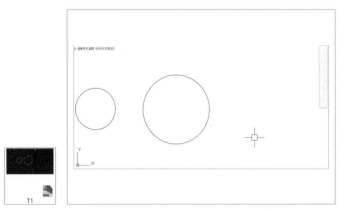

＊＊ 모든 백업 기능은 100% 저장되지 않으므로 작업하면서 수시로 저장하는 습관을 가지는 것이 가장 좋습니다.

> **Tip!** **백업본 작성 해제 방법**

'bak' 파일의 생성을 원하지 않으면 [Options(OP)] 명령을 입력하고 [열기 및 저장] 탭에서 '저장할 때마다 백업본 작성' 항목을 해제합니다.

02 SV$ 파일 복구하기(Options)

시스템 오류나 정전으로 전원이 꺼지는 등 컴퓨터가 종료되는 경우 자동 저장 파일인 SV$ 파일을 DWG 파일로 복원할 수 있습니다.

작업	Options : 시스템 설정
단축키	Options : O P

01 먼저 자동 저장 시간을 설정하겠습니다. [Savetime] 명령을 입력하고 Enter 를 누른 후 [5]를 입력하고 Enter 를 누릅니다.

```
명령: SAVETIME
SAVETIME SAVETIME에 대한 새 값 입력 <10>: 5
```

※ 단위는 분입니다. Savetime 설정이 [5]이면 5분 간격으로 작업 내용을 백업합니다.

02 다음과 같이 선과 원을 자유롭게 작성하고 위에서 설정한 자동 저장 시간인 5분을 기다립니다. 5분이 경과하면 명령행에서 백업 메시지를 확인할 수 있습니다. 오류가 발생했을 경우를 가정하고 컴퓨터의 전원을 강제로 종료하고 재부팅해 AutoCAD를 다시 실행합니다.

※ 자동 저장 파일을 확인하기 위한 방법이므로 이 과정은 따라하지 않아도 됩니다.

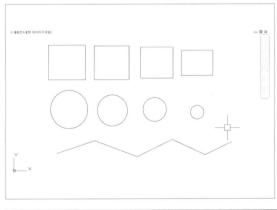

자동 저장 메시지

```
명령:
C:\Users\Hwang\AppData\Local\Temp\T1 1 24041 7c04c05f.sv$(으)로 자동 저장 ...
명령:
명령 입력
```

03 저장하지 않고 종료된 파일을 복원하기 위해 [Options(OP)] 명령을 입력하고 **Enter**를 누른 후 [옵션] 대화상자에서 [파일] 탭의 [자동 저장 파일 위치]를 더블클릭합니다. 경로를 클릭하고 한 번 더 클릭합니다. 블록으로 지정되면 **Ctrl** + **C**를 눌러 복사하고 [옵션] 대화상자를 닫고 프로그램을 종료합니다.

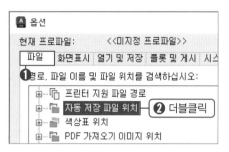 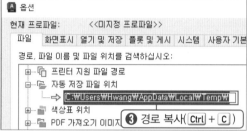

04 파일 탐색기 실행 후 주소 입력 부분을 클릭합니다. **Ctrl** + **V**를 누른 후 **Enter**를 누르면 주소가 붙여넣기 되면서 폴더로 이동합니다.

05 이동된 폴더의 파일 보기 방식을 [자세히]로 변경합니다.

• Window 10

• Window 7

06 [수정한 날짜] 순으로 정렬하고 유형에서 AutoCAD 자동 저장 도면 중 최근 파일을 찾습니다.

07 해당 파일의 확장자를 'dwg'로 변경하기 위해 [표시/숨기기] 옵션에서 [파일 확장명] 항목을 체크합니다.

Tip! **윈도우 7인 경우**

Alt 를 누르기 전

Alt 를 누르기 후

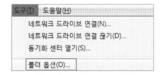

[폴더 옵션] 대화상자의 [보기] 탭에서 [알려진 파일 형식의 파일 확장명 숨기기] 항목의 체크를 해제하고 [확인]을 클릭합니다.

08 확장자가 표시된 저장 파일을 클릭하고 한 번 더 클릭하여 확장자 [sv$]를 [dwg]로 변경합니다.

✽✽ 경고 메시지가 나타나면 [확인]을 클릭합니다.

09 변경된 파일을 더블클릭해 실행하면 저장된 내용을 확인할 수 있습니다.

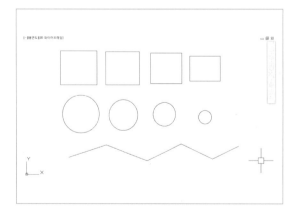

Image 파일(jpg)과 Excel 파일의 활용

작성된 도면에 관련된 사진을 첨부하거나 사진 파일을 이용해 심벌 등을 만들어 도면에 사용할 수 있습니다. 건축, 토목의 경우 현장 사진이 첨부될 수 있으며, 기계나 제품의 경우 유사 모델이나 구형 모델을 첨부할 수 있습니다.

◆ Imageattach : 이미지 첨부

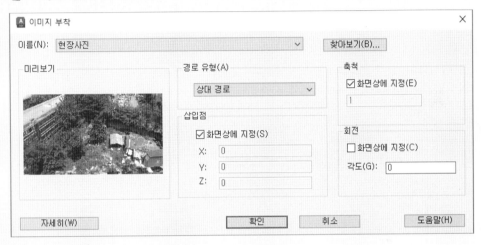

◆ Table : 표 작성

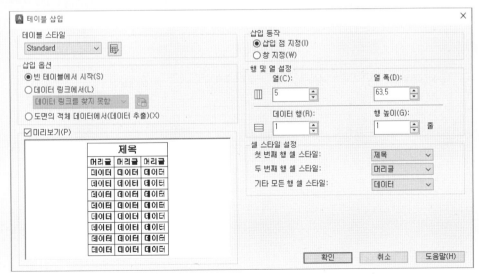

01 이미지 파일 삽입하기(Options)

도면 작성 시 내용 전달의 필요성에 따라 이미지를 첨부해야 하는 경우가 있습니다. 이때 Imageattach 명령을 사용해 이미지 파일을 삽입하는 방법을 알아보겠습니다.

작업	이미지 첨부
풀다운 메뉴	삽입(Insert) ➡ 래스터 이미지(Raster Image Reference)
리본 메뉴	

01 [P05/Ch06/Attach.dwg] 파일을 준비합니다.

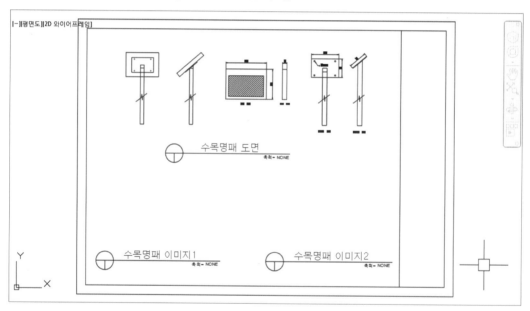

02 상단에 작성된 도면의 이해도를 높이기 위해 실제 이미지나 렌더링된 사실적인 이미지를 도면에 첨부할 수 있습니다. 부착(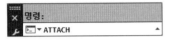) 클릭 또는 [Attach] 명령을 입력하고 Enter를 누른 후 [참조 파일 선택] 대화상자에서 [P05/Ch06/수목명패 이미지1.jpg] 파일을 선택하고 [열기]를 클릭합니다.

03 선택된 이미지를 추가하기 위해 [확인]을 클릭합니다.

04 ①지점 클릭 후 ②지점을 클릭하면 이미지가 삽입됩니다. 삽입된 이미지는 Move, Copy, Rotate, Scale 명령 등으로 편집이 가능합니다.

※ 편집 명령 사용 시 이미지의 윤곽을 선택합니다.

05 동일한 방법으로 [수목명패 이미지2.jpg]를 삽입하고 보기 좋게 배치합니다.

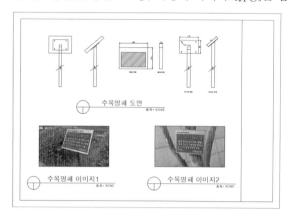

Tip! **첨부된 이미지 편집**

첨부된 이미지는 다음 명령으로 편집이 가능합니다.
Imageframe : 부착된 이미지의 테두리 선 유무를 설정합니다.
0 : 이미지에 프레임을 표시하지 않고 출력하지 않습니다.
1 : 이미지에 프레임을 표시하고 출력합니다.
2 : 이미지에 프레임을 표시하고 출력하지 않습니다.

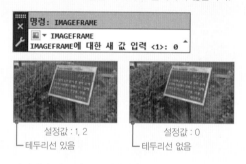

이미지의 테두리를 클릭하고 다시 마우스 오른쪽 버튼을 클릭해 [이미지]를 클릭하면 조정, 자르기, 투명도 등의 옵션을 사용할 수 있습니다.

06 [P05/Ch06/사진첨부.dwg] 파일을 불러와 다음 사진을 도면에 첨부합니다.

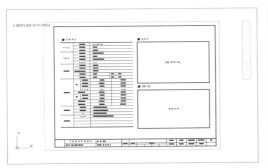 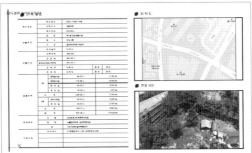

∴ 첨부 사진 경로 : P05/Ch06/포털지도.tif, 현장사진.tif

02 Excel 파일을 도면에 첨부하기(Table)

도면에 포함되는 다양한 표의 경우 Line, Text 명령으로 직접 작성하거나 Table 명령을 사용해 표를 만들 수 있지만 Excel에서 작성된 표가 있다면 AutoCAD로 첨부하는 것이 가능합니다.

작업	표 작성
단축키	T B
풀다운 메뉴	그리기(Draw) ➡ 테이블(Table)
리본 메뉴	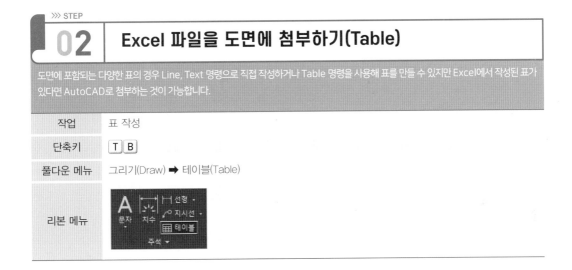

01 [P05/Ch06/Table.dwg] 파일을 준비합니다.

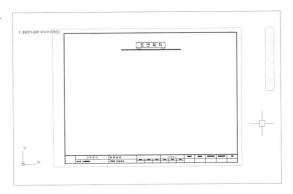

02 도면 목차가 작성된 엑셀 파일을 삽입하기 위해 [Table(TB)] 명령을 입력하고 Enter 를 누릅니다. [테이블 삽입] 대화상자에서 [데이터 링크에서(L)] 항목을 선택하고 를 클릭합니다.

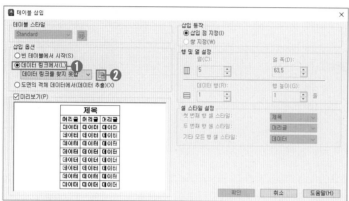

03 [데이터 링크 선택] 대화상자에서 [새 Excel 데이터 링크 작성]을 클릭하고 이름을 [도면목차]로 입력한 후 [확인]을 클릭합니다.

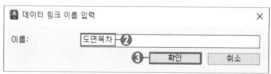

04 링크할 Excel 데이터를 가져오기 위해 오른쪽 .... 아이콘을 클릭합니다. [P05/Ch06/도면목차.xlsx] 파일 선택 후 [열기]를 클릭합니다.

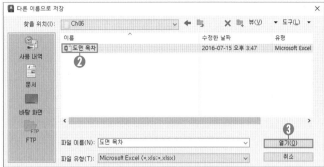

05 Excel 데이터의 시트 위치를 확인한 후 [확인]을 클릭하고 [데이터 링크 선택] 대화상자에서도 [확인]을 클릭합니다.

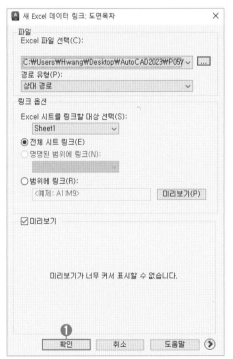
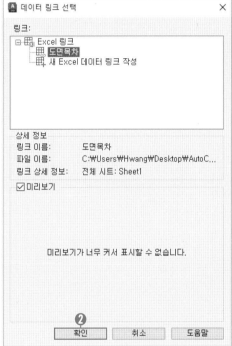

＊＊ Excel 데이터의 용량이 작은 경우 미리보기로 확인할 수 있습니다.

06 [테이블 삽입] 대화상자에서 [확인]을 클릭하고, 작업 화면에서 ❷지점을 클릭합니다.

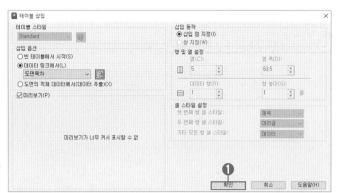
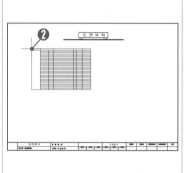

07 삽입된 표의 크기가 준비된 시트보다 작기 때문에 [Scale(SC)] 명령을 이용해 삽입된 표를 2배 크게 하여 다음과 같이 배치합니다.

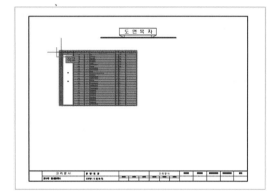
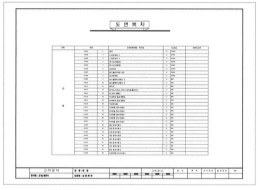

CHAPTER 07

사용자 도구 팔레트 구성
(Tool Palettes)

도면 작성 시 자주 사용하거나 규격화 되어 있는 도면 요소 및 심벌, 각종 기호는 도구 팔레트에 등록해 사용하면 도면을 효율적으로 작성할 수 있습니다.

◈ Toolpalettes : 도구 팔레트

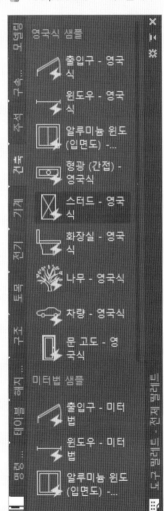

01 도구 팔레트에 Block(도면 요소) 등록하기

도구 팔레트에 사용할 도면 요소를 등록하기 위해서는 블록으로 만들어야 합니다. 도구 팔레트에 등록할 도면 요소를 준비해 블록으로 처리하겠습니다.

작업	Block : 블록 생성 Toolpalettes : 도구 팔레트
단축키	Block : B Toolpalettes : Ctrl + 3
풀다운 메뉴	도구(Tools) ➡ 팔레트(Palettes) ➡ 도구 팔레트(Tool Palettes)
리본 메뉴	

01 [P05/Ch07/palettes.dwg] 파일에서 Toolpalettes(Ctrl + 3) 명령을 입력하고 Enter 를 누릅니다.

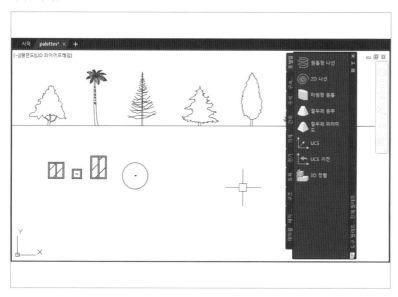

02 팔레트 왼쪽에 탭을 추가하기 위해 [탭] 위에서 마우스 오른쪽 버튼을 클릭하고 [새 팔레트]를 클릭합니다. 탭의 이름을 [창문]으로 입력하고 Enter 를 누릅니다.

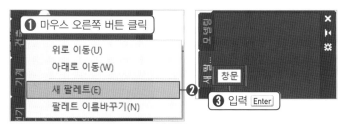

03 불러온 도면의 창문을 확대하고 [Block(B)] 명령 입력 후 Enter 를 누릅니다. [블록 정의] 대화상자에서 이름을 [미서기1500x1500]으로 입력한 후 [선택점( )]을 클릭하고 창의 끝점 ❸을 클릭합니다.

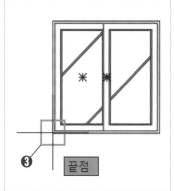

04 대상을 선택하기 위해 [객체 선택( )]을 클릭한 후 ❷, ❸지점을 클릭하여 선택하고 Enter 를 누릅니다. [확인]을 클릭해 블록 생성을 완료합니다.

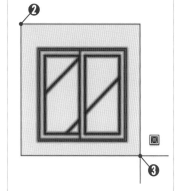

05 Ctrl + S를 눌러 저장한 후 대기 상태의 커서로 창문을 클릭하고 드래그하여 창문을 팔레트로 이동시킵니다.

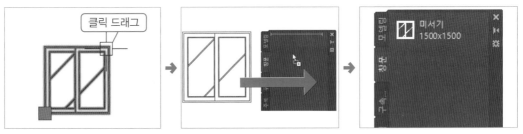

✱✱ 블록을 만든 후 저장을 하지 않으면 팔레트에 블록을 등록할 수 없습니다.

06 동일한 방법으로 나머지 창도 블록으로 만든 후 팔레트에 등록합니다.

07 원 안의 부품도 다음과 같이 [부품A] 탭을 추가해 팔레트에 등록합니다. 블록 생성 시 기준점은 대상의 중심으로 합니다.

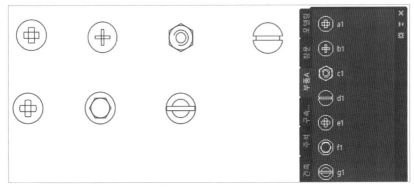

✱✱ 이름은 다르게 작성해도 관계없습니다.

02 도구 팔레트를 사용해 도면 요소 배치하기

준비된 도면에 도구 팔레트를 사용해서 도면 요소를 배치해 보겠습니다.

01 [P05/Ch07/palettes2.dwg] 파일에서 [Toolpalettes(Ctrl + 3)] 명령을 입력하고 Enter 를 누릅니다.

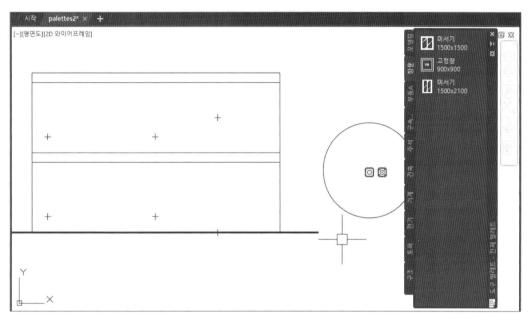

02 도면-A에서 십자선으로 표시된 부분에 도면 요소를 삽입하겠습니다. [창문] 탭을 클릭한 후 [미서기1500x1500]을 선택하고, 십자선 부분 ❸을 클릭해 도면 요소를 배치합니다.

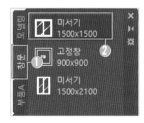

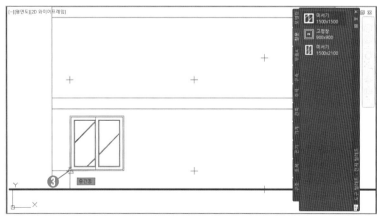

03 나머지 창문도 배치하고 [Hatch] 명령을 사용해 도면을 완성합니다. Hatch의 패턴은 [AR-BRSTD]를 [축척 1]로 설정합니다.

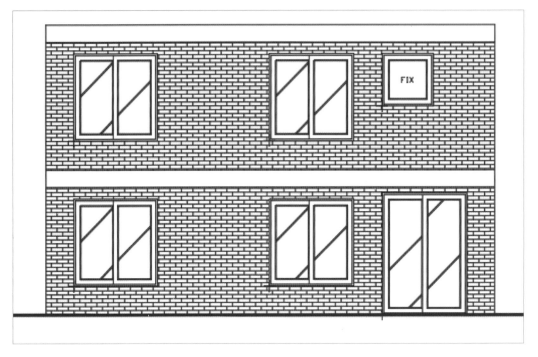

04 도면-B도 오른쪽 도면과 같이 요소를 배치합니다.

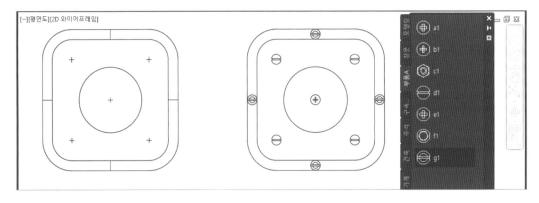

CHAPTER 08

Block(블록)과 Xref(외부 참조)의 활용

대부분의 도면은 처음부터 끝까지 모든 도면 요소를 직접 작성하지 않고 이전에 작업한 도면 요소를 그대로 사용하거나 일부를 수정해 다시 사용하는 경우가 많습니다. 이때 사용되는 도면 요소의 내용에 따라 Block(블록)과 Xref(외부 참조)를 사용하면 도면을 신속하게 작성할 수 있고 이후 변경된 내용이 발생되어도 효율적인 수정이 가능합니다.

⬡ Block : 블록 생성

⬡ Blockedit : 블록 편집

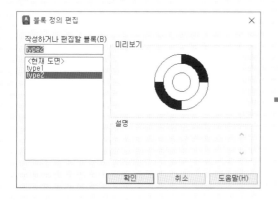 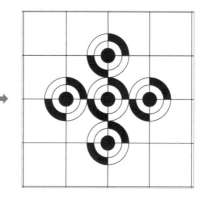

⬡ Insert : 블록 및 도면 삽입

⬡ Xref : 외부 참조

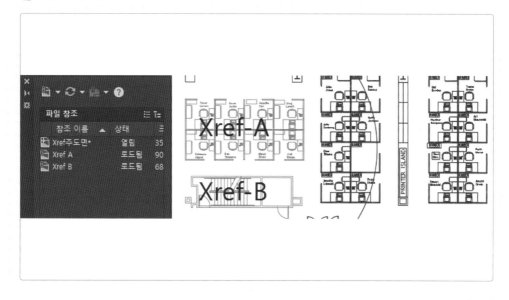

01 Block, Block Edit, Insert(블록을 활용한 도면 작성 및 편집)

건축 도면에서 창문이나 문, 기계 도면의 볼트나 기호 등 도면에 동일한 형태를 다수 배치하는 경우 해당 요소를 블록으로 만든 다음 배치하는 것이 향후 도면을 수정할 때 신속하게 처리할 수 있습니다.

작업	Block : 블록 생성 Blockedit : 블록 편집 Insert : 블록 및 도면 삽입
단축키	Block : B Insert : I Blockedit : B E (대상 더블클릭)

01 [P05/Ch08/Blockedit.dwg] 파일을 준비합니다.

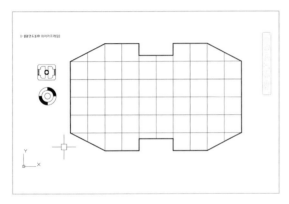

02 [Copy(CO,CP)] 명령 입력 후 Enter를 누르고 복사 대상 ❶을 선택합니다. ❷지점 클릭 후 ❸지점을 클릭하고 Enter를 누릅니다. 다음과 같이 교차점에 객체를 배치합니다.

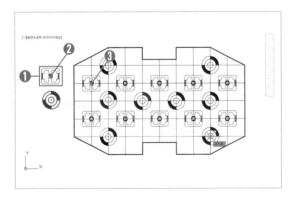

03 여기서 도면 요소를 수정해야 한다면 배치된 요소를 삭제하고 재배치하거나 배치된 요소를 모두 수정해야 합니다. Undo(U) 명령을 실행해 도면을 처음 상태로 되돌립니다. 왼쪽 도면 요소는 다음과 같이 [type1], [type2]로 이름을 설정하여 블록으로 만듭니다.

04 블록으로 만들어진 'type1', 'type2'를 Copy 명령을 이용해 다음과 같이 배치합니다. 배치된 모든 도면 요소를 다음과 같이 수정하겠습니다.

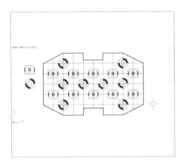 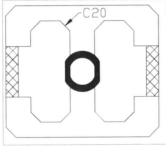 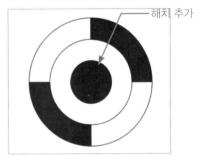

해치 추가

05 배치된 도면 요소 'type1'을 대기 상태의 커서로 더블클릭합니다. [블록 정의 편집] 대화상자에서 편집할 블록 [type1]을 클릭하고 [확인]을 클릭합니다.

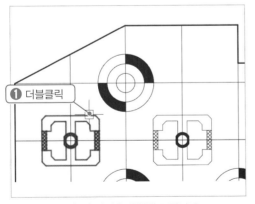 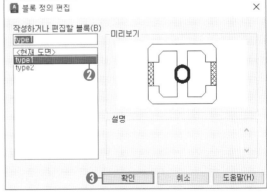

❶ 더블클릭

✱✱ Blockedit(BE) 명령을 실행해도 됩니다.

06 블록 편집 화면에서 안쪽 코너를 Chamfer(CHA) 명령으로 모두 편집합니다.(거리 1:20, 거리 2:20)

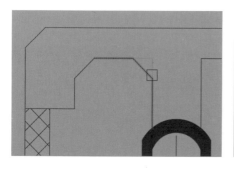 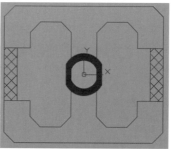

07 리본 메뉴에서 [블록 저장]을 클릭하고 리본 메뉴 오른쪽 끝에 있는 [블록 편집기 닫기(☑)]를 클릭하면 모든 'type1' 블록이 변경된 것을 확인할 수 있습니다.

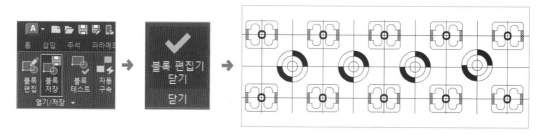

08 동일한 방법으로 'type2' 블록을 다음과 같이 안쪽에 Hatch를 넣어 편집합니다.

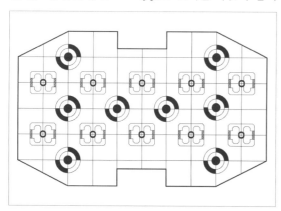

도면 작성은 여러 사람이 팀으로 작업하는 경우가 많습니다. 여러 명이 작업을 나눠하고 이후 각각의 도면을 메인 도면에 첨부하여 완성합니다. Xref 명령을 사용하면 외부 도면의 첨부와 반복적인 수정을 효과적으로 처리할 수 있습니다.

작업	외부 참조
단축키	X R

01 [P05/Ch08/Xref 주도면.dwg] 파일에서 큰 원 안에 외부 도면을 붙여 도면을 완성하겠습니다.

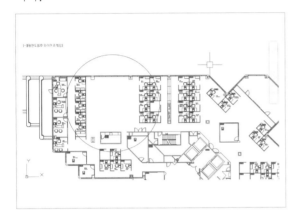

02 주도면에 참조시킬 도면을 설정하기 위해 [Xref(XR)] 명령을 입력하고 Enter를 누릅니다. [외부 참조] 대화상자에서 ❶을 클릭하고 [DWG 부착]을 선택합니다.

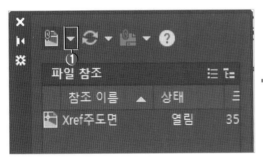

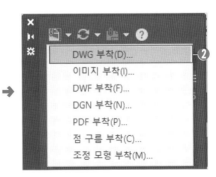

03 참조할 [Xref A.dwg(P05/Ch08/Xref A.dwg)] 파일을 선택하고 [열기]를 클릭합니다. [외부 참조 부착] 대화상자의 미리보기에서 도면 내용을 확인하고 [확인]을 클릭합니다.

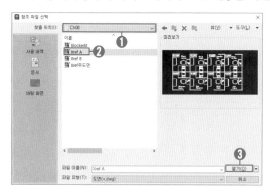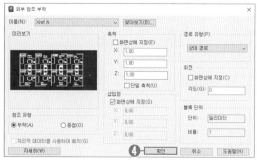

04 삽입 위치를 원점으로 입력하기 위해 [0,0]을 입력하고 Enter 를 누르면, 'Xref A' 도면이 주 도면에 참조됩니다.

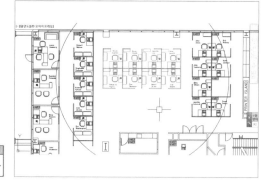

✱✱ 삽입 위치는 사용자가 임의로 지정한 후 Move(M) 명령으로 이동할 수 있습니다.

05 동일한 방법으로 [P05/Ch08/Xref B.dwg] 도면을 'Xref 주도면'에 다음과 같이 참조합니다. 참조 후 도면을 저장하고 파일을 닫습니다.

✱✱ 삽입점은 0,0으로 설정합니다.

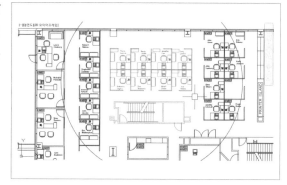

06 계속해서 외부 참조된 'Xref A, Xref B' 원본 도면을 수정해 'Xref 주도면'과의 연동 여부를 확인하겠습니다. 참조된 'Xref A' 파일을 불러온 후 의자 오른쪽에 있는 전화기를 모두 삭제하고 저장합니다.

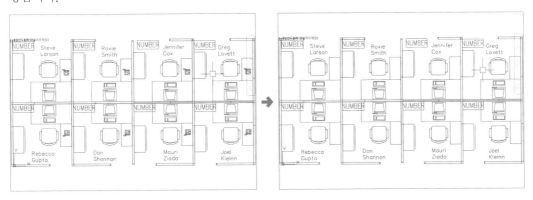

07 참조 도면 'Xref B'를 불러오고, [Hatch] 명령을 사용해 바닥에 패턴을 넣고 오른쪽 문을 대칭 복사로 추가한 후 저장합니다.

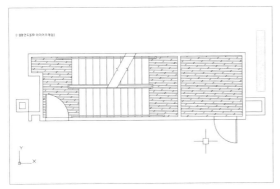

✲✲ Hatch : 패턴(DOLMIT), 축척 : 10(Hatch 패턴은 다른 패턴을 사용해도 됩니다.)

08 'Xref 주도면' 파일을 불러와 수정 내용이 반영된 것을 확인합니다. Xref 명령을 사용해 도면을 참조하면 공동 작업 시 별도의 의사소통 없이 참조된 도면이 수정되면 주도면도 자동으로 갱신됩니다.

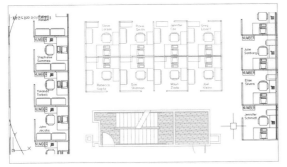

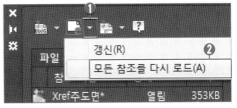

✲✲ 'Xref 주도면' 파일이 열려 있는 상태면 [외부 참조] 대화상자에서 ❶을 클릭해 '모든 참조를 다시 로드'를 선택합니다.

다양한 출력과 파일 변환

완성된 도면은 일반적인 용지 출력뿐만 아니라 목적에 따라 이미지 형식인 BMP, EPS는 물론 문서 파일인 PDF
출력과 PDF 이미지를 DWG 형식으로 변환이 가능합니다.

◆ Export : 데이터 내보내기

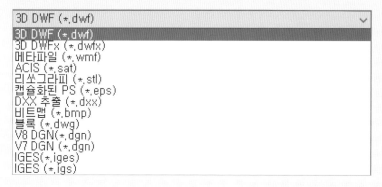

◆ Pdfimport : PDF 파일 가져오기

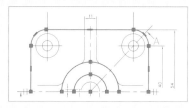

◆ Plot : 사용자 용지 설정

일반	포트	장치 및 문서 설정

- DWG To PDF.pc3
  - 매체
    - 원본 및 크기 <크기: ANSI A (11.00 × 8.50 인치)>
  - 그래픽
  - 사용자 특성
  - 사용자 정의된 용지 크기 및 교정
    - 사용자 용지 크기
    - 표준 용지 크기 수정(인쇄 가능 영역)
    - 용지 크기 필터링
    - 플로터 교정
    - PMP 파일 이름 <없음>

◆ Plot : 플롯 스타일 활용(tb 파일)

◆ Plot : 스탬프 설정으로 경로 표기

플롯 옵션
- ☐ 백그라운드 플롯(K)
- ☑ 객체의 선가중치 플롯
- ☐ 플롯 투명도(T)
- ☑ 플롯 스타일로 플롯(E)
- ☑ 도면 공간을 맨 마지막으로 플롯
- ☐ 도면 공간 객체 숨기기(J)
- ☑ 플롯 스탬프 켬
- ☐ 변경 사항을 배치에 저장(V)

01 Export(이미지 출력)

도면은 주로 용지에 출력을 많이 하지만 필요에 따라 이미지로 출력해 활용하는 경우도 많습니다. Export 명령을 이용하면 도면을 이미지로 출력할 수 있습니다.

작업	데이터 내보내기
단축키	E X P

01 [P05/Ch09/출력.dwg] 파일을 준비합니다.

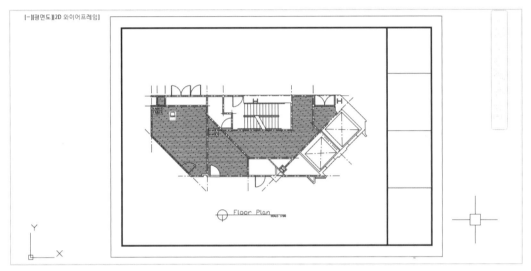

02 작성된 도면을 이미지로 출력하기 위해 Export(EXP) 명령을 입력하고 Enter를 누릅니다. [데이터 내보내기] 대화상자에서 저장 위치는 [바탕 화면], 파일 유형은 [비트맵(*.bmp)]으로 선택하고 [저장]을 클릭합니다.

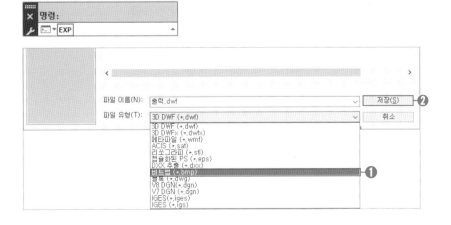

03 작업 화면에서 ❶지점 클릭 후 ❷지점을 클릭해 이미지로 출력할 영역을 선택하고 Enter 를 누릅니다. 바탕 화면에서 저장된 이미지를 확인합니다.

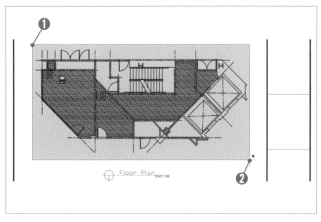

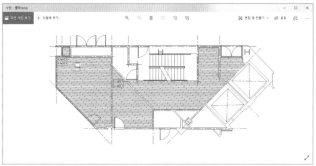

** 도면의 축소 및 확대 정도에 따라 이미지의 선명도가 달라집니다.

04 포토샵에서 편집할 수 있는 EPS 포맷으로 출력해 보겠습니다. Export(EXP) 명령을 입력하고 Enter 를 누릅니다. [데이터 내보내기] 대화상자에서 저장 위치는 [바탕 화면], 파일 유형은 [캡슐화된 PS(*.eps)]로 선택 후 [저장]을 클릭합니다. 포토샵을 실행해 저장된 이미지를 확인합니다.

02 | Plot, PdfImport(PDF 출력과 DWG 변환)

Plot 명령을 이용해 도면을 출력할 수 있도 PDF 파일로도 변환할 수 있습니다.

작업	Plot : 출력
	Pdfimport : PDF 파일 가져오기
단축키	Plot : **Ctrl** + **P**

:: PDF로 출력하기

AutoCAD에서는 작성된 도면을 PDF 파일로 출력하는 것은 물론 PDF로 출력된 도면을 DWG 포맷으로 변경할 수 있습니다.

01 [P05/Ch09/PDF1.dwg] 파일을 불러옵니다.

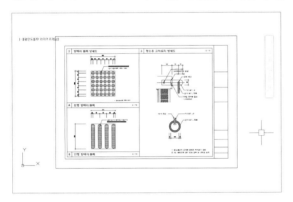

02 [Plot(**Ctrl** + **P**)] 명령을 실행합니다. [플롯] 대화상자에서 다음과 같이 설정하고 플롯 대상을 [윈도우]로 설정합니다.

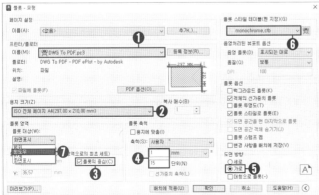

03 작업 화면에서 ❶지점 클릭 후 ❷지점을 클릭해 출력 영역을 설정하고 [확인]을 클릭합니다.

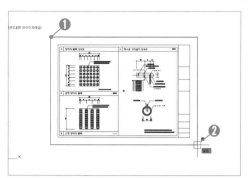

.∗. 주석 축척과 관련된 메시지가 나타나면 [계속]을 클릭합니다.

04 저장 경로를 '바탕 화면'처럼 쉬운 위치로 지정하고 [저장]을 클릭합니다.

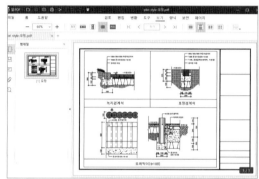

.∗. PDF 뷰어가 설치되어 있을 경우 출력된 도면이 바로 확인됩니다.

05 새 도면을 시작하고 [Pdfimport] 명령을 입력한 후 Enter, 한 번 더 Enter 를 누릅니다.

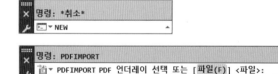

06 [PDF 파일 선택] 대화상자에서 [P05/Ch09/PDF2.pdf] 파일을 선택하고 [열기]를 클릭합니다. [PDF 가져오기] 대화상자에서 [확인]을 클릭하면 'PDF' 파일이 'dwg' 형식으로 변경되어 삽입됩니다.

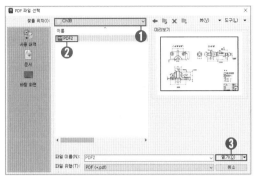
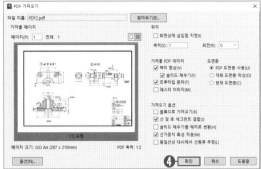

07 삽입된 도면 요소를 클릭하면 선이나 원은 편집이 가능하지만 Dtext와 치수는 문자와 치수 형식으로 인식되지 않음을 알 수 있습니다. AutoCAD 2024는 다른 컨버터 툴을 사용하지 않고도 PDF 파일을 가져와 편집이 가능합니다.

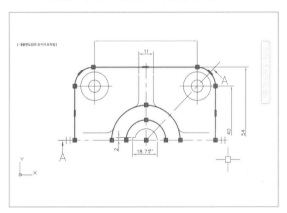

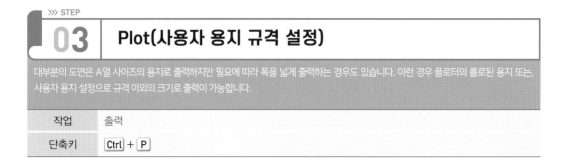

STEP

03 Plot(사용자 용지 규격 설정)

대부분의 도면은 A열 사이즈의 용지로 출력하지만 필요에 따라 폭을 넓게 출력하는 경우도 있습니다. 이런 경우 플로터의 롤로된 용지 또는, 사용자 용지 설정으로 규격 이외의 크기로 출력이 가능합니다.

작업	출력
단축키	Ctrl + P

01 [P05/Ch09/사용자 용지.dwg] 파일을 준비합니다. 도면은 배치 공간에 A열 사이즈 규격 이외의 도면 양식에 배치되어 있습니다. 출력하기 위해 [Plot(Ctrl + P)] 명령을 입력한 후 Enter를 누르고, 배치 플롯 메시지가 나타나면 [단일 시트 플롯 계속]을 클릭합니다.

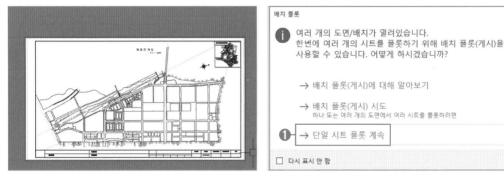

** 플롯 관련 경고 메시지가 나타나면 [확인]을 클릭합니다.

02 출력 장치는 [DWG To PDF] 장치를 선택하고, 장치 선택 시 용지 크기 메시지가 나타나면 [기본 용지 크기]를 선택합니다.

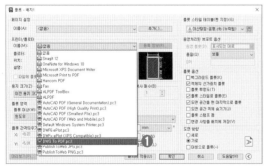
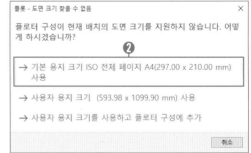

03 용지 크기 설정을 확인해 보면 A열 사이즈와 같은 규격 용지만 나타나며, 확인 후 [등록 정보]를 클릭합니다.

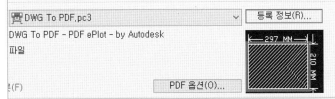

04 [플로터 구성 편집기] 대화상자의 [장치 및 문서 설정] 탭에서 [사용자 용지 크기]를 선택하고 [추가]를 클릭합니다.

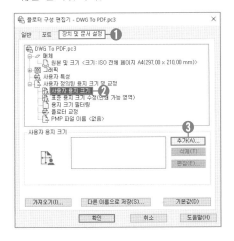

05 [사용자 용지 크기] 대화상자에서 [처음부터 시작]을 선택하고 [다음] 클릭, 폭 [1100], 높이 [594], 단위는 [밀리미터]로 설정하고 [다음]을 클릭합니다.

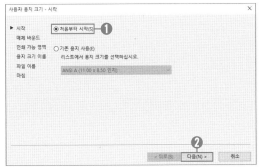
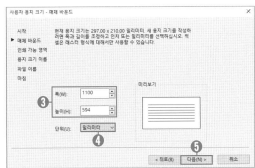

06 모든 여백은 [0]으로 설정하고 [다음] 클릭, 용지 크기를 알 수 있도록 용지 이름을 설정하고 [다음]을 클릭합니다.

 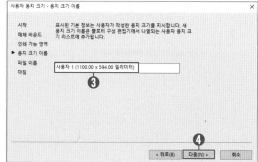

07 저장 파일의 이름을 확인하고 [다음] 클릭 후 [마침]을 클릭해 용지 등록을 완료합니다.

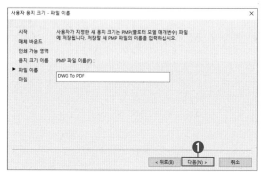 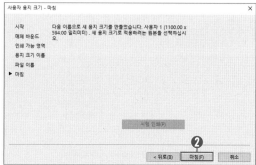

08 [플로터 구성 편집기] 대화상자에서 추가된 용지 크기를 확인하고 [확인]을 클릭합니다. [변경 사항을 다음 파일로 저장]을 선택하고 [확인]을 클릭합니다.

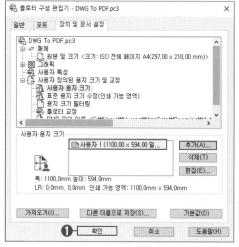 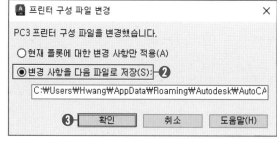

09 용지 크기 목록에서 추가된 [사용자 용지(1100x594)]를 선택하고 플롯 스타일은 [monochrome.ctb]를 선택한 후 [미리보기]를 클릭합니다.

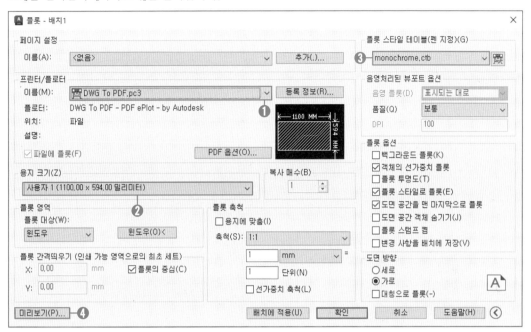

10 [미리보기] 화면에서 출력 도면을 확인하고 저장합니다.

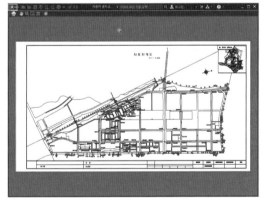

✽ 플로터로 출력하면 용지 크기만큼 출력하고 컷팅됩니다.

04 Plot 스타일의 활용

작성된 도면을 보기 좋게 출력하기 위해서는 도면 요소를 구분해서 선의 가중치(두께)를 적절하게 적용해야 합니다. 이전에 작업한 출력은 도면층(Layer)에 선의 가중치를 입력해 출력했지만 도면층을 사용한 방법은 출력 정보를 공유하기 불편해 자격 검정과 같은 일회성 작업에 사용되며, 실무에서는 주로 플롯 스타일을 적용해 출력합니다.

작업	출력
단축키	Ctrl + P

01 [P05/Ch09/Plot Style.dwg] 파일에서 [Plot(Ctrl + P)] 명령을 입력한 후 Enter를 누르고, 배치 플롯 메시지가 나타나면 [단일 시트 플롯 계속]을 클릭합니다.

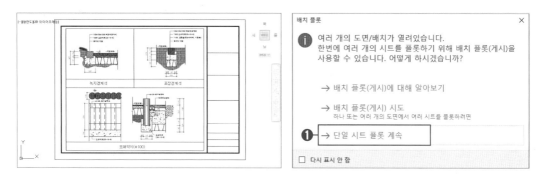

02 먼저 도면층과 플롯 스타일에 선의 가중치가 적용되지 않은 상태를 미리보기로 확인해 보겠습니다. 다음과 같이 설정하고 플롯 영역에서 [윈도우]를 선택합니다.

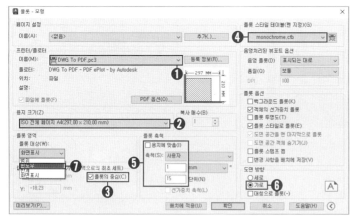

✪ 프린터가 설치된 사용자는 해당 프린터를 선택합니다.

03 ❶지점 클릭 후 ❷지점을 클릭해 출력 영역을 설정하고 [확인]을 클릭해 출력합니다. 출력된 용지나 PDF 파일을 확인해보면 선의 가중치 정보가 없어 모든 선의 두께가 동일하여 도면 요소의 구분이 명확하지 않습니다.

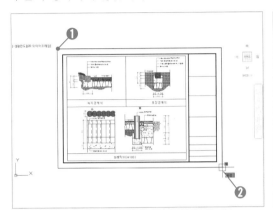

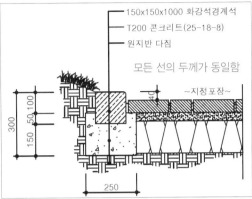

04 새로운 플롯 스타일을 추가하고 적용해 보겠습니다. [Plot(Ctrl + P)] 명령을 입력하고 Enter 를 누른 후 플롯 스타일 테이블에서 [편집(▦)]을 클릭합니다. [플롯 스타일 테이블 편집기] 대화상자가 나타나고 'monochrome.ctb'를 선택했기 때문에 어떤 색상을 선택하더라도 출력 색상 은 검은색으로 표시됩니다.

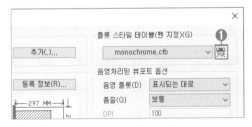

05 [색상 1(빨강)]을 클릭한 후 스크롤 막대를 맨 아래로 내리고 [Shift]를 누른 상태로 [색상 255]를 클릭합니다(모든 색상 선택). 특성에서 선가중치를 [0.15mm]로 설정하면 모든 색상의 출력 두께는 '0.15mm'로 설정됩니다.

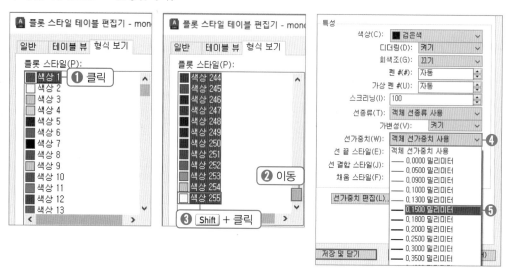

Tip! **선가중치 편집**

사용하고자 하는 선가중치(두께)가 없을 경우 '플롯 스타일 테이블 편집기'의 '선가중치 편집'을 클릭해 가중치 값을 편집해 사용하면 됩니다.

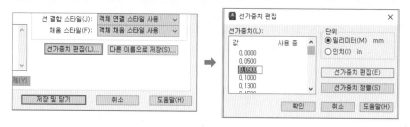

06 계속해서 [색상 2(노랑)]를 클릭하고 선가중치를 [0.4mm]로 설정합니다.

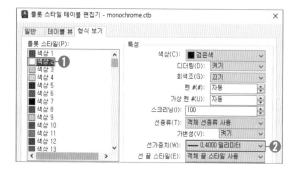

07 같은 방법으로 '색상 3(초록색) : 0.25mm', '색상 8(회색) : 0.05mm', '색상 32 : 0.2mm', '색상 7 : 0.2mm'로 설정합니다. 색상 8의 회색은 '색상 선택'을 클릭해 다음과 같이 설정합니다.

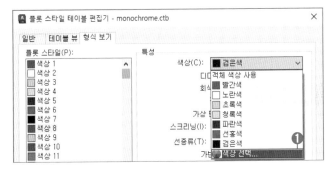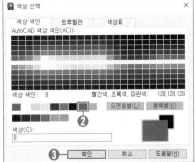

08 편집한 내용을 별도의 파일로 추가하기 위해 [다른 이름으로 저장]을 클릭한 후 파일 이름을 [A4 표준]으로 입력하고 [저장]을 클릭합니다.

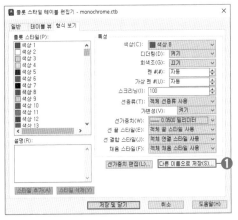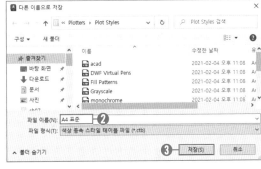

09 대화상자 상단에 'ctb' 파일의 이름이 'A4 표준.ctb'로 변경되었고 [저장 및 닫기]를 클릭해 설정을 완료합니다.

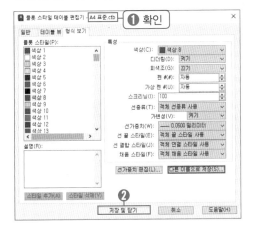

10 이름을 [이전 플롯]으로 설정하고 플롯 스타일 테이블은 추가한 [A4 표준]으로 선택합니다. 전체 탭 적용 메시지가 나타나면 [예]를 클릭합니다.

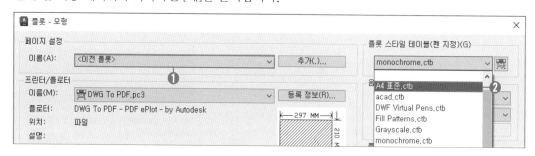

11 도면을 출력해 결과를 확인해보면 선의 가중치가 적용되어 도면 요소의 구분이 명확해진 것을 확인할 수 있습니다. 도면층(Layer)의 선가중치 적용과 다른 점은 출력 정보를 저장했다는 것에 차이가 있습니다. 저장된 'A4 표준' 플롯 스타일은 모든 출력 파일에 적용할 수 있으며, 다른 작업자와 공유할 수도 있습니다.

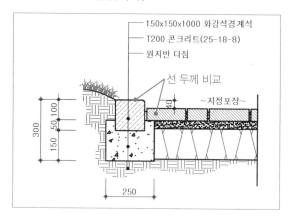

12 차이점을 확인하기 위해 [P05/Ch09/Plot Style2.dwg] 파일을 불러와 [Plot(Ctrl + P)] 명령을 실행합니다. 작업 파일이 변경되었지만 'A4 표준' 플롯 스타일을 적용할 수 있습니다.

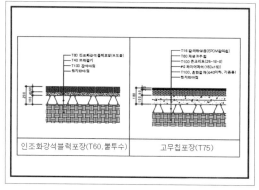
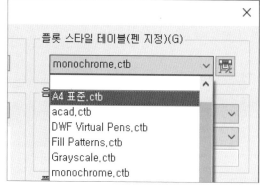

13 출력 설정을 그림과 같이 설정하고 영역을 지정해 출력하거나 미리보기로 선의 가중치를 확인합니다.

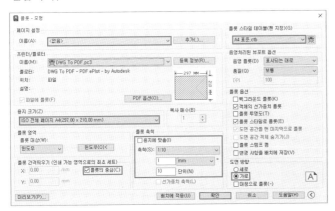

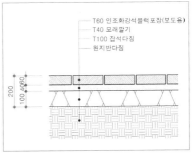

A4 표준 플롯 스타일이 적용되어 출력됩니다.

14 추가한 'A4 표준' 플롯 스타일을 다른 작업자와 공유하려면 [A▾]을 클릭하고 [인쇄]의 [플롯 스타일 관리]를 클릭합니다. 해당 폴더가 나타나면 파일을 선택하고 [Ctrl] + [C]를 눌러 복사한 후 바탕 화면이나 USB 메모리 등에 [Ctrl] + [V]로 붙여 넣으면 됩니다.

15 플롯 스타일을 추가해 보겠습니다. [P05/Ch09/A3표준ctb] 파일을 Ctrl + C 를 눌러 복사합니다.

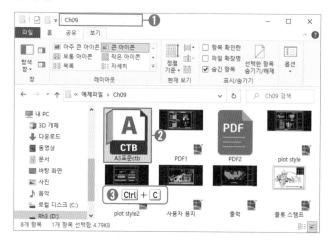

16 A 을 클릭한 후 [인쇄]의 [플롯 스타일 관리]를 클릭하고 Ctrl + V 를 눌러 붙여넣기를 합니다.

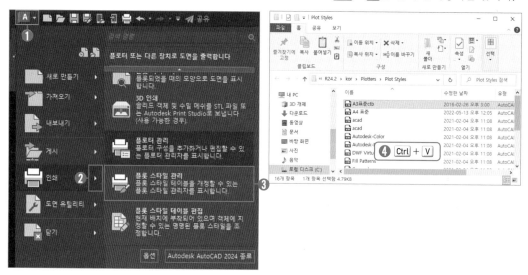

17 [Plot(Ctrl+P)] 명령을 실행해 플롯 스타일 목록에서 복사한 'A3표준ctb'를 확인합니다. 주로 사용되는 플롯 스타일을 등록하면 파일의 구분 없이 동일한 형식(가중치, 색상)으로 출력할 수 있게 됩니다.

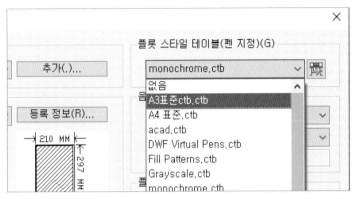

✄ 플롯 스타일 목록에 'A3표준ctb'가 나타나지 않는 경우 AutoCAD를 종료하고 다시 실행합니다.

≫ STEP

05 Plot 옵션의 스탬프 활용

플롯의 스탬프는 출력된 도면에 보안 경고 표시를 하거나 출력된 도면에 해당 파일의 경로를 표시하는데 사용됩니다. 도면에 파일 경로를 표시하면 이후 다시 출력하고자 할 때 파일을 쉽게 찾을 수 있습니다.

작업	Plot 옵션 스탬프 설정
단축키	Ctrl + P

01 [P05/Ch09/플롯 스탬프.dwg] 파일에서 [Plot(Ctrl+P)] 명령을 입력한 후 Enter를 누르고, 배치 플롯 메시지가 나타나면 [단일 시트 플롯 계속]을 클릭합니다.

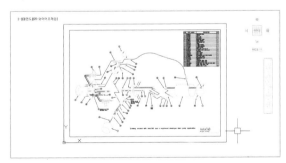
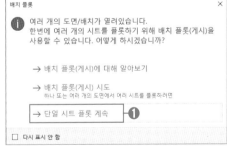

02 다음과 같이 설정하고 플롯 영역에서 [윈도우]를 클릭합니다.

∴ 프린터가 설치된 사용자는 해당 프린터를 선택합니다.

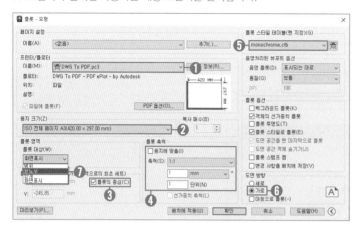

03 ❶지점 클릭 후 ❷지점을 클릭해 출력 영역을 설정하고 오른쪽 '플롯 옵션'에서 [플롯 스탬프 켬]을 클릭한 후 🖳를 클릭합니다.

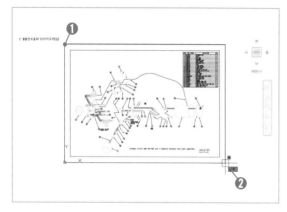
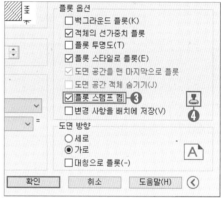

04 표시될 필드 항목을 다음과 같이 체크하고 [고급]을 클릭합니다. 표시될 문자의 크기를 설정한 후 [확인]을 클릭합니다. [플롯 스탬프] 대화상자에서 다시 [확인]을 클릭합니다.

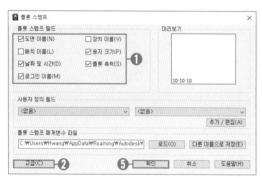
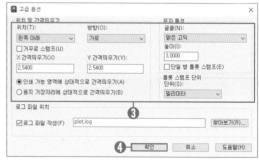

05 [미리보기]를 클릭하고 왼쪽 하단을 확대해 표시된 필드 항목을 확인합니다. 스탬프를 적용하지 않을 경우에는 '플롯 스탬프 켬'의 체크를 해제하면 됩니다.

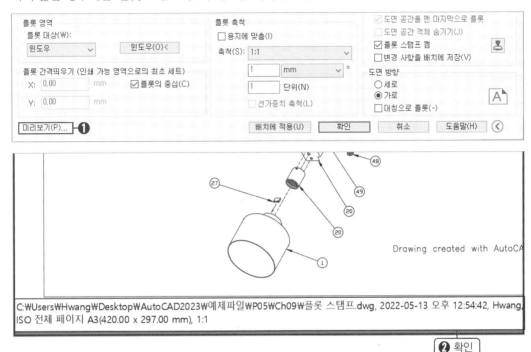

CHAPTER 10

작업 중 문제 발생 시 확인 사항

AutoCAD는 시스템 설정과 명령의 옵션 설정에 따라 기능의 실행 여부와 작업 결과가 달라질 수 있습니다. 그 밖에도 사용하는 컴퓨터가 변경되었거나, 시험장 등에서 문제 발생 시 확인해야 할 사항들을 알아보겠습니다.

도면층 변경, Delete 삭제가 안되는 경우 : Pickfirst

추가 선택이 안되는 경우 : Pickadd

대상 선택 시 강조 표시가 안되는 경우 : Selectionpreview

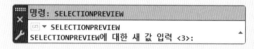

상태 막대 : 상태 막대 ON/OFF에 따른 환경 변화

기타 확인 사항

- 명령행이 없어진 경우
- 파일이 열리지 않는 경우
- 프로그램의 처리 속도가 느린 경우

Express Tools

01 도면층 변경, Delete 키 삭제가 안되는 경우(Pickfirst)

작업에 자주 사용되는 기능인 도면층 변경, Delete 로 삭제, 문자와 치수를 더블클릭으로 편집하는 기능을 알아보고 관련된 시스템 변수를 확인하겠습니다.

작업	Pickfirst : 명사/동사 선택
옵션으로 설정	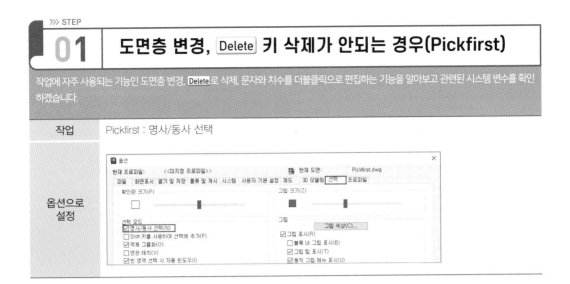

01 [P05/Ch10/Pickfirst.dwg] 파일을 준비합니다.

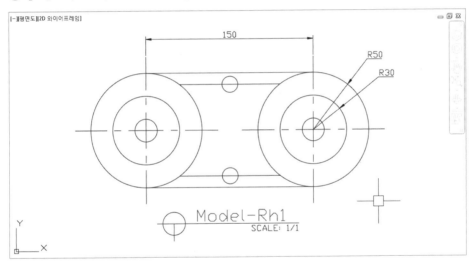

02 대기 상태의 커서로 원 ❶, ❷를 클릭한 후 hid 도면 ❸으로 변경합니다

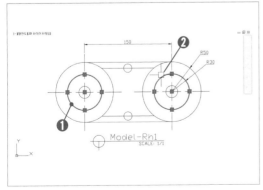

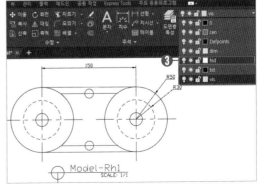

03 대기 상태의 커서로 원 ❶, ❷를 클릭하고 Delete 를 눌러 삭제합니다.

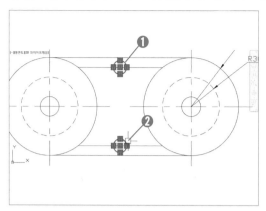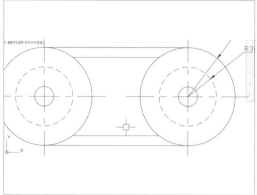

04 대기 상태의 커서로 치수 ❶을 더블클릭하고 문자 내용을 [2-R50]으로 수정합니다.

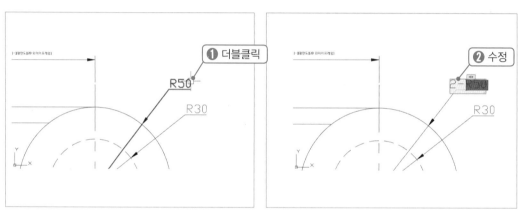

05 대기 상태의 커서로 문자 ❶을 더블클릭하고 문자 내용을 [Model-Dh3]으로 수정합니다.

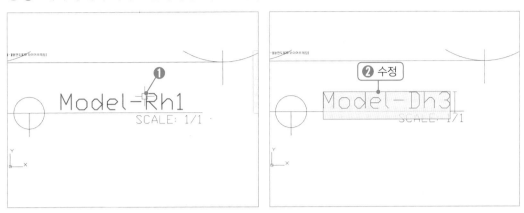

06 지금까지의 작업은 시스템 설정이 기본값으로 설정되어 있어야 문제없이 진행됩니다. 설정 내용을 확인하기 위해 [Pickfirst] 명령을 입력하고 Enter를 누른 후 값을 [0]으로 입력하고 Enter를 누릅니다.

07 선분 ❶, ❷를 hid 도면층으로 변경하고 원 ❸, ❹를 클릭하고 Enter를 눌러 삭제합니다. 다시 문자와 치수 ❺, ❻을 더블클릭하고 내용을 수정합니다. 작업이 진행되지 않는 경우 [Pickfirst] 명령을 실행해 설정값을 '1'로 변경합니다. 설정 변경 후 오른쪽 도면과 같이 도면을 수정합니다.

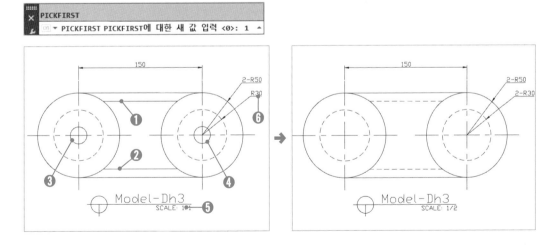

02 Selectionpreview(선택 대상 미리보기)

대기 상태의 커서나 선택 커서를 선택 대상으로 이동하면 대상이 강조되어 표시되기 때문에 사용자는 복잡한 도면에서도 어떤 대상이 선택될지 쉽게 알 수 있습니다.

작업	선택 대상 미리보기
옵션으로 설정	Options ➡ [선택] 탭 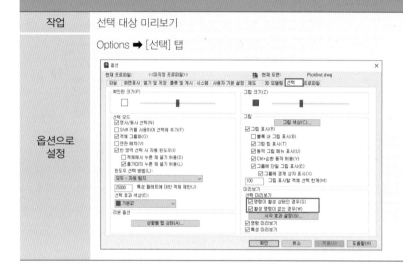

01 [P05/Ch10/preview.dwg] 파일을 준비합니다.

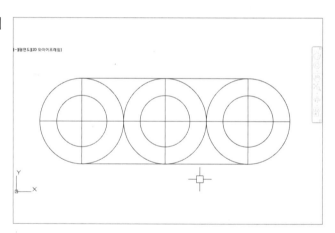

02 대기 상태의 커서를 이용해 걸침이나 포함 선택으로 선과 원을 선택하면, 대상이 강조되어 표시됩니다.

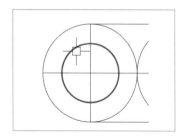 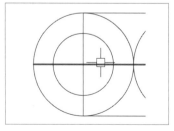 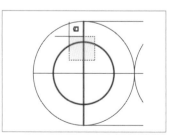

03 [Copy(CO)] 명령을 입력하고 Enter 를 누른 다음, 걸침이나 포함 선택을 이용해 선과 원을 복사합니다. 이처럼 선택 대상이 강조되어 표시되면 작업자가 선택하기 쉽습니다.

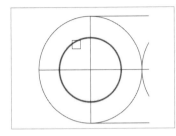 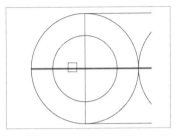 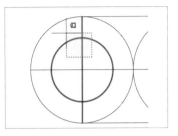

04 03 과정의 작업은 시스템 설정이 기본값으로 설정되어 있어야 문제없이 진행됩니다. 설정 내용을 확인하기 위해 [Selectionpreview] 명령 입력 후 Enter 를 누르고, 값을 [0]으로 입력한 다음 Enter 를 누릅니다.

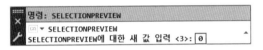

05 미리보기 설정을 변경한 후 커서를 선이나 원으로 이동하면 이전과는 다르게 강조되어 표시되지 않습니다.

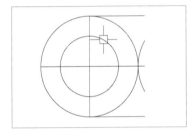 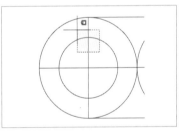

06 선택 대상이 강조되지 않는 경우 [Selectionpreview] 명령 입력 후 Enter 를 누르고, 설정값 [3]을 입력하고 Enter 를 누릅니다. 설정을 변경한 후 강조 여부를 확인합니다.

03 상태 막대 On/Off에 따른 환경 변화

상태 막대와 관련된 내용은 앞장에서도 배웠지만 초보자의 경우 어떤 것이 잘못되어 작업 환경이 변하고 기능에 문제가 발생하는지 알지 못하는 경우가 많습니다. 예를 들어 **F8**(Ortho)을 사용하면서 실수로 **F7**, **F9**를 활성화하는 등의 실수들 입니다.

작업	상태 막대 설정

01 [P05/Ch/상태막대.dwg] 파일을 준비합니다.

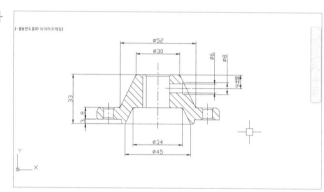

02 **F7**(Grid)과 **F9**(Snap)를 누른 후 치수를 기입하기 위해 선형 치수 [Dimlinear(DLI)] 명령을 입력하고 **Enter**를 누릅니다. 커서를 이동하면 Snap이 활성화되어 커서의 움직임이 설정된 간격으로만 이동하여 위치를 지정할 수 없습니다. **Enter**를 눌러 명령을 취소합니다. 이처럼 모눈이 표시되고 커서의 이동이 자유롭지 못하다면 **F7**(Grid)과 **F9**(Snap)의 ON/OFF 여부를 확인합니다.

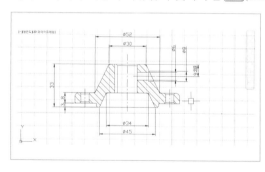
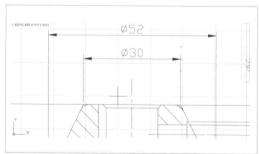

03 F12(■)를 눌러 동적 입력을 활성화합니다. [Line(L)] 명령을 입력하고 Enter, ❶지점을 클릭하고 ❷지점으로 이동하면 커서에 다양한 정보가 화면에 표시됩니다. 동적 입력을 유용하게 사용하는 사용자가 있는 반면 불편하게 느끼는 사용자도 많습니다. 동적 입력이 불편한 사용자는 F12를 눌러 기능을 OFF 합니다.

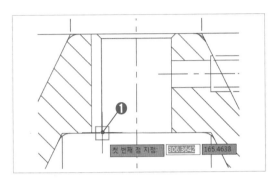 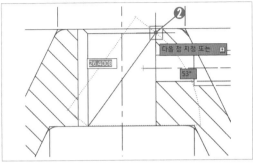

04 F10을 눌러 극좌표 추적을 활성화합니다. [Line(L)] 명령을 입력하고 Enter를 누릅니다. ❶지점 클릭 후 ❷지점으로 이동하면 화면에 녹색 안내선이 나타납니다. 이 선은 설정된 각도를 추적하는 안내선입니다. Esc를 눌러 명령을 취합니다.

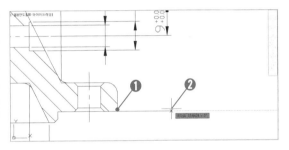

05 상태 막대에서 [극좌표 추적]을 클릭해 기능을 활성화합니다. [극좌표 설정]을 클릭하고 [45, 90, 135, 180 …]을 클릭합니다. [Line(L)] 명령을 입력하고 Enter, ❸지점 클릭 후 ❹지점으로 이동하면 화면에 45° 안내선이 나타납니다. 안내선이 나타날 때 클릭하거나 길이 값을 입력하면 해당 각도로 선을 작성할 수 있습니다.

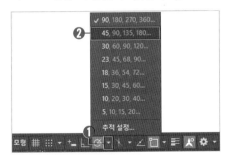 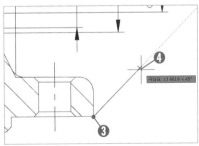

** F8(직교 모드)과 F10(극좌표 추적)은 동시에 활성화 할 수 없습니다. 하나는 자동 OFF 됩니다.

06 상태 막대에서 등각 투영 제도(⬛)를 클릭해 ISO Draft를 활성화하고 커서 모양을 확인하면 비스듬히 사선 형태로 변경됩니다. 다시 등각 투영 제도(⬛)를 클릭해 ISO Draft 를 OFF 합니다.

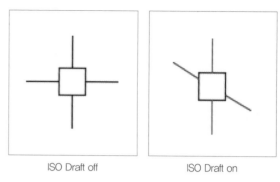

ISO Draft off   ISO Draft on

07 F11(⬛)을 눌러 객체 스냅 추적을 활성화합니다. [Line(L)] 명령을 입력하고 Enter, ❶지점 클릭 후 ❷지점으로 이동하고, 다시 ❸지점으로 이동하면 ❶지점과 ❷지점이 교차하는 부분을 추적해 클릭할 수 있습니다. ❸지점을 클릭해 선을 그립니다. 객체 스냅 추적을 사용하지 않을 경우 기능을 OFF 합니다.

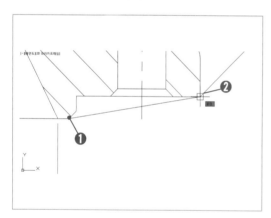
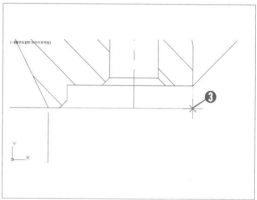

08 상태 막대에서 선가중치(⬛)를 클릭해 선가중치 표시를 활성화하고 작성된 도면을 확인해보면 선의 두께가 다르게 표시됩니다. 일반적인 작업에는 사용되지 않으므로 다시 선가중치(⬛)를 클릭해 선가중치 표시를 OFF 합니다.

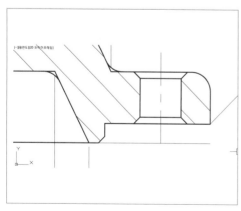

＊. 선의 두께는 도면층에서 '0.3mm' 이상으로 설정해야 두껍게 표시됩니다.

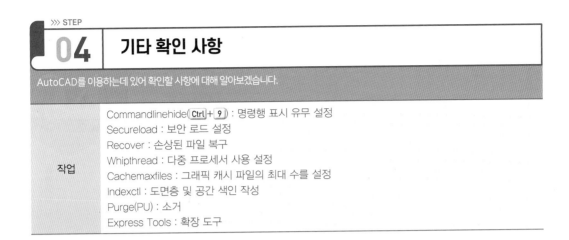

작업	Commandlinehide(Ctrl + 9) : 명령행 표시 유무 설정 Secureload : 보안 로드 설정 Recover : 손상된 파일 복구 Whipthread : 다중 프로세서 사용 설정 Cachemaxfiles : 그래픽 캐시 파일의 최대 수를 설정 Indexctl : 도면층 및 공간 색인 작성 Purge(PU) : 소거 Express Tools : 확장 도구

01 작업 중에 명령행이 사라진 경우 Ctrl + 9를 누르면 다시 화면에 표시됩니다. 내용을 확인하기 위해 명령행 왼쪽에 [닫기]를 클릭하고 확인 창에서 [예]를 클릭합니다. 사라진 명령행을 다시 화면에 표시하기 위해 Ctrl + 9를 누릅니다.

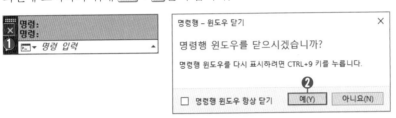

02 AutoCAD의 보안 설정으로 파일이 열리지 않는 경우는 [Secureload] 명령 입력 후 Enter, 값을 [0]으로 입력한 다음 Enter를 누릅니다. 손상된 파일은 Recover 명령으로 불러옵니다.

03 AutoCAD의 처리 속도가 느려 속도를 향상시키고자 할 경우 다음과 같이 설정합니다.

• Whipthread : 멀티코어의 하이퍼스레딩 사용 값을 [3]으로 설정합니다.

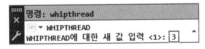

• Cachemaxfiles : 그래픽 캐시 파일의 설정값을 [0]으로 설정합니다.

- Indexctl : 도면층 및 공간 색인의 작성 값을 [3]으로 설정합니다.

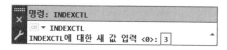

- Purge(PU) : 소거를 통해 불필요한 도면층, 스타일 등을 삭제해 파일 용량을 줄여줍니다. 명령을 실행해 [모두 소거]를 클릭하면 됩니다.

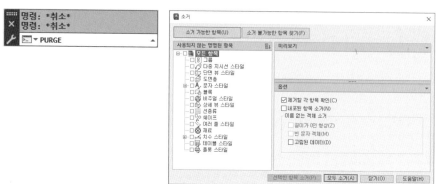

04 리본 메뉴나 메뉴에서 Express Tools 항목이 있는지 확인합니다. Express Tools의 기능을 사용하면 블록의 관리와 문자 활용 등 좀 더 다양한 기능을 사용할 수 있습니다.

설치된 상태(메뉴에도 추가됨)

05 Express Tools의 대표적인 기능인 문자 분해(TXTEXP)를 사용해 보겠습니다. Arial Black 글꼴을 선택해 다음과 같이 [AutoCAD] 문자를 입력합니다.(높이:100)

06 [Express Tools] 메뉴의 [Text] 그룹의 [Explode]를 클릭합니다. 작성된 문자를 클릭하고 Enter를 누르면 Polyline으로 분해되고 [Explode(X)]로 한 번 더 분해하면 Line으로 분해되어 문자를 도형처럼 편집할 수 있게 됩니다.

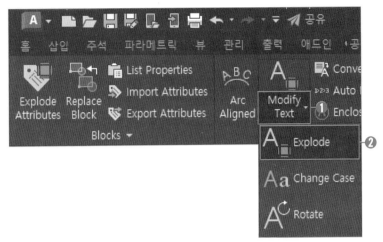

TXTEXP 명령으로 문자를 Polyline으로 분해

Explode(X) 명령으로 완전 분해 후 Erase(E) 명령으로 불필요한 부분 삭제

Hatch, Stretch 명령으로 문자를 디자인

학습 명령어

06

3D 모델링

2D 도면만으로도 디자인을 표현할 수 있지만 3D 모델을 추가로 제시하면 도면을 보는 사람으로 하여금 이해도를 높이고 정확한 작업 및 제작을 할 수 있습니다. AutoCAD의 3차원 작업을 통해 3D의 기본 개념을 이해한다면 다른 3차원 프로그램의 학습 또한 쉽게 진행할 수 있을 것입니다.

3D 모델링의 시작 (시점과 화면 출력 설정)

3차원 모델링의 종류는 다양합니다. 대부분 내부를 채워서 표현하는 방법을 많이 사용하고 있습니다. 이번 장에서는 모델링이 비교적 쉬운 Solid 모델링을 배워보겠습니다.

⬡ Vpoint : 시점 설정

⬡ 3d Orbit : 실시간 관측

⬡ View : 뷰 설정

⬡ Vscurrent : 비주얼 스타일

| 와이어프레임 | 숨김 | 개념 | 스케치 |

◆ **Perspective** : 투시도 설정

Perspective = 0 : 원근감 없음   Perspective = 1 : 원근감 있음

◆ **Hide** : 가려진 선 숨기기

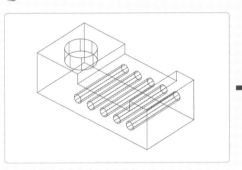

◆ **Regen** : 화면 재생성(Hide를 해제)

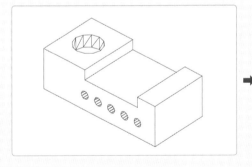 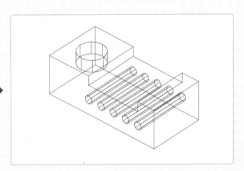

01 -Vpoint, 3d Orbit, View, Perspective(3차원 시점 설정)

준비된 3차원 모델을 -Vpoint 명령으로 살펴보면서 3차원 공간을 이해합니다.

작업	-Vpoint : 시점 설정 3d Orbit : 실시간 관측 View : 뷰 설정 Perspective : 투시도 설정
단축키	-Vpoint : - V P 3d Orbit : Shift + 마우스 휠 버튼
3D 모델링 리본 메뉴	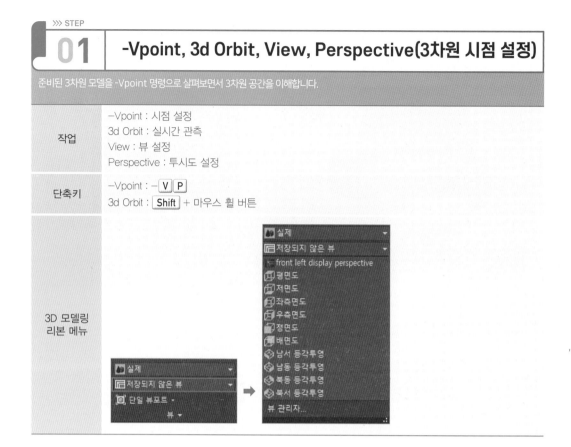

01 [P06/Ch01/Vpoint.dwg] 파일에서 3D 모델링에 적합한 작업 환경으로 메뉴를 변경하기 위해 오른쪽 하단의 [작업공간 전환 (⚙▾)]을 클릭하고 [3D 모델링]을 선택합니다.

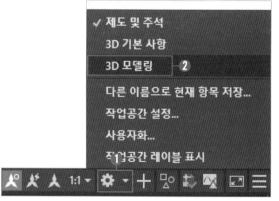

02 3D 모델링 환경으로 변경되면서 명령행의 형태가 기본값으로 설정됩니다. 하단으로 이동하기 위해 ❶부분을 클릭한 후 아래로 드래그해 명령행을 이동합니다.

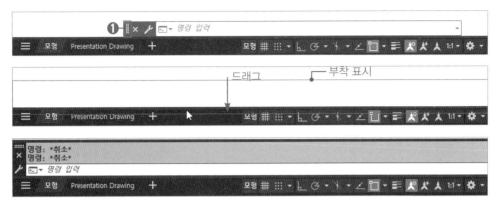

03 −Vpoint(−VP) 명령을 이용해 시점을 변경해 보겠습니다. [−Vpoint(−VP)] 명령 입력 후 Enter, [0,0,1]을 입력하고 Enter를 누릅니다.

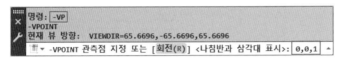

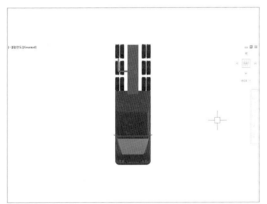

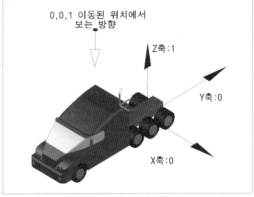

∗∗ −Vpoint는 화면 중앙에 보이는 좌표를 기준으로 X, Y, Z축으로 이동할 값을 직접 입력해 바라보는 시점을 변경합니다. '0,0,1'은 X, Y, Z축으로의 이동 값이며 X축으로 '0', Y축으로 '0', Z축으로 '1' 이동해서 물체를 바라봅니다. Z축 방향으로만 이동했으므로 물체를 위에서 아래로 내려다보게 됩니다.

04 트럭의 정면을 바라볼 수 있게 관측 시점을 변경해 보겠습니다. [-Vpoint(-VP)] 명령 입력 후 Enter, [0,-1,0]을 입력하고 Enter를 누릅니다.

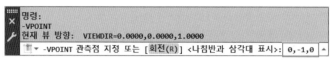

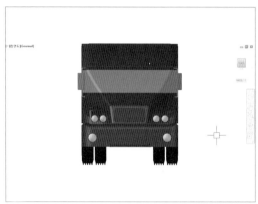

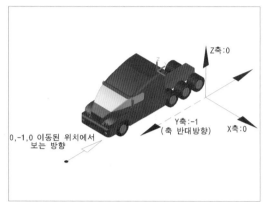

05 트럭의 오른쪽을 보기 위해 [-Vpoint(-VP)] 명령 입력 후 Enter, [1,0,0]을 입력하고 Enter 를 누릅니다.

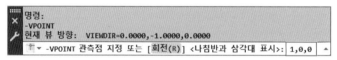

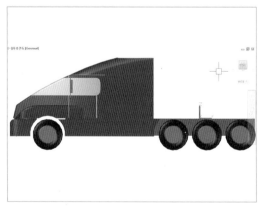

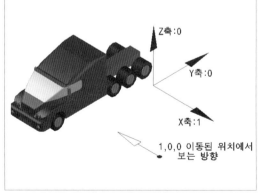

06 트럭의 정면과 오른쪽 면이 동시에 보이게 하려면 다음과 같은 시점으로 변경해야 합니다.

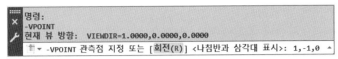

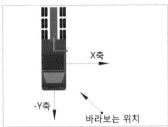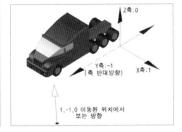

07 [-Vpoint(-VP)] 명령 입력 후 Enter, [1,-2,0]을 입력하고 Enter를 누릅니다. 다시 [1,-5,0]을 입력하고 Enter를 누릅니다. Y축 반대 방향으로 보는 시점을 이동하기 때문에 트럭 정면에 대한 시야가 확보됩니다.

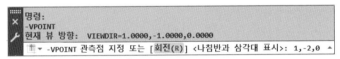

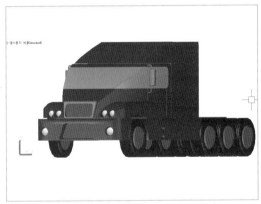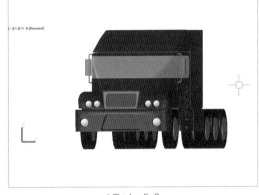

VP : 1, -2, 0   VP : 1, -5, 0

✳ 입력된 값은 이동한 비율로 생각합니다. 1, 2, 3을 입력하면 한 발짝, 두 발짝, 세 발짝 이동한 것으로 볼 수 있고 10M, 20M, 30M 이동한 것으로도 볼 수 있습니다.

08 현재 시점은 Z축의 이동 값이 '0'이므로 물체의 위쪽을 볼 수 없는 상태입니다. 물체의 위쪽을 보기 위해 [-Vpoint(-VP)] 명령 입력 후 Enter, [1,-5,1]을 입력하고 Enter를 누릅니다. 다시 [1,-5,10]을 입력하고 Enter를 누르면 물체의 위쪽을 확인할 수 있습니다.

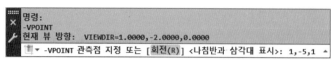

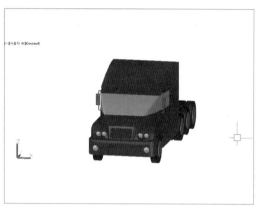

-VP : 1,-5,1

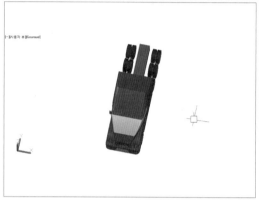

-VP : 1,-5,10

∗∗ -Vpoint 명령은 입력하기 번거롭기는 하지만 입력 정보가 값으로 남기 때문에 이후 언제든지 동일한 시점을 관측할 수 있는 장점도 있습니다.

⠿ 3d Orbit 시점 설정하기

-Vpoint 명령으로 모델을 관찰하면서 사용하기에는 다소 불편한 점이 있음을 알 수 있습니다. -Vpoint 명령은 모델링이 끝난 후 시점을 디테일하게 설정하는데 주로 사용하고 모델링에 주로 사용하는 방법은 3d Orbit 명령과 View 도구를 많이 사용합니다.

01 3d Orbit 명령은 키보드 왼쪽 Shift 를 누른 상태에서 마우스 휠을 꾹 누르고 있으면 커서가 ⊕ 모양으로 변경됩니다. Shift 와 휠을 누른 상태에서 마우스를 움직여 자유롭게 시점을 변경하고 확대해서 관찰합니다.

:: View 도구를 사용한 시점 설정하기

View 도구를 사용하면 10개의 주요 시점을 빠르게 전환하여 물체를 관측할 수 있으며, 10개 이외의 시점은 추가로 등록해 관리할 수 있습니다.

01 트럭 모델에서 리본 메뉴의 [홈] 탭 – [뷰] 그룹에서 [저장되지 않은 뷰]의 화살표를 클릭하고 평면도(⊞평면도)를 클릭합니다. 아이콘에 표시된 윗면을 보여주는 평면 시점으로 이동됩니다.

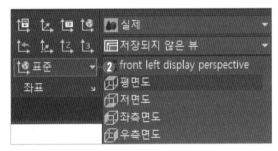

✼ 리본 메뉴의 내용이 설명과 다른 경우 작업 환경을 '3D 모델링'으로 변경합니다.

02 [뷰] 그룹의 [저장되지 않은 뷰]에서 [북서 등각투영]까지 클릭하면서 시점을 전환해 봅니다. 시점 전환 시 왼쪽 하단에 있는 좌표계의 변화도 확인합니다.

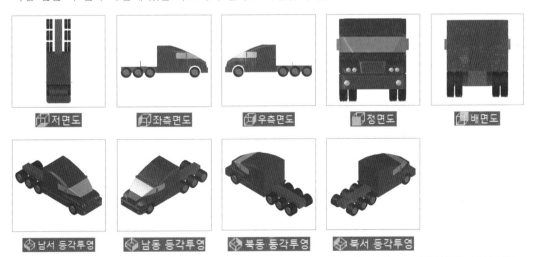

✼ 직각으로 바라보는 평면, 저면, 왼쪽, 오른쪽, 정면, 배면 6개의 시점에서는 좌표계의 X, Y 방향이 변하지 않습니다.

02 -Perspective, Vscurrent, Hide(3D 화면 출력 설정)

설계 직종에 따라 완성된 3차원 물체의 원근감 표현 여부가 달라집니다. 사실적인 부분을 강조하는 건축, 인테리어, 조경의 경우 원근감을 표현해야 모델이 자연스러워 보이며 기계, 금형 등 치수를 중요시하는 직종은 원근감이 없는 투상도 형식을 많이 사용합니다.

작업	Perspective : 투시도(원근감) 설정 Hide : 가려진 선 숨기기 Regen : 화면 재생성(Hide 해제) Vscurrent : 비주얼 스타일 설정
단축키	Hide : H I Regen : R E Vscurrent : V S

01 [P06/Ch01/Vpoint.dwg] 파일에서 트럭 모델은 현재 Perspective의 설정값이 '0'으로 설정되어 있어 원근감이 표현되지 않습니다.

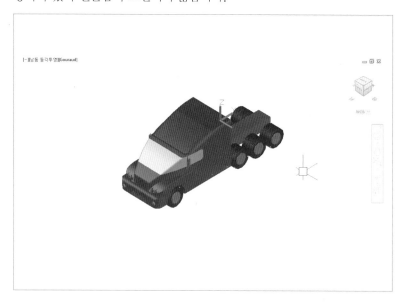

02 [Perspective] 명령 입력 후 Enter , 설정값 [1]을 입력하고 Enter 를 누릅니다. 화면에 약간의 변화만 있을 뿐 크게 눈에 띄지 않습니다.

03 3d Orbit(Shift + 마우스 휠)으로 다음과 같이 시점을 조정하고 [Perspective] 명령 입력후 Enter , 설정값 [0]을 입력하고 Enter 를 누릅니다. 앞쪽과 뒤쪽의 바퀴 크기를 비교해보면 원근감의 차이를 확인할 수 있습니다. Perspective의 설정값을 '0'으로 유지하겠습니다.

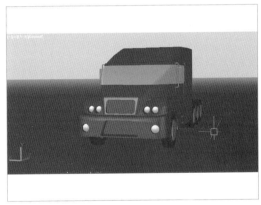

Perspective : 1

Perspective : 0

∷ Vscurrent 설정하기

3D 모델링은 가려지는 부분이 많고 객체의 일부가 겹쳐 보일 수 있는데, Vscurrent 명령을 이용하면 진행 상태를 쉽게 확인할 수 있고, 3D 모델을 목적에 맞는 다양한 스타일로 화면에 출력할 수 있습니다.

01 [P06/Ch01/Vpoint.dwg] 파일에서 트럭 모델의 보이는 출력 스타일은 [실제(R)] 표현으로 설정되어 있습니다. [Vscurrent(VS)] 명령을 입력하고 Enter를 누른 후 2D 와이어프레임(2)인 [2]를 입력하고 Enter를 누릅니다.

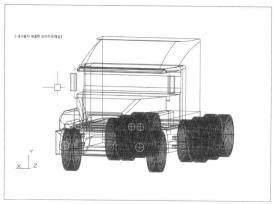

2D 와이어프레임 출력

02 계속해서 다른 출력 스타일을 확인하기 위해 Enter를 눌러 Vscurrent(VS) 명령을 재실행한 후 와이어프레임(W)인 [W]를 입력하고 Enter를 누릅니다. 같은 방법으로 X 레이(X)까지 스타일을 확인합니다.

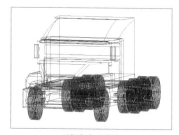

와이어프레임

숨김

실제

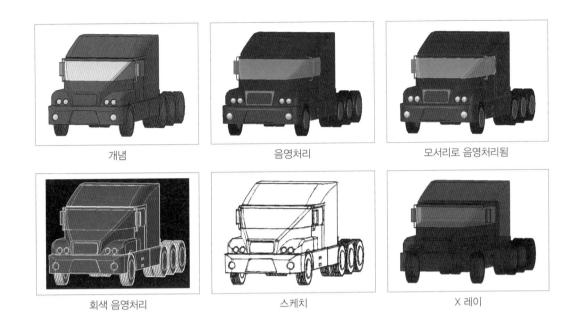

개념

음영처리

모서리로 음영처리됨

회색 음영처리

스케치

X 레이

03 모든 스타일을 확인한 다음 [Vscurrent(VS)] 명령 입력 후 Enter, 2D 와이어프레임(2)인 [2] 입력 후 Enter를 누릅니다.

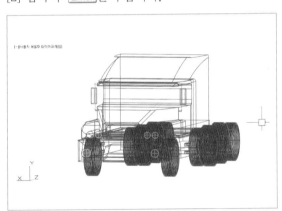

Hide 명령을 사용하면 좀 더 쉽게 가려지는 부분을 확인할 수 있습니다. Hide(숨김) 상태에서는 실시간 Zoom인 확대/축소를 지원하지 않으므로 작업을 다시 진행할 때는 Regen(RE) 명령을 실행해야 합니다.

01 작업 중인 파일은 2D 와이어프레임(2)로 설정되어 있어 보이는 부분과 가려지는 부분을 구분하기 어렵습니다. Hide(HI) 명령을 실행하여 가려지는 부분을 제외하고 폴리건 처리하여 출력합니다.

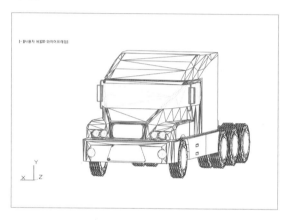

02 마우스 휠을 위, 아래로 스크롤 해보면 확대/축소가 되면서 Hide 상태가 해제됩니다. Hide 상태는 [Regen(RE)] 명령을 입력하고 Enter 를 눌러도 해제됩니다.

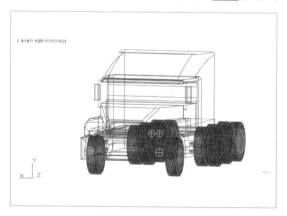

03 옵션 값을 설정하면 Hide 상태의 부드러운 정도를 변경할 수 있습니다. [Options(OP)] 명령 입력 후 Enter, [옵션] 대화상자의 [화면표시] 탭에서 [렌더링된 객체 다듬기] 값을 최대치 [10]으로 변경하고 Hide(HI) 명령을 실행합니다.

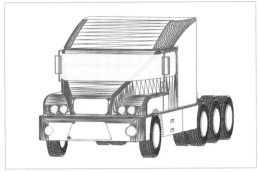

렌더링된 객체 다듬기 : 10

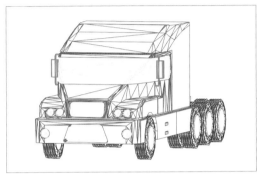

렌더링된 객체 다듬기 : 0.5

04 다시 [Options(OP)] 명령 입력 후 Enter, [화면표시] 탭의 [렌더링된 객체 다듬기] 값을 [0.5]로 변경하고 표시 성능에서 [솔리드 및 표면에 대한 실제 외곽 그리기]를 체크합니다. [확인]을 클릭해 설정을 마치고 다시 Hide(HI) 명령을 실행합니다. 출력 스타일을 비교하고 Regen(RE) 명령을 실행합니다.

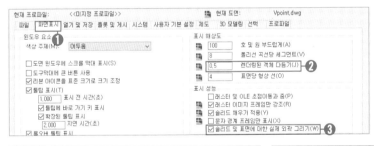

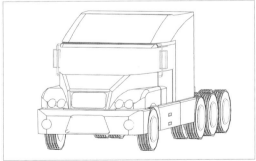

솔리드 및 표면에 대한 실제 외곽 그리기 : 적용

솔리드 및 표면에 대한 실제 외곽 그리기 : 미적용

05 다시 [Options(OP)] 명령을 실행해 화면표시 탭에서 [솔리드 및 표면에 대한 실제 외곽 그리기] 항목의 체크를 해제합니다.

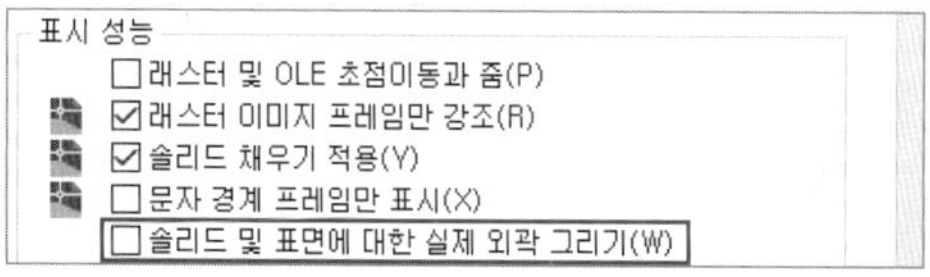

표시 성능
- ☐ 래스터 및 OLE 초점이동과 줌(P)
- ☑ 래스터 이미지 프레임만 강조(R)
- ☑ 솔리드 채우기 적용(Y)
- ☐ 문자 경계 프레임만 표시(X)
- ☐ 솔리드 및 표면에 대한 실제 외곽 그리기(W)

1 [P06/Ch01/화면출력.dwg] 파일을 불러와 다음과 같이 화면에 준비합니다.

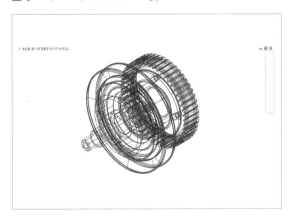

2 불러온 모델을 뷰 도구를 사용해 평면도, 오른쪽면도, 정면도, 남동 등각투영으로 설정해 봅니다.

평면도　　　　　　　　오른쪽면도　　　　　　　　정면도　　　　　　　　남동 등각투영

3 불러온 모델을 Vscurrent(VS) 명령을 실행해 숨김, 실제, 개념, X 레이로 설정해 봅니다.

숨김　　　　　　　　실제　　　　　　　　개념　　　　　　　　X 레이

3D 모델링에 필요한 기본 명령 1

3D Solid 모델링은 Extrude, Region, Boundary, UCS, Union, Subtract, Intersect 명령을 기반으로 대부분의 형태를 만들 수 있습니다.

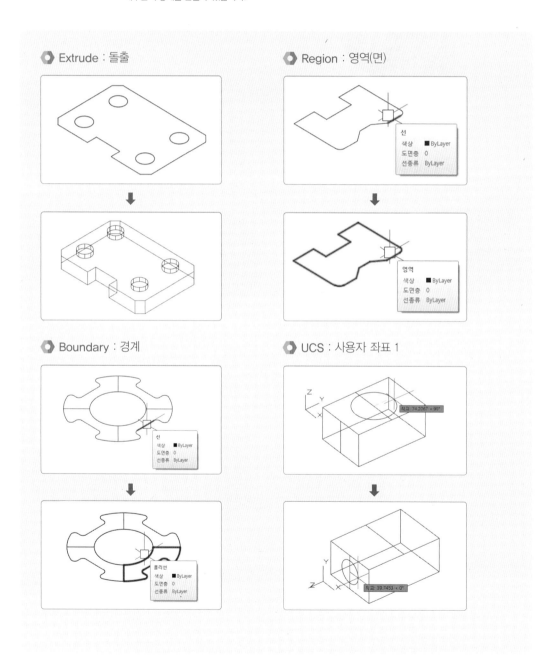

Extrude : 돌출

Region : 영역(면)

선
색상   ■ ByLayer
도면층 0
선종류 ByLayer

영역
색상   ■ ByLayer
도면층 0
선종류 ByLayer

Boundary : 경계

UCS : 사용자 좌표 1

선
색상   ■ ByLayer
도면층 0
선종류 ByLayer

폴리선
색상   ■ ByLayer
도면층 0
선종류 ByLayer

01 Extrude(돌출)

Circle, Rectang, Polygon 등 하나의 선으로 된 Polyline이나 Region(영역)으로 된 도형을 돌출시켜 3D Solid로 만들 수 있습니다.

작업	2D 도형을 돌출시켜 3D Solid로 생성
단축키	E X T
풀다운 메뉴	그리기(Draw) ➡ 모델링(Modeling)
3D 모델링 리본 메뉴	

01 [P06/Ch02/Extrude.dwg] 파일에서 Extrude(EXT) 명령을 이용해 3D Solid로 만들어 보겠습니다.

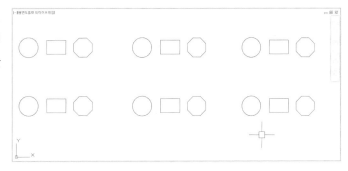

02 현재 평면 시점을 '남동 등각투영'으로 변경하기 위해 [홈] 탭의 [뷰] 그룹에서 뷰 설정을 클릭해 [남동 등각투영(SE Isometric)]을 클릭합니다.

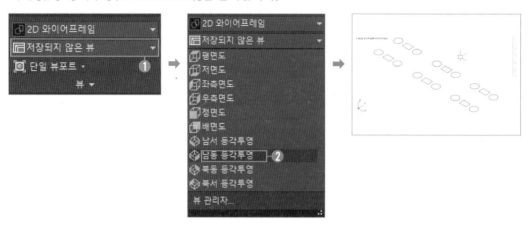

03 [Extrude(EXT)] 명령 입력 후 Enter, 돌출 대상 ①을 클릭하고 Enter, 돌출 값 [100]을 입력하고 Enter를 누르면 원통이 만들어집니다.

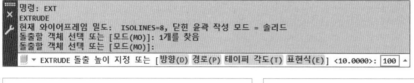

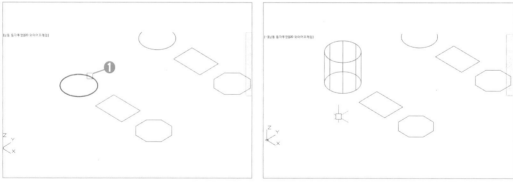

04 돌출값이 같은 경우 여러 개를 동시에 작업할 수 있습니다. [Extrude(EXT)] 명령 입력 후 Enter, ①, ②지점을 클릭하고 Enter, 돌출 값 [−100] 입력 후 Enter를 누르면 도형이 아래쪽으로 만들어집니다.

```
명령: EXT
EXTRUDE
현재 와이어프레임 밀도: ISOLINES=8, 닫힌 윤곽 작성 모드 = 솔리드
돌출할 객체 선택 또는 [모드(MO)]: 반대 구석 지정: 2개를 찾음
돌출할 객체 선택 또는 [모드(MO)]:
EXTRUDE 돌출 높이 지정 또는 [방향(D) 경로(P) 테이퍼 각도(T) 표현식(E)] <100.0000>: -100
```

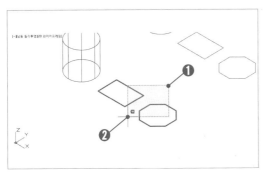
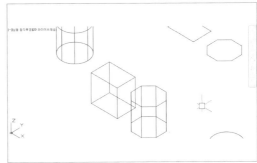

05 다시 [Extrude(EXT)] 명령을 입력하고 **Enter**, 돌출 대상 **❶**을 클릭하고 **Enter**, 테이퍼 각도 옵션 [T] 입력 후 **Enter**, 돌출 각도 [10]을 입력하고 **Enter**, 돌출 값 [100]을 입력하고 **Enter**를 누르면 경사진 원통이 만들어집니다.

```
명령: EXT  EXTRUDE
현재 와이어프레임 밀도:  ISOLINES=8, 닫힌 윤곽 작성 모드 = 솔리드
돌출할 객체 선택 또는 [모드(MO)]: 1개를 찾음
돌출할 객체 선택 또는 [모드(MO)]:
돌출 높이 지정 또는 [방향(D)/경로(P)/테이퍼 각도(T)/표현식(E)] <-100.0000>: t
돌출에 대한 테이퍼 각도 지정 또는 [표현식(E)] <0>: 10
▼ EXTRUDE 돌출 높이 지정 또는 [ 방향(D) 경로(P) 테이퍼 각도(T) 표현식(E) ] <-100.0000>: 100
```

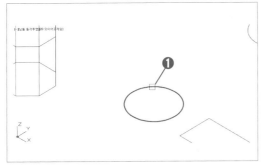
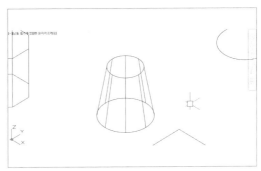

** 각도 값을 음수(-)로 입력하면 경사의 방향은 바깥쪽으로 변경됩니다.

06 나머지 도형들도 돌출 값과 각도를 설정하여 다음과 같이 여러 형태로 만들어 봅니다.

Vscurrent : 2D 와이어프레임

Hide

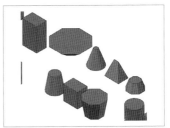

Vscurrent : 회색 음영처리

02 | Region(영역)

Extrude(EXT) 명령을 사용해 3D Solid로 만들 수 있는 도형은 Polyline(하나의 선)이나 Region(면)으로 되어 있어야 합니다. 그래서 Region 명령은 Extrude(EXT) 명령 전에 선행 작업으로 많이 사용됩니다.

작업	닫혀 있는 2D 도형의 영역을 면으로 생성
단축키	R E G
풀다운 메뉴	그리기(Draw) ➡ 영역(Region)
3D 모델링 리본 메뉴	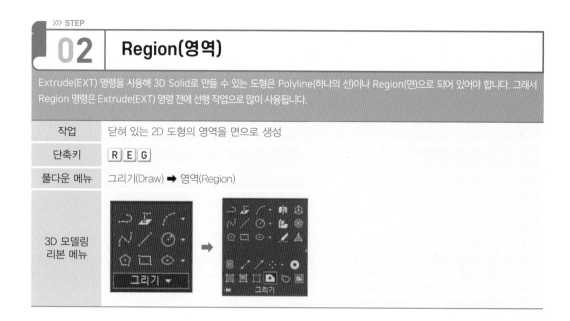

01 [P06/Ch02/Region.dwg] 파일에서 Extrude(EXT) 명령을 이용해 3D Solid로 만들어보 겠습니다. 시점을 '남동 등각투영'으로 변경합니다.

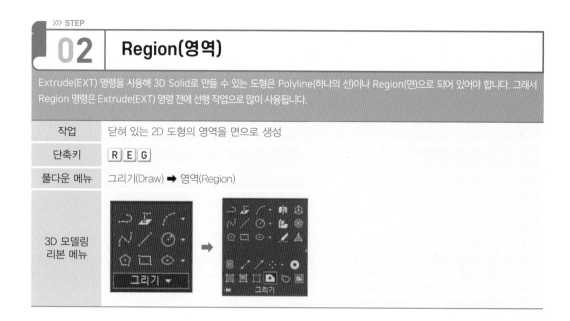

02 준비된 도형은 Line, Circle, Arc 명령으로 작성되었고, 도형을 이루는 선이 여러 개로 구 성되어 있습니다. [Extrude(EXT)] 명령 입력 후 Enter , ❶, ❷지점을 클릭하고 Enter , 돌출 값 [40] 입력 후 Enter 를 누릅니다. Vscurrent(VS) 명령 입력 후 Enter , 개념(C) 옵션 [C]를 입력하고 Enter 를 누르면 3D Solid가 아닌 것이 확인됩니다. 다시 [Vscurrent(VS)] 명령을 2D 와이어프레 임(2)로 변경합니다.

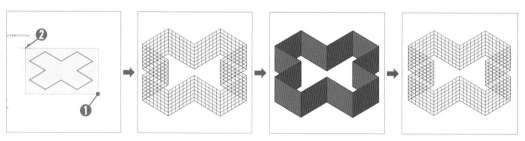

03 작업 대상을 면으로 만들기 위해 [Region(REG)] 명령을 입력하고 Enter, 두 번째 도형 ❶, ❷지점을 클릭하고 Enter를 누르면, 영역(면)으로 변경됩니다. 커서를 도형으로 이동하거나 [Vscurrent(VS)] 명령을 실행해 개념(C)을 적용하면 변경 전과 변경 후의 차이를 알 수 있습니다.

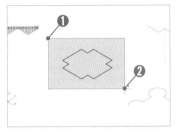 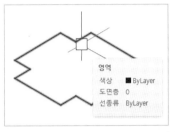 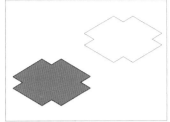

❖ Extrude(EXT) 명령을 이용해 3D Solid로 만들려면 돌출 대상이 Polyline(하나의 선)이나 Region(면)으로 되어 있어야 합니다.

04 [Extrude(EXT)] 명령을 입력하고 Enter를 누른 후 돌출 대상 ❶을 클릭하고 Enter, 돌출 값 [40] 입력 후 Enter를 누르면 3D Solid 도형이 만들어집니다. [Hide(HI)] 명령을 실행해 처음 십자 도형과 결과를 비교하고 [Regen(RE)] 명령으로 Hide 상태를 해제합니다.

 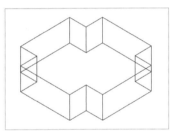 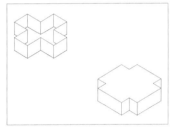

05 남은 도형도 다음과 같이 돌출시켜 봅니다.

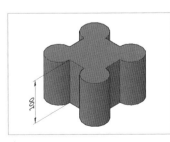 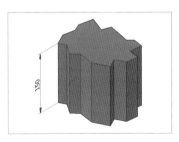 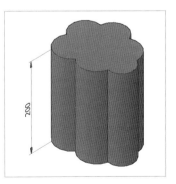

❖ Region(REG) 명령으로 영역 구성 시 여러 개의 도형을 한 번에 선택하는 것도 가능합니다.

02 Boundary(경계)

Region(면) 명령은 단일 영역만 면으로 만들기 때문에 다음과 같이 영역이 다수인 경우에는 Boundary(BO) 명령을 사용해 각각의 경계를 Ployline(폴리선)으로 구성한 다음 Extrude(EXT) 명령을 사용해 돌출시킵니다.

작업	지정한 영역을 경계로 Polyline(하나의 선) 추가
단축키	B O
풀다운 메뉴	그리기(Draw) ➡ 경계(Boundary)
3D 모델링 리본 메뉴	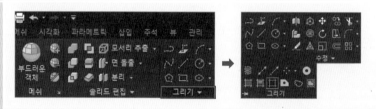

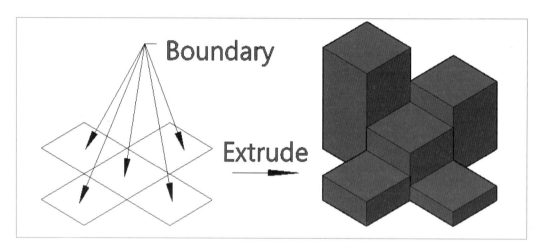

01 [P06/Ch02/Boundary.dwg] 파일을 불러와 도형을 준비합니다.

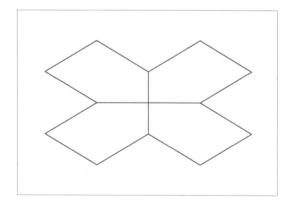

02 [Boundary(BO)] 명령을 입력하고 [Enter], [경계 작성] 대화상자에서 [점 선택]을 클릭하고
❷, ❸, ❹, ❺지점을 클릭한 후 [Enter]를 누르면, 클릭한 영역을 경계로 Ployline(폴리선)을 추가합
니다.

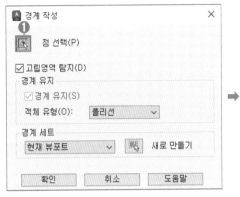 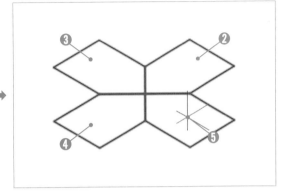

03 대기 상태의 커서로 ❶, ❷, ❸, ❹지점을 클릭하면 하나의 선으로 선택되는 것을 알 수 있습
니다. 확인 후 [Esc]를 눌러 선택을 해제합니다.

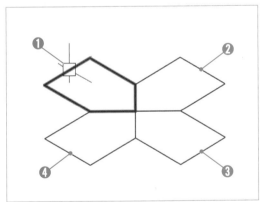 

04 [Extrude(EXT)] 명령 입력 후 Enter, 폴리선으로 변경한 돌출 대상 ❶을 클릭하고 Enter, 돌출 값 [80]을 입력하고 Enter를 누르면 3D Solid 도형이 만들어집니다. 나머지 도형도 돌출 값을 [60], [40], [20]으로 설정해 작업한 후 [Hide(HI)] 명령을 실행하여 결과를 확인합니다.

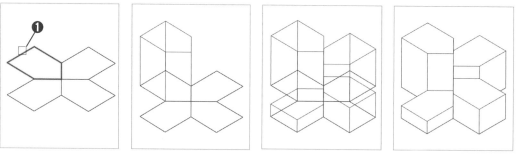

⁕ Hide(HI) 명령으로 결과를 확인한 후 항상 Regen(RE) 명령으로 해제해야 합니다.

Tip! **Region과 Boundary의 차이점**

가장 큰 차이점은 하나의 영역과 다수의 영역을 설정할 수 있는 부분입니다. Region 명령은 닫혀 있는 도형을 면으로 변경하여 원본이 남지 않으며 X, Y, Z축 방향에 관계없이 적용할 수 있습니다. 하지만 Boundary는 지정한 경계에 폴리선을 덮어 추가하므로 원본이 삭제되지 않고 유지됩니다. 경계 지정 시 해당 도형은 X축과 Y축의 평면상에 있어야 작업을 진행할 수 있습니다.

• **원본 유무의 차이점**
Boundary 명령으로 폴리선을 추가한 후 Extrude 명령으로 돌출 대상을 선택할 때 걸침 선택하면 다음과 같이 원본 선과 추가된 폴리선이 동시에 돌출되는 것에 주의해야 합니다.

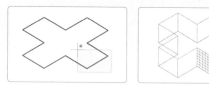

Region과 Boundary로 작성한 3D Solid를 이동하면 원본 도형이 있고, 없음의 차이를 확인할 수 있습니다.

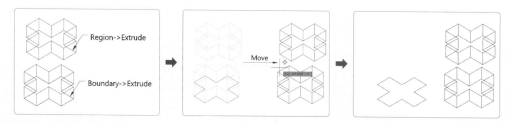

03 UCS(사용자 좌표)

3D 모델링의 기초는 2D 도면입니다. 2D 도면은 항상 X축과 Y축이 이루는 평면에서 작성되므로 UCS 좌표를 확인하고 변경하면서 작업이 진행됩니다.

작업	3Point를 이용한 좌표계(UCS)의 설정
풀다운 메뉴	도구(Tool) ➡ 새 UCS(New UCS)
3D 모델 리본 메뉴	

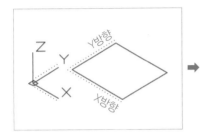

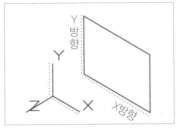

01 [P06/Ch02/Ucs1] 파일에서 윗면에 원통을 만들기 위해 선분 ❶, ❷를 [Offset(O)] 명령으로 원의 중심을 표시하고 [Circle(C)] 명령으로 교차점 ❸, ❹, ❺, ❻, ❼지점에 원을 그려줍니다.

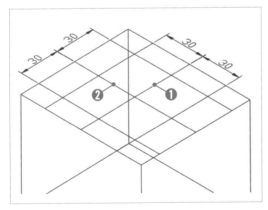

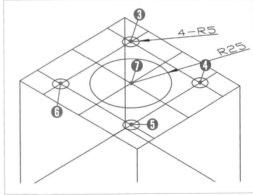

02 [Extrude(EXT)] 명령을 입력하고 Enter를 누른 후 작은 원 ❶, ❷, ❸, ❹를 클릭하고 Enter, 높이 [15]를 입력하고 Enter를 누릅니다. 같은 방법으로 큰 원 ❺를 높이 '20'으로 돌출시킵니다. 불필요한 선은 삭제하고 [Hide(HI)] 명령으로 확인합니다.

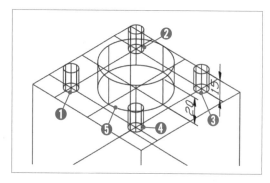 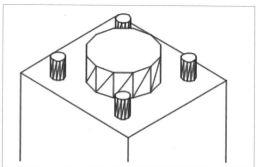

03 [Line(L)] 명령으로 선을 그리고 Offset(O)하면 윗면과 같이 정상적으로 작업이 되지 않습니다. 원을 그려도 그림과 같이 그려지는데, 그 이유는 현재 X축과 Y축이 이루는 평면이 작업면과 다르기 때문입니다. 확인 후 원과 Offset한 선을 삭제합니다.

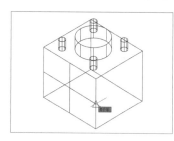 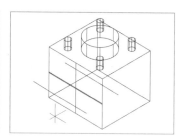 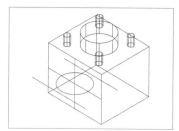

04 UCS 명령의 3Point를 사용해 좌표의 X축과 Y축의 방향을 현재 작업면인 정면에 맞추겠습니다. [UCS] 명령을 입력하고 Enter를 누른 후 ❶, ❷, ❸지점을 차례로 클릭하면 작업면과 X, Y축의 방향이 일치됩니다.

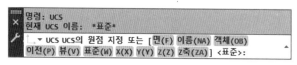

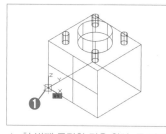 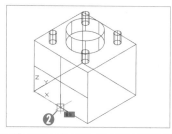 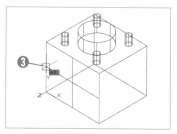

✳ 첫 번째 클릭한 점은 원점, 두 번째 클릭한 점은 X축 방향, 세 번째 클릭한 점은 Y축 방향으로 변경됩니다.

05 이제 윗면에서와 같이 [Offset] 명령을 사용해 원의 중심을 표시합니다. [Circle] 명령으로 원을 그리고 [Extrude(EXT)] 명령으로 돌출시켜 줍니다.

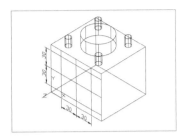 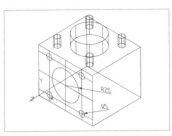 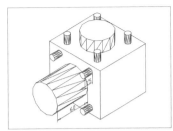

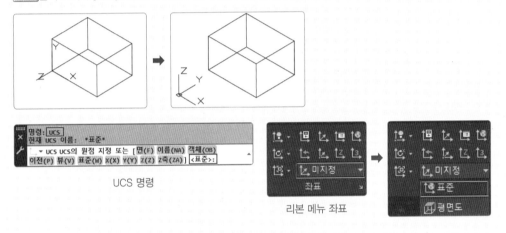

Tip! **표준 좌표로 변경**

사용자가 좌표의 방향을 변경한 후 다시 처음 표준 좌표 상태로 설정하려면 UCS 명령을 입력하고 Enter, 다시 Enter를 누르거나 [좌표] 그룹에서 표준을 클릭하면 표준 상태로 설정됩니다.

UCS 명령

리본 메뉴 좌표

06 돌출 작업을 연습하기 위해 우측면도 다음과 같이 작성하고 Vscurrent(VS) 명령으로 출력 스타일을 변경해 봅니다.

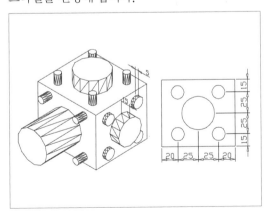 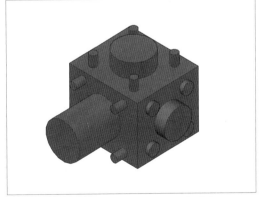

Vscurrent : 모서리로 음영처리, 옵션(E)

❶ 다음 2D 도면과 3D 모델을 완성하시오.

[평면도 외형 작성]

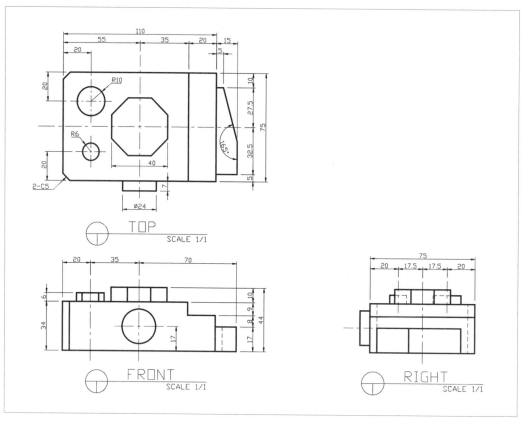

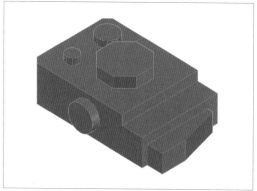

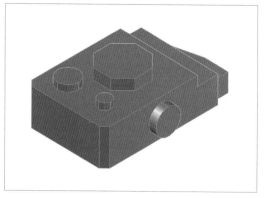

[작성된 평면도의 외형을 우측 빈 공간으로 복사]

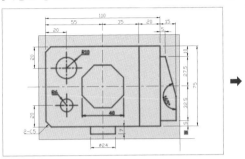

[불필요한 부분을 삭제하고 ❶, ❷, ❸ 영역을 Boundary]

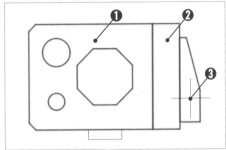

[뷰의 시점을 남동 등각투영으로 설정]

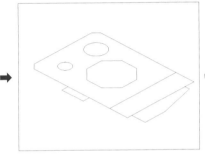

[Extrude 명령으로 각 영역을 돌출]

[객체 ❶, ❷, ❸을 상단으로 '34' 이동(Move)]

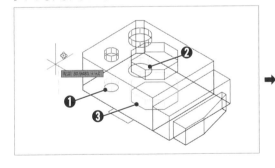

[Line으로 선을 그려 원의 중심을 표시]

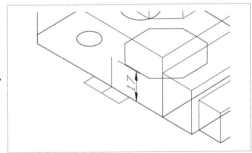

[UCS 명령 실행 후 ❶, ❷, ❸을 클릭해 평면으로 지정]

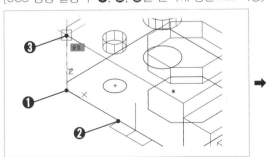

[반지름 '12'인 원을 작성하고 Extrude(EX) '7' 돌출]

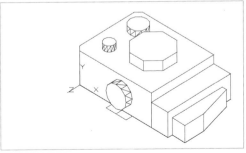

P06/Ch02/실습과제답안.dwg

3D 모델링에 필요한 기본 명령 2

손쉽게 UCS를 운용하는 방법과 Solid 객체의 연산 기능인 Union, Subtract, Intersect 명령을 학습하겠습니다.

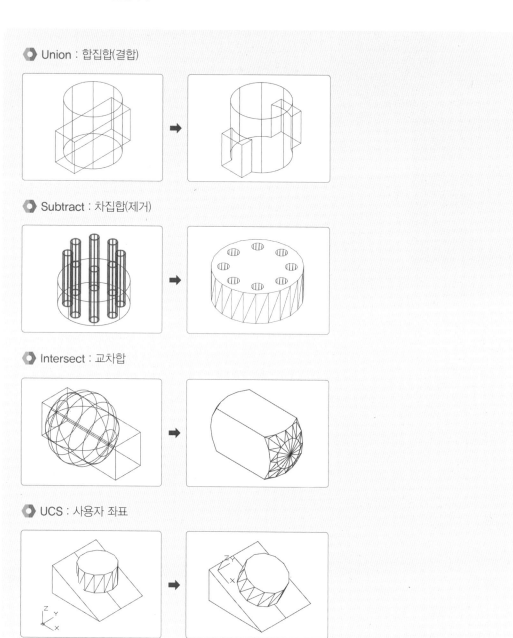

◆ Union : 합집합(결합)

◆ Subtract : 차집합(제거)

◆ Intersect : 교차합

◆ UCS : 사용자 좌표

01 Union(합집합), Subtract(차집합), Intersect(교집합)

2개 이상의 3D Solid 객체를 결합하여 하나의 객체로 생성합니다.

작업	Solid 객체의 연산
단축키	Union : U N I Subtract : S U Intersect : I N
풀다운 메뉴	수정(Modify) ➡ 솔리드 편집(Solid Editing)
3D 모델링 리본 메뉴	

01 [P06/Ch03/Union.dwg] 파일에서 좌측 도형을 확대하고 [Hide(HI)] 명령을 실행해 결과를 확인하면 다음과 같이 상자와 원통의 일부가 겹쳐진 것을 알 수 있습니다. [Regen(RE)] 명령을 실행해 Hide 상태를 해제합니다.

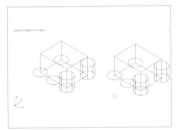 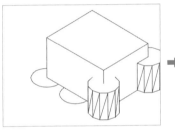 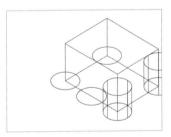

⁑ 명령을 실행하지 않고 마우스 휠을 돌려도 Hide 상태가 해제됩니다.

02 작성된 원통 하나를 상자와 결합하기 위해 [Union(UNI)] 명령을 입력하고 Enter를 누른 후 결합 대상인 상자 ❶, 원통 ❷를 클릭하고 Enter를 누릅니다. [Hide(HI)] 명령으로 결과를 확인하고 [Regen(RE)] 명령으로 해제합니다.

```
명령: UNI
UNION
▼ UNION 객체 선택:
```

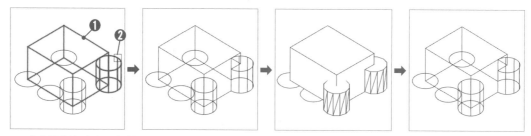

** 대기 상태의 커서로 상자를 클릭해보면 결합된 원통까지 선택되는 것을 확인할 수 있습니다.

:: Subtract(차집합) 명령 사용하기

서로 겹치는 부분의 3D Solid 객체를 제거해 새로운 객체를 생성합니다.

01 남은 원통과 겹치는 부분을 상자에서 제거하기 위해 [Subtract(SU)] 명령을 입력하고 Enter를 누른 후 남길 객체인 상자 ❶을 클릭하고 Enter, 제거할 원통 ❷를 클릭하고 Enter를 누릅니다.

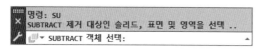

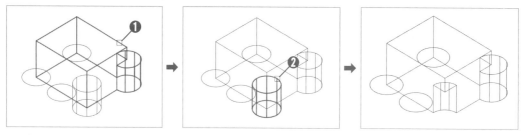

** 제거되는 원통은 겹치는 부분과 함께 삭제됩니다.

02 [Vscurrent(VS)] 명령을 실행해 화면 출력을 회색 음영처리(G)로 변경하고 Shift + 마우스 휠을 누른 상태로 드래그하여 제시된 부분을 관찰합니다. 시점을 남동 등각투영으로 변경하고 Vscurrent(VS)는 2D 와이어프레임(2)로 복귀합니다.

✲ 화면 출력을 실제(R), 개념(C) 등으로 변경해 관찰해도 좋습니다.

03 남은 원 ❶, ❷, ❸도 [Extrude(EXT)] 명령을 입력하고 Enter를 누른 후 높이 [150]으로 돌출시킵니다. [Subtract(SU)] 명령 입력 후 Enter, 남길 객체 상자 ❹를 클릭하고 Enter, 제거할 원통 ❺, ❻, ❼을 걸침 선택으로 선택하고 Enter를 누르면, 원통이 겹치는 부분과 함께 제거됩니다.

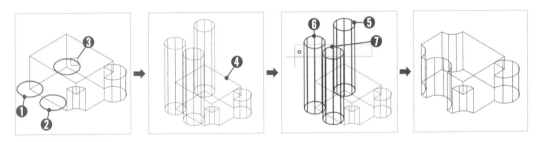

04 우측 원통 ❶지점에 반지름이 [15]인 원을 작성하고 [Extrude(EXT)] 명령으로 [100]만큼 돌출시킵니다. [Subtract(SU)] 명령을 실행하고 상자 ❸에서 원통 ❹를 제거한 후 결과를 확인합니다.

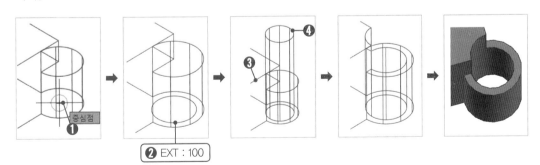

2개의 3D Solid 객체를 교차시켜 겹치는 부분을 추출하고 원본을 삭제합니다.

01 [P06/Ch03/Intersect.dwg] 파일에서 [Hide(HI)] 명령을 실행해 결과를 확인하면 다음과 같이 2개의 솔리드 도형이 겹쳐진 것을 알 수 있습니다. [Regen(RE)] 명령을 실행해 Hide 상태를 해제합니다.

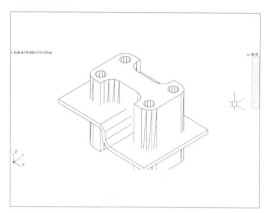 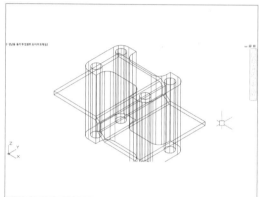

02 겹쳐진 교차 부분을 추출하기 위해 [Intersect(IN)] 명령을 입력하고 Enter 를 누른 후 교집합 대상인 ❶과 ❷를 클릭하고 Enter 를 누르면, 교차되는 부분만 추출됩니다.

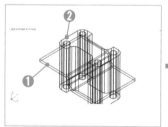 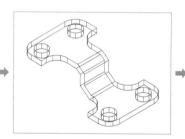 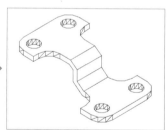

02 | 사용자 좌표(UCS)

UCS 좌표의 방향은 작업하는 면을 선택해 설정하고 문자나 표제 등을 작성할 수 있도록 현재 뷰를 평면으로 변경하는 내용을 배워보겠습니다.

작업	옵션을 사용한 좌표계(UCS)의 설정
풀다운 메뉴	도구(Tool) ➡ 새 UCS(New UCS)
3D 모델링 리본 메뉴	

01 새 도면을 시작해 시점을 '남동 등각투영'으로 변경합니다. 정면을 기준으로 다각형을 작성하기 위해 좌표의 방향을 변경하겠습니다. [표준]의 화살표를 클릭해 목록에서 [정면도]를 선택합니다. UCS 좌표계의 X, Y축이 정면으로 설정됩니다.

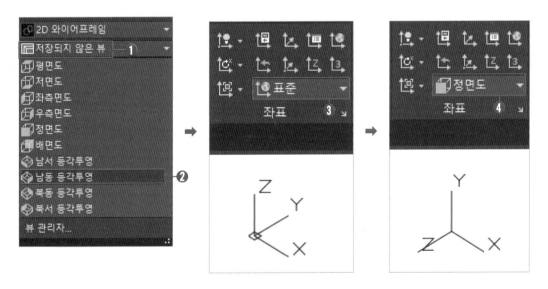

02 정오각형을 작성하기 위해 [Polygon(POL)] 명령 입력 후 Enter, 면의 수 [5] 입력 후 Enter, 모서리 옵션 [E] 입력 후 Enter, 첫 번째 끝점은 임의의 위치인 ❶지점을 클릭합니다. 커서를 X축 ❷ 방향으로 이동(F8=ON)한 후 [100]을 입력하고 Enter를 누릅니다.

```
명령: POL
POLYGON 면의 수 입력 <4>: 5
폴리곤의 중심을 지정 또는 [모서리(E)]: e
▼ POLYGON
모서리의 첫 번째 끝점 지정: 모서리의 두 번째 끝점 지정: 100
```

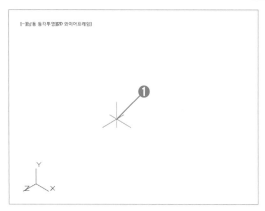
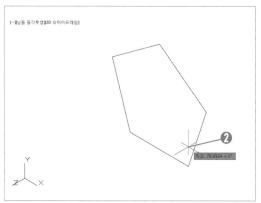

03 다각형 ❶을 안쪽 ❷방향으로 거리 값 [10]으로 [Offset(O)] 합니다. [Extrude(EXT)] 명령을 입력하고 Enter를 누른 후 다각형 ❶, ❸에 돌출 값 [300]을 적용합니다.

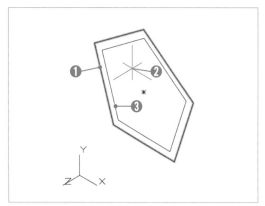
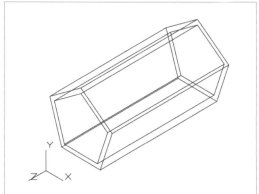

04 안쪽에 작은 다각형이 겹쳐 있는 상태입니다. [Subtract(SU)] 명령을 입력하고 Enter 를 누른 후 남길 객체인 큰 다각형 ❶을 클릭하고 Enter , 제거할 작은 다각형 ❷를 클릭하고 Enter 를 누르면 겹치는 부분이 제거됩니다.

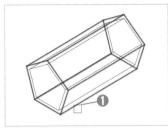 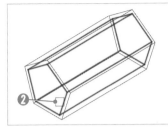 

∴ Hide(HI)나 Vscurrent(VS) 명령으로 확인합니다.

05 스케치되는 작업면과 X, Y축을 일치시키기 위해 [UCS] 명령을 입력하고 Enter 를 누른 후 면 옵션 [F]를 입력하고 Enter , ❶지점 클릭 후 Enter 를 누릅니다.

```
명령: UCS
현재 UCS 이름: *표준*
  ▼ UCS UCS의 원점 지정 또는 [면(F) 이름(NA) 객체(OB)
이전(P) 뷰(V) 표준(W) X(X) Y(Y) Z(Z) Z축(ZA)] <표준>: f
```

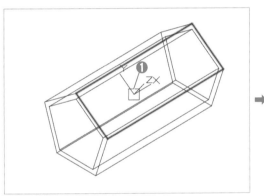 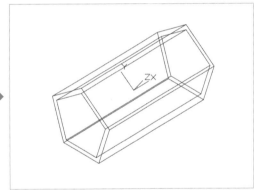

06 [Rectang(REC)] 명령을 입력하고 Enter 를 누른 후 ❶지점 클릭 후 ❷지점을 클릭합니다. 작성된 사각형 ❸을 안쪽 ❹지점으로 거리 값 [30]으로 [Offset(O)] 합니다.

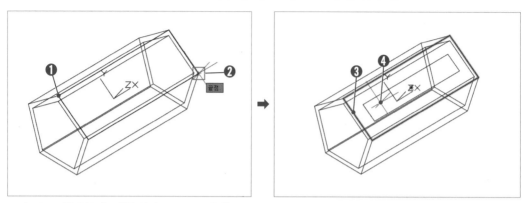

✳✳ 3D Solid의 모서리는 선이 아니므로 Offset을 할 수 없어 사각형이나 선을 그려 작업합니다.

> **Tip!** **선이 많아 복잡한 경우**
>
> 사각형을 그릴 때 뒤쪽의 선이 중복되어 복잡한 경우에는 Hide(HI) 명령으로 가려지는 부분을 숨긴 후 진행하면 위치 파악이 쉬워집니다. 작업 후 다시 Regen(RE) 명령으로 해제합니다.
>
>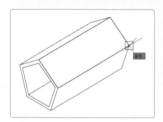

07 [Extrude(EXT)] 명령으로 사각형 ❶을 안쪽으로 [−10] 이상 돌출시킵니다. (그림은 '−50' 돌출)

Shift + 마우스 휠로 시점 조절

✳✳ Z축의 반대 방향이므로 '−' 값을 입력해야 하며, 값을 입력해도 좋지만 위치를 지정(클릭)해 적절히 돌출시켜도 됩니다. Shift + 마우스 휠로 작업하기 좋은 시점으로 변경합니다.

08 [Subtract(SU)] 명령을 입력하고 [Enter]를 누른 후 남길 객체인 다각형 ❶을 클릭하고 [Enter], 제거할 상자 ❷를 클릭하고 [Enter]를 누르면 겹치는 부분이 제거되면서 구멍이 뚫립니다.

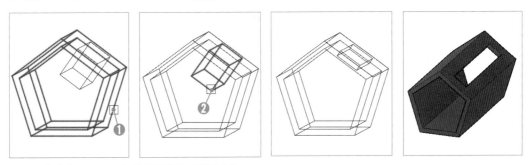

∴ Hide(HI)나 Vscurrent(VS) 명령으로 확인합니다.

09 동일한 방법으로 오른쪽 하단의 면과 왼쪽 상단의 경사면을 다음과 같이 완성합니다.

[오른쪽 하단]

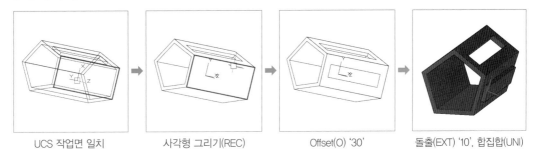

| UCS 작업면 일치 | 사각형 그리기(REC) | Offset(O) '30' | 돌출(EXT) '10', 합집합(UNI) |

[왼쪽 상단]

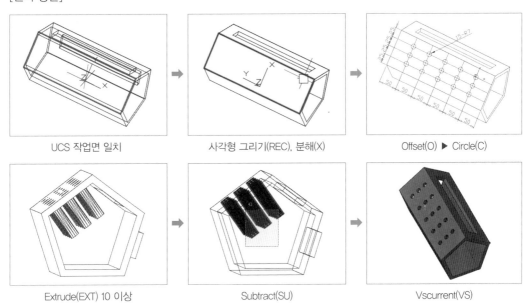

| UCS 작업면 일치 | 사각형 그리기(REC), 분해(X) | Offset(O) ▶ Circle(C) |
| Extrude(EXT) 10 이상 | Subtract(SU) | Vscurrent(VS) |

1 다음 2D 도면과 3D 모델을 완성하시오.

[2D 도면]

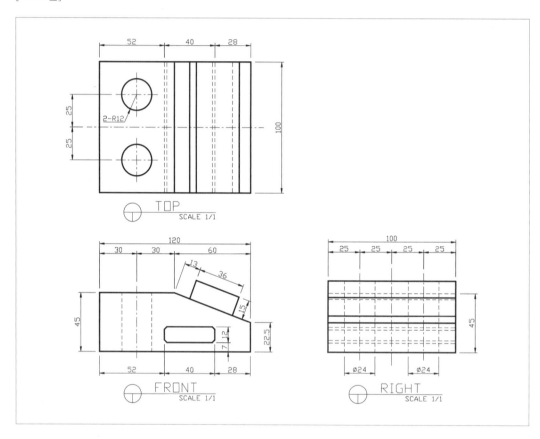

[각 도면의 연관 위치]

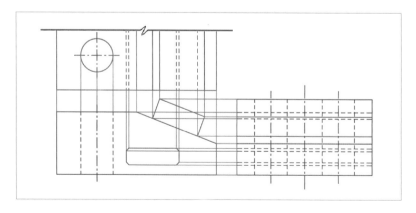

[3D 모델링]

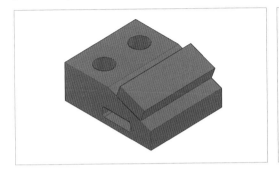 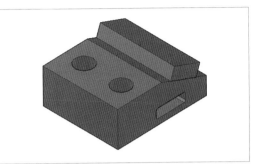

[작성된 평면도의 외형을 오른쪽 빈 공간으로 복사]

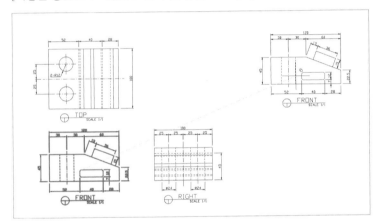

[시점을 남동 등각투영으로 변경 후 불필요한 부분 삭제. ❶, ❷, ❸ 영역을 Boundary]

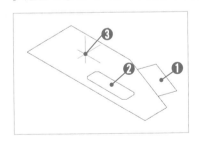

[Extrude(EXT) 명령으로 원 돌출]   [UCS 명령의 면(F) 옵션을 사용해 ❶ 영역을 XY평면으로 변경]

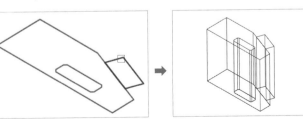 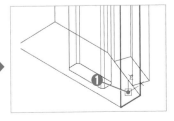

[Rotate(RO) 명령으로 객체 ❶, ❷, ❸을 90° 회전 후 UCS 명령의 표준(W) 적용]

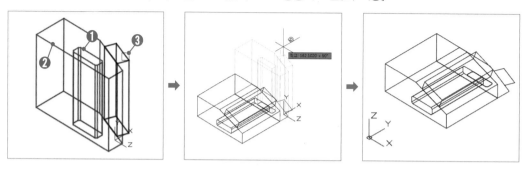

[❶지점(중간점)에서 Line(L) 명령으로 선을 긋고 Offset(O)으로 원의 중심을 표시]

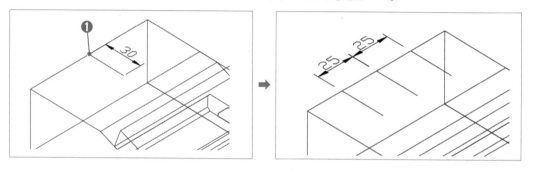

[원을 작성한 후 Extrude(EXT) 명령으로 원 돌출(-45 이상)]

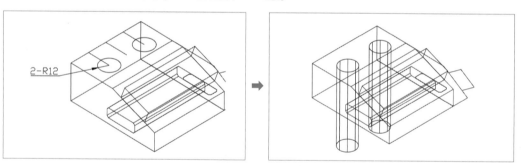

[Subtract(SU) 명령으로 객체 ❶, ❷, ❸을 제거]

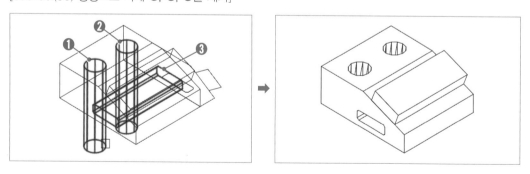

📥 P06/Ch03/실습과제답안.dwg

편집 명령을 활용한 모델링

3D 모델링은 Extrude(돌출) 명령 등으로 전체적인 형태를 만들고 편집 명령으로 다듬거나 변형해 완성하게 됩니다. 이번 장에서는 모서리 편집, 3D 회전 등 기본적인 편집 명령을 활용한 모델링을 배워보겠습니다.

● Fillet : 모깎기

● Chamfer : 모따기

 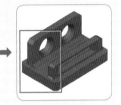

● Rotate3D : 3차원 회전 1

● 3DRotate : 3차원 회전 2

● Align : 정렬

01 | Fillet(모깎기)

3D Fiillet 명령이 따로 있지만 2D 명령을 그대로 사용할 수 있고, 3D Solid의 모서리도 둥글게 깎아냅니다. 2D 도면 편집과는 진행 과정이 다르기 때문에 순서대로 따라합니다.

작업	3D Solid의 모서리 깎기
단축키	F
풀다운 메뉴	수정(Modify) ➡ 모깎기(Fillet)
3D 모델링 리본 메뉴	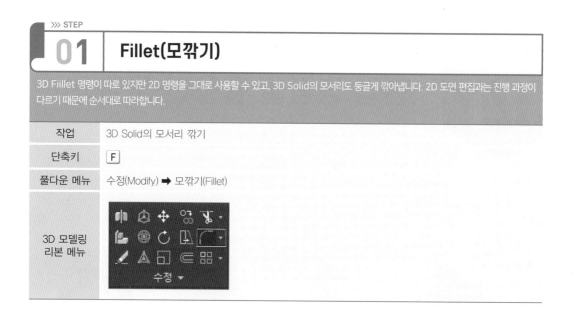

01 [P06/Ch04/Fillet.dwg] 파일에서 3D Solid 객체의 모서리를 Fillet 명령으로 둥글게 편집 하겠습니다.

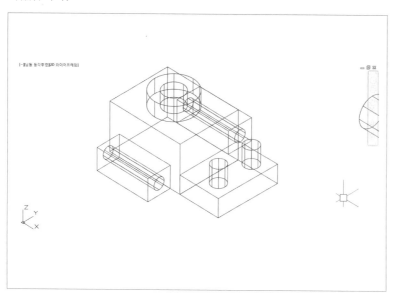

02 [Fillet(F)] 명령을 입력하고 Enter 를 누른 후 편집할 모서리 ❶을 클릭하고 반지름 값 [10] 입력 후 Enter, 다시 Enter 를 누릅니다. ❷ 부분도 반복해서 동일하게 작업합니다.

```
명령: F
FILLET
현재 설정: 모드 = 자르기, 반지름 = 0.0000
첫 번째 객체 선택 또는 [명령 취소(U)/폴리선(P)/반지름(R)/자르기(T)/다중(M)]:
▼ FILLET 모깎기 반지름 입력 또는 [표현식(E)]: 10
```

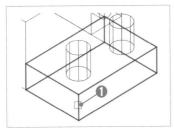 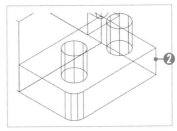 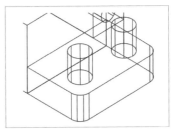

∴ 선택한 모서리 색상이 계속 유지되는 경우에는 Regen(RE) 명령을 실행합니다.

03 여러 개의 작업을 한 번에 진행할 수 있습니다. [Fillet(F)] 명령을 입력하고 Enter 를 누른 후 모서리 ❶을 클릭하고, 반지름 값 [4] 입력 후 Enter 를 누릅니다. 이후 명령행에 '모서리 선택'으로 표시되고 모서리 ❷, ❸, ❹, ❺를 클릭하고 Enter 를 누릅니다.

```
명령: F
FILLET
현재 설정: 모드 = 자르기, 반지름 = 10.0000
첫 번째 객체 선택 또는 [명령 취소(U)/폴리선(P)/반지름(R)/자르기(T)/다중(M)]:
모깎기 반지름 입력 또는 [표현식(E)] <10.0000>: 4
▼ FILLET 모서리 선택 또는 [체인(C) 루프(L) 반지름(R)]:
```

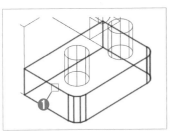 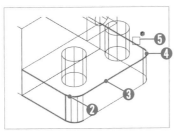 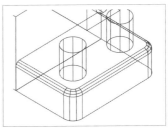

∴ 하나로 되어 있는 객체만 여러 개의 모서리를 한 번에 처리할 수 있습니다.

04 곡선도 모깎기가 가능합니다. [Fillet(F)] 명령을 입력하고 Enter 를 누른 후 모서리 ❶을 클릭하고, 반지름 값 [3] 입력 후 Enter 를 누릅니다. 모서리 ❷도 클릭하고 Enter 를 누릅니다.

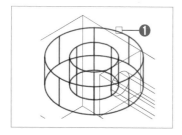 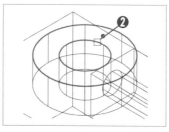 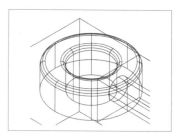

05 코너를 모깎기할 경우 코너를 이루는 두 개의 객체가 하나로 되어 있는지 확인한 후 작업해야 합니다. [Union(UNI)] 명령을 입력하고 Enter 를 누른 후 코너를 이루는 객체 ❶, ❷를 클릭하고 Enter 를 누릅니다. 대기 상태의 커서로 결합한 객체 ❸을 클릭해 하나로 되었는지 확인합니다.

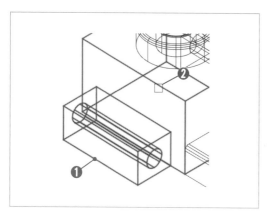 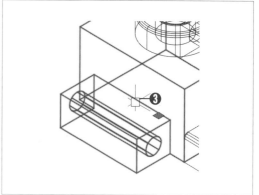

06 [Fillet(F)] 명령을 입력하고 Enter 를 누른 후 편집할 모서리 ❶ 클릭, 반지름 값 [10] 입력 후 Enter , 다시 Enter 를 누릅니다.

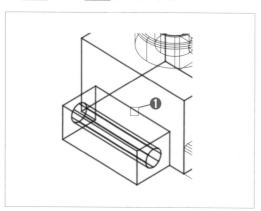 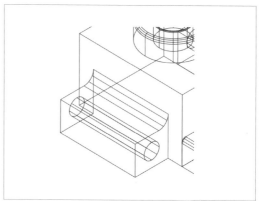

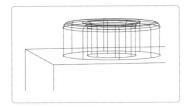

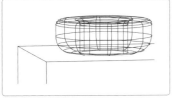

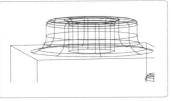

코너가 두 개의 객체로 나누어진 경우   코너가 하나의 객체로 되어 있는 경우

07 모델-B에서 [Fillet(F)] 명령을 입력한 다음 Enter를 누르고 모서리 ❶ 클릭, 반지름 값 [20] 입력 후 Enter를 누릅니다. 다시 모서리 ❷, ❸, ❹를 클릭하고 Enter를 누릅니다.

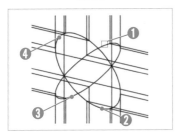

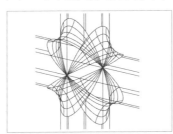

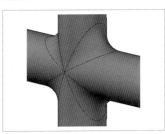

⚘ 모서리 ❶, ❷, ❸, ❹의 위치 파악이 힘들면 Shift + 마우스 휠을 눌러 시점을 변경합니다.

08 다른 부분의 모서리도 다음과 같이 완성합니다. 반지름 값은 '2~10' 정도로 설정합니다.

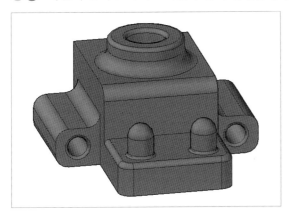

Tip! 연속된 모서리 편집은 한 번에 처리하거나 체인(C) 옵션을 적용

연속된 모서리를 하나씩 작업한 경우

연속된 모서리를 한 번에 작업하거나 체인(C)을 적용한 경우

>>> STEP

02 | Chamfer(모따기)

Fillet 명령과 동일하게 3D Chamfer 명령이 따로 있지만 2D 명령을 그대로 사용할 수 있습니다. 모따기 명령을 이용해 3D Solid의 모서리를 사선으로 작업해 보겠습니다.

작업	3D Solid의 모서리 따기
단축키	C H A
풀다운 메뉴	수정(Modify) ➡ 모따기(Chamfer)
3D 모델링 리본 메뉴	

01 [P06/Ch04/Chamfer.dwg] 파일에서 Chamfer(CHA) 명령으로 3D Solid 객체의 모서리를 편집하겠습니다.

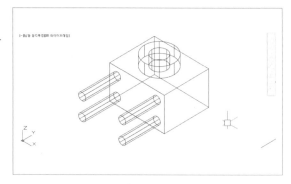

02 [Chamfer(CHA)] 명령을 입력하고 Enter, 편집할 모서리 ❶을 클릭하고 선택된 기준 표면을 확인한 후 Enter를 누릅니다. 기준 표면의 거리 값 [10] 입력 후 Enter, 다른 표면은 [20] 입력 후 Enter를 누르고, 다시 작업할 모서리 ❷를 클릭하고 Enter를 누릅니다.

```
명령: CHA
CHAMFER
(자르기 모드) 현재 모따기 거리1 = 0.0000, 거리2 = 0.0000
첫 번째 선 선택 또는 [명령 취소(U)/폴리선(P)/거리(D)/각도(A)/자르기(T)/메서드(E)/다중(M)]:
기준 표면 선택...
표면 선택 옵션 입력 [다음(N)/확인(OK)] <확인(OK)>:
기준 표면 모따기 거리 지정 또는 [표현식(E)]: 10
다른 표면 모따기 거리 지정 또는 [표현식(E)] <10.0000>: 20
▼ CHAMFER 모서리 선택 또는 [루프(L)]:
```

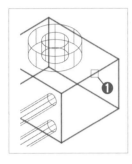  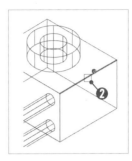 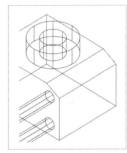

기준면

> **Tip!** **Chamfer 명령 사용 시 표면 선택이란?**
>
> 기준 표면 선택은 첫 번째 거리 값이 적용되는 면을 뜻하면서 한 번에 처리할 수 있는 모서리의 면을 표시합니다.
>
>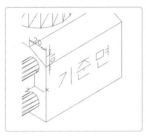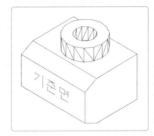
>
> 10을 먼저 입력   기준면에 포함된 모서리는 한 번에 처리할 수 있음

---

03 [Chamfer(CHA)] 명령을 입력하고 Enter, 편집할 모서리 ❶을 클릭하고 선택된 기준 표면을 확인한 후 Enter를 누릅니다. 기준 표면의 거리 값 [5] 입력 후 Enter, 다른 표면도 [5] 입력 후 Enter, 다시 작업할 모서리 ❶을 클릭하고 Enter를 누릅니다.

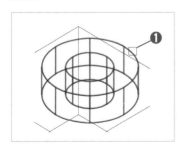 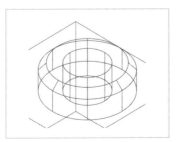 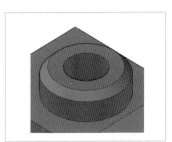

04 [Chamfer(CHA)] 명령을 입력하고 Enter, 편집할 모서리 ❶을 클릭하고 선택된 기준 표면을 확인한 후 Enter를 누릅니다. 기준 표면의 거리 값 [3] 입력 후 Enter, 다른 표면은 [8] 입력 후 Enter를 누르고, 다시 작업할 모서리 ❶을 클릭하고 Enter를 누릅니다.

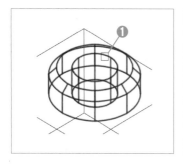 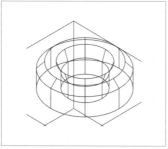 

05 코너를 모따기할 경우 코너를 이루는 두 개의 객체가 하나로 되어 있는지 확인한 후 작업해야 합니다. [Union(UNI)] 명령을 입력하고 Enter를 누른 후 ❶, ❷를 클릭하고 Enter를 누릅니다. 대기 상태의 커서로 결합한 객체 ❸을 클릭해 하나로 되었는지 확인합니다.

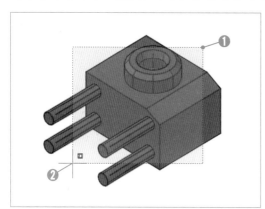 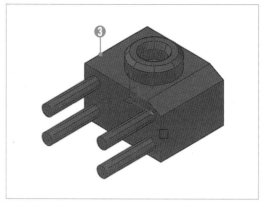

06 [Chamfer(CHA)] 명령을 입력하고 Enter를 누른 후 편집할 모서리 ❶을 클릭하고 선택된 기준 표면을 확인한 후 Enter를 누릅니다. 기준 표면의 거리 값 [5] 입력 후 Enter, 다른 표면도 [5] 입력 후 Enter를 누르고, 다시 작업할 모서리 ❶을 클릭하고 Enter를 누릅니다.

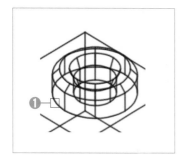 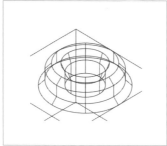 

07 나머지 부분은 두 개의 거리 값을 [2]로 하여 다음과 같이 작업합니다.

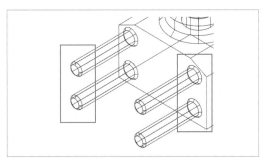 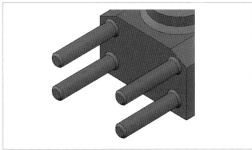

03 Rotate3D, 3DRotate, Align(3차원 회전과 정렬)

3D에서 Rotate 명령을 사용할 수도 있지만 다른 작업과 마찬가지로 X, Y 평면을 설정하고 작업해야 합니다. 하지만 Rotate3D, 3DRotate 명령은 X, Y축의 평면과 관계없이 객체를 자유롭게 회전할 수 있습니다.

작업	3D Solid의 회전과 정렬
단축키	3DRotate : 3 R Align : A L
풀다운 메뉴	수정(Modify) ➡ 3D 작업(3D Operations)
3D 모델링 리본 메뉴	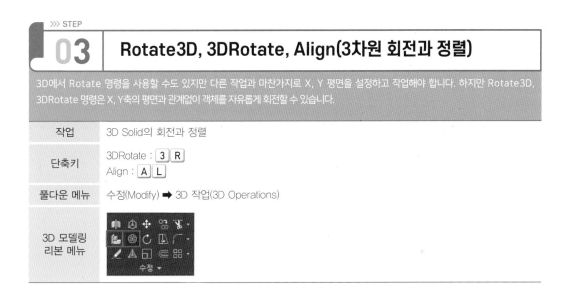

01 [P06/Ch04/3D Rotate.dwg] 파일에서 왼쪽 상자를 회전시켜 오른쪽 의자 모양으로 만들어보겠습니다.

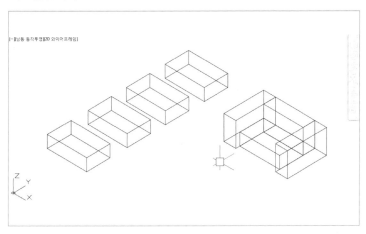

02 [Rotate3D] 명령을 입력하고 **Enter**, 상자 **❶**을 클릭하고 **Enter**를 누릅니다. 다시 **❷**지점 클릭 후 **❸**지점을 클릭해 회전축을 지정하고 각도 값 [90] 입력 후 **Enter**를 누릅니다. Rotate3D 명령은 회전축 2Point를 지정해 작업합니다.

```
명령: ROTATE3D
현재 각도 설정:  측정 방향=시계 반대 방향       기준 방향=0
객체 선택:  1개를 찾음
객체 선택:
축 위에 첫 번째 점을 지정하거나 다음을 사용하여 축을 정의
[객체(O)/최종(L)/뷰(V)/X축(X)/Y축(Y)/Z축(Z)/2점(2)]: 축 위의 두 번째 점 지정:
ROTATE3D 회전 각도 지정 또는 [참조(R)]: 90
```

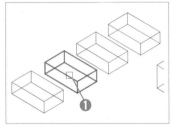
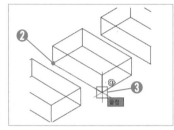
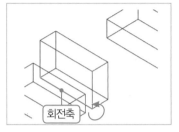

✲ 음수(−) 각도를 입력하면 반대 방향으로 회전합니다.

> **Tip!** **오른손의 법칙 적용**
>
> 엄지손가락의 방향은 축 방향, 나머지 손가락은 회전 방향입니다. 02 과정에서 **❷**, **❸**은 회전축을 나타내고, 마지막에 클릭한 **❸**지점이 축 방향이 됩니다.

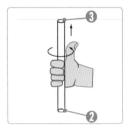

03 [Rotate3D] 명령을 입력하고 **Enter**를 누른 후 상자 **❶**을 클릭하고 **Enter**를 누릅니다. 다시 **❷**지점 클릭 후 **❸**지점을 클릭해 회전축을 지정하고, 각도 값 [90] 입력 후 **Enter**를 누릅니다.

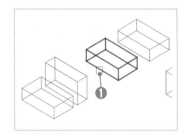
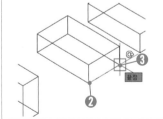

04 [3DRotate(3R)] 명령을 입력하고 Enter 를 누른 후 상자 ❶을 클릭하고 Enter 를 누릅니다. 커서를 ❷지점의 빨간색 띠로 이동하면 띠가 노란색으로 변경됩니다. 노란색 띠를 클릭하고 각도 값 [90] 입력 후 Enter 를 누릅니다.

```
명령: 3R
3DROTATE
현재 UCS에서 양의 각도:  측정 방향=시계 반대 방향 기준 방향=0
객체 선택: 1개를 찾음
객체 선택:
기준점 지정:
** 회전 **
⊕ ▼ 3DROTATE 회전 각도 지정 또는 [기준점(B) 복사(C) 명령 취소(U) 참조(R) 종료(X)]:  90  ▲
```

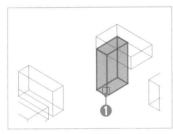 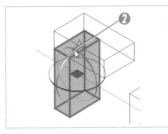 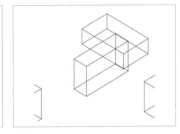

∴ 선택한 띠(회전축)의 방향으로 90° 회전됩니다.

05 남은 상자 하나도 04 과정처럼 [3DRotate(3R)] 명령을 이용해 상자를 다음과 같이 세우고 [Move(M)] 명령으로 이동합니다. 이동 후 [Union(UNI)] 명령으로 결합합니다.

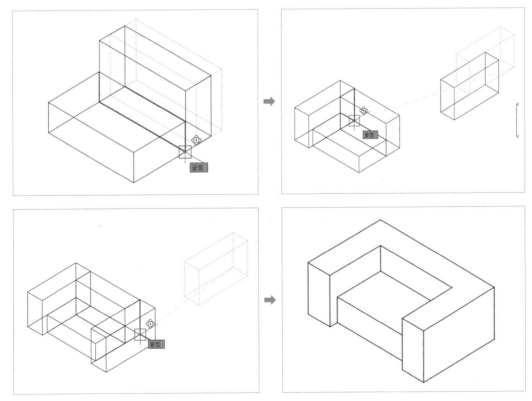

06 [Fillet(F)], [Chamfer(CHA)] 명령을 이용해 모서리를 반지름 값 [5], 거리 값 [5]로 편집합니다.

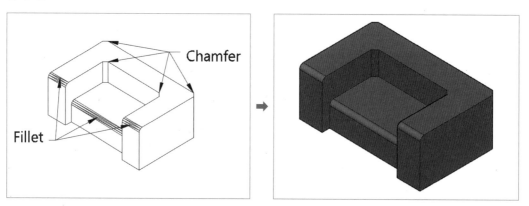

:: Align(3차원 정렬) 명령 사용하기

Align 명령은 회전과 이동을 동시에 적용하여 선택한 대상을 경사면 등에 쉽게 정렬시킬 수 있습니다.

01 [P06/Ch04/Align.dwg] 파일을 불러와 다음과 같이 화면에 준비합니다. Align(AL) 명령으로 부품 일부를 몸체에 정렬시키겠습니다.

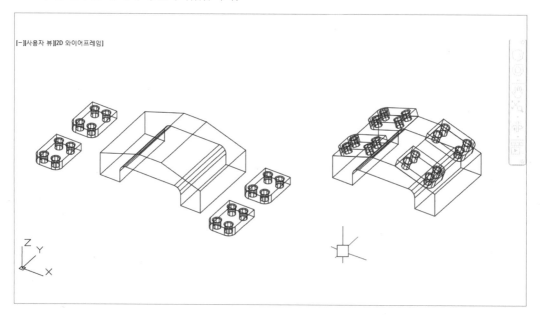

02 좌측 부품을 확대한 다음 [Align(AL)] 명령을 입력하고 Enter, 정렬 대상 ❶을 클릭하고 Enter를 누릅니다. ❷지점 클릭 후 ❸지점을 클릭하고, ❹지점 클릭 후 ❺지점 클릭, ❻지점 클릭 후 ❼지점을 클릭하면 회전과 동시에 이동되면서 경사면에 정렬됩니다.

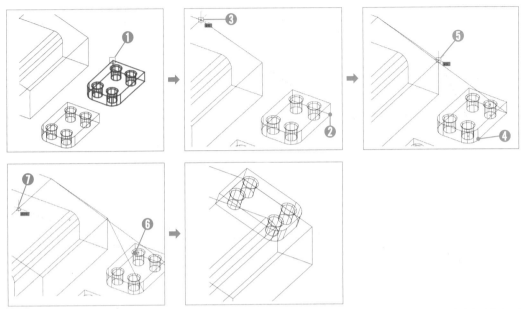

✿ 지정한 세 점 중 첫 번째 점은 기준인 동시에 위치를 지정하며, 두 번째와 세 번째는 기준으로부터 회전될 방향을 지정하게 됩니다.

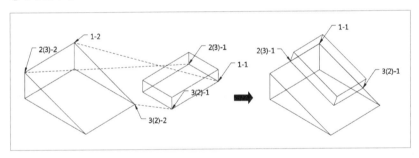

03 남은 부품은 Copy나 Mirror 명령을 사용하지 말고 01 ~ 02 과정과 같은 방법으로 완성합니다.

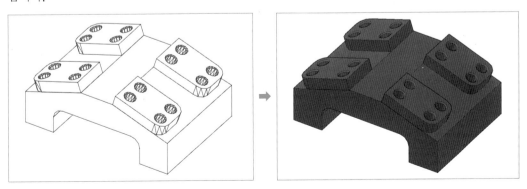

❶ 다음 도면을 보고 3D 모델을 완성하시오.

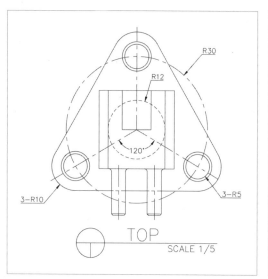

TOP
SCALE 1/5

S.E ISOMETRIC
SCALE N.S

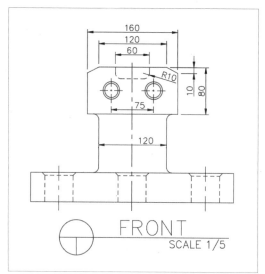

FRONT
SCALE 1/5

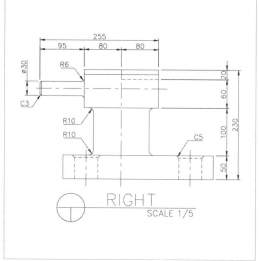

RIGHT
SCALE 1/5

평면 스케치

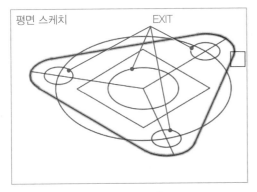

EXIT

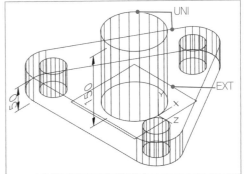

UNI

EXT

50

150

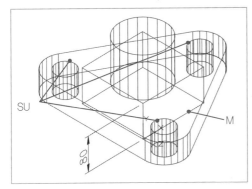

SU

M

80

결합 후 모서리 편집

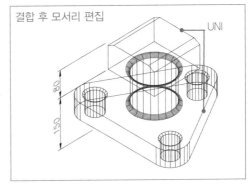

UNI

80

150

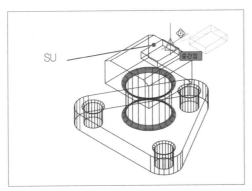

SU

중간점

원통 작성 후 편집

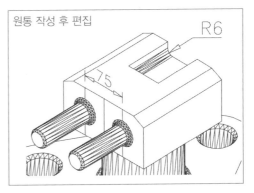

R6

75

📥 P06/Ch04/실습과제답안.dwg

편집 명령과 2D 도형을 활용한 모델링

지금까지는 3D Solid 객체 생성을 위해 가장 기본적인 Extrude(돌출) 명령을 사용했습니다. 이번 장에서는 2D 도형을 기반으로 Presspull, Sweep, Revolve, Loft를 활용해 3D Solid 모델을 작성해 보겠습니다.

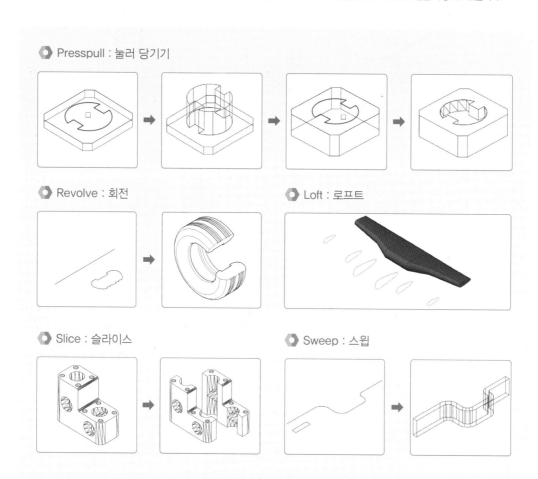

◆ Presspull : 눌러 당기기

◆ Revolve : 회전

◆ Loft : 로프트

◆ Slice : 슬라이스

◆ Sweep : 스윕

01 Presspull(눌러 당기기)

작업 결과와 목적은 Extrude(EXT) 명령과 유사합니다. 2D 명령으로 작성된 도형 영역을 지정해 3D Solid를 생성할 수 있으며, 3D Solid 의 영역을 지정해 형태를 변형하고 편집할 수 있습니다.

작업	경계 영역을 누르거나 당겨 3D Solid를 생성하거나 편집
단축키	Ctrl + Shift + A (모든 키를 누른 상태에서 영역을 클릭)
3D 모델링 리본 메뉴	

01 [P06/Ch05/Presspull.dwg] 파일에서 도형의 경계 영역을 지정해 3D Solid로 생성하고 편집하겠습니다.

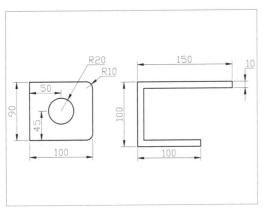

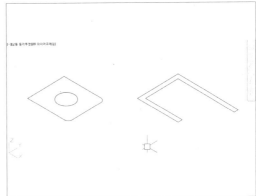

02 [Presspull(Ctrl + Shift + E)] 명령을 입력하고 Enter 를 누른 후 누르거나 당길 영역 ❶ 클릭, 돌출 값 [50] 입력 후 Enter , 다시 Enter 를 눌러 명령을 종료합니다.

∗ 단축키 사용 시 Ctrl + Shift + E 를 모두 누른 상태에서 영역 ❶을 클릭해야 합니다. 사용이 불편하면 리본 메뉴에서 '눌러 당기기' 아이콘을 클릭합니다.

명령: PRESSPULL
PRESSPULL 객체 또는 경계 영역 선택:

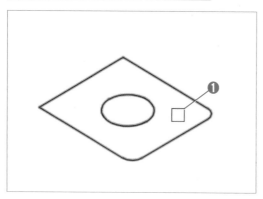
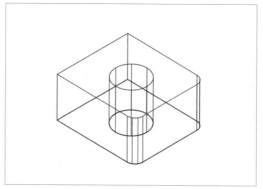

Tip! **다중 옵션 사용**

최초 경계 영역을 클릭한 후 다중(M) 옵션을 적용하면 많은 영역을 한 번에 작업할 수 있습니다.

명령: PRESSPULL
객체 또는 경계 영역 선택:
돌출 높이 지정 또는 [다중(M)]:
PRESSPULL 돌출 높이 지정 또는 [다중(M)]: m

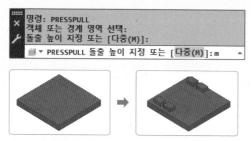

03 [Line(L)] 명령을 이용해 다음과 같이 2개의 경계선을 그려줍니다.

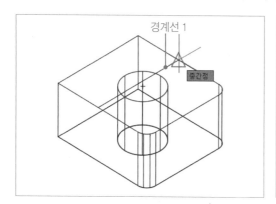
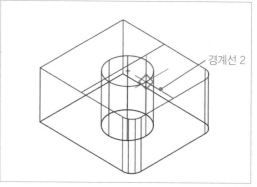

04 Presspull 명령은 2D 도형의 경계는 물론 3D Solid의 모서리도 경계로 인지합니다. [Presspull] 명령을 입력하고 Enter 를 누른 후 당길 영역 ❶을 클릭하고 돌출 값 [30] 입력 후 Enter 를 누릅니다. 영역 ❷를 클릭하고 돌출 값 [-30] 입력 후 Enter, 영역 ❸을 클릭하고 돌출 값 [-15] 입력 후 Enter 를 누릅니다. 다시 Enter 를 눌러 명령을 종료합니다.

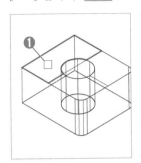 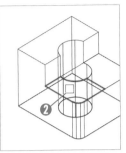  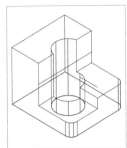

음수 값을 입력하면 축 반대 방향으로 돌출되어 누르기가 적용됩니다.

05 오른쪽 도형에서 [Line(L)] 명령으로 선의 중간점에 선을 그어 경계를 표시하고 다음과 같은 3D Solid를 생성합니다. 작업 후 [Union(UNI)] 명령으로 결합합니다.

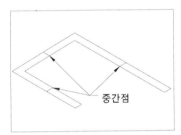 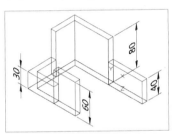 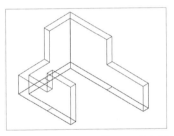

✳ Extrude(EXT) 명령은 영역(Region)이나 닫혀 있는 폴리선만 돌출시키지만, Presspull 명령은 영역(Region)과 폴리선(Polyline)뿐만 아니라 경계 부분을 인지해 작업됩니다.

02 | Slice(슬라이스)

작성된 3D Solid를 잘라내 2개로 나누거나 편집할 수 있습니다.

작업	3D Solid를 자르기
단축키	S L
풀다운 메뉴	수정(Modify) ➡ 3D 작업(3D Operations) ➡ 슬라이스(Slice)
3D 모델링 리본 메뉴	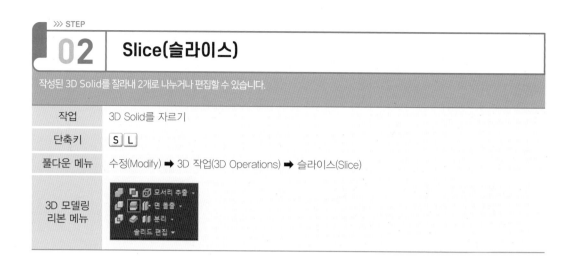

01 [P06/Ch05/Slice.dwg] 파일에서 도형의 경계 영역을 지정해 3D Solid로 생성하고 편집하겠습니다.

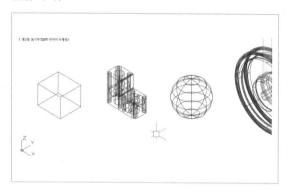

02 모델-A에서 [Slice(SL)] 명령을 입력하고 Enter, 상자 ❶을 클릭하고 Enter, 3점 옵션 [3]을 입력하고 Enter를 누릅니다. 중간점 ❷, ❸, ❹를 순서에 관계없이 클릭하고 Enter를 누르면 상자가 잘라집니다. [Move(M)] 명령을 이용해 상자 하나를 이동시켜 결과를 확인합니다.

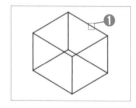 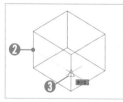 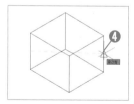 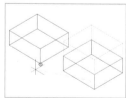

03 [Slice(SL)] 명령을 입력하고 Enter, 상자 ❶을 클릭하고 Enter, 3점 옵션 [3]을 입력하고 Enter를 누릅니다. 중간점 ❷, ❸, ❹를 순서에 관계없이 클릭하고 Enter를 누르면 3점이 이루는 면이 수직 방향이므로 다음과 같이 잘라집니다.

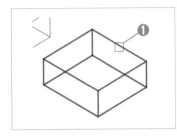  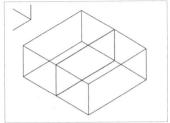

04 [Slice(SL)] 명령을 입력하고 Enter, 상자 ❶, ❷를 클릭하고 Enter, 3점 옵션 [3]을 입력하고 Enter를 누릅니다. 중간점 ❸, ❹, ❺를 순서에 관계없이 클릭하고 Enter를 누르면 3점이 이루는 면이 수직 방향이므로 다음과 같이 잘라집니다.

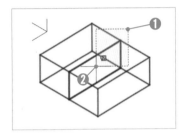 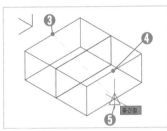 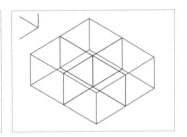

05 모델-B에서 Enter를 눌러 [Slice(SL)] 명령을 재실행합니다. 오른쪽 객체 ❶을 클릭하고 Enter, ZX(ZX) 옵션 [ZX] 입력 후 Enter를 누릅니다. ZX 면이 통과할 ❷지점을 클릭하고 Enter를 누르면 ZX 면 방향으로 잘라집니다. [Move(M)] 명령을 이용해 상자 하나를 이동시켜 결과를 확인합니다.

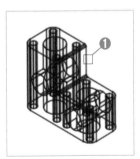 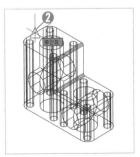 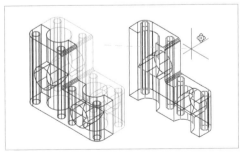

XY 자르기

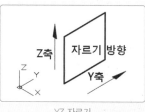
YZ 자르기

ZX 자르기

작업 대상의 형태가 복잡해 선이 많은 경우에는 Hide(HI)를 실행하고 작업하면 선택이나 위치 파악이 수월합니다.

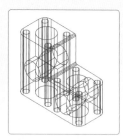

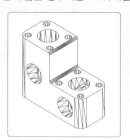

06 도형을 사용해 일부를 잘라보겠습니다. 모델-C에서 [Circle(C)] 명령을 입력하고 Enter, 구의 중심 ❶을 클릭하고 반지름 [150]의 원을 작성합니다. [Copy(CO)] 명령을 이용해 작성된 원을 위쪽으로 거리 값 [80]만큼 복사합니다.

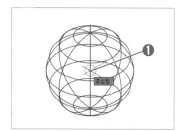

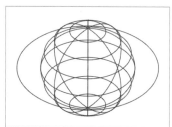

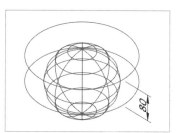

07 [Slice(SL)] 명령을 입력하고 Enter, 구 ❶을 클릭하고 Enter, 평면형 객체 옵션 [O] 입력 후 Enter를 누릅니다. 자를 면으로 사용할 원 ❷를 클릭하고 Enter를 누르면 그려진 원과 같은 평면으로 잘라냅니다. [Move(M)] 명령을 이용해 상자 하나를 이동시켜 결과를 확인합니다.

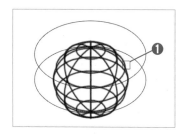

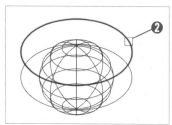

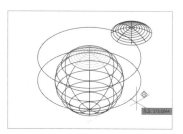

08 동일한 방법으로 원 ❶을 사용해 다음과 같이 잘라봅니다.

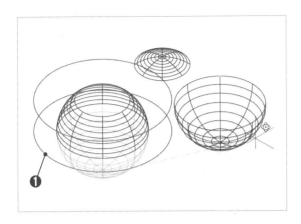

09 모델-D를 Slice(SL) 명령의 XY(XY), YZ(YZ) 옵션을 사용해 다음과 같이 완성합니다.

XY 옵션

YZ 옵션

Union(UN)으로 결합 후 Move(M)로 이동

03 | Sweep(스윕)

경로를 따라갈 2D 도형은 하나의 선(Polyline)이나 면(Region)으로 작성되어야 하며 경로 또한 하나의 선인 Polyline이 빠른 작업이 가능합니다.

작업	2D 도형이 경로를 지나면서 3D Solid를 생성
풀다운 메뉴	그리기(Draw) ➡ 모델링(Modeling) ➡ 스윕(Sweep)
3D 모델링 리본 메뉴	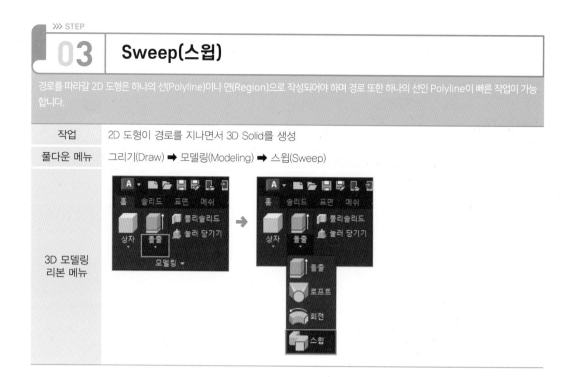

01 [P06/Ch05/Sweep.dwg] 파일에서 ㄷ자 도형을 경계로 하여 2D 도형을 스윕해 3D Solid를 생성해 보겠습니다.

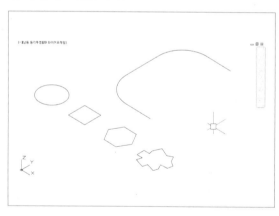

02 [Sweep] 명령을 입력하고 Enter를 누른 후 경로를 따라갈 도형 ❶을 클릭하고 Enter, 경로로 사용할 선 ❷를 클릭하고 Enter를 누릅니다.

```
명령: SWEEP
현재 와이어프레임 밀도: ISOLINES=8, 닫힌 윤곽 작성 모드 = 솔리드
SWEEP 스윕할 객체 선택 또는 [모드(MO)]:
```

 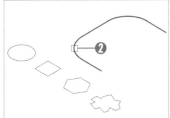 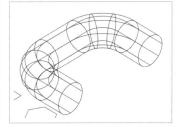

03 다음 도형을 준비하고 [Sweep] 명령을 입력한 후 Enter, 경로를 따라갈 도형 ❶을 클릭하고 Enter, 경로로 사용할 선 ❷를 클릭하고 Enter를 누릅니다.

  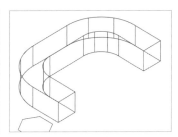

04 육각형도 [Sweep] 명령을 이용해 3D Solid를 생성합니다.

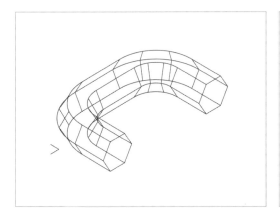 

05 네 번째 도형은 Line으로 작성한 일반적인 선이므로 하나의 선인 Polyline이나 면(Region) 으로 변경한 후 Sweep 명령을 사용해야 합니다. [Region(REG)] 명령 입력 후 Enter, Line 명령 으로 작성한 도형을 ❶지점 클릭 후 ❷지점을 클릭하고 Enter를 누릅니다. 면으로 작성한 도형을 다음과 같이 스윕합니다.

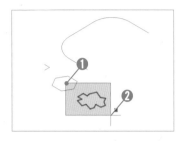  

06 새 도형을 준비합니다. [Explode(X)] 명령을 입력하고 Enter를 누른 후 경로로 사용할 선 ❶을 클릭하고 Enter를 눌러 선을 분해합니다. 대기 상태의 커서로 분해한 선을 클릭하면 선분이 나누어진 것을 확인할 수 있습니다.

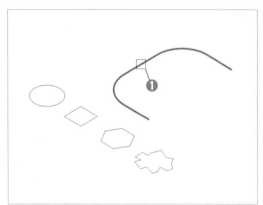 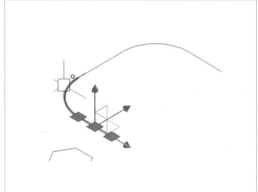

07 [Sweep] 명령을 입력하고 Enter, 경로를 따라갈 도형 ❶을 클릭하고 Enter, 경로로 사용할 선 ❷를 클릭한 후 Enter를 누릅니다. 선이 끊어져 있어 한 번에 진행되지 않습니다.

  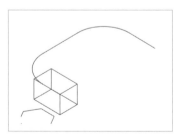

08 주변의 사각형과 원을 다음과 같이 스윕합니다. 경로를 지나는 도형이 구간별로 다른 경우 경로를 끊어서 작업을 진행합니다.

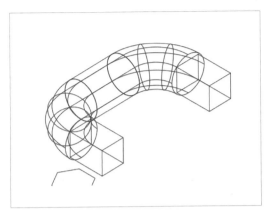 

Tip! **스윕 옵션**

옵션을 적용하면 크기를 변형하고 비틀면서 스윕할 수도 있습니다.

축척(S) : 배율 입력   비틀기(T) : 회전 각도 입력

04 Revolve(회전)

회전축을 따라 회전될 2D 도형은 하나의 선(Polyline)이나 면(Region)으로 작성되어야 3D Solid 회전체를 작성할 수 있습니다.

작업	2D 도형이 회전축을 회전하면서 3D Solid를 생성
풀다운 메뉴	그리기(Draw) ➡ 모델링(Modeling) ➡ 회전(Revolve)
3D 모델링 리본 메뉴	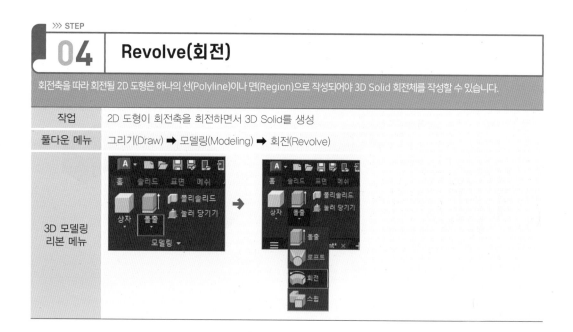

01 [P06/Ch05/Revolve.dwg] 파일에서 Revolve 명령을 이용해 3D Solid를 생성해 보겠습니다.

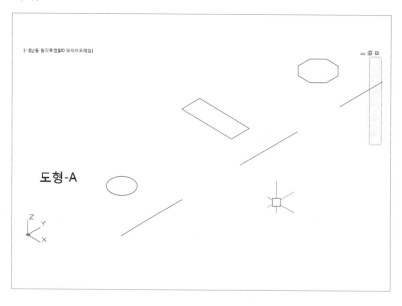

02 [Revolve(REV)] 명령을 입력하고 Enter, 회전될 도형 ❶을 클릭하고 Enter, 회전축을 선택하기 위해 한 번 더 Enter를 누르고, 회전축 ❷를 클릭합니다. 회전 각도 [360]을 입력하고 Enter를 누르면 다음과 같은 회전체가 생성됩니다.

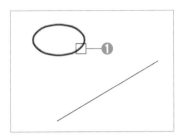 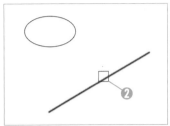 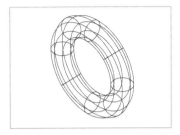

03 [Revolve(REV)] 명령 입력 후 Enter, 회전될 도형 ❶, ❷를 클릭하고 Enter, 회전축을 선택하기 위해 한 번 더 Enter를 누르고, 회전축 ❸을 클릭합니다. 회전 각도 [360]을 입력하고 Enter를 누르면, 다음과 같은 회전체가 생성됩니다.

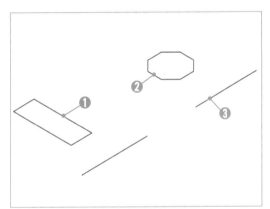 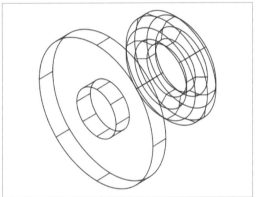

04 도형-B는 2D 도형이 일반적인 선이므로 Revolve 명령을 실행하기 전에 하나의 선 (Polyline)이나 면(Region)으로 변경해야 합니다. [Region(REG)] 명령을 입력하고 Enter를 누른 후, ❶지점과 ❷지점을 클릭하고 Enter를 누릅니다.

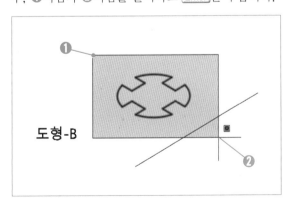

05 회전축을 대상 선택이 아닌 두 점을 클릭해 지정해 보겠습니다. [Revolve(REV)] 명령 입력 후 Enter, 회전될 도형 ❶을 클릭하고 Enter를 누릅니다. 회전축의 시작 부분 ❷지점을 클릭하고 ❸ 지점을 클릭하면 두 점이 이루는 방향이 회전축으로 설정됩니다. 회전 각도 [360]을 입력하고 Enter 를 누르면, 다음과 같은 회전체가 생성됩니다.

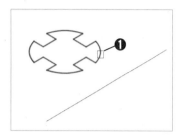 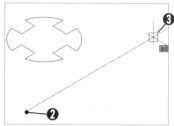 

06 도형-C에서 [Region(REG)] 명령을 실행해 2D 도형을 면으로 변경합니다.

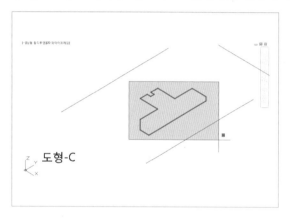

07 [Revolve(REV)] 명령 입력 후 Enter, 회전될 도형 ❶을 클릭하고 Enter, 회전축의 시작 부 분 ❷지점 클릭 후 ❸지점을 클릭합니다. 회전 각도 [360]을 입력하고 Enter를 누르면, 다음과 같은 회전체가 생성됩니다.

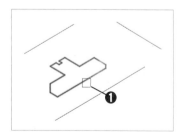 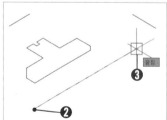 

08 나머지 도형은 다른 회전축을 사용해 회전체를 만들어 봅니다.

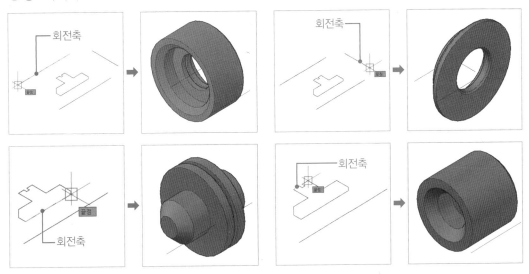

Tip! **오른손의 법칙으로 회전 방향 파악**

두 점을 클릭해서 회전축을 지정하는 경우 처음에 클릭한 점을 기준으로 두 번째 클릭한 점의 방향이 축 방향이 됩니다. 오른손을 말아쥔 상태에서 엄지손가락을 축 방향으로 향하면 나머지 손가락이 말리는 방향으로 회전됩니다.

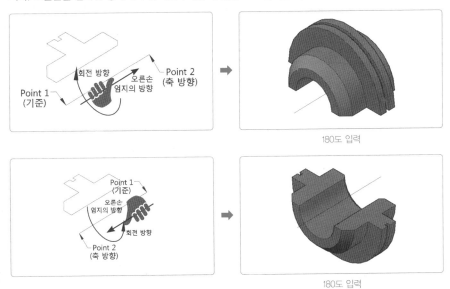

05 | Loft(로프트)

2D 도형을 횡단면으로 연결해 3D Solid를 작성할 수 있습니다. 횡단면으로 사용할 도형은 하나의 선(Polyline)으로 만들고, 동일한 평면상에 위치한 도형은 연결할 수 없습니다.

작업	여러 개의 횡단면을 이용해 3D Solid를 생성
풀다운 메뉴	그리기(Draw) ➡ 모델링(Modeling) ➡ 로프트(Loft)
3D 모델링 리본 메뉴	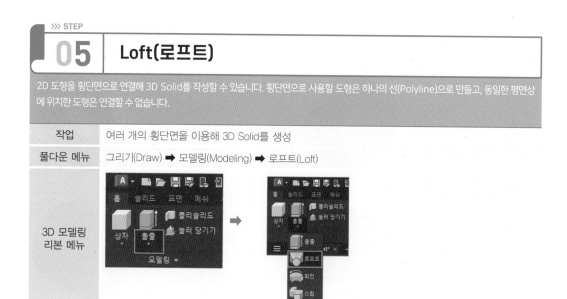

01 [P06/Ch05/Loft.dwg] 파일에서 횡단면을 사용해 3D Solid를 생성해 보겠습니다.

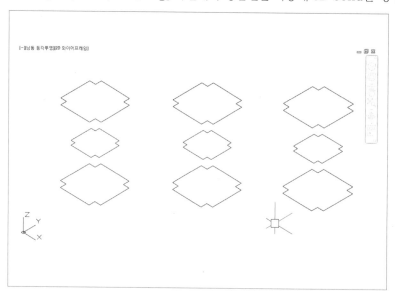

02 [Loft] 명령 입력 후 Enter, 횡단면으로 사용할 도형 ❶, ❷, ❸을 차례로 클릭하고 Enter, 다시 Enter를 누릅니다.

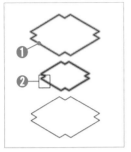 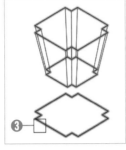  

⁑ Loft는 도형을 선택한 순서로 연결합니다.

03 도형의 연결 순서를 다른 방법으로 선택해 보겠습니다. [Loft] 명령 입력 후 Enter, 횡단면으로 사용할 도형 ❶, ❷, ❸을 차례로 클릭하고 Enter, 다시 Enter를 누릅니다.

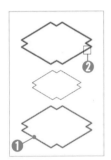 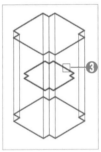   

04 연결 방식을 변경해 보겠습니다. [Loft] 명령을 입력하고 Enter를 누른 후 횡단면으로 사용할 도형 ❶, ❷, ❸을 차례로 클릭하고 Enter, 설정 옵션 [S] 입력 후 Enter, [로프트 설정] 대화상자의 [직선보간(R)]을 선택하고 [확인]을 클릭합니다.

```
올림 순서로 횡단 선택 또는 [점(PO)/다중 모서리 결합(J)/모드(MO)]: 1개를 찾음, 총 3개
올림 순서로 횡단 선택 또는 [점(PO)/다중 모서리 결합(J)/모드(MO)]:
3개의 횡단이 선택됨
LOFT 옵션 입력 [안내(G) 경로(P) 횡단만(C) 설정(S)] <횡단만>: S
```

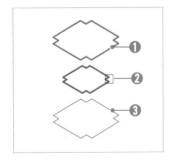 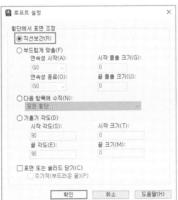 

05 연결 방식은 모델을 생성한 후에도 변경이 가능합니다. 대기 상태의 커서로 대상을 클릭하고
화살표 Grip(▼) ❶을 클릭하고 [모든 단면에 수직]을 선택합니다.

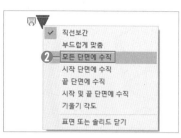

06 오른쪽 도형도 Loft 명령을 이용해 다음과 같이 연결해 봅니다.

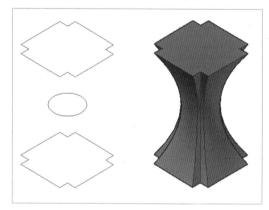
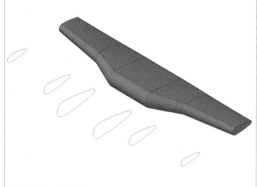

■ 다음 2D 도면과 3D 모델을 완성하시오.

[2D 도면]

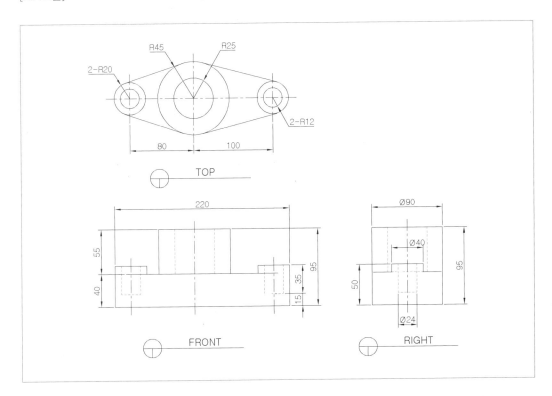

[3D 모델링]

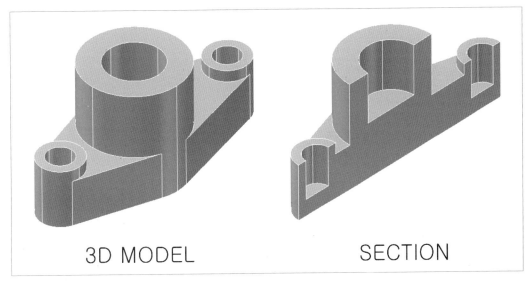

3D MODEL   SECTION

▣ 완성파일: [P06/Ch05/실습과제.dwg]

1 다음 2D 도면과 3D 모델을 완성하시오.

[2D 도면]

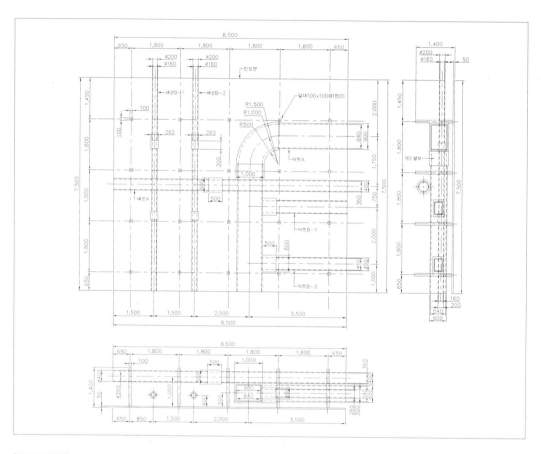

[3D 모델링]

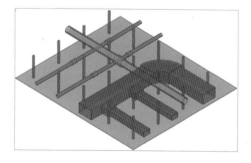

📁 P06/Ch05/단원종합평가.dwg

건축, 기계, 인테리어, 캐드 도면 입문자를 위한

오토캐드 2024

초 판 발 행	2023년 12월 20일
발 행 인	박영일
책 임 편 집	이해욱
저 자	황두환
편 집 진 행	염병문
표지디자인	김지수
편집디자인	김지현
발 행 처	(주)시대고시기획
출 판 등 록	제 10-1521호
주 소	서울시 마포구 큰우물로 75 [도화동 538 성지 B/D] 9F
전 화	1600-3600
홈 페 이 지	www.sdedu.co.kr
I S B N	979-11-383-6424-9
정 가	27,000원

memo